Helmuth Albrecht, Michael Farrenkopf, Helmut Maier, Torsten Meyer (Hrsg.)

Bergbau und Umwelt in DDR und BRD

Veröffentlichungen aus dem Deutschen Bergbau-Museum Bochum

Band 253

Helmuth Albrecht, Michael Farrenkopf,
Helmut Maier, Torsten Meyer (Hrsg.)

Bergbau und Umwelt in DDR und BRD

Praktiken der Umweltpolitik und Rekultivierung

DE GRUYTER
OLDENBOURG

Veröffentlichungen aus dem Deutschen Bergbau-Museum Bochum, Nr. 253
= Schriften des Montanhistorischen Dokumentationszentrums, Nr. 46

GEFÖRDERT VOM

Bundesministerium
für Bildung
und Forschung

ISBN 978-3-11-077985-1
e-ISBN (PDF) 978-3-11-078528-9
e-ISBN (EPUB) 978-3-11-078533-3
ISSN 1616-9212

Library of Congress Control Number: 2022937087

Bibliografische Information der Deutschen Nationalbibliothek
Die Deutsche Nationalbibliothek verzeichnet diese Publikation in der Deutschen Nationalbibliografie; detaillierte bibliografische Daten sind im Internet über http://dnb.dnb.de abrufbar.

Coverabbildung: „Tetraeder" auf der Bergehalde Beckstraße, Bergwerk Prosper-Haniel, Bottrop, 1996; Foto: Voigt, Gesamtverband des deutschen Steinkohlenbergbaus, Abt. Öffentlichkeitsarbeit, Essen; Copyright: Montanhistorisches Dokumentationszentrum (montan.dok) beim Deutschen Bergbau-Museum Bochum
Satz: bsix information exchange GmbH, Braunschweig
Druck und Bindung: CPI books GmbH, Leck

MIX
Papier | Fördert gute Waldnutzung
FSC® C083411
www.fsc.org

www.degruyter.com

Vorwort

Seit 2019 forschen das Deutsche Bergbau-Museum Bochum, Leibniz-Forschungsmuseum für Georessourcen, die Technische Universität Bergakademie Freiberg und die Bergische Universität Wuppertal in dem vom Bundesministerium für Bildung und Forschung geförderten Forschungsverbund „Umweltpolitik, Bergbau und Rekultivierung im deutsch-deutschen Vergleich. Das Lausitzer Braunkohlenrevier, die Wismut und das Ruhrgebiet (1949–1989/2000)“. Dieses gemeinsame Vorhaben fügt sich in die Konjunktur der umwelthistorischen Forschung zur DDR ein, die in den letzten Jahren dazu beigetragen hat, das vorherrschende negative Bild der ostdeutschen Ökobilanz zu differenzieren. Zugleich betritt es wissenschaftliches Neuland, liegen doch zur Geschichte der Rekultivierung von Bergbaufolgelandschaften bislang nur wenige fundierte Studien vor. Ähnliches gilt auch für den reflektierten deutsch-deutschen umwelthistorischen Vergleich.

In den kommenden Jahren wird der Forschungsverbund seine Ergebnisse in den „Veröffentlichungen aus dem Deutschen Bergbau-Museum Bochum; = Schriften des Montanhistorischen Dokumentationszentrums“ publizieren. Der vorliegende Band bildet nunmehr den Auftakt. Er vereint Beiträge, die auf dem Workshop „Bergbaufolgelandschaften im deutsch-deutschen Vergleich“ am 28. November 2020 coronabedingt online diskutiert wurden.

Den Vortragenden und Diskutierenden gilt unser Dank für kritisch-kollegiale Hinweise, die den Autor:innen vielfach zur Schärfung ihrer Argumentation dienten. Unser besonderer Dank gebührt den Beitragenden, die den Wünschen des Herausgebergremiums stets offen gegenüberstanden.

Helmuth Albrecht, Michael Farrenkopf, Helmut Maier, Torsten Meyer
Bochum, Freiberg und Wuppertal im Herbst 2022

https://doi.org/10.1515/9783110785289-200

Inhalt

Anhang

Torsten Meyer, Helmuth Albrecht, Michael Farrenkopf, Helmut Maier

Einleitung

Bergbau zählt zweifellos zu jenen technisch-wirtschaftlichen Aktivitäten des Menschen, die die Umwelt am stärksten beeinflussen.[1] Daher ist es wenig verwunderlich, dass sich kritische Töne gegen den Bergbau bereits in der Antike finden. Die vielleicht prominenteste, zumindest oft zitierte Stimme, gehört dem römischen Naturhistoriker Plinius der Ältere (ca. 23–79), der sich im 1. Jahrhundert in seiner „Historia naturalis“ beklagte, dass seinen Zeitgenossen kurzfristiges Profitdenken wichtiger sei als respektvoller/schonender Umgang mit der Natur.[2] Die Kritik an der bergbaulichen Umweltbeeinflussung speist sich bei ihm aus einer moralischen, weniger einer ökologischen Perspektive, eine Sichtweise, die sich noch mehr als 1000 Jahre später im deutschen Sprachraum in bemerkenswerterweise findet. Ausgangs des 15. Jahrhunderts verfasste der Humanist Paul Schneevogel (Paulus Niavis) (ca. 1460–1517) sein durchaus humorvolles Traktat „Iudicium Iovis“.[3] Entstanden vor dem Hintergrund des Bergbaubooms um die Stadt Schneeberg, halten darin die alten römischen Götter Gericht über den Menschen, dem sie moralisch verwerfliches, die Erde schädigendes Handeln vorwerfen. Stehen auf der Seite der Anklage die einst mächtigen Götter, so Merkur als Anwalt der Erde, der sich auf seine Mit-Götter als Zeugen stützen kann, erhält der Mensch nur von den Penaten, den römischen Hausgöttern, Unterstützung. Trotz dieses göttlichen Ungleichgewichts sollte das Urteil des Göttervaters lapidar und eindeutig sein. Jupiter kommt nicht darum herum, den Bergbau als quasi-anthropologische Tatsache zu akzeptieren, doch wird der Mensch nur scheinbar freigesprochen, denn zugleich heißt es: „Ihr Leib aber wird von der Erde verschlungen, durch böse Wetter erstickt; er wird trunken vom Weine, er leidet unter Hunger – aber, was sehr gut

1 Vgl. unter vielen nur exemplarisch: Lackner, Helmut: Es ist die Bestimmung der Menschen, daß sie die Berge durchwühlen – Bergbau und Umwelt, in: Hahn, Sylvia/Reith, Reinhold (Hrsg.): Umwelt-Geschichte: Arbeitsfelder. Forschungsansätze. Perspektiven, Wien 2001 (= Querschnitte, Bd. 8), S. 77–98.

2 Vgl. hierzu z. B.: Fargnoli, Iole: Umweltschutz und Römisches Recht?, in: Fargnoli, Iole/Rebenich, Stefan (Hrsg.): Das Vermächtnis der Römer. Römisches Recht und Europa, Bern/Stuttgart/Wien 2012 (= Berner Universitätsschriften, Bd. 57), S. 151–175, hier S. 151.

3 Das Folgende, sofern nicht anders vermerkt, nach: Bayerl, Günter: Der Zugriff auf das Naturreich. Vorindustrielles Gewerbe und Umwelt, in: Johann Beckmann-Journal. Mitteilungen der Johann Beckmann-Gesellschaft e. V. 5, 1/1991, S. 11–33, hier S. 12–16.

https://doi.org/10.1515/9783110785289-001

ist: keiner kennt die vielen Gefahren sonstiger Art, die nun einmal vom Menschen unzertrennlich sind."[4] Zu recht hat der Umwelt- und Technikhistoriker Günter Bayerl aus diesem Urteilsspruch von Jupiter eine doppelte Schlussfolgerung gezogen. Zum einen setzt Jupiter den Menschen dem „Spiel des Lebens" aus, auf göttlichen Schutz darf er nicht mehr hoffen, er ist dem frühneuzeitlichen Risiko ausgeliefert.[5] Zum anderen spiegelt er das Aufkommen und die Etablierung des frühkapitalistischen Wirtschaftssystems, in dem für die alten Götter kein Platz mehr ist. Ein ähnliches Pro und Contra findet sich gut ein halbes Jahrhundert nach Erscheinen des „Iudicium Iovis" auch in Georg Agricolas (1494–1555) „De re metallica". Gleichwohl, wie Bayerl mit Verweis auf die Arbeiten von Horst Bredekamp anmerkt, zu Beginn der Frühen Neuzeit auch Stimmen zu vernehmen waren, die ein „sorgsames Miteinander"[6] von Technik und Natur entwarfen, sollten diese sich nicht nur wenig Gehör verschaffen, sondern vor allem in den folgenden Jahrhunderten keine Handlungsrelevanz entfalten, wie die globale Klima- und Umweltkrise der Spätmoderne nur zu deutlich spiegelt.

Im Jahr 2021 können wir dann auch auf der Internetrepräsentanz von „Fridays for Future" lesen: „Die Klimakrise stellt für die Stabilität der Ökosysteme unseres Planeten und für Millionen von Menschen eine existenzielle Bedrohung dar. Eine ungebremste Erderwärmung ist eine enorme Gefahr für Frieden und Wohlstand weltweit. Seit Beginn der Industrialisierung hat sich die Erde laut IPCC [Intergovernmental Panel on Climate Change] bereits um circa ein Grad Celsius erwärmt. Es bleibt daher wenig Zeit, den Klimawandel aufzuhalten und so zu verhindern, dass die Kipppunkte im Klimasystem überschritten werden. Tun wir das nicht, werden die verursachten Schäden weit höhere Kosten mit sich bringen als alle Investitionen in konkrete Maßnahmen zur Vermeidung der Klimakatastrophe."[7] Die Ökologie dient den Klimaaktivist:innen des 21. Jahrhunderts allerdings stets als Basis ihrer Moral, einer gleichsam ökologisierten Moral. Reicht diese bei „Fridays for Future" bis hin zum Bekenntnis zur strategi-

---

4 Niavis, Paulus: Iudicium Iovis oder das Gericht der Götter über den Bergbau. Ein literarisches Dokument aus der Frühzeit des deutschen Bergbaus, übersetzt und bearbeitet von Dr. Paul Krenkel, Berlin 1952 (= Freiberger Forschungshefte, Kultur und Technik, D 3), S. 38, zit. nach: Bayerl, Zugriff, S. 14.

5 Vgl. hierzu: Priddat, Birger P.: Zufall, Schicksal, Irrtum. Über Unsicherheit und Risiko in der deutschen ökonomischen Theorie vom 18. bis ins frühe 20. Jahrhundert, Marburg 1993 (= Beiträge zur Geschichte der deutschsprachigen Ökonomie, Bd. 1).

6 Bayerl, Zugriff, S. 15.

7 https://fridaysforfuture.de/forderungen/ (Eingesehen: 15.12.2021).

schen Gewaltlosigkeit,[8] so gewinnt sie bei den Aktivist:innen von „Ende Gelände“ weitaus radikalere Züge, wie deren Aktionen im Mai 2016 gegen das Braunkohlenkraftwerk Schwarze Pumpe im Lausitzer Revier exemplarisch zeigen.[9] Dies wundert insofern nicht, als die ökologisierte Moral von „Ende Gelände“ ausgeprägt antikapitalistische Momente beinhaltet.

Mögen Unterschiede zwischen den genannten umweltaktivistischen Bewegungen bestehen, so können sie doch als Hinweis darauf gedeutet werden, dass sich zu Beginn des 21. Jahrhunderts, ähnlich wie um 1500, ein gesamtgesellschaftlicher, diesmal globaler Systemwechsel abzeichnet. Nicht von der Hand zu weisen scheint, dass sich der Kapitalismus westlich-liberaler Prägung in ein neues System transformiert. Das „Ende der Geschichte“, das Francis Fukuyama nach dem Zusammenbruch des real existierenden Sozialismus verkündete,[10] ist vertagt.[11] Das etablierte kapitalistische System des Westens ist nicht nur durch den Aufstieg populistischer Autokraten, sondern vor allem durch die globale ökologische Herausforderung in Frage gestellt. Sie hat in den letzten Jahren in den Wissenschaften dazu geführt, von einem neuen Zeitalter zu sprechen – dem Anthropozän.[12]

---

8 Auf die hiermit verbundene Problematik, die angestrebten ökologischen Ziele nicht oder zu langsam durchzusetzen, machte der Humanökologe und Umweltaktivist Andreas Malm unlängst plakativ aufmerksam. Vgl. Malm, Andreas: Wie man eine Pipeline in die Luft jagt. Kämpfen lernen in einer Welt in Flammen, Berlin 2020.

9 O. V., Kraftwerke-Blockade. Ende im Lausitzer Gelände vom 15. Mai 2016. Unter: https://www.deutschlandfunk.de/kraftwerke-blockade-ende-im-lausitzer-gelaende.2852.de.html?dram:article_id=354198 (Eingesehen: 15.12.2021).

10 Fukuyama, Francis: The End of History?, in: The National Interest 16, 1989, S. 3–18. Karriere machte diese Rede dann durch sein drei Jahre später publiziertes Buch: Fukuyama, Francis: The End Of History And The Last Man, London 1992 (dt.: Das Ende der Geschichte – wo stehen wir?, München 1992).

11 Was Francis Fukuyama angesichts der Wahl Donald Trumps zum amerikanischen Präsidenten in einem Interview mit der Neuen Züricher Zeitung am Sonntag betonte, vgl.: Müller, Felix E.: INTERVIEW. Francis Fukuyama: „Das Ende der Geschichte ist vertagt“, in: Neue Züricher Zeitung am Sonntag v. 18.03.2017. Unter: https://nzzas.nzz.ch/notizen/francis-fukuyama-ende-geschichte-ist-vertagt-ld.152130 (Eingesehen: 15.12.2021).

12 Vgl. hierzu nur aus geowissenschaftlicher Sicht: Bjornerud, Marcia: Zeitbewusstheit. Geologisches Denken und wie es helfen könnte, die Welt zu retten, Berlin 2020; aus geschichtswissenschaftlicher Perspektive: Trischler, Helmuth/Will, Fabienne: Die Provokation des Anthropozän, in: Heßler, Martina/Weber, Heike (Hrsg.): Provokationen der Technikgeschichte. Zum Reflexionszwang historischer Forschung, Paderborn 2019, S. 69–105; aus interdisziplinärer Perspektive: Renn, Jürgen/Scherer, Bernd (Hrsg.): Das Anthropozän. Zum Stand der Dinge, Berlin 2015.

In dieser Ära des Menschen, oft auch als „Große Transformation" betitelt,[13] verzahnen sich nicht nur geologische und humane Temporalitäten, vielmehr bestimmt sich auch das „Verhältnis von Umwelt und Gesellschaft als unauflösliche Verknüpfung neu".[14] Gleichwohl sich zahlreiche, begründete Kritikpunkte an diesem Narrativ formulieren lassen,[15] markieren zwei Aussagen seine umwelthistorische Bedeutung. Der Technik- und Umwelthistoriker Helmuth Trischler formulierte 2015 mit Blick auf die geowissenschaftliche Debatte über den Beginn der Epoche: „Für welchen dieser Vorschläge sich die geowissenschaftlichen Experten am Ende entscheiden werden, ist einstweilen noch offen. Kein Zweifel besteht darin, dass die Industrialisierung den Weg ins Anthropozän geöffnet hat."[16] Und der US-amerikanische Historiker Fredrik Albritton Jonsson konstatierte lakonisch: „The old story of the Industrial Revolution as a technological triumph here meets a far less flattering narrative of far-reaching unintended environmental consequences from fossil fuel use."[17]

Vor allem der Kohlenbergbau war mithin ein zweifacher „Motor der Industrialisierung".[18] Seine Verwertungsketten und nachgelagerten Industrien prägten das Zeitalter von Kohle und Stahl in Deutschland entscheidend, sowohl aus sozio-ökonomischer als auch ökologischer Perspektive.[19] In Deutschland zeichnet sich mit dem geplanten Auslaufen des heimischen Braunkohlenbergbaus spätestens im Jahr 2038 dann auch das finale Ende des klassischen Industrie-

13 Z. B.: Hamann, Alexandra/Zea-Schmidt, Claudia/Leinfelder, Reinhold (Hrsg.): Die Große Transformation. Klima – Wie kriegen wir die Kurve?, Berlin 2014; Schneidewind, Uwe: Die Große Transformation. Eine Einführung in die Kunst gesellschaftlichen Wandels, Frankfurt (Main) 2018.

14 Trischler, Helmuth: Das Anthropozän. Neue Narrative zu Vergangenheit, Gegenwart und Zukunft, in: aviso. Zeitschrift für Wissenschaft und Kunst in Bayern 3, 2016, S. 10–13, hier S. 12.

15 Vgl. zusammenfassend u. a.: Golombek, Jana/Meyer, Torsten: Das (post-)industrielle Erbe des Anthropozän – Überlegungen zu einer Weitung des Blickfelds, in: Der Anschnitt. Zeitschrift für Kunst und Kultur im Bergbau 68, 6/2016, S. 198–215, hier S. 199–203.

16 Trischler, Helmuth: Das Anthropozän im Regal, in: Möllers, Nina/Schwägerl, Christian/Trischler, Helmuth (Hrsg.): Willkommen im Anthropozän. Unsere Verantwortung für die Zukunft der Erde, München 2015, S. 130–135, hier S. 130.

17 Jonsson, Fredrik Albritton: Anthropocene Blues. Abundance, Energy, Limits, in: RCC Perspectives 2015, No. 1: „The Imagination of Limits: Exploring Scarcity and Abundance", herausgegeben von Frederike Felcht und Katie Ritson, S. 55–63, hier S. 55. Unter: doi.org/10.5282/rcc/7141 (Eingesehen: 15.12.2021).

18 Tenfelde, Klaus/Pierenkemper, Toni (Hrsg.): Motor der Industrialisierung. Deutsche Bergbaugeschichte im 19. und frühen 20. Jahrhundert, Münster 2016 (= Geschichte des deutschen Bergbaus, Bd. 3).

19 Vgl.: Ziegler, Dieter (Hrsg.): Rohstoffgewinnung im Strukturwandel. Der deutsche Bergbau im 20. Jahrhundert, Münster 2013 (= Geschichte des deutschen Bergbaus, Bd. 4).

zeitalters überdeutlich ab. Im Gegensatz zum Ende des deutschen Steinkohlenbergbaus 2018, das sich vorrangig aus politischen und ökonomischen Gründen speiste, beruht die Entscheidung zum Auslaufen des Braunkohlenbergbaus auf einer ökologischen Neujustierung der nationalen Energiepolitik.[20]

Ebenfalls aus politischen, ökonomischen und ökologischen Gründen erfolgte wesentlich früher das Ende des Uranerzbergbaus in der DDR infolge der deutschen Wiedervereinigung 1990.[21] Im Kontext des Kalten Krieges und des Ost-West-Konfliktes bestand in der DDR besonders in den Anfangsjahren zunächst kaum Spielraum für Wiederurbarmachung und Umweltschutz in diesem Bereich. Andererseits führten die technischen Weiterentwicklungen im Uranerzbergbau in der Folgezeit nicht nur zu neuen Förder- und Aufbereitungsmethoden, sondern auch zur Entwicklung erster Verfahren zur Verwahrung und Sanierung. Die seit den späten 1950er-Jahren in der DDR im Dialog mit der Sowjetunion unternommenen Maßnahmen und die seit den frühen 1990er-Jahren bis heute in der Bundesrepublik gewonnen Erfahrungen bei der Sanierung radioaktiver Altlasten in den ehemaligen Uranerzbergbaugebieten, führen bis heute zu einem weltweiten Wissens- und Techniktransfer im Bereich der Sanierung im Uranerzbergbau.

In dieser ökologischen Neujustierung drückt sich signifikant eine politische und gesellschaftliche Neubewertung sowohl des Uranerz- wie auch des Kohlenbergbaus aus, die ihrerseits einer differenzierten Historisierung des Untersuchungsgegenstandes, wie sie von einer modernen Bergbaugeschichte in den letzten Jahren eingefordert wurde,[22] „Tür und Tor" öffnet. Dabei sieht sich eine umwelthistorische Betrachtung des Kohlenbergbaus zugleich damit konfrontiert, dass Terminologien und Konzepte schwammiger, dass etablierte „Vorstel-

20 Vgl. hierzu: Kommission „Wachstum, Strukturwandel und Beschäftigung". Abschlussbericht, Berlin 2019. Unter: https://www.bmwi.de/Redaktion/DE/Downloads/A/abschlussbericht-kommission-wachstum-strukturwandel-und-beschaeftigung.pdf?__blob=publicationFile (Eingesehen: 15.12.2021).

21 Boch, Rudolf/Karlsch, Rainer (Hrsg.): Uranbergbau im Kalten Krieg. Die Wismut im sowjetischen Atomkomplex. Bd. 1: Studien, Berlin 2011.

22 Vgl. hierzu v. a.: Bluma, Lars/Farrenkopf, Michael/Meyer, Torsten: Introduction: „King Coal" and modern mining history, in: dies. (Hrsg.): Boom – Crisis – Heritage. King Coal and the Energy Revolutions after 1945, Berlin/Boston 2022 (= Veröffentlichungen aus dem Deutschen Bergbau-Museum Bochum, Nr. 242; = Schriften des Montanhistorischen Dokumentationszentrums, Nr. 42), S. 1–21; vgl. auch: Asrih, Lena/Ingenerf, Nikolai/Meyer, Torsten: Bergbau als techno-naturales System – Ein Beitrag zur modernen Bergbaugeschichte, in: Der Anschnitt. Zeitschrift für Montangeschichte 71, 1/2019, S. 2–18; Bluma, Lars: Moderne Bergbaugeschichte, in: Der Anschnitt. Zeitschrift für Montangeschichte 69, 3–4/2017, S. 138–151.

lungen von Kausalität und Handlungsmacht fraglich(er)" scheinen.[23] Dennoch muss diese meta-historische Aussage des Umwelthistorikers Frank Uekötter nicht zwingend in „den Strudel" führen, sie sollte aber dafür sensibilisieren, liebgewonnene historiographische Stereotype einer kritischen Reflexion zu unterziehen. An dieser Stelle setzt unser Forschungsverbund „Umweltpolitik, Bergbau und Rekultivierung im deutsch-deutschen Vergleich. Das Lausitzer Braunkohlenrevier, die Wismut und das Ruhrgebiet (1949–1989/2000)" in pragmatischer Absicht an. Dieses Anliegen sei im Folgenden exemplarisch in zweifacher Perspektive knapp skizziert.

Rekultivierung und umwelthistorischer Systemvergleich

Insbesondere mit Blick auf die ausgekohlten Braunkohlenlandschaften haben sich Erzählungen etabliert, die ein einseitig negatives Bild zeichnen, das auf den ersten Blick kaum von der Hand zu weisen ist. Schlaglichtartig unterstreichen dies Begrifflichkeiten wie „Schlachtfeld",[24] „Ersatzlandschaft"[25] oder „Verlusterfahrung Landschaft"[26] und „Altlast Wismut".[27] Eine solche Sichtweise kann sich auf einschlägige historische Forschungen berufen.[28] Ist damit aber das Thema Rekultivierung von Bergbaufolgelandschaften historisch obsolet? Führt die Historisierung der Rekultivierung dazu, dass bergbauliche Aktivitäten schöngefärbt werden?

---

23 Uekötter, Frank: Im Strudel. Eine Umweltgeschichte der modernen Welt, Frankfurt (Main)/ New York 2020, S. 13.

24 Sieferle, Rolf Peter: Rückblick auf die Natur. Eine Geschichte des Menschen und seiner Umwelt, München 1997, S. 8.

25 Glaser, Rüdiger/Gebhardt, Hans/Schenk, Winfried (Hrsg.): Geographie Deutschlands, Darmstadt 2007, S. 219.

26 Lenz, Gerhard: Verlusterfahrung Landschaft. Über die Herstellung von Raum und Umwelt im mitteldeutschen Industriegebiet seit der Mitte des neunzehnten Jahrhunderts, Frankfurt (Main)/New York 1999 (= Edition Bauhaus, Bd. 4).

27 Beleites, Michael: Altlast Wismut. Ausnahmezustand, Umweltkatastrophe und das Sanierungsproblem im deutschen Uranbergbau, Frankfurt (Main) 1992.

28 Zu nennen z. B.: Lenz: Verlusterfahrung; Kretschmer, Kerstin: Braunkohle und Umwelt. Zur Geschichte des nordwestsächsischen Kohlenreviers (1900–1945), Frankfurt (Main) u. a. 1998 (= Europäische Hochschulschriften. Reihe 3. Geschichte und ihre Hilfswissenschaften, Bd. 768).

Die bislang einzig namhafte Monographie zu diesem Thema verstärkt jedenfalls diesen Eindruck.[29] Fundierte historische Forschung zum Thema gibt es bis dato kaum. [30] Indem die Historisierung bergbaulicher Rekultivierung mithin eine umwelthistorische Forschungslücke schließt, können bislang übersehene Querverbindungen hergestellt werden. So sei nur darauf aufmerksam gemacht, dass es sich bei den Rekultivierungen um tatsächliche Realexperimente handelt bzw. handeln kann, wissenschaftliches Wissen also nicht vom Labor auf die ‚Natur' übertragen, sondern in dieser instabilen Umwelt erst produziert wird.[31] Darüber hinaus betten sich Rekultivierungspraktiken und -theorien ein in die spezifische Temporalität des Bergbaus. Sie ermöglichen daher, diese bewusster zu konturieren und nicht mehr ausschließlich in der temporalen Dichotomie „Aufschluss" und „Schicht im Schacht" zu denken. Insofern können diese Forschungen auch dazu beitragen, die aktuelle technik- und umwelthistorische Debatte um „technische Eigenzeiten" zu erweitern.[32] Nicht übersehen werden sollte zudem, dass Praktiken und Theorien der bergbaulichen Rekultivierung Aussagen über das umwelthistorische Mensch-Natur-Verhältnis erlauben, die nicht den etablierten Narrativen entsprechen (müssen), mithin erlauben, diese zu differenzieren.

Nach der deutschen Wiedervereinigung 1990 offenbarte sich das ökologische Desaster der DDR unleugbar.[33] Infolgedessen prägte sich die vom Ende des

---

29 Steinhuber, Uwe: Einhundert Jahre bergbauliche Rekultivierung in der Lausitz: ein historischer Abriss der Rekultivierung, Wiederurbarmachung und Sanierung im Lausitzer Braunkohlenrevier, Dissertation Universität Olomouc 2005.

30 Zu nennen mit Blick auf die Praxis und Theorie der Rekultivierung: Meyer, Torsten: 1922 – Ein „turning point" in der Geschichte der Rekultivierung von Bergbaufolgelandschaften?, in: Der Anschnitt. Zeitschrift für Montangeschichte 71, 5–6/2019, S. 206–222; ders./Zutz, Axel: Rekultivierung von Braunkohlentagebauen in der Niederlausitz 1920–1960. Institutionalisierungen und Interventionen als Wegbereiter des Senftenberger Seengebietes, in: Betker, Frank/Benke, Carsten/Bernhardt, Christoph (Hrsg.): Paradigmenwechsel und Kontinuitätslinien im DDR-Städtebau. Neue Forschungen zur ostdeutschen Architektur- und Planungsgeschichte, Erkner 2010 (= Regio transfer, Bd. 8), S. 273–328.

31 Groß, Matthias/Hoffmann-Riem, Holger/Krohn, Wolfgang: Realexperimente. Ökologische Gestaltungsprozesse in der Wissensgesellschaft, Bielefeld 2005 (= Science Studies).

32 Vgl. hierzu: Weber, Heike: Zeitschichten des Technischen: Zum Momentum, Alter(n) und Verschwinden von Technik, in: Heßler/Weber (Hrsg.), Provokationen der Technikgeschichte, S. 107–150 sowie den Beitrag von Heike Weber in diesem Band.

33 Institut für Umweltschutz (Hrsg.): Umweltbericht der DDR. Information zur Analyse der Umweltbedingungen der DDR und zu weiteren Maßnahmen, Berlin 1990; Petschow, Ulrich/Meyerhoff, Jürgen/Thomasberger, Claus (Hrsg.): Umweltreport DDR. Bilanz der Zerstörung, Kosten der Sanierung, Strategien für den ökologischen Umbau. Eine Studie des Instituts für Ökologische Wirtschaftsforschung, Frankfurt (Main) 1990.

Systems bestimmte Rede vom „sozialistischen Ökozid" in den ost-mitteleuropäischen Staaten aus.[34] In den letzten Jahren haben neuere umwelthistorische Studien zur DDR dieses Bild zwar differenziert und spezifische umweltpolitische Konjunkturen herausgearbeitet.[35] Aktuell steht aber immer noch ein explizit deutsch-deutscher umwelthistorischer Vergleich aus, der neue Erkenntnis bringen kann. Eine erste diesbezügliche Annäherung an diese komplexe Aufgabenstellung erfolgte im Rahmen unseres Forschungsverbunds.[36] Die vergleichende Analyse ist reizvoll, doch zugleich eine methodische Herausforderung. Denn die jeweiligen Bergbaureviere, die Gegenstand unserer Forschungen sind, sind nicht nur durch ihre Georessourcen zu unterscheiden. Vielmehr entfalteten sich die umweltpolitischen Diskurse, ebenso wie die Praktiken der Rekultivierung, entlang je spezifischer ökonomischer wie normativer Rahmensetzungen.

Legt man die Geschichte der Rekultivierungen in den jeweiligen Bergbaugebieten synoptisch nebeneinander, finden sich frühe Versuche der Haldenbegrünung im Ruhrbergbau und der Kippenbegrünung in der Niederlausitz bereits vor dem Ersten Weltkrieg. Sie waren jedoch nicht mehr als kosmetische Experimente ohne professionelle Rückbindung an das Forstwesen, die Botanik oder die Bodenkunde. Eine solche Rückbindung in systematisch-praktischer Sicht erhielt die Rekultivierung in der Niederlausitz mit dem Förster Rudolf Heuson (1884–1955) in den 1920er-Jahren,[37] die jedoch unter den Vorzeichen der nationalsozialistischen Energiepolitik bis 1945 nicht über erste Ansätze hinauskam.[38] Die Frühzeit der DDR war umwelthistorisch nicht nur durch die „Landschafts-

34 Vgl. Obertreis, Julia: Von der Naturbeherrschung zum Ökozid? Aktuelle Fragen einer Umweltgeschichte Ost- und Ostmitteleuropas, in: Zeithistorische Forschungen/Studies in Contemporary History 9, 2012, S. 115–122. Unter: https://zeithistorische-forschungen.de/1-2012/4621 (Eingesehen: 15.12.2021).

35 Huff, Tobias: Natur und Industrie im Sozialismus. Eine Umweltgeschichte der DDR, Göttingen 2015 (= Umwelt und Gesellschaft, Bd. 13); Möller, Christian: Umwelt und Herrschaft in der DDR. Politik, Protest und die Grenzen der Partizipation in der Diktatur, Göttingen 2020 (= Kritische Studien zur Geschichtswissenschaft, Bd. 234).

36 Baumert, Martin u. a.: Umweltpolitik, Bergbau und Rekultivierung im deutsch-deutschen Vergleich. Das Lausitzer Braunkohlerevier und das Ruhrgebiet (1949–1989/2000), in: Bundeszentrale für politische Bildung (Hrsg.): Abschied von der Kohle. Struktur- und Kulturwandel im Ruhrgebiet und in der Lausitz, Bonn 2021 (= Bundeszentrale für politische Bildung, Schriftenreihe, Bd. 10751), S. 74–87.

37 Vgl. Meyer, 1922 – Ein „turning point".

38 Maier, Helmut: Kippenlandschaft, „Wasserkrafttaumel" und Kahlschlag: Anspruch und Wirklichkeit nationalsozialistischer Naturschutz- und Energiepolitik, in: Bayerl, Günter/Fuchsloch, Norman/Meyer, Torsten (Hrsg.): Umweltgeschichte – Methoden, Themen, Potentiale. Tagung des Hamburger Arbeitskreises für Umweltgeschichte, Hamburg 1994, Münster u. a. 1996 (= Cottbuser Studien zur Geschichte von Technik, Arbeit und Umwelt, Bd. 1), S. 247–266.

diagnose der DDR" (1950–52) gekennzeichnet,[39] vielmehr erfuhr die Rekultivierungsforschung in der DDR zur gleichen Zeit einen signifikanten Aufschwung.[40] Die gelungene Umwandlung des Tagebaurestlochs Niemtsch in eine „sozialistische Erholungslandschaft" Anfang der 1970er-Jahre zählt zu den bedeutendsten Rekultivierungsprojekten der Bergbau- und Umweltgeschichte überhaupt.[41] Obwohl die Belastung der Umweltmedien im Ruhrgebiet ab den 1950er-Jahren immer dramatischere Ausmaße annahm, waren in diesem Revier keine mit den in der DDR vergleichbaren Gegenmaßnahmen zu verzeichnen.[42]

Auffällig ist eine zeitliche Koinzidenz normativer Rahmensetzungen für den Braunkohlenbergbau in den beiden deutschen Staaten zu Beginn der 1950er-Jahre. Auf Vorarbeiten der Reichsstelle für Raumordnung basierend, wurde am 25. April 1950 vom Land Nordrhein-Westfalen das „Gesetz über die Gesamtplanung im Rheinischen Braunkohlenrevier" (GVBl. 1950, Nr. 18 vom 24. Mai 1950, S. 71–73) erlassen, am 6. Dezember 1951 trat in der DDR die „Verordnung über die Wiedernutzbarmachung der für Abbau- und Kippenzwecke des Bergbaues in Anspruch genommenen Grundstücksflächen" (GBl. DDR 1951, Nr. 146 vom 15. Dezember 1951, S. 1133–1134) in Kraft. Letztere zielte zwar auf alle bergbaulichen Aktivitäten, doch stand der Braunkohlenbergbau deutlich im Fokus. In den folgenden Jahrzehnten eilte die DDR der BRD dann umweltpolitisch voraus und avancierte sogar zum Vorbild der Umweltgesetzgebung in Europa.[43] Ein weiteres Indiz für diese umweltpolitische Vorreiterrolle der DDR ist die Gründung ihres Ministeriums für Umweltschutz und Wasserwirtschaft (MUW) (1972), dem die BRD zwar 1974 mit ihrem Umweltbundesamt folgte, es sich dabei jedoch lediglich um eine dem Bundesministerium des Innern nachgeordnete Be-

---

39 Baumert, Martin: „In der Landschaft eine klare Ordnung setzen" oder „die Verunstaltung der Umwelt"? Konjunkturen der Braunkohlenbergbausanierung im Lausitzer Revier 1949 bis 1990, in: Der Anschnitt 72, 3–4/2020, S. 75–83, hier S. 76. Zur Landschaftsdiagnose der DDR vgl.: Hiller, Olaf (Hrsg.): Die Landschaftsdiagnose der DDR. Zeitgeschichte und Wirkung eines Forschungsprojekts aus der Gründungsphase der DDR, Berlin 2002 (= Materialien zur Geschichte der Gartenkunst, Bd. 6).

40 Knabe, Wilhelm: Untersuchungen über die Voraussetzungen der Rekultivierung im Braunkohlenbergbau, Dissertation Humboldt-Universität zu Berlin 1957.

41 Bernhardt, Christoph: Von der „Mondlandschaft" zur „sozialistischen Erholungslandschaft"? Die Niederlausitz als Exerzierfeld der Regionalplanung in der DDR-Zeit, in: Bayerl, Günter/Maier, Dirk (Hrsg.): Die Niederlausitz von 18. Jahrhundert bis heute: Eine „gestörte" Kulturlandschaft?, Münster u. a. 2002 (= Cottbuser Studien zur Geschichte von Technik, Arbeit und Umwelt, Bd. 19), S. 301–323; Meyer, Torsten: Der Senftenberger See – oder das Ende der „Mondlandschaft"?, in: Jahrbuch für Regionalgeschichte 23, 2005, S. 113–142.

42 Uekötter, Frank: Am Ende der Gewissheiten. Die ökologische Frage im 21. Jahrhundert, Frankfurt (Main)/New York 2011, S. 79.

43 Huff, Natur und Industrie, S. 171.

hörde handelte. Erst 1986 kam es – als Reflex auf den Super-GAU von Tschernobyl – zur Gründung des Bundesministeriums für Umwelt, Naturschutz und Reaktorsicherheit.

Aus dieser bis hierher skizzierten und seit Anfang der 2010er-Jahre immer stärker hervortretenden Neu-Erzählung der DDR-Umweltgeschichte resultieren im deutsch-deutschen Vergleich zahlreiche, bislang unbeantwortete Fragen. Wiederum die Lausitz führt in dramatischer Weise vor, wie die DDR nach den positiven Entwicklungen bis Anfang der 1970er-Jahre dann doch auf die ökologische Katastrophe zusteuerte. Denn nach der Kürzung der sowjetischen Erdöllieferungen 1981 mutierte das Revier zur „verheizten Lausitz".[44] Demgegenüber stieß die Umweltproblematik in der BRD auf eine breite gesellschaftspolitische Resonanz, die in konkrete Maßnahmen umgemünzt wurde. Als ein prominentes Beispiel sei hier die Einführung eines Grenzwertes der Schwefelemissionen für Kraftwerke angeführt, ein Problemkomplex, bei dem die DDR bis zu ihrem Ende fast vollständig versagte.[45] Und auch bezüglich der Rekultivierung entfaltete sich spätestens ab den 1980er-Jahren im Westen ein Forschungsverbund unterschiedlichster Disziplinen und Institutionen. Tatsächlich bleibt jedoch jenseits systemspezifischer Normative bislang offen, in welchem Ausmaß sich die ab den 1950er-Jahren – u. a. durch einen der führenden Köpfe der DDR-Rekultivierungsforschung, Wilhelm Knabe (1923–2021) – in der DDR entwickelten Praktiken der Rekultivierung mittel- und langfristig auf die West-Forschung auswirkten.[46] Ebenso unerforscht ist die Wechselwirkung zwischen den Expertenkollektiven, die sich auf internationaler Ebene um einen intensiven Austausch bemühten, und ihrer Wissensproduktion. Konkret ist die mithin Frage angesprochen, ob nicht, trotz mangelhafter Implementierung von Maßnahmen gegen die Umweltzerstörung, die DDR wenigstens im Bereich der Entwicklung von Praktiken der Rekultivierung ihre ursprüngliche Vorreiterrolle fortzuschreiben bemüht war.

---

44 Umweltzentrum Hoyerswerda (Hrsg.): Verheizte Lausitz – Der Braunkohlenbergbau und seine Probleme im ostelbischen Raum, Hoyerswerda 1990.

45 Buck, Hans-Jörg: Umweltpolitik und Umweltbelastung, in: Kuhrt, Eberhard (Hrsg.): Die wirtschaftliche und ökologische Situation der DDR in den 80er Jahren, Opladen 1996 (= Am Ende des realen Sozialismus: Beiträge zu einer Bestandsaufnahme der DDR-Wirklichkeit in den 80er Jahren, Bd. 2), S. 223–266, hier S. 225–231.

46 Knabe, Wilhelm u. a.: Haldenbegrünung im Ruhrgebiet, Essen 1968 (= Schriftenreihe des Siedlungsverbandes Ruhrkohlenbezirk, Nr. 22).

Zu den Beiträgen des Bandes

Die Diskussion über die Kategorie Zeit hat in den letzten Jahren die geschichtswissenschaftliche Debatte mitgeprägt; die Rede über einen „temporal turn", vor gut zehn Jahren noch kaum denkbar,[47] greift immer weiter um sich.[48] Über Zeit neu nachzudenken, so plädiert die Technikhistorikerin Heike Weber in ihrem Beitrag „Zwischen Persistenz und Verschwinden: Warum Temporalitäten der Technik zum Gegenstand technik- und umwelthistorischer Forschung werden müssen", und fordert gerade die Technik- und Umweltgeschichte heraus, die für eine Geschichte der Rekultivierung von Bergbaufolgelandschaften sowohl inhaltlich als auch methodisch bedeutsam ist. Weber skizziert die etablierten Narrative des Zusammenhanges von Zeit und Technik, um vor diesem Hintergrund einen neuen Blick auf die vielfältigen Temporalitäten der Technik zu werfen. Vergänglichkeit und Persistenz des Technischen gewinnen so neue Konturen. Das Entschaffen von Technik wird begleitet von einer neuen Resteökonomie der Moderne, in der sich auch die Persistenz des Alten widerspiegelt. Die Zeitverwerfungen der Technik wiederum sind Herausforderungen, so Weber, an neuen, reflektierten technikhistorischen Narrativen zu arbeiten, deren Erkenntnisse fruchtbar in die aktuellen Klimadiskurse eingebracht werden können.

Diesem methodisch ausgerichteten Artikel schließt sich jener des Umwelthistorikers Christian Möller an. Unter dem Titel „Braunkohle und Umweltschutz in der DDR. Ressourcenabhängigkeit, ökologische Folgen und umweltpolitische Lösungsversuche in der Diktatur" legt er die Hintergrundfolie für die folgenden drei Beiträge. Zum Ausgangspunkt seiner Ausführungen über die DDR-Umweltpolitik wählt er den Braunkohlenbergbau und die ihm nachgelagerten Industrien, wie Brikettfabriken, Kraftwerke und Karbo-Chemie. Er verdeutlicht dabei die behördlichen Spielräume, aber auch die Vereinnahmung des Naturschutzes durch die SED im Zuge des Landeskulturgesetzes von 1970 (GBl. DDR I, Nr. 12 vom 28. Mai 1970, S. 67–74). Möller betont zu Recht, dass mit diesem Gesetz und der sich ausbildenden Umweltpolitik in der DDR das Bekenntnis der SED zum Umweltschutz erfolgte, aber im Zeichen der Renaissance der Braunkohlen seit den 1970er-Jahren wirtschaftliche Zwänge dazu führten, immer weiterge-

---

47 Daniel, Ute: Reinhart Koselleck (1923–2006), in: Raphael, Lutz (Hrsg.): Klassiker der Geschichtswissenschaft, Band 2: Von Fernand Braudel bis Natalie Z. Davis, München 2006, S. 166–194, hier S. 186.

48 Vgl. z. B.: Geppert, Alexander C. T./Kössler, Till (Hrsg.): Obsession der Gegenwart. Zeit im 20. Jahrhundert, Göttingen 2015 (= Geschichte und Gesellschaft, Sonderheft 25); Tamm, Marek/ Olivier, Laurent (Hrsg.): Rethinking Historical Time: New Approaches to Presentism, London 2019. Unter: http://dx.doi.org/10.5040/9781350065116.0006 (Eingesehen: 15.12.2021).

hende Abstriche im Umweltschutz zu machen. Mit seiner These, dass die Erosion des Umweltschutzes, und damit die Nichteinlösung umweltpolitischer Versprechen der SED, schlussendlich die sogenannte friedliche Revolution von 1989 verursachte, adressiert er indirekt weitere, vertiefte Forschungen zu diesem Kausalnexus.

In Martin Baumerts Artikel „Eine ‚Synthese aus Natur und Technik'? Entwicklung und Anwendung von Bodenmeliorationsverfahren im Braunkohlenbergbau der DDR 1949 bis 1974" steht eine bislang kaum erforschte Praktik der Wiedernutzbarmachung der Kippen des Braunkohlenbergbaus im Fokus – die Verfahren der Bodenmelioration. Baumert zeichnet die hierfür notwendige Grundlagenforschung nach, die in der DDR seit den 1950er-Jahren einsetzte. Die Forschungen der zentralen Akteur:innen und Institutionen verdeutlichen dabei, dass die DDR in diesem exemplarischen Bereich nicht durch eine oft konstatierte, systemimmanente Innovationsschwäche gekennzeichnet war,[49] sondern die entwickelten Verfahren weltweit ausstrahlten. Ebenso wie Möller sieht der Autor die 1970er-Jahre als Zäsur für die Rekultivierung von Bergbaufolgelandschaften, wohingegen gerade die 1950er- und 1960er-Jahre durch den Einsatz der unterschiedlichen Verfahren zur Bodenmelioration vielfache und -fältige Erfolge geprägt waren.

Sabine Loewe-Hannatzsch widmet sich dem wohl „schmutzigsten" Bergbau der DDR, ja gar der beiden deutschen Staaten – dem Uranerzbergbau der SDAG Wismut. Ihr Beitrag „Aspekte der Umweltprobleme und Umweltpolitik im Uranerzbergbau der SDAG Wismut" zielt dabei auf das gravierendste Feld umweltpolitischen Handelns, den kontaminierten Abwässern, die bei der Aufbereitung des Uranerzes entstanden. Loewe-Hannatzsch umreißt zunächst die ersten Dokumentationen der Umweltschäden durch die SDAG Wismut. Deutlich wird, dass bereits seit Ende der 1950er-Jahre bekannt war, wie hoch radioaktiv kontaminiert die Gewässer im Umkreis der Industriellen Absetzanlage Helmsdorf waren. Dem schließt sich die Erörterung zentraler umweltrechtlicher Regelungen an. Auf dieser Basis untersucht sie en detail die oben genannten Beispiele und verdeutlicht dabei zum einen die Spielräume der zuständigen Wasserwirtschaftsdirektion, zum anderen, dass selbst die SDAG Wismut als vielbeschworener „Staat im Staate" nicht völlig frei von umweltrechtlichen Auflagen agieren konnte.

Einen lebensweltlichen Blick auf die SDAG Wismut wirft der Artikel von Astrid Mignon Kirchhof, Yaroslav Koshelev, Florian Manthey, Anna-Katharina Pelkner, Judith Schein und Christiane Uhlig. Die Autor:innen berichten unter dem Titel „Uranerzbergbau der DDR als Erbmasse der Bundesrepublik Deutschland. Sa-

49 Bauer, Reinhold: Pkw-Bau in der DDR. Zur Innovationsschwäche von Zentralverwaltungswirtschaften, Frankfurt (Main) u. a. 1999.

nierung der Wismut im Zeitzeug:innengespräch – ein Werkstattbericht“ über ein Oral History Projekt, das an der Sächsischen Akademie der Wissenschaften angesiedelt war. Neben methodischen Fragen adressieren die Autor:innen die sogenannte Umweltsanierung der Wismut GmbH nach der deutschen Wiedervereinigung. Deutlich wird zum einen, dass aktuelle Maßnahmen Vorläufer in den 1960er-Jahren hatten, wenngleich die Motive der Sanierung zu Zeiten der DDR ökonomisch, nicht ökologisch, bestimmt waren. Zum anderen werfen die Zeitzeugen:innen-Interviews weitreichende Fragen nach dem Erfolgsnarrativ der Bergbausanierung durch die Wismut GmbH auf und verweisen damit auf seine noch ausstehende Historisierung.

Die beiden den Band beschließenden Abhandlungen von Jörg Dettmar und Ron-David Heinen werfen einen Blick auf die Rekultivierung der Bergehalden im Ruhrgebiet. Sie sind eng miteinander verzahnt und abgestimmt. Während sich Heinen der Mottbruchhalde in Gladbeck-Brauck exemplarisch widmet, zeichnet Dettmar die typologische Entwicklungsgeschichte der Ruhrgebietshalden nach. Dettmar erläutert die unterschiedlichen Typen der Bergehalden des Ruhrgebietes, wobei besonders mit Blick auf das Konzept des Landschaftsbauwerkes sowohl planerische als auch ökologische Gesichtspunkte zur Debatte stehen. Auch verdeutlicht Dettmar die Deponienutzung von Halden sowie ihre naturkundliche, oftmals übersehene Bedeutung im Kontext des Arten- und Biotopschutzes. Sein Beitrag kontextualisiert die Ausführungen von Heinen, der mit der Mottbruchhalde das Beispiel einer Halde der sog. dritten Generation in den Fokus rückt – die Halde als Landschaftsbauwerk. Ihre Besonderheit besteht darin, dass ihr Planungsprozess dadurch bestimmt wurde, dass sie, im Gegensatz zu vielen anderen Halden, noch nicht voll aufgeschüttet war. Heinen analysiert die Planungen dieses Landschaftsbauwerkes im Kontext kommunaler Planungen. Augenmerk wird dabei sowohl der seit 1989 durchgeführten IBA Emscher-Park als auch der RAG Aktiengesellschaft geschenkt. Offenkundig tritt zu Tage, dass es sich bei den Planungen der Mottbruchhalde um ein hoch ambitioniertes Kunstprojekt handelte, das schlussendlich, wie Heinen aufzeigt, scheiterte.

Literatur

Asrih, Lena/Ingenerf, Nikolai/Meyer, Torsten: Bergbau als techno-naturales System – Ein Beitrag zur modernen Bergbaugeschichte, in: Der Anschnitt. Zeitschrift für Montangeschichte 71, 1/2019, S. 2–18.

Bauer, Reinhold: Pkw-Bau in der DDR. Zur Innovationsschwäche von Zentralverwaltungswirtschaften, Frankfurt (Main) u. a. 1999.

Baumert, Martin: „In der Landschaft eine klare Ordnung setzen“ oder „die Verunstaltung der Umwelt“? Konjunkturen der Braunkohlenbergbausanierung im Lausitzer Revier 1949 bis 1990, in: Der Anschnitt. Zeitschrift für Montangeschichte 72, 3–4/2020, S. 75–83.

Baumert, Martin u. a.: Umweltpolitik, Bergbau und Rekultivierung im deutsch-deutschen Vergleich. Das Lausitzer Braunkohlerevier und das Ruhrgebiet (1949–1989/2000), in: Bundeszentrale für politische Bildung (Hrsg.): Abschied von der Kohle. Struktur- und Kulturwandel im Ruhrgebiet und in der Lausitz, Bonn 2021 (= Bundeszentrale für politische Bildung, Schriftenreihe, Bd. 10751), S. 74–87.

Bayerl, Günter: Der Zugriff auf das Naturreich. Vorindustrielles Gewerbe und Umwelt, in: Johann Beckmann-Journal. Mitteilungen der Johann Beckmann-Gesellschaft e. V. 5, 1/1991, S. 11–33.

Beleites, Michael: Altlast Wismut. Ausnahmezustand, Umweltkatastrophe und das Sanierungsproblem im deutschen Uranbergbau, Frankfurt (Main) 1992.

Bernhardt, Christoph: Von der „Mondlandschaft“ zur „sozialistischen Erholungslandschaft“? Die Niederlausitz als Exerzierfeld der Regionalplanung in der DDR-Zeit, in: Bayerl, Günter/Maier, Dirk (Hrsg.): Die Niederlausitz von 18. Jahrhundert bis heute: Eine „gestörte“ Kulturlandschaft? Münster u. a. 2002 (= Cottbuser Studien zur Geschichte von Technik, Arbeit und Umwelt, Bd. 19), S. 301–323.

Bluma, Lars: Moderne Bergbaugeschichte, in: Der Anschnitt. Zeitschrift für Montangeschichte 69, 3–4/2017, S. 138–151.

Bluma, Lars/Farrenkopf, Michael/Meyer, Torsten: Introduction „King Coal“ and modern mining history, in: dies. (Hrsg.): Boom – Crisis – Heritage. King Coal and the Energy Revolutions after 1945, Berlin/Boston 2022 (= Veröffentlichungen aus dem Deutschen Bergbau-Museum Bochum, Nr. 242; = Schriften des Montanhistorischen Dokumentationszentrums, Nr. 42).

Bjornerud, Marcia: Zeitbewusstheit. Geologisches Denken und wie es helfen könnte, die Welt zu retten, Berlin 2020.

Boch, Rudolf/Karlsch, Rainer (Hrsg.): Uranbergbau im Kalten Krieg. Die Wismut im sowjetischen Atomkomplex. Band 1: Studien, Berlin 2011.

Buck, Hans-Jörg: Umweltpolitik und Umweltbelastung, in: Kuhrt, Eberhard (Hrsg.): Die wirtschaftliche und ökologische Situation der DDR in den 80er Jahren, Opladen 1996 (= Am Ende des realen Sozialismus: Beiträge zu einer Bestandsaufnahme der DDR-Wirklichkeit in den 80er Jahren, Bd. 2), S. 223–266.

Daniel, Ute: Reinhart Koselleck (1923–2006), in: Raphael, Lutz (Hrsg.): Klassiker der Geschichtswissenschaft, Band 2: Von Fernand Braudel bis Natalie Z. Davis, München 2006, S. 166–194.

Fargnoli, Iole: Umweltschutz und Römisches Recht?, in: Fargnoli, Iole/Rebenich, Stefan (Hrsg.): Das Vermächtnis der Römer. Römisches Recht und Europa, Bern/Stuttgart/Wien 2012 (= Berner Universitätsschriften, Bd. 57), S. 151–175.

Fukuyama, Francis: The End of History?, in: The National Interest 16, 1989, S. 3–18.

Fukuyama, Francis: The End Of History And The Last Man, London 1992 (dt.: Das Ende der Geschichte – wo stehen wir?, München 1992).

Glaser, Rüdiger/Gebhardt, Hans/Schenk, Winfried (Hrsg.): Geographie Deutschlands, Darmstadt 2007.

Geppert, Alexander C. T./Kössler, Till (Hrsg.): Obsession der Gegenwart. Zeit im 20. Jahrhundert, Göttingen 2015 (= Geschichte und Gesellschaft, Sonderheft 25).

Golombek, Jana/Meyer, Torsten: Das (post-)industrielle Erbe des Anthropozän – Überlegungen zu einer Weitung des Blickfelds, in: Der Anschnitt. Zeitschrift für Kunst und Kultur im Bergbau 68, 6/2016, S. 198–215.

Groß, Matthias/Hoffmann-Riem, Holger/Krohn, Wolfgang: Realexperimente. Ökologische Gestaltungsprozesse in der Wissensgesellschaft, Bielefeld 2005 (= Science Studies).

Hamann, Alexandra/Zea-Schmidt, Claudia/Leinfelder, Reinhold (Hrsg.): Die Große Transformation. Klima – Wie kriegen wir die Kurve?, Berlin 2014.

Hiller, Olaf (Hrsg.): Die Landschaftsdiagnose der DDR. Zeitgeschichte und Wirkung eines Forschungsprojekts aus der Gründungsphase der DDR, Berlin 2002 (= Materialien zur Geschichte der Gartenkunst, Bd. 6).

Huff, Tobias: Natur und Industrie im Sozialismus. Eine Umweltgeschichte der DDR, Göttingen 2015 (= Umwelt und Gesellschaft, Bd. 13).

Institut für Umweltschutz (Hrsg.): Umweltbericht der DDR. Information zur Analyse der Umweltbedingungen der DDR und zu weiteren Maßnahmen, Berlin 1990.

Jonsson, Fredrik Albritton: Anthropocene Blues. Abundance, Energy, Limits, in: RCC Perspectives 2015, No. 2: „The Imagination of Limits: Exploring Scarcity and Abundance", herausgegeben von Frederike Felcht und Katie Ritson, S. 55–63. Unter: doi.org/10.5282/rcc/7141 (Eingesehen: 15.12.2021).

Knabe, Wilhelm: Untersuchungen über die Voraussetzungen der Rekultivierung im Braunkohlenbergbau, Dissertation Humboldt-Universität zu Berlin 1957.

Knabe, Wilhelm u. a.: Haldenbegrünung im Ruhrgebiet, Essen 1968 (= Schriftenreihe des Siedlungsverbandes Ruhrkohlenbezirk, Nr. 22).

Kretschmer, Kerstin: Braunkohle und Umwelt. Zur Geschichte des nordwestsächsischen Kohlenreviers (1900 – 1945), Frankfurt (Main) u. a. 1998 (= Europäische Hochschulschriften. Reihe 3. Geschichte und ihre Hilfswissenschaften, Bd. 768).

Lackner, Helmut: Es ist die Bestimmung der Menschen, daß sie die Berge durchwühlen – Bergbau und Umwelt in: Hahn, Sylvia/Reith, Reinhold (Hrsg.): Umwelt-Geschichte: Arbeitsfelder. Forschungsansätze. Perspektiven, Wien 2001 (= Querschnitte, Bd. 8), S. 77–98.

Lenz, Gerhard: Verlusterfahrung Landschaft. Über die Herstellung von Raum und Umwelt im mitteldeutschen Industriegebiet seit der Mitte des neunzehnten Jahrhunderts, Frankfurt am Main/New York 1999 (= Edition Bauhaus, Bd. 4).

Maier, Helmut: Kippenlandschaft, „Wasserkrafttaumel" und Kahlschlag: Anspruch und Wirklichkeit nationalsozialistischer Naturschutz- und Energiepolitik, in: Bayerl, Günter/ Fuchsloch, Norman/ Meyer, Torsten (Hrsg.): Umweltgeschichte – Methoden, Themen, Potentiale. Tagung des Hamburger Arbeitskreises für Umweltgeschichte, Hamburg 1994, Münster u. a. 1996 (= Cottbuser Studien zur Geschichte von Technik, Arbeit und Umwelt, Bd. 1), S. 247–266.

Malm, Andreas: Wie man eine Pipeline in die Luft jagt. Kämpfen lernen in einer Welt in Flammen, Berlin 2020.

Meyer, Torsten: Der Senftenberger See – oder das Ende der „Mondlandschaft"?, in: Jahrbuch für Regionalgeschichte 23, 2005, S. 113–142.

Meyer, Torsten: 1922 – Ein „turning point" in der Geschichte der Rekultivierung von Bergbaufolgelandschaften?, in: Der Anschnitt. Zeitschrift für Montangeschichte 71, 5–6/2019, S. 206–222.

Meyer, Torsten/Zutz, Axel: Rekultivierung von Braunkohlentagebauen in der Niederlausitz 1920 – 1960. Institutionalisierungen und Interventionen als Wegbereiter des Senftenberger Seengebietes, in: Betker, Frank/Benke, Carsten/Bernhardt, Christoph (Hrsg.): Paradigmenwechsel und Kontinuitätslinien im DDR-Städtebau. Neue Forschungen zur ostdeutschen Architektur- und Planungsgeschichte, Erkner 2010 (= Regio transfer, Bd. 8), S. 273–328.

Möller, Christian: Umwelt und Herrschaft in der DDR. Politik, Protest und die Grenzen der Partizipation in der Diktatur, Göttingen 2020 (= Kritische Studien zur Geschichtswissenschaft, Bd. 234).

Niavis, Paulus: Iudicium Iovis oder das Gericht der Götter über den Bergbau. Ein literarisches Dokument aus der Frühzeit des deutschen Bergbaus, übersetzt und bearbeitet von Dr. Paul Krenkel, Berlin 1952 (= Freiberger Forschungshefte, Kultur und Technik, D 3).

Obertreis, Julia: Von der Naturbeherrschung zum Ökozid? Aktuelle Fragen einer Umweltgeschichte Ost- und Ostmitteleuropas, in: Zeithistorische Forschungen/Studies in Contemporary History 9, 2012, S. 115–122. Unter: https://zeithistorische-forschungen.de/1-2012/4621 (Eingesehen: 15.12.2021).

Petschow, Ulrich/Meyerhoff, Jürgen/Thomasberger, Claus (Hrsg.): Umweltreport DDR. Bilanz der Zerstörung, Kosten der Sanierung, Strategien für den ökologischen Umbau. Eine Studie des Instituts für Ökologische Wirtschaftsforschung, Frankfurt (Main) 1990.

Priddat, Birger P.: Zufall, Schicksal, Irrtum. Über Unsicherheit und Risiko in der deutschen ökonomischen Theorie vom 18. bis ins frühe 20. Jahrhundert, Marburg 1993 (= Beiträge zur Geschichte der deutschsprachigen Ökonomie, Bd. 1).

Renn, Jürgen/Scherer, Bernd (Hrsg.): Das Anthropozän. Zum Stand der Dinge, Berlin 2015.

Sieferle, Rolf Peter: Rückblick auf die Natur. Eine Geschichte des Menschen und seiner Umwelt, München 1997.

Schneidewind, Uwe: Die Große Transformation. Eine Einführung in die Kunst gesellschaftlichen Wandels, Frankfurt (Main) 2018.

Steinhuber, Uwe: Einhundert Jahre bergbauliche Rekultivierung in der Lausitz: ein historischer Abriss der Rekultivierung, Wiederurbarmachung und Sanierung im Lausitzer Braunkohlenrevier, Dissertation Universität Olomouc 2005.

Tamm, Marek/Olivier, Laurent (Hrsg.): Rethinking Historical Time: New Approaches to Presentism, London 2019. Unter: http://dx.doi.org/10.5040/9781350065116.0006 (Eingesehen: 15.12.2021).

Tenfelde, Klaus/Pierenkemper, Toni (Hrsg.): Motor der Industrialisierung. Deutsche Bergbaugeschichte im 19. und frühen 20. Jahrhundert, Münster 2016 (= Geschichte des deutschen Bergbaus, Bd. 3).

Trischler, Helmuth: Das Anthropozän im Regal, in: Möllers, Nina/Schwägerl, Christian/Trischler, Helmuth (Hrsg.): Willkommen im Anthropozän. Unsere Verantwortung für die Zukunft der Erde, München 2015, S. 130–135.

Trischler, Helmuth: Das Anthropzän. Neue Narrative zu Vergangenheit, Gegenwart und Zukunft, in: aviso. Zeitschrift für Wissenschaft und Kunst in Bayern 3, 2016, S. 10–13.

Trischler, Helmuth/Will, Fabienne: Die Provokation des Anthropozän, in: Heßler, Martina/Weber, Heike (Hrsg.): Provokationen der Technikgeschichte. Zum Reflexionszwang historischer Forschung, Paderborn 2019, S. 69–105.

Uekötter, Frank: Am Ende der Gewissheiten. Die ökologische Frage im 21. Jahrhundert, Frankfurt am Main/New York 2011.

Uekötter, Frank: Im Strudel. Eine Umweltgeschichte der modernen Welt, Frankfurt am Main/New York 2020.

Umweltzentrum Hoyerswerda (Hrsg.): Verheizte Lausitz – Der Braunkohlenbergbau und seine Probleme im ostelbischen Raum, Hoyerswerda 1990.

Weber, Heike: Zeitschichten des Technischen: Zum Momentum, Alter(n) und Verschwinden von Technik, in: Heßler, Martina/Weber, Heike (Hrsg.): Provokationen der Technikgeschichte. Zum Reflexionszwang historischer Forschung, Paderborn 2019, S. 107–150.
Ziegler, Dieter (Hrsg.): Rohstoffgewinnung im Strukturwandel. Der deutsche Bergbau im 20. Jahrhundert, Münster 2013 (= Geschichte des deutschen Bergbaus, Bd. 4).

Internetressourcen

Fridays for Future: Unsere Forderungen an die Politik, Unter: https://fridaysforfuture.de/forderungen/ (Eingesehen: 15.12.2021).
Kommission „Wachstum, Strukturwandel und Beschäftigung“. Abschlussbericht, Berlin 2019. Unter: https://www.bmwi.de/Redaktion/DE/Downloads/A/abschlussbericht-kommission-wachstum-strukturwandel-und-beschaeftigung.pdf?__blob=publicationFile (Eingesehen: 15.12.2021).
O. V., Kraftwerke-Blockade. Ende im Lausitzer Gelände vom 15. Mai 2016. Unter: https://www.deutschlandfunk.de/kraftwerke-blockade-ende-im-lausitzer-gelaende.2852.de.html?dram:article_id=354198 (Eingesehen: 15.12.2021).
Müller, Felix E.: INTERVIEW. Francis Fukuyama: „Das Ende der Geschichte ist vertagt“, in: Neue Züricher Zeitung am Sonntag v. 18.03.2017. Unter: https://nzzas.nzz.ch/notizen/francis-fukuyama-ende-geschichte-ist-vertagt-ld.152130 (Eingesehen: 15.12.2021).

Heike Weber

Zwischen Persistenz und Verschwinden

Warum Temporalitäten der Technik zum Gegenstand technik- und umwelthistorischer Forschung werden müssen

Es sei „an der Zeit, die Zeiten neu zu bedenken“, konstatierte Achim Landwehr kürzlich: Denn zum einen hätten „modernisierungs- und fortschrittstheoretische Narrative ihre Überzeugungskraft verloren“; zum anderen könnten „etablierte Schemata“ der Zeiteinteilung in dem Maße kaum mehr überzeugen, „in dem man den Eindruck gewinnen kann, nicht mehr in hübsch säuberlich voneinander separierten Zeiträumen zu leben, weil die Vergangenheit vielfach in die Gegenwart hineinragt (Erinnerungskulturen, Musealisierungen, Retro-Bewegungen etc.) und die Zukunft zugleich schon heute aufgebraucht wird (Klimawandel, Schuldenkrise usw.)“.[1]

Nicht nur Landwehr plädiert für ein neues Denken über die Kategorie Zeit. Nachdem das geistes- und sozialwissenschaftliche Denken des späten 20. Jahrhunderts vom „spatial turn“ geprägt war, findet seit einiger Zeit in den Geschichts- wie auch den Geistes- und Sozialwissenschaften eine breite Reflexion zu Zeit, Zeitkonzepten und der Rolle von Temporalitäten im historischen und gesellschaftlichen Wandel statt. Reinhart Kosellecks (1923–2006) Metapher der „Zeitschichten“ hat erneuten Aufwind erfahren und die Denkfigur von einer „Gleichzeitigkeit des Ungleichzeitigen“, die das 20. Jahrhundert begleitete, wird wieder neu bedacht; um die Überlappungen von Zeitlichkeiten zu fassen, werden neue Begrifflichkeiten entwickelt – wie z. B. Landwehrs „Chronoferenzen“ oder Termini wie „multiple temporalities“, „hybrid times“ oder „Polychronie“

1 Landwehr, Achim: Die anwesende Abwesenheit der Vergangenheit. Essay zur Geschichtstheorie, Frankfurt (Main) 2016, S. 286 f., Zitate: S. 289. Die folgenden Ausführungen basieren auf mehreren Artikeln, in denen Grundgedanken zu „Zeitschichten“ der Technik entwickelt wurden bzw. diese für die Bereiche einer Globalgeschichte der Technik und für die Frage von Müll und Entschaffen näher ausgeführt wurden. Vgl. Weber, Heike: Zeitschichten des Technischen. Zum Momentum, Alter(n) und Verschwinden von Technik, in: Heßler, Martina/ Weber, Heike (Hrsg.): Provokationen der Technikgeschichte. Zum Reflexionszwang historischer Forschung, Paderborn 2019, S. 107–150; van der Straeten, Jonas/Weber, Heike: Technology and its Temporalities. A Global Perspective, in: Carnino, Guillaume u. a. (Hrsg.): Global History of Technology (19th–21st centuries), im Erscheinen; Weber, Heike: Mending or Ending? Consumer Durables, Obsolescence and Practices of Reuse, Repair and Disposal in West Germany (1960s-1980s), in: Krebs, Stefan/Weber, Heike (Hrsg.): The Persistence of Technology. Histories of Repair, Reuse and Disposal, Bielefeld 2021, S. 233–262.

https://doi.org/10.1515/9783110785289-002

bzw. „Heterochronie".[2] On Barak und Vanessa Ogle haben auf die verschiedenen temporalen Regime hingewiesen, die sich in kolonialen und post-kolonialen Regionen ergaben,[3] während andere Autor:innen die Dimension der Zeit durch die Digitalisierung als fundamental gewandelt beschreiben. So heißt es z. B., die zeitliche Abfolge sei im Digitalzeitalter zugunsten von Simultanitäten aufgehoben worden; Vergangenes sei permanent verfügbar und überflute die Gegenwart, so dass letztlich auch das Konzept der historischen Zeit an seine Grenzen gerate.[4] Andere wiederum fordern, die Digitaltechnik solle in der geschichtswissenschaftlichen Anwendung dabei helfen, das bisherige Ordnen im chronologischen Narrativ zu durchbrechen.[5] Insgesamt wird für die Geistes- und Sozialwissenschaften inzwischen ein „temporal turn" konstatiert;[6] in den Geschichtswissenschaften jedenfalls scheint dieser soeben zu Gang zu sein.[7]

Diese Debatten sollten der Technik- und Umweltgeschichte Anlass sein, über Zeit und das, was ich als „Temporalitäten der Technik" bezeichne, nachzudenken. Denn erstens sind Zeit und Zeitskalen zu einer so bisher noch nie dagewesenen Herausforderung der Weltgesellschaft und ihres technischen Handels geworden: Vergangenheit und Gegenwart verbrauchen Zukunft, weil sie den kommenden Generationen ein Zuviel an Abfällen und Emissionen und ein Zuwenig an Ressourcen hinterlassen; einst als an die Natur gebundene und daher als „ewig" gedachte Zeitverläufe sind in Veränderung begriffen, wie etwa der auftauende „Perma"-Frost oder die biogeochemischen „Kreisläufe" der Erde; mit dem „Anthropozän" wurde eine neue Periodisierung der Erd- und Mensch-

2 Schmieder, Falko: Gleichzeitigkeit des Ungleichzeitigen. Zur Kritik und Aktualität einer Denkfigur, in: Zeitschrift für kritische Sozialtheorie und Philosophie 4, 2017, S. 325–363; Isberg, Erik: Multiple Temporalities in a New Geological Age. Revisiting Reinhart Koselleck's Zeitschichten, in: Geschichte und Gesellschaft 46, 2020, S. 729–735. Zu Poly- und Heterochronie: van der Straeten/Weber, Technology.

3 Vgl. Ogle, Vanessa: The Global Transformation of Time (1870–1950), Cambridge 2015; Barak, On: On Time. Technology and Temporality in Modern Egypt, Berkeley 2013.

4 Vgl. Gumbrecht, Hans Ulrich: Unsere breite Gegenwart, Berlin 2010.

5 Vgl. Tanaka, Stefan: History without Chronology, in: Public Culture 28, 2016, S. 161–186.

6 Vgl. Gange, David: Time, Space and Islands. Why Geographers Drive the Temporal Agenda, in: Past & Present 243, 2019, S. 299–312.

7 Als Auswahl vgl. z. B. Edelstein, Dan/Geroulanos, Stefanos/Wheatley, Natasha: Power and Time. Temporalities in Conflict and the Making of History, Chicago/London 2020; Tamm, Marek/Olivier, Laurent: Introduction. Rethinking Historical Time, in: dies. (Hrsg.): Rethinking Historical Time. New Approaches to Presentism, London 2019, S. 1–20; Clark, Christopher: Gefangene der Zeit. Geschichte und Zeitlichkeit von Nebukadnezar bis Trump, München 2020; Hölscher, Lucian: Zeitgärten. Zeitfiguren in der Geschichte der Neuzeit, Göttingen 2020; Geppert, Alexander C. T./Kössler, Till (Hrsg.): Obsession der Gegenwart. Zeit im 20. Jahrhundert, Göttingen 2015 (= Geschichte und Gesellschaft, Sonderheft 25).

heitsgeschichte ausgerufen.[8] Zweitens haben sich im Bereich der Temporalitäten von Technik in den letzten zwei Jahrhunderten äußerst disparate Veränderungen ergeben, die neue temporale Konzepte und Narrative abseits einer konventionellen, an Genese, Innovation und Anwendungsausbreitung orientierten Chronologie erfordern. Die Zeitdimensionen, mit denen Durchschnittsbürger:innen des späten 20. und 21. Jahrhunderts im Bereich von Technik konfrontiert sind, reichen von kleinsten Zeiteinheiten, in denen eine Technik als obsolet gilt, hin zu den für Menschen nicht mehr überschaubaren langen Zeiträumen, in denen sich die technischen „Ewigkeitslasten" kommend abspulen werden oder denen wir unsere heutigen Ressourcen verdanken. Es ist daher an der Zeit, diese temporalen Verwerfungen näher aus der Perspektive der Technik- und Umweltgeschichte zu betrachten – erste Ansätze hierfür finden sich z. B. bei Gabrielle Hecht, Andreas Malm, Andrea Westermann oder in meiner Betrachtung der „Zeitschichten" der Technik.[9]

Der folgende Beitrag gibt zunächst einen Überblick darüber, wie bisher über Zeit und Technik im (technik-)historischen Blick debattiert wurde und welche Temporalitäten von Technik bisher noch kaum beachtet wurden. In zwei folgenden Abschnitten wiederum gehe ich auf eine ganz spezifische temporale Dimension von Technik und Technikgebrauch ein, nämlich die Frage des Verschwindens von Technik: Technik ist gemeinhin unerwartet persistent, z. B. weil sie weiter- und umgenutzt wird,[10] wird aber früher oder später doch ausrangiert und wird zur Ruine oder zum Überrest oder zu einer als obsolet angesehenen Technik, die ersetzt, entfernt und ausgesondert wird. Ziel dieses Beitrags ist es, anhand von Fallbeispielen und dem neuerlichen, in verschiedenen Disziplinen stattfindenden Nachdenken zu Temporalität zu skizzieren, welche Forschungsfragen und -themen die Technik- und Umweltgeschichte aufgreifen sollten.

8 Vgl. als kompakten Überblick: Ellis, Erle C: Anthropocene: A Very Short Introduction, Oxford 2018; aus umwelthistorischer Sicht: Bonneuil, Christophe/Fressoz, Jean-Baptiste: L'Evénement Anthropocène. La Terre, l'histoire et nous, Paris 2013.

9 Vgl. Hecht, Gabrielle: Interscalar Vehicles for an African Anthropocene. On Waste, Temporality, and Violence, in: Cultural Anthropology 33, 2018, S. 109–141; Westermann, Andrea: A Technofossil of the Anthropocene. Sliding up and down Temporal Scales with Plastic, in: Edelstein/Geroulanos/Wheatley (Hrsg.), Power, S. 122–144; Malm, Andreas: Fossil Capital. The Rise of Steam Power and the Roots of Global Warming, London 2016.

10 Vgl. Krebs/Weber, Persistence; Edgerton, David: The Shock of the Old. Technology and Global History Since 1900, London 2006.

Etablierte Ansätze zum Verhältnis von Zeit und Technik – ein Überblick

Zeit ist eine Grundkategorie der Geschichtswissenschaft und geschichtstheoretische Reflexionen zu Zeit haben die Geschichtswissenschaft immer wieder begleitet – verwiesen sei etwa auf die wichtigen Arbeiten von Fernand Braudel (1902–1985), Reinhart Koselleck oder François Hartog. Zeitmessen, Zeitempfinden und Zeitwahrnehmung wurden zum Untersuchungsobjekt in dem, was sich als Geschichte der Zeit fassen lässt – erinnert sei an Edward P. Thompsons (1924–1993) Analyse, wie eine standardisierte Zeitmessung die Disziplin der Arbeiter in der kapitalistischen Fabrik bestimmte.[11] Innerhalb solcher Forschungen wurde neuerlich vor allem betont, dass auch in der globalen Welt des 20. Jahrhunderts die westliche Standardzeit keineswegs universal wurde; vielmehr kam es zu regional verschiedenen Aneignungen. Der Begriff der „pluritemporalities" soll darauf hinweisen, dass es eine Vielheit von Zeitauffassungen und -wahrnehmungen gab und westlich geprägte Periodisierungskonzepte – etwa das immer auch wertende Reden von der „Moderne" – zu hinterfragen sind. Insbesondere die Globalgeschichte hat auch den Zusammenhang von Zeitkontrolle und Macht betont: Wer die Zeit einer Bevölkerung kontrolliert und beispielsweise darüber verfügt, wer wann warten muss, übt damit immer auch Macht aus.[12]

In der (technik-)historischen Forschung zum engeren Verhältnis von Zeit und Technik dominierten bisher zwei Fragen, nämlich erstens innerhalb der engeren Geschichte von Zeit, wie Zeit wissenschaftlich-technisch gefasst und bemessen wurde; zweitens haben zahlreiche technik-, sozial- und alltagshistorische Studien die Beschleunigung und Verdichtung von Abläufen oder Erlebnissen durch Technik untersucht. Für den Produktionsbereich ließen sich beispielsweise Rationalisierungstechniken, Fließband oder Automatisierung nennen, mit denen Arbeitsprozesse dichter organisiert wurden. Im Vordergrund standen allerdings Kommunikations-, Verkehrs- und Transporttechniken, insbesondere Eisenbahn, Telegrafie, Auto und Fernsehen oder das Mobiltelefon. Bis heute ist so Wolfgang Schivelbuschs „Geschichte der Eisenbahnreise" ein Klassiker dazu, wie das Reisen per Eisenbahn die Raum-Zeit-Wahrnehmung der

11 Vgl. Thompson, Edward P.: Time, Work-Discipline, and Industrial Capitalism, in: Past & Present 38, 1967, S. 56–97.

12 Vgl. Göttlich, Andreas: To Wait and Let Wait, in: Schutzian Research 7, 2015, S. 47–64; Stasik, Michael/Hänsch, Valerie/Mains, Daniel: Temporalities of Waiting in Africa, in: Critical African Studies 12, 2020, S. 1–9.

Zeitgenossen des späten 19. Jahrhunderts verändert hat.[13] Dass es innerhalb der Technisierungsprozesse immer wieder zu neuartigen Verschiebungen von Zeitskalen kam, wurde unter anderem für die Telegrafie gezeigt[14] – Zeit also wurde ähnlich wie der Raum keinesfalls „überwunden“, sondern erlangte eine veränderte und wachsende Bedeutung. Der Soziologie Hartmut Rosa proklamierte angesichts der hier kurz erwähnten Technisierungs- und weiterer sozialer Beschleunigungsprozesse, dass die Beschleunigung per se als charakteristische Zeitstruktur der Moderne anzusehen sei.[15]

Die von Rosa zumindest kurz thematisierten Phänomene von Entschleunigung oder Beharrung – etwa wenn der Stau die dysfunktionale Folge von Verkehrsbeschleunigung ist oder Menschen absichtlich Entschleunigungsinseln wie z. B. in der „digital detox“- oder „slow food“-Bewegung suchen – haben andere Forscher:innen systematisch analysiert: Das Synchronisieren von Transport und Mobilität ging bisher unweigerlich mit Wartezeiten einher; jede Mobilität und Beschleunigung produzierte gleichzeitig auch Situationen von Immobilität oder Stillstand.[16] Außerdem haben sich inzwischen zahlreiche Studien der Frage gewidmet, wie Technikabläufe zeitlich getaktet oder kontrolliert wurden: Wissenschaftlich-technische Abläufe, sei es im Labor, in der Stadt oder im OP-Raum, werden rhythmisiert, um Personal, Prozesse oder Infrastrukturen zu synchronisieren, oder geraten in kritische Asynchronie.[17] Manche Techniken sollten beschleunigen, andere jedoch gezielt verlangsamen, etwa im Bereich von physikalischen oder biologischen Abläufen; Beispiele sind Kryo-Techniken oder die akustische Verzögerung, um dieses Prinzip als Speichermedium zu

---

13 Vgl. Schivelbusch, Wolfgang: Geschichte der Eisenbahnreise. Zur Industrialisierung von Raum und Zeit im 19. Jahrhundert, Frankfurt (Main) 1979.

14 Vgl. Wenzlhuemer, Roland: „I had occasion to telegraph to Calcutta“. Die Telegrafie und ihre Rolle in der Globalisierung im 19. Jahrhundert, in: Themenportal Europäische Geschichte 2011. Unter: http://www.europa.clio-online.de/2011/Article=513 (Eingesehen: 17.12.2021), S. 4; ders.: Less Than No Time. Zum Verhältnis von Telegrafie und Zeit, in: Geschichte und Gesellschaft 37, 2011, S. 592–613.

15 Vgl. Rosa, Hartmut: Beschleunigung. Die Veränderung der Zeitstrukturen in der Moderne, Frankfurt (Main) 2005.

16 Vgl. Kellermann, Robin: Waiting (For Departure), in: Jensen, Ole B. u. a. (Hrsg.): Handbook of Urban Mobilities, Abingdon/Oxon/New York, 2020, S. 144–153; Adey, Peter u. a. (Hrsg.): The Routledge Handbook of Mobilities, London/New York 2014.

17 Vgl. z. B. Prinz, Benjamin: Operieren am blutleeren Herzen. Eine Geschichte chirurgischer Zeit zwischen Handwerk, Maschinen und Organismen (1900–1950), in: NTM. Zeitschrift für Geschichte der Wissenschaften, Technik und Medizin 26, 2018, S. 237–266; oder das von Dorothee Brantz geleitete DFG-Projekt „City Seasons: On the Nature of Change in Urban Space“, TU Berlin.

nutzen.[18] Und immer auch wurden Techniken entwickelt, um eine langzeitige Konservierung und Speicherung von Artefakten, Informationen oder auch Organismen zu erwirken. Als Zeitzeug:innen der Covid-19-Pandemie haben wir kürzlich alle beobachten können, welche Dynamik die Zeitlichkeiten von Technik und Gesellschaft entwickeln können. Einige Infrastrukturen wurden verlangsamt oder sogar gänzlich stillgelegt, andere beschleunigt. Derweil Not-Hospitale in kürzester Zeit errichtet wurden, wurden einige Zehntausend Flugzeuge vorübergehend stillgelegt und bis heute kämpft die Weltwirtschaft mit Produktions- und Lieferverzögerungen, die von der Pandemie ausgelöst wurden.

Zeit und Technik betreffen selbstverständlich immer auch den historischen Entwicklungsverlauf von Technik. Längst hat sich die Technikgeschichte von modernisierungstheoretischen Fortschrittsnarrativen verabschiedet und aufgezeigt, wie unterschiedlich – und zwar in technischer, sozio-kultureller oder auch temporaler Weise – Technisierungsprozesse in verschiedenen Regionen ausfielen; seit einiger Zeit bereichern vor allem globalhistorisch inspirierte Studien zu nicht-westlichen Regionen das Wissen darum, wie anders andernorts Technisierungsprozesse zustande kamen, verliefen und wirkten. Allerdings lässt sich derzeit noch konstatieren, dass die auch heute noch dominierenden technikhistorischen Konzepte wie z. B. dasjenige der „large technological systems“ sämtlich entlang westlicher Technikentwicklung konzipiert wurden. Es gibt weiterhin Nachholbedarf für Ansätze, Formen des nicht-westlichen (oder auch des alternativen, vom dominanten westlichen Weg abweichenden) Technikgebrauchs systematisierend zu beschreiben. „Parasitäre“ oder „kreole“ Techniken, „Piraten“-Infrastrukturen oder „informelle“ Ökonomien sind Stichworte aus anthropologischen und anderen Studien zur Technik im Globalen Süden, die Anregungen liefern können.[19]

Wir haben es also nicht mit linearen, zunehmenden Technisierungsprozessen und einseitigen Transfers westlicher Technik in die Welt zu tun, sondern mit Brüchen, mit nicht-technischen Alternativen, eigenständigen Adaptionen, Zirkulationen, aber auch mit Scheitern, dem Weglassen oder Überspringen einzelner Technisierungsvarianten. Zahlreiche Länder Afrikas haben beispielswei-

---

18 Vgl. Radin, Joanna/Kowal, Emma: Cryopolitics. Frozen Life in a Melting World, Cambridge 2017; Friedrich, Alexander/Höhne, Stefan: Regimes of Freshness. Biopolitics in the Age of Cryogenic Culture, in: Medicine Anthropology Theory 3, 2017, S. 112–154; Borbach, Christoph: Speichern als Übertragen – Übertragen als Speichern. Zur technischen Frühgeschichte akustischer Delay Lines und ihre Verschränkung zweier Medienfunktionen, in: Technikgeschichte 86, 2019, S. 101–129.

19 Vgl. als Übersicht für solche Ansätze: Hasenöhrl, Ute: Globalgeschichten der Technik, in: Heßler/Weber (Hrsg.), Provokationen, S. 151–192.

se nur lückenhaft Netze für Festnetztelefonie ausgebildet, aber die Mobilfunk-Telefonie des späten 20. Jahrhunderts wesentlich zügiger als z. B. Europa mit seinen starren, überwiegend staatlich kontrollierten Festnetzen adaptiert und dabei auch eigene Dienste wie M-Pesa als Möglichkeit der Überweisung von Geld ohne Bargeldtransfer oder Bankkonto entwickelt, die nur mit Verzögerung auch nach Europa transferiert wurden. Francesca Bray hat die Denkfigur der „technological landscapes" eingeführt, womit sie „the repertoire and distribution of skilled material practices and technical artefacts that a society draws upon to function" meint, um die Vielfalt und Heterogenität in Zeit und Raum von diesen „technological landscapes" zu betonen.[20]

Damit sind aber längst nicht alle temporalen Dimensionen von Technik erfasst. So sind Wissensbestände, Technik oder technische Verfahren erstaunlich persistent, unterliegen aber auch Prozessen von Verfall, Vergessen oder Verschwinden; Nutzungszeiten im technischen Bereich werden verlängert oder verkürzt; Techniken haben „Langzeitwirkungen"; sie hinterlassen „Altlasten" oder bedürfen gar der „Nachsorge". In die Zukunft wiederum reichen Technikprognosen hinein – der Technikphilosoph Armin Grunwald spricht hierfür von „Technikzukünften"; Sheila Jasanoff und andere von „socio-technical imaginaries".[21]

Insgesamt jedenfalls ist Technik seit dem 19. Jahrhundert zunehmend zum Gegenstand von diversen zeitlichen Überlegungen und Zuschreibungen geworden: Geologen beispielsweise begannen, Reserven und Ressourcen zu berechnen und in Zeitspannen zu fassen; der vom Global Footprint Network errechnete „Earth Overshoot Day" lässt uns inzwischen wissen, dass westliche Länder zumeist bereits im Sommer eines Jahres jene Ressourcenmengen verbraucht haben, welche die Regenerationsfähigkeit der Erde für das gesamte Jahr hergibt – vor rund fünfzig Jahren war diese Bilanz demgegenüber noch ausgeglichen und der globale „Earth Overshoot Day" wird für 1970 mit dem 30. Dezember angegeben.[22] Ingenieure maßen und quantifizierten Haltbarkeiten und Materialermüdung; Ökonomen entwickelten Konzepte wie Innovationszyklen und Produktlebensdauern; Technikfolgenabschätzung und später die sogenannte „technology

---

20 Bray, Francesca: Flows and Matrices, Landscapes and Cultures, in: ICON 22, 2016, S. 8–19, hier S. 8; vgl. auch: van der Straeten, Jonas: The Rhythms Behind Change. Historiography and the Temporality of Non-Western Technological Landscapes, in: Technikgeschichte 88, 2021, S. 191–196.

21 Grunwald, Armin: Technikzukünfte als Medium von Zukunftsdebatten und Technikgestaltung, Karlsruhe 2012; Jasanoff, Sheila/Kim, Sang-Hyun (Hrsg.): Dreamscapes of Modernity. Socio-technical Imaginaries and the Fabrication of Power, Chicago 2015.

22 https://www.overshootday.org/newsroom/past-earth-overshoot-days/ (Eingesehen: 29.07.2021).

foresight“ antizipieren Technikzukünfte etc. Solche an Technik gebundene Zeitskalen kollidieren inzwischen vermehrt mit an Erd- und Biosysteme gebundene Zeitlichkeiten und den Zeittaktungen von Gesellschaft und Politik.

Polychronie und die vielfältigen Temporalitäten der Technik

Wie es zum „Neuen“ gekommen ist, ist nicht mehr die Standardfrage in der technikhistorischen Disziplin, seitdem ab den späten 1980er-Jahren auch Nutzungsgeschichten zum technikhistorischen Kanon gehören. Damit hat sich die Disziplin von Narrativen verabschiedet, die einseitig der Chronologie der „innovation timeline“ (Edgerton) folgen würden. Das Plädoyer von David Edgerton, Technikgeschichte müsse die „technology-in-use“ betrachten, ist in der Disziplin weithin rezipiert worden.[23]

Unter dem provokativen Buchtitel des „Shock of the Old“ hat Edgerton außerdem pointiert gezeigt, dass alte Technik über erstaunlich lange Zeiträume hinweg parallel zu neuer eingesetzt wird; alte Geräte und Anlagen werden immer wieder adaptiert, umgerüstet und verändert. An sich ist dies in den historischen Subdisziplinen wie der Technik-, der Innovations- oder auch der Mediengeschichte längst bekannt gewesen. Pferde beispielsweise wurden nicht nur erstaunlich lange eingesetzt; sie waren um 1900 zudem – neben weiteren alternativen Mobilitätstechniken wie dem Zufußgehen oder dem Radfahren – eine Schlüsseltechnik für die eben nicht nur auf neuen Techniken wie Stadteisenbahn, Tram oder Automobil beruhende städtische Mobilitätsrevolution um 1900. Pferde- und sogar Hundetraktion oder auch mobile Träger:innen und Dienstbot:innen besorgten den An- und Abtransport „auf der letzten Meile“. Inzwischen gut beschriebene Beispiele sind z. B. die Fahrradboten, die in der Abwicklung und Zustellung von Telegrammen involviert waren; für Berlin wurde kürzlich gezeigt, wie wichtig das Hundefuhrwerk als Transportmittel der armen Leute war.[24] Ähnlich sind es ja heute auch noch die Kupferkabel aus der Zeit

---

23 Vgl. Edgerton, Shock; Edgerton, David: From Innovation to Use. Ten Eclectic Theses on the Historiography of Technology, in: History and Technology 16, 1999, S. 111–136.

24 Vgl. Downey, Gregory J.: Telegraph Messenger Boys. Labor, Technology and Geography (1850–1950), New York 2002; Weidensee, Pilar: Auf den Hund gekommen. Hunde als Antriebsmotoren der Verstädterung und der Versorgung Berlins in der ersten Hälfte des 20. Jahrhunderts, MA-Arbeit TU Berlin 2020.

der analogen Telefonie, welche in zahlreichen Regionen auf der letzten Meile das Internet in die Haushalte bringen, und nicht das Glasfaserkabel.

Demgegenüber scheint es fast unmöglich, an der Innovationsfixiertheit zu rütteln, wie sie von außen – seitens der Innovationspolitik ebenso wie dem öffentlichen Verständnis zum technischen Wandel – an die Technikgeschichte herangetragen wird. Möglicherweise bedarf es daher wesentlich mehr populärer Darstellungen wie z. B. die „Fortschrittsgeschichten" von Hänggi, um zu verdeutlichen, dass neue Technik die alte nicht automatisch substituiert und Technik sich nicht reibungslos in Form von sich stetig verbessernden „Technikstufen" entwickelt: Mithilfe von technikhistorischen Fallbeispielen entlarvt Hänggi die populären Hoffnungen auf eine lineare Technikentwicklung oder den „technological fix" als in der Vergangenheit nie eingelöste Versprechen.[25] Der gängigen Hoffnung auf eine Energiewende stellt er beispielsweise die historische Entwicklung gegenüber, dass im fossilen Zeitalter zwar alte Energiequellen an Bedeutung verloren, aber nie vollständig substituiert wurden. Ähnlich hat Ulrich Raulff in „Das letzte Jahrhundert der Pferde" inzwischen einem breiten Publikum verdeutlicht, wie wichtig Pferde für Transport und Verkehr bis weit in das 20. Jahrhundert hinein waren.[26]

Dass alte Techniken sogar zu Verbesserungsschüben neigen, um sich in der neuen Konkurrenz-Situation halten zu können, hat der Wirtschaftshistoriker Nathan Rosenberg (1927–2015) schon in den 1970er-Jahren als „sailing ship effect" benannt.[27] Schon 1913 hatte der Journalist Wolfgang Riepl (1864–1938) für den Bereich der Medien festgestellt, dass neue Medientechniken alte nicht substituierten, sondern veränderten: Noch immer gehen wir ins Kino oder lesen Zeitung und das Riepl'sche Gesetz hat sich fest in die Mediengeschichte eingeschrieben. Techniken haben zwar ihre jeweiligen historischen Entstehungszeiten; Technikentwicklung aber ist nirgendwo – auch nicht in westlichen Ländern – ein linearer Prozess, sondern sprung- oder lückenhafte Aneignung, Addition von alt und neu und eine wechselseitige Beeinflussung der alten und der neuen Technik. Resultante ist das, was man als Polychronie der Technik bezeichnen kann: Zu keiner Zeit wurde nur die jeweils neueste Technik genutzt;

---

25 Vgl. Hänggi, Marcel: Fortschrittsgeschichten. Für einen guten Umgang mit Technik, Frankfurt (Main) 2015.

26 Vgl. Raulff, Ulrich: Das letzte Jahrhundert der Pferde. Geschichte einer Trennung, München 2015.

27 Segelschiffe bestanden noch sehr lange Zeit parallel zur neuen Dampfschiff-Fahrt, weil sie die dort verwendeten Prinzipien der Eisenkonstruktion im Segelschiffbau übernahmen und so konkurrenzfähig blieben.

vielmehr repräsentierte die jeweilige „technological landscape" einer Zeit stets ein Panorama aus alt und neu.

Solche hybriden Überlagerungen und sprunghaften Verwerfungen sind sprachlich allerdings kaum mit der üblichen polaren Entgegensetzung von Alt und Neu zu fassen. Denn die Rede von Alt und Neu suggeriert Ungleichzeitigkeit, chronologische Abfolge oder auch Substitution, wo Polychronie vorherrscht. Dennoch bleiben auch technikhistorische Studien mehrheitlich dem binären Denken zwischen „alter" und „neuer" Technik verhaftet. Wie sich entlang der neuen Technik aber auch die bestehende „technological landscape" sämtlich mitverändert hat, wird demgegenüber noch immer kaum in den Blick genommen.

Technische Artefakte und Infrastrukturen weisen aber auch eigene Temporalitäten auf, die ihrerseits Anteil an der Polychronie von Technik haben und diese verstärken. Teils sind solche Temporalitäten materiell oder per Design in die Technik eingelassen, teils werden sie ihr in Politik, Wirtschaft oder Kultur zugeschrieben oder sie hängen mit Verschleiß, Materialermüdung und dem Verfall über die Zeit hinweg zusammen.

Derzeit wird diese temporale Dimension insbesondere von historischen Studien zu Reparieren und Instandhalten betont.[28] Technik erscheint darin als etwas Unfertiges, ja Unvollkommenes:[29] Sie muss gehegt und gepflegt, regelmäßig inspiziert, vorsorgend gewartet oder nachsorgend repariert werden. Steven J. Jackson, einer der Gründer der Maintenance- Forschungsperspektive, fordert sogar ein systematisches „broken world thinking", das von Zerfallsprozessen wie Erosion, Breakdown oder Niedergang her denken solle, statt auf das Neue, auf Wachstum und Fortschritt zu schauen.[30] Technik funktionsfähig zu halten bedeutet, sie auszubessern, wiederherzustellen oder an modifizierte Aufgaben anzupassen; diese Praktiken sind mithin Mensch-Technik-Interaktionen, denen es um eine Verlängerung der Nutzung von im Einsatz befindlicher Technik bzw. eine Weiternutzung des Defekten geht. Reparieren und Improvisieren sind mithin auch wichtige Strategien, um eine Technik einer Zweitnutzung zuzuleiten; ergänzt um das Re-Arrangieren von Komponenten sind sie Basis dafür, eine bestehende Technik in gänzlich anderen Verwendungszusammenhängen weiter zu nutzen bzw. erhalten zu können.

---

28 Vgl. Krebs/Weber, Persistence.

29 Vgl. zu diesem Gedanken bereits: Ropohl, Günter: Die unvollkommene Technik, Frankfurt (Main) 1985.

30 Vgl. Jackson, Steven J.: Rethinking Repair, in: Gillespie, Tarleton/Boczkowski, Pablo J./ Foot, Kirsten (Hrsg): Media Technologies. Essays on Communication, Materiality and Society, Cambridge 2014, S. 221–239.

Entgegen des üblichen S-Kurven-Modells zu Innovation und Diffusion von Technik endet der Einsatz zahlreichen technischen Geräts insofern nicht final am Ort der ersten Nutzung, sondern es schließen sich oftmals diverse Nutzungskaskaden an. Das Reparierte, Ausgebesserte oder in Ersatz- und Einzelteile Zerlegte wird durch Reparatur und Gebrauchtwaren-Märkte wieder in den Wirtschaftskreislauf gebracht. Für den Investitionsgüter-Markt kennen wir Beispiele wie den Transfer ganzer Fabrikanlagen in andere Regionen oder von westeuropäischen Städten ausrangierte Trams, die in sozialistischen Ländern ein zweites Leben erhielten; auch für den Gerätepark der Agrarwirtschaft hat sich über die letzten Jahrzehnte hinweg dieser West-Ost-Transfer etabliert.

Innerhalb der Technikgeschichte sind das Reparieren und Wiedernutzen von Technik und die damit einhergehenden Nutzungskaskaden dennoch bisher für die vormoderne Ökonomie dichter und genauer beschrieben worden als für das 20. oder 21. Jahrhundert. Ausnahme ist die Automobilgeschichte: Für PKWs wurde inzwischen sehr eindrücklich gezeigt, dass die individuelle Massenmotorisierung auf die entstehenden Reparaturservices, das Selber-Reparieren und den Gebrauchtwagen-Handel angewiesen war;[31] zahlenmäßig lag der Kauf von Gebrauchtwagen stets höher als der von Neuwagen. Ähnliches dürfte aber auch für andere Felder im Konsumgütermarkt gelten. Läden mit gebrauchten Radios, Fernsehgeräten oder Videorekordern, die immer auch Reparaturarbeiten übernahmen, waren bis in die 1980er-Jahre noch ein zentrales Standbein des Radio- und Fernsehhandels.[32] Kaum bekannt ist jedoch, wie sich die Gebrauchtmärkte etwa von PKWs oder Unterhaltungselektronik entwickelten und wann und wie sie sich in Regionen des Globalen Süden verlagerten.

Studien zum Technikumgang im Globalen Süden haben gezeigt, wie wichtig Praktiken des „Moddings“ und der „Bricolage“ waren, um vorhandene und importierte Technik über ein Re-Arrangieren von Alt und Neu an die regionalen Anforderungen anzupassen. Legendär ist etwa das „truck modding“ oder das Handyreparieren in Afrika:[33] Für den Sudan hat der Ethnologe Kurt Beck beschrieben, wie importierte, alte Bedford TJ Trucks – zunächst in Großbritan-

---

31 Vgl. Krebs, Stefan: Maintaining the Mobility of Motor Cars. The Case of (West) Germany, 1918–1980, in: Krebs/Weber (Hrsg.), Persistence, S. 139–161.

32 Vgl. Weber, Mending.

33 Vgl. Beck, Kurt: The Art of Truck Modding on the Nile (Sudan). An Attempt to Trace Creativity, in: Gewald, Jan-Bart/Luning, Sabine/van Walraven, Klaas: The Speed of Change. Motor Vehicles and People in Africa (1890–2000), Leiden/Bosten 2009 (= Afrika-Studiecentrum series, Bd. 13), S. 149–174; Hahn, Hans Peter: Das ‚zweite Leben‘ von Mobiltelefonen und Fahrrädern. Temporalität und Nutzungsweisen technischer Objekte in Westafrika, in: Krebs, Stefan/Schabacher, Gabriele/Weber, Heike (Hrsg.): Kulturen des Reparierens. Dinge – Wissen – Praktiken, Bielefeld 2018, S. 105–119.

nien, dann ab den späten 1980er-Jahren in Indien gefertigt – im Sudan mehr oder minder komplett umgerüstet werden und so an die lokalen Bedingungen des Verkehrs und Wünsche der Abnehmer adaptiert werden. Ähnliche kreole Zusammenfügungen von Technik unterschiedlichen Alters und Herkunft sowie ungeahnte Nutzungskaskaden ließen sich sicherlich für Mercedes-Wagen beschreiben, die noch bis vor Kurzem beispielsweise die eingesetzten Grand Taxis in Marokkos Städten dominierten.

Solche Nutzungskaskaden konterkarieren die Idee von bezifferbaren Nutzungsdauern für technische Artefakte und von technischer Obsoleszenz – und sie sind gegenüber der Entsorgung von Konsumgeräten über den Schrottplatz, den Sperrmüll oder den Mülleimer in reichen Regionen bzw. in reichen Haushalten ins Hintertreffen geraten, ohne dass die (technik-)historische Forschung hierzu bisher Näheres sagen könnte. Gleichermaßen ist noch kaum erforscht, wie sich die Idee von technischer Obsoleszenz und von „Lebensdauern" der technischen Geräte entwickelt und wie sie den technischen Wandel beeinflusst haben. So gilt ein Handy im 21. Jahrhundert bereits nach ein, zwei Jahren als „veraltet"; Snapchat ist so programmiert, dass es Nachrichten nach 24 Stunden zerstört. Die historischen Wurzeln, dass in der Produktions- wie in der Konsumtionssphäre über Nutzungsspannen nachgedacht wird und diese auch Niederschlag in der Konstruktion finden, liegen am Beginn des Zeitalters von Massenproduktion und Massenkonsum.[34] Helga Nowotny hat für solche Phänomene von einer „Chronotechnologie" gesprochen:[35] Dieser ginge es nicht mehr um eine Zeitdisziplin wie während der Industrialisierung des 19. Jahrhunderts, als Arbeiter und Maschine koordiniert werden sollten. Vielmehr versuche die Chronotechnologie, Eigenzeiten für das Produzierte hervor zu bringen, also eine institutionelle und organisatorische Zeitdisziplin in Bezug auf Innovationen und deren Verfall zu schaffen.

Wie Lebensdauern – auf Seiten der Produzenten, aber auch auf Seiten der Konsumenten – ausgestaltet werden und ob Produzenten diese gezielt verkürzen, bleiben virulente Fragen. Reparatur-Expert:innen jedenfalls sind überzeugt, dass sich zahlreiche Beispiele für verkürzte Lebensdauern finden las-

---

34 Vgl. Weber, Heike: Made to Break? Lebensdauer, Reparierbarkeit und Obsoleszenz in der Geschichte des Massenkonsums von Technik, in: Krebs/Schabacher/Weber (Hrsg.), Kulturen, S. 91–114; Krajewski, Markus: Fehler-Planungen. Zur Geschichte und Theorie der industriellen Obsoleszenz, in: Technikgeschichte 81, 2014, S. 91–114.

35 Vgl. Nowotny, Helga: Eigenzeit. Entstehung und Strukturierung eines Zeitgefühls, Frankfurt (Main) 1989, S. 64–66, zu „Lebensdauern" der Technik: S. 73.

sen,[36] derweil eine nähere historische Forschung auch zeigt, dass so manche Technik in ihrer Einführungsphase fehleranfällig und wenig beständig war; Fernsehgeräte beispielsweise erforderten anfänglich stetes Warten und Reparieren und die Umstellung auf die Farbfernseh-Technik ging mit verringerten Lebensdauern einher.[37]

Vieles deutet auf einen starken historischen Wandel von Nutzungszeiten hin. Mit „Moore's Law" werden seit den 1970er-Jahren dicht getaktete Innovationszyklen legitimiert, auch wenn es sich nicht um ein Gesetz, sondern um ein sozio-technisches Konstrukt handelt;[38] wo UKW im Rundfunk über hundert Jahre wichtig blieb, wurde UMTS in Europa nach nur 20 Jahren zugunsten neuer Mobilfunkstandards aufgegeben und im kapitalistischen Wirtschaftssystem hat sich auch das Prinzip einer staatlich orchestrierten „Verschrottungs"- bzw. „Abwrackprämie" etabliert. In den USA wurde letzteres in den 1990er-Jahren auf dem Automarkt eingesetzt,[39] in der BRD wurde 2009 eine „Umweltprämie" bei Neuwagenkauf und Verschrottung des Altfahrzeugs gezahlt; Ziel war einerseits, Wirtschaftskrisen zu bekämpfen und andererseits ökologisch unterlegene, alte Technik durch neue zu ersetzen. Inzwischen leisten manche Kommunen sogar einen Zuschuss, wenn ein:e Käufer:in ein energieeffizientes Elektrogroßgerät anschafft. Dass mit der alten Technik aber gleichermaßen bereits investierte Ressourcen und Energie verschrottet wird, bleibt in den Versprechungen unerwähnt, schnellstens für einen Umbau in Richtung ökologischer Technik sorgen zu wollen.

Niedergang, Verschwinden, „Entschaffen"

Wie lange und in welcher Form eine Technik in Nutzung bleibt, wann und warum sie ausrangiert wird und was mit ihr nach dem Ausrangieren passiert, hängt

36 Vgl. die Erfahrungen des R. U. S. Z. (Reparatur- und Service-Zentrum): Eisenriegler, Sepp: Das Reparatur- und Service-Zentrum R. U. S. Z. 20 Jahre angewandte Kreislaufwirtschaft, in: ders. (Hrsg.): Kreislaufwirtschaft in der EU. Eine Zwischenbilanz, Wiesbaden 2020, S. 235–248, hier S. 237.

37 Vgl. Teupe, Sebastian: Die Schaffung eines Marktes. Preispolitik, Wettbewerb und Fernsehgerätehandel in der BRD und den USA (1945–1985), Berlin 2016.

38 Vgl. Mody, Cyrus: The Long Arm of Moore's Law. Microelectronics and American Science, Cambridge 2017.

39 Für die USA vgl. Lucsko, David: Of Clunkers and Camaros. Accelerated Vehicle Retirement Programs and the Automobile Enthusiast (1990–2009), in: Technology and Culture 55, 2014, S. 390–428.

mithin nicht nur mit Vorstellungen zu Neuheit und Innovation zusammen. Vielmehr sind Nutzungszeiten auch an die Ökonomien und Kulturen des Reparierens und des Entsorgens gebunden und hängen von den vorhandenen Strukturen und Bedingungen von Wartung, Reparieren und Entsorgen ab.

Die meisten Techniken finden ein schleichendes Ende und verschwinden nur allmählich. Manche werden dem Verfall preisgegeben – Beispiele reichen von der Industrieruine zum alten Kassettenrekorder oder Handy in der Schublade oder im Keller; andere werden zerstört; nur wenige werden exemplarisch als zu bewahrende Technikkultur in musealen Sammlungen bewahrt. Dass Techniken seitens des Staats oder aufgrund von internationalen Übereinkommen stillgelegt oder „exnoviert" bzw. „ausgeleitet" werden sollen, um so zügig beendet oder substituiert zu werden, ist demgegenüber historisch neu und bisher noch nie abrupt in kurzer Zeit gelungen, wie weiter unten noch gezeigt wird.

Techniken zu entfernen oder zu entsorgen, bedarf aktiver Einwirkung: Handlungen des Ausrangierens und Wegmachens sind ebenso erforderlich wie eine Werte-Umschreibung, bei der eine eben noch als brauchbar genutzte Technik als wertlos oder überholt deklariert wird, um sie so dem Verfall oder auch der Entfernung preiszugeben. Der „echte" „shock of the old" liegt vermutlich weniger in den langen Nutzungsphasen von technischen Dingen, sondern darin, dass diese auch darüber hinaus persistent und wirkmächtig bleiben. Durch die „great acceleration" seit den 1950er-Jahren sind zudem immer mehr Ressourcen extrahiert worden, die in steigenden Reliktmengen – vom Abfall hin zu Emissionen – resultierten.[40] Die Reste von Produktion und Konsumtion sind dabei im Laufe des 20. Jahrhunderts zu einer kulturellen wie auch ökologischen Herausforderung geworden. Wiedernutzung und Recycling sind zurückgegangen, die hergestellten Artefakte weisen immer komplexe Stoffgemische auf und es mangelt an Senken für die Abfälle, von denen manche ungeahnte toxische Wirkungen generieren.

Nichtsdestotrotz ist die Problematik des „Entschaffens"[41] noch wenig erforscht und findet auch heute noch global betrachtet weitgehend hinter den Kulissen statt. Wenn wir das „Making Technology" als zeitlichen Prozess verstehen, der Arbeit, Energie, Ressourcen, Wissen etc. benötigt und dem sich eine Verteilungslogistik für Güter, Waren und Dienste anschließt, so gilt dies auch

40 Vgl. Engelke, Peter/McNeill, John R.: The Great Acceleration. An Environmental History of the Anthropocene since 1945, Cambridge 2014.

41 Vgl. Weber, Heike: „Entschaffen". Reste und das Ausrangieren, Zerlegen und Beseitigen des Gemachten (Einleitung), in: Technikgeschichte 81, 2014, S. 1–32, sowie das dazugehörige Sonderheft (H. 1, 2014).

für das Umgekehrte, also für das Entschaffen bzw. das „Unmaking“: Dem Produzieren und der anschließenden Distribution steht eine reversible – also umgekehrt gerichtete – Logistik des Wegmachens gegenüber, die ebenfalls Arbeit, Energie, Ressourcen, Wissen etc. benötigt. An unzählige Stellen verteilte und nun ausrangierte Dinge müssen eingesammelt, transportiert, dann auseinandergenommen, rezykliert oder „entsorgt“ werden.[42]

Dieses Feld des Unmaking geht längst nicht in der Abfallentsorgung auf, für die inzwischen zahlreiche historische Studien vorliegen.[43] Sie umfasst unzählige Praktiken der Demontage, der Verschrottung oder auch des Weiterhandelns von Altstoffen oder Altgeräten bis hin zur Dekontamination problematischer Stoffe in den Bereichen Industrie, Militär und Konsumsphäre. Am stärksten haben sich bisher Architekturgeschichte und historische Stadtforschung mit dem Wegmachen beschäftigt, da das Bauen in der verdichteten Stadt schon immer mit Abriss und Wiedernutzung bebauter Flächen konfrontiert war. Georges-Eugène Haussmanns (1809–1891) Sanierung oder auch weitere städtische Kanalisierungsprojekte um 1900 stellten nicht nur Hygienisierungsmaßnahmen dar, sondern waren auch tiefgreifende Projekte der Zerstörung gewachsener Stadtstrukturen. Gleiches gilt etwa auch für den späteren Autobahnbau in städtischen Agglomerationen, der in den USA auch systematisch dem Abbruch oder der Sanierung von Slums diente. Kaum jedoch wissen wir Näheres zu den Resteökonomien der Moderne, in denen – dem vormodernen Lumpenhandel ähnelnd – Gebrauchtes eingesammelt, zerlegt, sortiert und, wo möglich, wiederverwendet wurde.[44] Mit Aufkommen neuer technischer Artefakte und neuer Reste-Arten entwickelten sich auch in der Moderne immer wieder produktspezifische Erweiterungen dieser Resteökonomien: Wurde das Zinn aus Konservendosen Anfang des 20. Jahrhunderts von der Kunstseiden-Industrie aufgenommen, so werden inzwischen aus Plastikflaschen Fleece-Pullover hergestellt.

---

42 Vgl. Denton, Chad/Weber, Heike: Rethinking Waste within Business History. A Transnational Perspective on Waste Recycling in World War II, in: Business History Special Issue, 2021, S. 1–27, https://doi.org/10.1080/00076791.2021.1919092.

43 Vgl. z. B. Köster, Roman: Hausmüll. Abfall und Gesellschaft in Westdeutschland (1945–1990), Göttingen 2016; Lepawsky, Josh: Reassembling Rubbish. Worlding Electronic Waste, Cambridge/London 2018; Flachowsky, Sören: Saubere Stadt. Saubere Weste? Die Geschichte der Berliner Stadtreinigung von 1871 bis 1955 mit dem Schwerpunkt Nationalsozialismus, Berlin 2021; Weber, Heike: Unmaking the Made. The Troubled Temporalities of Waste, in: Gille, Zsuzsa/Lepawsky, Josh (Hrsg.): The Routledge Handbook of Waste Studies, New York 2022, S. 88–102.

44 Vgl. Denton/Weber, Rethinking; Barles, Sabine: L’invention des déchets urbains. France (1790–1970), Seyseel 2005; Zimring, Carl: Cash for Your Trash. Scrap Recycling in America, New Brunswick 2005.

Haushaltsgroßgeräte wurden bis in die 1960er-Jahre vom Schrott- und Altgerätehandel absorbiert und selbst so mancher der ersten, um 1970 ausrangierten Mainframe-Computer dürfte wohl noch auf lokalen Demontage-Anlagen verschrottet worden sein, um das darin enthaltene Eisen, Aluminium, Zink, Kupfer oder Gold wiederzugewinnen; dies legt zumindest ein Filmreport zu einem „Computer-Friedhof“ der Schweiz (1968) nahe.[45] Schon damals dürfte dieses Zerlegen gesundheitsgefährdend gewesen sein; nach und nach jedenfalls wurde das Entsorgen oder Weiternutzen solcher Elektronik und die damit verbundene mühsame und toxische Arbeit von den westlichen Länder auf teils legalen und teils illegalen Wegen in den Globalen Süden ausgelagert.

„Hinterlassenschaften“: Persistenz und Nachleben der Technik

Temporalitäten der Technik sind auch dann anzutreffen, wenn Technik länger persistent bleibt, als wir Menschen uns dies wünschen. Problematisch wurde dies seit dem 20. Jahrhundert für ex post als gesundheitsgefährdend oder klimagefährdend erachtete Stoffe: PCB, DDT, FCKWs, Asbest oder auch Kreosot, mit dem Bahnschwellen haltbar gemacht wurden, ließen sich benennen.[46] Polychlorierte Biphenyle (PCB) sind seit ihrer großtechnischen Herstellung in den 1930er-Jahren als Isolieröle in Kondensatoren, Transformatoren oder auch in Weichmachern und Lacken verwendet worden. PCB begleitete wegen der isolierenden, weichmachenden Materialeigenschaften die Phase der flächendeckenden Elektrifizierung; auch im Bau fanden PCB weite Anwendung. Bayer, einer ihrer größten Hersteller, hat die Produktion erst 1983 eingestellt. Wie als toxisch erkannte Stoffe dann gezielt, wenn auch regional begrenzt, aus Gesellschaften „entfernt“ wurden, ist für Asbest, DDT und FCKW beschrieben worden.[47] In al-

45 SRF Schweizer Radio und Fernsehen: 1. Computer-Friedhof in der Schweiz (1968), 17.08.2018. Unter: https://www.srf.ch/play/tv/archivperlen/video/1—computer-friedhof-in-der-schweiz-1968?urn=urn:srf:video:07fb8dbe-bdc6-4024-a905-2ad39dcf645c (Eingesehen: 05.08.2021).

46 Zu Kreosot vgl. Meiske, Martin: Empire, Extraction and Externalization. Wood Impregnation in Early 20th Century Bosnia and its Precarious Legacy, in: Fürst-Bjeliš, Borna u. a. (Hrsg.): Environmental Histories of the Dinaric Karst, im Erscheinen.

47 Vgl. z. B. Höper, Wolfgang E.: Asbest in der Moderne. Industrielle Produktion, Verarbeitung, Verbot, Substitution und Entsorgung, Münster u. a. 2008, S. 251–275; Gregson, Nicky/Watkins, Helen/Calestani, Melania: Inextinguishable Fibres. Demolition and the Vital Materialisms of Asbestos, in: Environment and Planning A. Economy and Space 42, 2010, S. 1065–

len Fällen waren Ausführung und Substitution langwierige Prozesse, hatten nur partiellen Erfolg und zeitigten teils abermals unerwünschte Folgen; aus der Perspektive von Temporalitäten ließe sich also sagen, sie generierten neue, teils nicht absehbare oder teils auch schlichtweg ignorierte toxische Temporalitäten. Disruptive technische Veränderungen wurden im Fall der FCKWs und von DDT vermieden, um eine zügige Ausführung zu ermöglichen; allerdings zeitigte das gewählte Substitut bald neue Probleme.

Umweltgefährdende Langzeitwirkungen von Technik sind historisch nicht neu. Beispielsweise haben Erzbergbau und Verhüttung bereits in der Antike massive Umweltschäden wie z. B. die Verwüstung ganzer Landstriche und erhöhte Schwermetall-Emissionen nach sich gezogen. Aber sie haben seit dem 20. Jahrhundert neuartige räumliche und zeitliche Reichweiten angenommen. Am bekanntesten sind inzwischen jene Beispiele, die für die Indizierung des Anthropozäns herangezogen werden, also vor allem der zunehmende CO_2-Gehalt der Atmosphäre, die irreversible Kontamination der Erde mit Radionukliden durch die Atombombentests der 1950er- und 1960er-Jahre oder die globale Dissipation von Mikroplastik. Plastikabfälle sowie radioaktiver Müll weisen zudem konflikthafte Temporalitäten auf, denn ihre Ressourcengrundlagen reichen weit in die Erdgeschichte zurück und ihr Zerfall wiederum weit in die Zukunft.[48]

Vergangener Technikeinsatz und kommende Zeit bzw. Zukunft sind in ein Verhältnis getreten, das weit über die klassische Rede von Technikfolgen hinausreicht. Viele Innovationen dienen dazu, die Folgen von einst eingeschlagenen Technikpfaden zu korrigieren – von der Rauchgasreinigung über Katalysatoren in Autos hin zur nachträglichen Gebäudedämmung. Die Extraktion von Erzen, Öl und anderen Ressourcen hat in den USA, der Sowjetunion, Skandinavien und andernorts „ghost towns" und devastierte Flächen hinterlassen, die der Sanierung bedürften und Fragen nach technischem Kulturerbe und Re-Ökonomisierung stellen.[49] Die technische Umformung von Landschaft durch ver-

---

1083; Böschen, Stefan: Risikogenese. Prozesse gesellschaftlicher Gefahrenwahrnehmung. FCKW, DDT, Dioxin und Ökologische Chemie, Opladen 2000; Davis, Frederik Rowe: Banned. A History of Pesticides and the Science of Toxicology, New Haven 2014; Umweltbundesamt (Hrsg.): Späte Lehren aus frühen Warnungen. Das Vorsorgeprinzip (1896–2000), Berlin 2004; Armitage, Kevin C.: The Locked Door. Thomas Midgley Jr., Chlorofluorocarbons, and the Unintended Consequences of Technology, in: Hersey, Mark D./Steinberg, Ted (Hrsg.): A Field on Fire. The Future of Environmental History, Tuscaloosa 2019, S. 57–71.

48 Vgl. Hecht, Vehicles; Westermann, Technofossil.

49 Vgl. für Skandinavien z. B. Avango, Dag/Rosqvist, Gunhild: When Mines Go Silent. Exploring the Afterlives of Extraction Sites, in: Nord, Douglas C. (Hrsg.): Nordic Perspectives on the Responsible Development of the Arctic. Pathways to Action, Cham 2021, S. 349–367.

gangene Technik ist aber auch im Regionalen unübersehbar – von verlassenen Industriebrachen hin zum lokalen „Müllberg".[50]

In manchen Fällen kommt dabei sogar historische Expertise auf ganz neue Weise zum Tragen, etwa wenn die Altlasten-Kartierung und -Sanierung eruiert, wo toxische Gewerbe einst situiert waren oder im Gebäude-Rückbau alte Bauzeichnungen zu Rate gezogen werden; der derzeitige Trend zum „urban mining" will Altstoffe aus alten Deponien und Stadtinfrastrukturen zurückgewinnen, so dass ein Zusammenstoßen mit der Vergangenheit zum unerlässlichen Teil der Rückbergung wird. Wenn AKWs zurückgebaut werden sollen, so ist es unerlässlich, genaue Kenntnisse zu dem einstigen Bau zu haben, derweil sich die Denkmalpflege die Frage stellt, ob nicht auch solche Bauten erhaltenswert seien und wie dies geleistet werden könne.[51]

Im Bereich der Ingenieurwissenschaften sind solche Konsequenzen einer persistenten oder mit Nachfolgen einhergehenden Technik seit dem späten 20. Jahrhundert zu einem genuinen Feld des „Nachsorgens" geworden. Auf die seit den 1970er-Jahren diagnostizierten sogenannten „Altlasten" – durch vorherige Nutzung hinterlassene toxische Rückstände im Boden – reagierte die „Altlasten-Sanierung" von ehemaligen Industrieflächen und Deponien; auch das inzwischen eingeführte Konzept der kontrollierten Zentraldeponien, so wurde klar, verlangte eine nachsorgende Kontrolle von ein oder mehreren Jahrhunderten.[52] Atommüll oder die Stilllegung des Bergbaus erfordern eine technische Nachsorge, die zeitlich weit über die Zeitspannen der eigentlichen Techniknutzung hinaus geht. Im „Nachbergbau" werden nicht nur vom einstigen Bergbau betroffene Flächen rekultiviert, sondern bis auf weiteres ist Geo-Monitoring zu betreiben und das Grubenwasser-Management sowie eine stete Entwässerung sind „Ewigkeitsaufgaben". Für die Endlagerung von hochradioaktivem Atommüll veranschlagt die Bundesrepublik einen Zeitraum von einer Million Jahre. Diese Temporalitäten von „vergangener" Technik reichen mithin in eine unbekannte Zukunft hinein, in der die eigentliche Technik so dann vermutlich gar nicht mehr existieren wird. Forscher:innen im Bereich der LTSER (Long-Term Socio-Ecological Research, also langfristige sozial-ökologische Forschung) haben inzwischen damit begonnen, technische Standorte nach der Langlebigkeit

---

50 Vgl. Storm, Anna: Post-Industrial Landscape Scars, Basingstoke 2014 (= Palgrave Studies in the History of Science and Technology); Weber, Heike: 20th Century Wastescapes. Cities, Consumers, and Their Dumping Grounds, in: Soens, Tim u. a. (Hrsg.): Urbanizing Nature. Actors and Agency (dis)connecting Cities and Nature since 1500, New York 2019, S. 261–289.

51 Vgl. Brandt, Sigrid/Dame, Thomas (Hrsg.): Kernkraftwerke. Denkmalwerte und Erhaltungschancen, Berlin 2019 (= ICOMOS Hefte des Deutschen Nationalkomitees).

52 Vgl. Weber, Wastescapes.

ihrer jeweiligen Hinterlassenschaften und dem voraussichtlichen Aufwand, den nachfolgende Generationen zu tragen haben werden, zu klassifizieren – als „wicked legacies" gelten ihnen solche, die mehr oder weniger einer ewigen Pflege bedürfen.[53]

Resümee: Zur Herausforderung kollidierender Temporalitäten

Die Gegenwart ist charakterisiert von weit in die Vergangenheit reichenden Techniken und Infrastrukturen wie auch kurzlebigen Techniken gleichermaßen. Persistenz, Polychronie und das Nachleben von Technik sind schon immer Teil des Alltags gewesen; sie erhielten aber im Laufe des 20. Jahrhunderts eine ganz neue Bedeutung. Es sind die zeitlichen Überwerfungen zwischen in der Vergangenheit eingeschlagenen Technikpfaden und Konsumweisen, ihrem Hineinreichen in die Zukunft und weiteren Zeitlichkeiten, weshalb die Fridays-for-Future-Generation lautstark Zukunftsgerechtigkeit sowie eine Politik, die Verantwortung für die Zukunft übernimmt, einfordert. Der Langzeit-Horizont von so mancher Technik und von Umweltauswirkungen vergangenen und heutigen Tuns steht zudem im Widerspruch zur Kurzzeit-Logik von Politik und Wahlperioden wie auch des modernen Fetischismus um das Neue, das Innovative.[54]

Technikgeschichte sollte daher erstens damit beginnen, explizit nach den Zeitlichkeiten von Technik und damit auch dem Spannungsfeld zwischen Vergänglichkeit und Persistenz von Technik zu fragen. Damit geraten neue historische Fragestellungen in den Vordergrund, die weit über das inzwischen gut beackerte Feld des Reparierens hinaus reichen.

Zweitens lässt sich angesichts der herausgearbeiteten Temporalitäten von Technik hinterfragen, ob Beschleunigung, Flexibilisierung oder Raum-Zeit-Verdichtung wirklich das bisher in Geschichtswissenschaft wie Soziologie behauptete prägende Erfahrungsmoment der jüngeren Vergangenheit bilden. Im Laufe des 20. Jahrhunderts sind neuartige und in ihrer Überlappung geradezu irritierende Temporalitäten und Zukunftsbezüge von Technik entstanden, die ihrer

---

53 Vgl. Winiwarter, Verena u. a.: Why Legacies Matter. Merits of a Long-Term Perspective, in: Haberl, Helmut u. a. (Hrsg.): Social Ecology. Society-Nature Relations across Time and Space, Cham 2016 (= Human-Environment Interactions series, Bd. 5), S. 149–168.

54 Zu diesem Gedanken konfligierender Zeittaktungen vgl. Adam, Barbara: Timescapes of Modernity. The Environment and Invisible Hazards, London/New York 1998 (= Global Environmental Change Series).

genaueren historischen Untersuchung noch harren. Die konstatierten Zeitverwerfungen spielen eine wesentliche Rolle in den aktuellen Debatten zu Klima- und ökologischen Krisen und den anstehenden Problemlösungen. Es wäre daher wichtig, dass (Technik-)Historiker:innen das Wissen um bisherige Temporalitäten von Technik in diese Debatten einbringen und sie zudem weiter daran arbeiten, neue Narrative und Ansätze zu deren besseren Beschreibung zu entwickeln.

Drittens wäre dringlich, die Problematik von Altlasten und des Verschwindens oder Entfernens von Technik und Resten umwelt- und technikhistorisch zu untersuchen. Wenn die Masse der gemachten Hinterlassenschaften in der Anthropozän-Debatte inzwischen unter dem Schlagwort der „Technofossilien" auf 30 Billionen Tonnen Material berechnet wird,[55] so sollte dies Anlass sein, dieser pauschalen Quantifizierung detaillierte historische Analysen gegenüber zu stellen. Denn nur ein genaueres Wissen zu den verantwortlichen Akteuren, den wirkenden Machtstrukturen und zu den regionalen Charakteristika der historischen Entwicklung kann dabei helfen, bessere Lösungen für das Entschaffen zu finden.

Literatur

Adam, Barbara: Timescapes of Modernity. The Environment and Invisible Hazards, London/New York 1998 (= Global Environmental Change Series).
Adey, Peter u. a. (Hrsg.): The Routledge Handbook of Mobilities, London/New York 2014.
Armitage, Kevin C.: The Locked Door. Thomas Midgley Jr., Chlorofluorocarbons, and the Unintended Consequences of Technology, in: Hersey, Mark D./Steinberg, Ted (Hrsg.): A Field on Fire. The Future of Environmental History, Tuscaloosa 2019, S. 57–71.
Avango, Dag/Rosqvist, Gunhild: When Mines Go Silent. Exploring the Afterlives of Extraction Sites, in: Nord, Douglas C. (Hrsg.): Nordic Perspectives on the Responsible Development of the Arctic. Pathways to Action, Cham 2021, S. 349–367.
Barak, On: On Time. Technology and Temporality in Modern Egypt, Berkeley 2013.
Barles, Sabine: L'invention des déchets urbains. France (1790–1970), Seyseel 2005.
Beck, Kurt: The Art of Truck Modding on the Nile (Sudan). An Attempt to Trace Creativity, in: Gewald, Jan-Bart/Luning, Sabine/van Walraven, Klaas: The Speed of Change. Motor Vehicles and People in Africa (1890–2000), Leiden/Boston 2009 (= Afrika-Studiecentrum series, Bd. 13), S. 149–174.
Bonneuil, Christophe/Fressoz, Jean-Baptiste: L'Evénement Anthropocène. La Terre, l'histoire et nous, Paris 2013.

55 Ellis, Anthropocene, S. 148.

Borbach, Christoph: Speichern als Übertragen – Übertragen als Speichern. Zur technischen Frühgeschichte akustischer Delay Lines und ihre Verschränkung zweier Medienfunktionen, in: Technikgeschichte 86, 2019, S. 101–129.
Böschen, Stefan: Risikogenese. Prozesse gesellschaftlicher Gefahrenwahrnehmung. FCKW, DDT, Dioxin und Ökologische Chemie, Opladen 2000.
Brandt, Sigrid/Dame, Thomas (Hrsg.): Kernkraftwerke. Denkmalwerte und Erhaltungschancen, Berlin 2019 (= ICOMOS Hefte des Deutschen Nationalkomitees).
Bray, Francesca: Flows and Matrices, Landscapes and Cultures, in: ICON 22, 2016, S. 8–19.
Clark, Christopher: Gefangene der Zeit. Geschichte und Zeitlichkeit von Nebukadnezar bis Trump, München 2020.
Davis, Frederik Rowe: Banned. A History of Pesticides and the Science of Toxicology, New Haven 2014.
Denton, Chad/Weber, Heike: Rethinking Waste within Business History. A Transnational Perspective on Waste Recycling in World War II, in: Business History Special Issue, 2021, S. 1–27, https://doi.org/10.1080/00076791.2021.1919092.
Downey, Gregory J.: Telegraph Messenger Boys. Labor, Technology and Geography (1850–1950), New York 2002.
Edelstein, Dan/Geroulanos, Stefanos/Wheatley, Natasha: Power and Time. Temporalities in Conflict and the Making of History, Chicago/London 2020.
Edgerton, David: From Innovation to Use. Ten Eclectic Theses on the Historiography of Technology, in: History and Technology 16, 1999, S. 111–136.
Edgerton, David: The Shock of the Old. Technology and Global History Since 1900, London 2006.
Eisenriegler, Sepp: Das Reparatur- und Service-Zentrum R. U. S. Z. 20 Jahre angewandte Kreislaufwirtschaft, in: ders. (Hrsg.): Kreislaufwirtschaft in der EU. Eine Zwischenbilanz, Wiesbaden 2020, S. 235–248.
Ellis, Erle C.: Anthropocene. A Very Short Introduction, Oxford 2018.
Engelke, Peter/McNeill, John R.: The Great Acceleration. An Environmental History of the Anthropocene since 1945, Cambridge 2014.
Flachowsky, Sören: Saubere Stadt. Saubere Weste? Die Geschichte der Berliner Stadtreinigung von 1871 bis 1955 mit dem Schwerpunkt Nationalsozialismus, Berlin 2021.
Friedrich, Alexander/Höhne, Stefan: Regimes of Freshness. Biopolitics in the Age of Cryogenic Culture, in: Medicine Anthropology Theory 3, 2017, S. 112–154.
Gange, David: Time, Space and Islands. Why Geographers Drive the Temporal Agenda, in: Past & Present 243, 2019, S. 299–312.
Geppert, Alexander C. T./Kössler, Till (Hrsg.): Obsession der Gegenwart. Zeit im 20. Jahrhundert, Göttingen 2015 (= Geschichte und Gesellschaft, Sonderheft 25).
Göttlich, Andreas: To Wait and Let Wait, in: Schutzian Research 7, 2015, S. 47–64.
Gregson, Nicky/Watkins, Helen/Calestani, Melania: Inextinguishable Fibres. Demolition and the Vital Materialisms of Asbestos, in: Environment and Planning A. Economy and Space 42, 2010, S. 1065–1083.
Grunwald, Armin: Technikzukünfte als Medium von Zukunftsdebatten und Technikgestaltung, Karlsruhe 2012.
Gumbrecht, Hans Ulrich: Unsere breite Gegenwart, Berlin 2010.
Hahn, Hans Peter: Das ‚zweite Leben' von Mobiltelefonen und Fahrrädern. Temporalität und Nutzungsweisen technischer Objekte in Westafrika, in: Krebs, Stefan/Schabacher,

Gabriele/Weber, Heike (Hrsg.): Kulturen des Reparierens. Dinge – Wissen – Praktiken, Bielefeld 2018, S. 105–119.
Hänggi, Marcel: Fortschrittsgeschichten. Für einen guten Umgang mit Technik, Frankfurt (Main) 2015.
Hasenöhrl, Ute: Globalgeschichten der Technik, in: Heßler, Martina/Weber, Heike (Hrsg.): Provokationen der Technikgeschichte. Zum Reflexionszwang historischer Forschung, Paderborn 2019, S. 151–192.
Hecht, Gabrielle: Interscalar Vehicles for an African Anthropocene. On Waste, Temporality, and Violence, in: Cultural Anthropology 33, 2018, S. 109–141.
Hölscher, Lucian: Zeitgärten. Zeitfiguren in der Geschichte der Neuzeit, Göttingen 2020.
Höper, Wolfgang E.: Asbest in der Moderne. Industrielle Produktion, Verarbeitung, Verbot, Substitution und Entsorgung, Münster u. a. 2008.
Isberg, Erik: Multiple Temporalities in a New Geological Age. Revisiting Reinhart Koselleck's Zeitschichten, in: Geschichte und Gesellschaft 46, 2020, S. 729–735.
Jackson, Steven J.: Rethinking Repair, in: Gillespie, Tarleton/Boczkowski, Pablo J./Foot, Kirsten (Hrsg.): Media Technologies. Essays on Communication, Materiality and Society, Cambridge 2014, S. 221–239.
Jasanoff, Sheila/Kim, Sang-Hyun (Hrsg.): Dreamscapes of Modernity. Socio-technical Imaginaries and the Fabrication of Power, Chicago 2015.
Kellermann, Robin: Waiting (For Departure), in: Jensen, Ole B. u. a. (Hrsg.): Handbook of Urban Mobilities, Abingdon/Oxon/New York 2020, S. 144–153.
Köster, Roman: Hausmüll. Abfall und Gesellschaft in Westdeutschland (1945–1990), Göttingen 2016.
Krajewski, Markus: Fehler-Planungen. Zur Geschichte und Theorie der industriellen Obsoleszenz, in: Technikgeschichte 81, 2014, S. 91–114.
Krebs, Stefan: Maintaining the Mobility of Motor Cars. The Case of (West) Germany, 1918–1980, in: Krebs, Stefan/Weber, Heike (Hrsg.): The Persistence of Technology. Histories of Repair, Reuse and Disposal, Bielefeld 2021, S. 139–161.
Krebs, Stefan/Weber, Heike (Hrsg.): The Persistence of Technology. Histories of Repair, Reuse and Disposal, Bielefeld 2021.
Landwehr, Achim: Die anwesende Abwesenheit der Vergangenheit. Essay zur Geschichtstheorie, Frankfurt (Main) 2016.
Lepawsky, Josh: Reassembling Rubbish. Worlding Electronic Waste, Cambridge/London 2018.
Lucsko, David: Of Clunkers and Camaros. Accelerated Vehicle Retirement Programs and the Automobile Enthusiast (1990–2009), in: Technology and Culture 55, 2014, S. 390–428.
Malm, Andreas: Fossil Capital. The Rise of Steam Power and the Roots of Global Warming, London 2016.
Meiske, Martin: Empire, Extraction and Externalization. Wood Impregnation in Early 20th Century Bosnia and its Precarious Legacy, in: Fürst-Bjeliš, Borna u. a. (Hrsg.): Environmental Histories of the Dinaric Karst, im Erscheinen.
Mody, Cyrus: The Long Arm of Moore's Law. Microelectronics and American Science, Cambridge 2017.
Nowotny, Helga: Eigenzeit. Entstehung und Strukturierung eines Zeitgefühls, Frankfurt (Main) 1989.
Ogle, Vanessa: The Global Transformation of Time (1870–1950), Cambridge 2015.

Prinz, Benjamin: Operieren am blutleeren Herzen. Eine Geschichte chirurgischer Zeit zwischen Handwerk, Maschinen und Organismen (1900–1950), in: NTM. Zeitschrift für Geschichte der Wissenschaften, Technik und Medizin 26, 2018, S. 237–266.
Radin, Joanna/Kowal, Emma (Hrsg): Cryopolitics. Frozen Life in a Melting World, Cambridge 2017.
Raulff, Ulrich: Das letzte Jahrhundert der Pferde. Geschichte einer Trennung, München 2015.
Ropohl, Günter: Die unvollkommene Technik, Frankfurt (Main) 1985.
Rosa, Hartmut: Beschleunigung. Die Veränderung der Zeitstrukturen in der Moderne, Frankfurt (Main) 2005.
Schivelbusch, Wolfgang: Geschichte der Eisenbahnreise. Zur Industrialisierung von Raum und Zeit im 19. Jahrhundert, Frankfurt (Main) 1979.
Schmieder, Falko: Gleichzeitigkeit des Ungleichzeitigen. Zur Kritik und Aktualität einer Denkfigur, in: Zeitschrift für kritische Sozialtheorie und Philosophie 4, 2017, S. 325–363.
Stasik, Michael/Hänsch, Valerie/Mains, Daniel: Temporalities of Waiting in Africa, in: Critical African Studies 12, 2020, S. 1–9.
Storm, Anna: Post-Industrial Landscape Scars, Basingstoke 2014 (= Palgrave Studies in the History of Science and Technology).
Tamm, Marek/Olivier, Laurent: Introduction. Rethinking Historical Time, in: dies. (Hrsg.): Rethinking Historical Time. New Approaches to Presentism, London 2019, S. 1–20.
Tamm, Marek/Olivier, Laurent (Hrsg.): Rethinking Historical Time. New Approaches to Presentism, London 2019.
Tanaka, Stefan: History without Chronology, in: Public Culture 28, 2016, S. 161–186.
Teupe, Sebastian: Die Schaffung eines Marktes. Preispolitik, Wettbewerb und Fernsehgerätehandel in der BRD und den USA (1945–1985), Berlin 2016.
Thompson, Edward P.: Time, Work-Discipline, and Industrial Capitalism, in: Past & Present 38, 1967, S. 56–97.
Umweltbundesamt (Hrsg.): Späte Lehren aus frühen Warnungen. Das Vorsorgeprinzip (1896–2000), Berlin 2004.
van der Straeten, Jonas: The Rhythms Behind Change. Historiography and the Temporality of Non-Western Technological Landscapes, in: Technikgeschichte 88, 2021, S. 191–196.
van der Straeten, Jonas/Weber, Heike: Technology and its Temporalities. A Global Perspective, in: Carnino, Guillaume u. a. (Hrsg.): Global History of Technology (19th-21st centuries), im Erscheinen.
Weber, Heike: „Entschaffen“. Reste und das Ausrangieren, Zerlegen und Beseitigen des Gemachten (Einleitung), in: Technikgeschichte 81, 2014, S. 1–32.
Weber, Heike: Made to Break? Lebensdauer, Reparierbarkeit und Obsoleszenz in der Geschichte des Massenkonsums von Technik, in: Krebs, Stefan/Schabacher, Gabriele/Weber, Heike (Hrsg.): Kulturen des Reparierens. Dinge – Wissen – Praktiken, Bielefeld 2018, S. 49–83.
Weber, Heike: 20th Century Wastescapes. Cities, Consumers, and Their Dumping Grounds, in: Soens, Tim u. a. (Hrsg.): Urbanizing Nature. Actors and Agency (dis)connecting Cities and Nature since 1500, New York 2019, S. 261–289.
Weber, Heike: Zeitschichten des Technischen. Zum Momentum, Alter(n) und Verschwinden von Technik, in: Heßler, Martina/Weber, Heike (Hrsg.): Provokationen der Technikgeschichte. Zum Reflexionszwang historischer Forschung, Paderborn 2019, S. 107–150.
Weber, Heike: Mending or Ending? Consumer Durables, Obsolescence and Practices of Reuse, Repair and Disposal in West Germany (1960s-1980s), in: Krebs, Stefan/Weber, Heike

(Hrsg.): The Persistence of Technology. Histories of Repair, Reuse and Disposal, Bielefeld 2021, S. 233–262.
Weber, Heike: Unmaking the Made. The Troubled Temporalities of Waste, in: Gille, Zsuzsa/ Lepawsky, Josh (Hrsg.): The Routledge Handbook of Waste Studies, New York 2022, S. 88–102.
Weidensee, Pilar: Auf den Hund gekommen. Hunde als Antriebsmotoren der Verstädterung und der Versorgung Berlins in der ersten Hälfte des 20. Jahrhunderts, MA-Arbeit TU Berlin, 2020.
Wenzlhuemer, Roland: Less Than No Time. Zum Verhältnis von Telegrafie und Zeit, in: Geschichte und Gesellschaft 37, 2011, S. 592–613.
Westermann, Andrea: A Technofossil of the Anthropocene. Sliding up and down Temporal Scales with Plastic, in: Edelstein, Dan/Geroulanos, Stefanos/Wheatley, Natasha (Hrsg.): Power and Time. Temporalities in Conflict and the Making of History, Chicago/London 2020, S. 122–144.
Winiwarter, Verena u. a.: Why Legacies Matter. Merits of a Long-Term Perspective, in: Haberl, Helmut u. a. (Hrsg.): Social Ecology. Society-Nature Relations across Time and Space (= Human-Environment Interactions series, Bd. 5), Cham 2016, S. 149–168.
Zimring, Carl: Cash for Your Trash. Scrap Recycling in America, New Brunswick 2005.

Internetressourcen

Earth Overshoot Day. Global Footprint Network: Past Earth Overshoot Days. Unter: https://www.overshootday.org/newsroom/past-earth-overshoot-days/ (Eingesehen: 05.08.2021).
SRF Schweizer Radio und Fernsehen: 1. Computer-Friedhof in der Schweiz (1968), 17.08.2018. Unter: https://www.srf.ch/play/tv/archivperlen/video/1—computer-friedhof-in-der-schweiz-1968?urn=urn:srf:video:07fb8dbe-bdc6-4024-a905-2ad39dcf645c (Eingesehen: 05.08.2021).
Wenzlhuemer, Roland: „I had occasion to telegraph to Calcutta". Die Telegrafie und ihre Rolle in der Globalisierung im 19. Jahrhundert, in: Themenportal Europäische Geschichte 2011. Unter: http://www.europa.clio-online.de/2011/Article=513 (Eingesehen: 17.12.2021).

Christian Möller

Braunkohle und Umweltschutz in der DDR

Ressourcenabhängigkeit, ökologische Folgen und umweltpolitische Lösungsversuche in der Diktatur

Die DDR befand sich zum Zeitpunkt ihres Niedergangs nicht nur in einer schweren ökonomischen und politischen, sondern auch in einer ökologischen Krise. Das Ausmaß der Umweltverschmutzung war groß und der Protest gegen die Umweltzerstörung wurde zu einer Triebfeder für den Niedergang der SED-Herrschaft. Eine wesentliche Ursache für die mannigfaltigen Umweltprobleme war Braunkohle.[1] Das bräunlich-schwarze Sedimentgestein war auf dem Gebiet der DDR reichlich vorhanden und wird in den Mitteldeutschen und Lausitzer Revieren seit dem ausgehenden 19. Jahrhundert im industriellen Maßstab abgebaut.[2] Der Bedarf an Braunkohle war groß in der ansonsten rohstoffarmen DDR. Die deutsche Teilung nach dem Zweiten Weltkrieg kappte den Zugang der ostdeutschen Wirtschaft zur Montanindustrie an Ruhr und Saar und beförderte damit eine Politik der Rohstoffautarkie. Die Reparationsleistungen an die Sowjetunion, der Wiederaufbau und der in den 1950er-Jahren einsetzende wirtschaftliche Aufschwung verlangten zudem nach einer Steigerung der Grundstoff- und Energieproduktion.

Braunkohle lieferte fast 90 Prozent der Elektronenergie in der DDR und wurde darüber hinaus zu Koks, Briketts und Stadtgas verarbeitet. Die Elektroenergieerzeugung übertraf in der DDR bereits 1948 das Vorkriegsniveau von 1936. Zwischen 1950 und 1960 verdoppelte sie sich von 20 auf über 40 Milliarden Kilowattstunden pro Jahr. Im Jahr 1960 förderte das Land etwa 225 Millionen Tonnen Rohbraunkohle und nahm damit im weltweiten Vergleich einen Spitzenplatz ein.[3] Das Sedimentgestein war außerdem ein wichtiger Grundstoff für die Herstellung von Teer und Ölen, Kraft- und Schmierstoffen sowie Paraffin. Der hohe Wassergehalt machte einen Transport der Braunkohle über weite Strecken

---

1 Vgl. dazu Möller, Christian: Umwelt und Herrschaft in der DDR. Politik, Protest und die Grenzen der Partizipation in der Diktatur, Göttingen 2020 (= Kritische Studien zur Geschichtswissenschaft, Bd. 234), insbes. S. 338 f.

2 Ein Überblick über die Braunkohlenreviere und die industrielle Verarbeitung von Braunkohle in Mitteldeutschland bei: Wagenbreth, Otfried: Die Braunkohlenindustrie in Mitteldeutschland. Geologie, Geschichte, Sachzeugen, Markkleeberg 2011.

3 Schmidt-Renner, Gerhard (Hrsg.): Wirtschaftsterritorium Deutsche Demokratische Republik. Ökonomisch-geographische Einführung und Übersicht, Berlin [1959] 1962, S. 75.

https://doi.org/10.1515/9783110785289-003

unrentabel, so dass im Umfeld der Abbaugebiete auch die industriellen Verarbeitungszentren entstanden. Die regional unterschiedliche Beschaffenheit des Rohstoffes führte dabei zu einer funktionalen Differenzierung: Während sich beispielsweise um Borna und südwestlich von Dessau wertvolle Schwelkohlenfelder erstreckten, lagerte im Geiseltal westlich von Merseburg vorwiegend Brikettierkohle. Nördlich und südlich von Bitterfeld wurde ballastreiche Kesselkohle für die Energieerzeugung gewonnen. Zwischen Magdeburg, Staßfurt und Halberstadt befanden sich große Salzkohlevorkommen, die aufgrund eines hohen Salzgehaltes allerdings nur von geringer Qualität waren. In der Lausitz sind bis heute besonders reiche und qualitativ hochwertige Braunkohlevorkommen vorhanden, die in den 1950er-Jahren – verglichen mit den Mitteldeutschen Abbaugebieten – erst schwach erschlossen waren. Zwischen Cottbus, Senftenberg und Spremberg lagert bis heute relativ schwefel- und aschearme Braunkohle, die zu DDR-Zeiten unter anderem für die Produktion von hüttenfähigem Braunkohlenhochtemperaturkoks (BHT-Koks) genutzt wurde. Zu Beginn der 1950er-Jahre wurde in Lauchhammer eine Großkokerei gebaut, die 1960 bereits mehr als eine Millionen Tonnen BHT-Koks für die Eisenverhüttung erzeugte. Südöstlich von Spremberg entstand Ende der 1950er-Jahre das Kombinat „Schwarze Pumpe“, das den Abbau, die Verkokung, Vergasung und Verstromung von Braunkohle vereinte und mit Kosten von fast vier Milliarden DM eines der größten ostdeutschen Investitionsprojekte der damaligen Zeit darstellte. Der dünnbesiedelte Bezirk Cottbus entwickelte sich in Folge der zunehmenden Erschließung der Niederlausitzer Braunkohlevorkommen zu einem Zentrum der Grundstoff- und Energieerzeugung.[4]

Verglichen mit anderen fossilen Energieträgern wie Steinkohle, Erdöl oder Erdgas ist Braunkohle nur von minderer energetischer und stofflicher Qualität. Abbau und Verarbeitung verursachen zudem große soziale und ökologische Probleme. Seit den 1950er-Jahren entstanden in Mitteldeutschland und in der Lausitz – ähnlich, wie auch in Westdeutschland – infolge von Zusammenlegungen gewaltige Großtagebaue, für die tausende Menschen ihre Heimat verlassen mussten. Die Schaufelradbagger schufen Kraterlandschaften und zerstörten

4 Ebd., S. 75–81, S. 106–108, S. 113 u. S. 324–336. Deutsches Institut für Wirtschaftsforschung (DIW): Entwicklung des Energieverbrauchs und seiner Determinanten in der ehemaligen DDR – Kurzfassung – Untersuchung im Auftrage des Bundesministeriums für Wirtschaft, Bonn 1991, S. 14; Schönherr, Hans: Die Rohstoffbasis der Industrie der Deutschen Demokratischen Republik, Berlin 1957, S. 91–101; Steiner, André: Von Plan zu Plan. Eine Wirtschaftsgeschichte der DDR, Berlin 2007, S. 98 f.; Roesler, Jörg: Schwarze Pumpe – ein „Schlüsselbetrieb“ der DDR-Wirtschaft?, in: Bayerl, Günter (Hrsg.): Braunkohleveredelung im Niederlausitzer Revier. 50 Jahre Schwarze Pumpe, Münster u. a. 2009 (= Cottbuser Studien zur Geschichte von Technik, Arbeit und Umwelt, Bd. 34), S. 105–118, hier S. 105–110 u. S. 116.

Ökosysteme, vernichteten wertvolle landwirtschaftliche Nutzfläche und führten zu einer Absenkung des Grundwasserspiegels. Die im Zuge des Tagebaus abgetragenen Deckschichten wurden zu öden und staubigen Halden aufgeschüttet, deren Rekultivierung lange Zeit vernachlässigt wurde.[5] Der Naturschützer Hugo Weinitschke (1930–2009)[6] sprach 1958 in diesem Zusammenhang von „Landschaftswunden", die zu „Wahrzeichen der Braunkohlengebiete unserer Republik" geworden seien.[7] Noch gravierender waren die Umweltfolgen der Braunkohleverarbeitung, die nicht nur auf die Abbauregionen begrenzt blieben: Bei der Verkokung, Brikettierung, Verschwelung, Hydrierung und Verstromung von Braunkohle entstanden schadstoffhaltige Abwässer sowie Staub- und Schwefeldioxidemissionen, die eine schwere Belastung für die Natur und eine große Gefahr für die Gesundheit der Menschen darstellten. Allein die Kraftwerke im Raum Bitterfeld-Wolfen stießen in den 1950er-Jahren etwa 1,5 Millionen Tonnen Staub und doppelt so viel Schwefeldioxid aus.[8] Der ehemalige Leiter der Forschungsstelle für Rauchschäden an der Freiberger Bergakademie, Erich Krüger (1885–1968),[9] berichtete in der Landschaftsdiagnose, einer 1957 veröffentlichten Studie zur Umweltsituation in der DDR, dass in den 1940er-Jahren im Umfeld des Hydrierwerkes Böhlen fast 200 mg/m² Staub in der Stunde niedergegangen seien. Schwefelwasserstoff, Schwefeldioxid, Merkaptan und Phenole erzeugten einen typischen Geruch, der die Luft im südlich von Leipzig gelegenen Braunkohlerevier Böhlen-Espenhain prägte.[10]

---

5 Eine Karte aus dem Jahr 2011 listet für das Mitteldeutsche Revier 20 Hochkippen auf, darunter die Hochhalde Trages bei Espenhain, deren schlechter Zustand bereits zu Beginn der 1950er-Jahre öffentlich beklagt wurde. Vgl. die Karte „Bergbaufolgelandschaft der mitteldeutschen Braunkohlenreviere – Gewerbegebiete, Tagebauseen, Hochkippen und Bruchfelder in Auswahl" – auf der Innenseite des Rückdeckels in: Wagenbreth, Braunkohlenindustrie; Darmer, Gerhard: Hochhalde Espenhain – eine offene Wunde der Landschaft, in: Natur und Heimat 2, 1953, S. 110–113; Schwabe, Hermann: Forstliche Rekultivierung von Kippen des Braunkohlenbergbaus, in: Kommission für Umweltschutz beim Präsidium der Kammer der Technik (Hrsg.): Wiedernutzbarmachung devastierter Böden, Leipzig 1977, S. 149 f.

6 Reichhoff, Lutz/Wegener, Uwe: ILN, Institut für Landschaftsforschung und Naturschutz Halle. Forschungsgeschichte des ersten deutschen Naturschutzinstituts, Berlin [2011] 2016, S. 645.

7 Weinitschke, Hugo: Kippen. Landschaftswunden werden behandelt, in: Natur und Heimat 7, 1958, S. 312.

8 BArch, DQ 1/3492, Anlage zur Verordnung Reinhaltung der Luft o. D. [05.06.1964]: Bericht über die gegenwärtige Situation der Luftverunreinigung in der DDR, pag. 5 f. Vgl. auch Enders, Karl: Die Entwicklung der Verunreinigung der Luft im Raum Bitterfeld/Wolfen, in: Archiv für Naturschutz und Landschaftsforschung 46, 2007, S. 26, Tabelle 1.

9 Eintrag zu Erich Krüger, Sächsische Biografie. Unter: https://saebi.isgv.de/person/snr/26623 (Eingesehen: 10.01.2022).

10 Lingner, Reinhold/Carl, Frank Erich: Landschaftsdiagnose der DDR, Berlin 1957, S. 135–138.

Die Umweltgeschichte des Braunkohletagebaus in der DDR ist historisch bislang noch nicht systematisch aufgearbeitet. Dieser Tagungsband liefert somit einen wichtigen Beitrag, um diese Forschungslücke zu schließen. Der vorliegende Aufsatz plädiert dafür, dass die Untersuchung der Umweltfolgen des Braunkohleabbaus nicht am Tagebau halt machen, sondern auch die industrielle Verarbeitung der Braunkohle einschließen sollte. Auf diese Weise gerät ein weites Spektrum von Akteur:innen und Motiven in den Blick, das Rückschlüsse auf die Umweltpolitik in der DDR zulässt und diese vergleichbar macht. Wann und durch wen wurden die Umweltfolgen des Braunkohleabbaus in der DDR problematisiert? Welche Ziele und Strategien verfolgten diese Akteur:innen? Wie war es ihnen möglich, politische Ressourcen für ihre Anliegen zu finden? Welchen Anteil hatten diese Initiativen an der Formierung einer neuen sozialistischen Umweltpolitik in der zweiten Hälfte der 1960er-Jahre? Wo lagen die Grenzen der Teilhabe in der sozialistischen Diktatur? Diese Fragen sollen im Folgenden am Beispiel behördlicher und gesellschaftlicher Umweltschutzinitiativen untersucht werden. Abschließend blickt der Aufsatz auf die ökologische Krise, in der sich die DDR in den 1980er-Jahren befand, und skizziert die Folgen für die Herrschaft der SED.

Behördliche Initiativen zur Bewältigung braunkohlenbedingter Umweltfolgen

Angesichts des hohen Stellenwerts der Braunkohle und der großen ökologischen Schäden, die der Abbau und die Verarbeitung dieses Rohstoffes hervorriefen, setzte sich nach der Wiedervereinigung im Jahr 1990 in der öffentlichen Wahrnehmung ein Bild durch, wonach in der DDR ein ernstgemeinter Wille zum Schutz der Umwelt nicht existiert habe. Befeuert wurde dieses Narrativ durch die Erfahrungen der 1980er-Jahre, als die Staats- und Parteiführung angesichts wirtschaftlicher Probleme eine restriktive Wende in der Umweltpolitik vollzog und zunehmend repressiv gegen kritisches Umweltengagement vorging.[11] Bereits 1986 formulierte der westdeutsche Reisekorrespondent Peter Wensierski die These, wonach die Umweltpolitik der SED lediglich das Ziel verfolgt habe, im Vorfeld der ersten Umweltkonferenz der Vereinten Nationen im Jahr 1972 in Stockholm für die DDR diplomatische Anerkennung zu erzeugen.[12]

11 Möller, Umwelt, S. 13–18.

12 Wensierski, Peter: Von oben nach unten wächst gar nichts. Umweltzerstörung und Protest in der DDR, Frankfurt (Main) 1986, S. 49.

Die „Enquete-Kommission zur Aufarbeitung der SED-Diktatur“ des Bundestages kam 1998 schließlich zu dem Ergebnis, dass „das ökologische Desaster des SED-Staates“ aufgrund einer „Mißkonstruktion der sozialistischen Planwirtschaft“ und bedingt „durch die Mängel der totalitären Willensbildung in der Einparteien-Diktatur“ systembedingt gewesen sei.[13] Ein aufrichtiges und ernstgemeintes Engagement für den Schutz der Umwelt konnte demnach nur in gesellschaftlichen „Nischen“, etwa in der Wissenschaft oder im Naturschutz, sowie in „unabhängigen“, in Opposition zur SED-Herrschaft stehenden Umweltgruppen der 1980er-Jahre entstehen.[14]

Bei näherem Hinsehen zeigt sich jedoch, dass es vielfältige Formen des konformen Umweltengagements in der DDR gab, die aufgrund ihrer Anpassung an die SED-Herrschaft dazu in der Lage waren, politische Ressourcen zu mobilisieren. Bereits in den 1950er-Jahren setzten sich einige institutionelle Akteure aus ganz unterschiedlichen Motiven heraus für den Schutz der Umwelt ein und bereiteten auf diese Weise den Weg für einen umweltpolitischen Aufbruch, der im darauffolgenden Jahrzehnt einsetzte. Wegmarken dieses Aufbruchs waren die Aufnahme des Natur- und Umweltschutzgedankens in Artikel 15 der Verfassung von 1968, die Verabschiedung des Landeskulturgesetzes zwei Jahre darauf sowie die Bildung eines Ministeriums für Umweltschutz und Wasserwirtschaft im Jahr 1972.[15] Braunkohle spielte dabei immer eine zentrale Rolle.

---

13 Deutscher Bundestag, 13. Wahlperiode, Schlußbericht der Enquete-Kommission „Überwindung der Folgen der SED-Diktatur im Prozeß der deutschen Einheit“, Drucksache 13/11000, 10.06.1998, S. 111–117, S. 326 u. S. 332 f., zum Zitat S. 112.

14 Zur „Nischenthese“ und ihrer Anwendung auf die Umweltgeschichte der DDR vgl. Gaus, Günter: Wo Deutschland liegt. Eine Ortsbestimmung, Hamburg 1983, S. 156–233; Huff, Tobias, Natur und Industrie im Sozialismus. Eine Umweltgeschichte der DDR, Göttingen 2015 (= Umwelt und Gesellschaft, Bd. 13), S. 38 ff., S. 67 ff. u. S. 322 ff. Die Behauptung, kritisches Umweltengagement sei nur in fundamentaler Opposition zum SED-Staat möglich gewesen, findet sich bei Kowalczuk, Ilko-Sascha: Von der Freiheit, Ich zu sagen. Widerständiges Verhalten in der DDR, in: Poppe, Ulrike/Eckert, Rainer/Kowalczuk, Ilko-Sascha (Hrsg.): Zwischen Selbstbehauptung und Anpassung. Formen des Widerstandes und der Opposition in der DDR, Berlin 1995, S. 85–115, S. 97; ders.: Gegenkräfte: Opposition und Widerstand in der DDR – Begriffliche und methodische Probleme, in: Kuhrt, Eberhard (Hrsg.): Opposition in der DDR von den 70er Jahren bis zum Zusammenbruch der SED-Herrschaft, Opladen 1999, S. 47–80, hier S. 49 ff.; Halbrock, Christian: „Freiheit heißt, die Angst verlieren“. Verweigerung, Widerstand und Opposition in der DDR: Der Ostseebezirk Rostock, Göttingen [2014] 2015, S. 257 f.

15 Vgl. dazu ausführlich: Möller, Umwelt, S. 117–220.

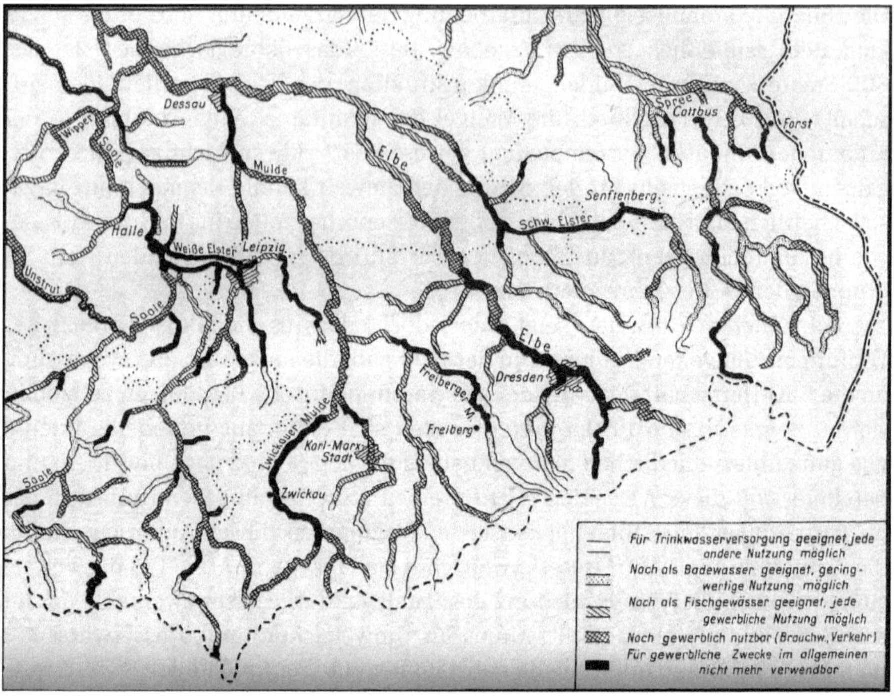

Abb. 1: Das „Röntgenbild kranker Flüsse“ zeigt das Ausmaß der Gewässerverschmutzung in den Südbezirken der DDR, ca. 1955

Das Amt für Wasserwirtschaft (AfW), eine 1952 beim Ministerrat der DDR geschaffene Behörde, verfolgte das Ziel, ausreichende Mengen an Trink- und Brauchwasser für Bevölkerung und Industrie bereitzustellen. Die Erfüllung dieses staatlichen Versorgungsauftrages rückte zu Beginn der 1950er-Jahre auch das Problem phenolhaltiger Abwässer der braunkohleverarbeitenden Industrie in den Fokus der behördlichen Arbeit. Der erste Direktor des AfW, der frühere mecklenburgische Minister für Landwirtschaft und Forsten, Otto Möller (1892–1978),[16] verfasste daher 1953 eine „Denkschrift über die Gesundung der Gewässer in der DDR“, die zur Folge hatte, dass man sich auf Seiten der Industrieministerien intensiver mit Fragen der Gewässerreinhaltung befasste. Das Ministerium für Schwerindustrie setzte ein Jahr darauf eine interdisziplinäre Expertenkommission ein, die neue Verfahren der Gewässerreinhaltung mittels einer Rückgewinnung von Schadstoffen erproben sollte. Die Leitung der Kommission

16 Grewolls, Grete: Möller, Heinrich Otto, in: dies.: Wer war wer in Mecklenburg-Vorpommern? Ein Personenlexikon, Bremen/Rostock 1995, S. 293.

lag bei der Ingenieurtechnischen Zentralstelle des Volkseigenen Betriebes (VEB) Kombinat „Otto Grotewohl" in Böhlen.[17] Der Betrieb gehörte zu den größten Wasserverschmutzern in der DDR und führte zu Beginn der 1950er-Jahre gemeinsam mit dem VEB Kombinat Espenhain täglich etwa 3,5 Tonnen gelöste Phenole, mehr als 30 Tonnen Gesamtphenole und 140 Tonnen organische Substanzen in die Pleiße ab. Der Fluss verfärbte sich infolge dieser Einleitungen rot-bräunlich und musste aufgrund der von seinem Wasser ausgehenden Geruchsbelästigung in Leipzig unter die Erde verlegt werden.[18]

Der Böhlener Betrieb wurde bereits im ersten Fünfjahrplan von 1951–1955 als Schwerpunkt für Maßnahmen zur Abwasserreinhaltung festgelegt und sollte bevorzugt Investitionsmittel für den Aufbau von Reinigungsanlagen erhalten. Trotz dieser erhöhten Aufmerksamkeit gelang es allerdings nicht, die Abwasserlast zu verringern. Die Gründe dafür lagen einerseits in der steten Zunahme der Produktion, die dazu führte, dass Bemühungen zur Reinigung der Abwässer immer den an sie gestellten Anforderungen hinterherliefen. Andererseits hatte die Betriebsleitung ohne drohende Sanktionen kein nachhaltiges Interesse daran, die bereitgestellten Investitionsmittel tatsächlich für die Abwasserreinigung einzusetzen. Zwar entstand in den Jahren 1961/1962 eine neue Phenosolvanlage, die aber zusammen mit zwei bereits bestehenden, nach Kriegsende in Betrieb genommenen Anlagen keine ausreichende Reinigungsleistung erzielen konnte.[19] Der VEB „Otto Grotewohl" veranschaulicht somit exemplarisch ein Grundproblem des ostdeutschen Umweltschutzes in den 1950er-Jahren: Das „Bruttoproduktionsprinzip", das der Planwirtschaft zugrunde lag, machte Investitionen in den Aufbau, den Betrieb oder die Modernisierung von Reinigungsanlagen aus Sicht von Betriebsleitungen und Industrieministerien unattraktiv, weil sich diese „unproduktiven" Maßnahmen in den Bilanzen nicht positiv niederschlugen. Ohne eine gesetzliche Verankerung von Gebühren und Sanktionen für den Ausstoß von Schadstoffen blieben Maßnahmen zum Schutz der Umwelt oft nur punktuell begrenzt und waren von konkreten Ministerratsbeschlüssen sowie einer steten Kontrolle durch die Staatsorgane abhängig.[20]

---

17 Sonderkommission des Ministeriums für Schwerindustrie, Denkschrift Rückgewinnung von Wertstoffen (Phenole und Phenolderivate) aus den Abwässern der Werke der kohleveredelnden Industrie verbunden mit besonderen Maßnahmen zur Abwasserreinigung, o. D. [um 1954]: Studienarchiv Umweltgeschichte, 327–1, Bestand Ulrich Stottmeister; Möller, Umwelt, S. 63–69.

18 Hönsch, Fritz: Der Industriekomplex Böhlen. Eine ökonomisch-geographische Untersuchung unter Berücksichtigung der historisch-geographischen Entwicklung, Leipzig 2011 [zuerst Potsdam 1968], S. 105.

19 Ebd., S. 104–106.

20 Möller, Umwelt, S. 117 f.

AfW-Direktor Möller versuchte diesen Missstand zu beheben. Im Frühjahr 1955 legte seine Behörde einen Gesetzesentwurf vor, der nicht nur vorsah, die Abwasserreinigung in den Betriebsplänen zu verankern und die Industrie zur Ausarbeitung eines langfristigen Wasserwirtschaftsplanes zu verpflichten, sondern die Einleitung von Abwässern auch mit Gebühren belegte.[21] Dieser aus Sicht des Gewässerschutzes vielversprechende Ansatz stieß jedoch bei einigen Industrieministerien, allen voran in den Bereichen der Leichtindustrie sowie des Bergbaus und Hüttenwesens, auf heftigen Widerstand. Der Ministerrat erließ daraufhin im März 1956 lediglich eine abgeschwächte Abwasserverordnung, die zwar beim Bau neuer Industrieanlagen eine Abwasserreinigung nach dem „Stand der Technik" verpflichtend machte, eine Neuregelung der Wasserpreise aber nicht mehr vorsah. Die Nachrüstung bestehender Industriebetriebe, deren Kosten seitens der Regierung auf knapp 2,4 Milliarden DM beziffert wurden, sollte hingegen langfristig, in einem auf 30 Jahre ausgerichteten Plan erfolgen.[22]

Der verzögerte Wiederaufbau, der in der DDR erst zehn Jahre später als in der Bundesrepublik abgeschlossen war, und ein verglichen mit Westdeutschland deutlich schwächeres Wirtschaftswachstum, setzten der Wasserwirtschaft in den 1950er-Jahren enge Grenzen.[23] Hinzu kamen häufige Eingriffe der Politik in die Organisationsstrukturen der Behörde, deren Führungsspitze zwischen 1952 und 1958 dreimal wechselte.[24] In den 1960er-Jahren lähmte außerdem die von der SED forcierte Energieträgerumstellung von Braunkohle auf Erdöl und Erdgas vielerorts die Bemühungen um die Abwasserreinhaltung. Die bevorstehenden Umrüstungen machten eine Anpassung der Reinigungstechnologien erforderlich und führten mitunter dazu, dass Investitionen in den Bau und die Instandhaltung bestehender Abwasserreinigungsanlagen vernachlässigt wurden. Davon betroffen war beispielsweise auch der Böhlener Industriekomplex, der Ende der 1960er-Jahre zu einem Kombinat „auf Abruf" verkam, wie Rainer Karlsch und Raymond Stokes herausgearbeitet haben.[25] Die Staatliche Plankommission gab 1966 zwar Mittel für den Bau einer biologischen Intensivabwasser-

21 BArch, DC 20/1818, Büro des Präsidiums des Ministerrates, Betrifft: Verordnung über Maßnahmen zur Gesundung der Gewässer, Berlin, den 13.08.1955, pag. 248.

22 BArch, DC 20-I/4/166, Protokoll der 30. Sitzung des Ministerrates vom 15. März 1956, Anlagen 1 u. 2; BArch, DC 20-I/4/166, Bericht über die Lage der Wasserwirtschaft (Auszug aus dem Bericht z. Förderung d. Wasserwirtschaft), o. D. [1955].

23 Karlsch, Rainer: Allein bezahlt? Die Reparationsleistungen der SBZ/DDR 1945–1953, Berlin 1993, S. 240.

24 Möller, Umwelt, S. 57–60.

25 Karlsch, Rainer/Stokes, Raymond: Die Chemie muss stimmen. Bilanz des Wandels 1990–2000, Leipzig 2000, S. 35 f.

behandlungsanlage frei, die für die Abwässer der Braunkohleverarbeitung ausgelegt war und 1972 in Betrieb gehen sollte.[26] Die Planungen mussten aber bereits kurz darauf aufgrund des geplanten Ausbaus der Erdölverarbeitung gestoppt werden.[27] Als die Staatliche Plankommission die Investitionsmittel für die Rohstoffumstellung des Werkes im Jahr 1973 aus volkswirtschaftlichen Gründen wiederum streichen musste, waren die Bemühungen um eine Verbesserung der Abwasserreinhaltung des Werkes um Jahre zurückgeworfen.[28]

Ein weiteres Problem bestand zudem in der Haltung vieler Wasserwirtschaftler:innen, die man durchaus als befangen bezeichnen kann. Denn obwohl allen Expert:innen bewusst war, dass die Abwasserreinhaltung der Entwicklung der Industrie um mehrere Jahrzehnte hinterherhinkte, bezeichnete man zeitgleich einsetzende Debatten in der Bundesrepublik als Hysterie und kam Betriebsleitungen und Wirtschaftsplaner:innen immer wieder entgegen. Theodor Musterle (1900–1969),[29] der 1955 die Leitung des AfW übernahm und eine düstere Zukunft prophezeite, in der Naturlandschaft ein Fremdwort sei, bezeichnete Wasser ganz selbstverständlich als industriellen Hilfsstoff.[30] Die ostdeutsche Wasserwirtschaft setzte sich nicht für eine Reinhaltung der Gewässer um der Umwelt willen ein, sondern verstand Umweltschutz ganz im Sinne ihres Versorgungsauftrages in erster Linie als Ressourcenschutz.

Die Staatliche Hygieneinspektion war eine weitere Akteurin, die sich ebenfalls früh mit Umweltproblemen befasste, die durch die Verarbeitung und Nutzung von Braunkohle entstanden. Die Behörde war nach den Prinzipien des „demokratischen Zentralismus" aufgebaut und institutionell dem Gesundheitsministerium zugeordnet. Auf Bezirks- und Kreisebene bestanden Hygienein-

---

26 BArch, DC 20/19132, Information über die Durchführung des ökonomischen Experimentes zur Erhebung von Wassernutzungsentgelt und Abwassereinleitungsgeld im Erdölverarbeitungskombinat „Otto Grotewohl", Böhlen, 21.01.1969, pag. 20 f.

27 Ebd., pag. 21; vgl. auch Hönsch, Industriekomplex, S. 112–115.

28 Hönsch, Industriekomplex, S. 101–106 u. S. 112–115; BArch, DC 20/19132, Information über die Durchführung des ökonomischen Experimentes zur Erhebung von Wassernutzungsentgelt und Abwassereinleitungsgeld im Erdölverarbeitungskombinat „Otto Grotewohl", Böhlen, 21.01.1969, pag. 20 f.

29 Musterle, Theodor, Indexeintrag: Deutsche Biographie. Unter: https://www.deutsche-biographie.de/pnd1012574768.html (Eingesehen: 10.01.2022).

30 Musterle, Theodor: Einflüsse des Wasservorkommens auf die langfristige Entwicklung von Wirtschaft und Leben, in: Welcker, Ernst Rulo (Hrsg.): Das Wasser in seiner Bedeutung für Leben, Gesundheit und Krankheit des Menschen. Vorträge, gehalten auf der 4. Tagung der Medizinisch-Wissenschaftlichen Gesellschaft der DDR zum Studium der aktuellen Lebensbedingungen (13.01.1962 in Berlin), Jena 1963, S. 13–24, S. 14 f.

spektionen, die den Ratsbereichen für Gesundheitsschutz unterstellt waren.[31] Darüber hinaus unterstützten Bezirkshygieneinstitute, die über Laborkapazitäten, Fachpersonal und wissenschaftliche Expertise verfügten, die Arbeit der Inspektionen.[32] Eine zentrale Aufgabe des ostdeutschen Hygienewesens lag darin, wie Karlwilhelm Horn,[33] einer der führenden ostdeutschen Umweltmediziner formulierte, „normative und praktische Maßnahmen“ zu erarbeiten, die der „Verbesserung der Lebensbedingungen des Menschen und zur Gesunderhaltung der Bevölkerung“ dienen sollten.[34] In diesem Sinn setzten sich die Hygieneinspektionen und insbesondere die Hygieneinstitute der Industriebezirke ab Mitte der 1950er-Jahre für eine Verbesserung der Luftqualität ein.

Einen wichtigen Impuls hierfür gab die Verabschiedung einer Verordnung im August 1959, die das Verfahren zur Genehmigung von Industrieanlagen neu regelte. Der Rechtstext stärkte das Mitspracherecht der Bezirks- und Kreisräte bei solchen strukturpolitischen Entscheidungen, von denen eine „[...] Gefährdung, Schädigung oder Belästigung der Umwelt – beispielsweise durch Brand- und Explosionsgefahr, Rauch, Staub, Lärm, Abgase, Abwässer, Verkippung von Rückständen oder durch Anlagen in den Vorländern der Wasserläufe [...]“ ausging.[35] Der Verfahrensablauf sah vor, dass die Projektträger vorab Einzelgenehmigungen und Gutachten von Behörden einholen mussten, darunter auch Stellungnahmen der Hygiene.[36] Die erforderliche Dokumentation der Umweltauswirkungen musste klare Wertangaben enthalten und Aussagen darüber machen, wie Umweltschäden vermieden, beseitigt oder reduziert werden konnten.[37]

---

31 Verordnung über die Hygieneinspektion vom 04.12.1952, in: DDR GBl. I, 1952, S. 1271–1273; Horn, Karlwilhelm: Allgemeine und Kommunale Hygiene, Berlin 1964, S. 429–437; Grahneis, Heinz/Horn, Karlwilhelm: Taschenbuch der Hygiene, Berlin [1967] 1972, S. 64–86; Meißner, Peter: Die Stellung der Staatlichen Hygieneinspektion im Umweltschutz, in: Behrens, Hermann/Hoffmann, Jens/Institut für Umweltgeschichte und Regionalentwicklung e. V. (Hrsg.): Umweltschutz in der DDR. Analysen und Zeitzeugenberichte, Bd. 3: Beruflicher, ehrenamtlicher und freiwilliger Umweltschutz, München 2007, S. 225–243, hier S. 226 f. u. S. 229–234.

32 Horn, Hygiene, S. 432 f.

33 Hahn, Judith/Gaida, Ulrike/Hulverscheidt, Marion: 125 Jahre Hygieneinstitute an Berliner Universitäten. Eine Festschrift, Berlin 2010, S. 38.

34 Ebd., S. 11.

35 Verordnung über die Erteilung von Standortgenehmigungen vom 06.08.1959, in: DDR GBl. I, 1959, S. 795–797.

36 Erste Durchführungsbestimmung zur Verordnung über die Erteilung von Standortgenehmigungen vom 12.10.1959, in: DDR GBl. I, 1959, S. 797–800.

37 Anordnung über die Erteilung von Standortgenehmigungen vom 20.02.1963, in: DDR GBl. II, 1963, S. 147–153.

Die Standortgenehmigungsverordnung stärkte zwar die Stellung der Hygiene in ihrem Kampf für Luftreinhaltung, stellte sie aber auch vor ein Dilemma. Denn welche lufthygienischen Vorgaben die neuen Industrieanlagen einhalten mussten, damit von ihnen keine Gefährdung der Umwelt ausging, war gesetzlich nicht definiert. In der Genehmigungspraxis bewegten sich die Hygieneinspektionen daher in einem rechtlichen Graubereich. Sie waren dazu gezwungen, bei der Begutachtung von Fall zu Fall vorzugehen und mussten über die Durchsetzung lufthygienischer Vorgaben immer wieder neu verhandeln. Das Fehlen zuverlässiger Messdaten und wissenschaftlicher Erkenntnisse über die Immissionswirkung von Schadstoffen bot den Planer:innen hingegen immer wieder Möglichkeiten, die Aussagen der Hygiene in Zweifel zu ziehen.[38] Die Hygieneinstitute begannen daher zunächst damit, Grundlagenforschung zu betreiben, und bauten infolge der Verordnung Messnetze zur systematischen Erfassung der Staub- und Schwefeldioxidbelastungen auf.[39] Bei den Bezirkshygieneinstituten entstanden außerdem Fachabteilungen für Lufthygiene.[40] Die führenden Vertreter:innen der Hygiene setzten sich zudem erfolgreich gegenüber der Staats- und Parteiführung für die Festlegung verbindlicher Grenzwerte ein. Das Gesundheitsministerium definierte daraufhin in einer „Anordnung zur

---

38 Ein solcher Fall in: BArch, DQ 1/3490, 2, RdB Cottbus, Bezirks-Hygiene-Institut Cottbus an Ministerium für Gesundheitswesen, Herrn OMR Dr. Erler, Betr.: Lufthygienische Gutachten, Cottbus, den 26.10.1965, pag. 338 f. Ein Verweis auf fehlende wissenschaftliche Erkenntnisse in: BArch, DQ 1/3490, 2, Böer, Meteorologisch-lufthygienisches Gutachten, Potsdam, den 10.08.1965, pag. 340 f.

39 Vorreiter waren die Städte in den industriellen Ballungsgebieten, vgl. dazu ausführlich Möller, Umwelt, S. 79–82.

40 Vorreiter war der Bezirk Halle, wo Klaus Hammje (1932–2020), der zuvor Assistent von Karlwilhelm Horn an der Hallenser Universitätsklinik war, 1961 mit dem Aufbau begann. Zeitgleich richteten auch die Bezirkshygieneinstitute Berlin und Karl-Marx-Stadt entsprechende Abteilungen ein, kurz darauf folgten die Bezirke Frankfurt/Oder und Cottbus. In den Hygieneinstituten der Nordbezirke verlief der Aufbau hingegen schleppender. Hammje, Klaus: Messungen der Staubsedimentation in Halle (S.) und in umliegenden Industriegebieten, in: Angewandte Meteorologie 4, 1963, S. 8–10, S. 310–312, hier S. 310. Vgl. auch: Telefongespräch mit Dr. Klaus Hammje am 25.09.2015; BArch, DQ 1/3490, 1, Staatliche Hygieneinspektion an das Bezirks-Hygiene-Institut Cottbus, Lufthygienische Untersuchungen im Bezirk Cottbus, 08.08.1963: pag. 297; BHI Frankfurt/Oder an StHI, Betr.: „Schwefelverunreinigung durch das Kalkwerk Rüdersdorf", Frankfurt/Oder, den 28.01.1965: BArch, DQ 1/3490, 1, pag. 224. Riemer, Kerstin: Die Entwicklung der Bezirks-Hygieneinspektion Rostock, Hygieneinstitut Greifswald von 1945 bis 1983, Dissertation Universität Greifswald 1985, hier Anhang zur Dissertation (gekürzte Fassung), Tabelle 6: Strukturelle Entwicklung des Hygieneinstituts Greifswald.

Begrenzung und Ermittlung von Luftverunreinigungen" erstmals rechtsverbindliche Normen, die im Juni 1968 vom Ministerrat bestätigt wurden.[41]

Zur Bekämpfung von Staubemissionen bestanden zahlreiche Möglichkeiten, die von der Optimierung betrieblicher Abläufe und der Schulung von Werksmitarbeitern bis hin zum Einbau von Staubfiltern mit Wirkungsgraden von bis zu 99 Prozent reichten. Lediglich bei den Schwefeldioxidemissionen standen in den 1960er-Jahren weltweit noch keine großtechnisch erprobten Reinigungsanlagen zur Verfügung. Die Mittel der Wahl zur Reduzierung von Schwefeldioxid waren daher der Einsatz schwefelarmer Brennstoffe und der Bau hoher Essen, die die Rauchgase möglichst weiträumig verteilen und so die Schadstoffeinträge vor Ort verringern sollten. Die von der SED-Führung in den 1960er-Jahren angestrebte Energieträgerumstellung von Braunkohle auf Erdöl und Erdgas stellte daher auch aus Sicht der Hygiene mittelfristig eine Verbesserung der Lage in Aussicht. Aber ähnlich wie im Fall der Abwasserreinigung behinderten die in Aussicht gestellten Umrüstungen die Erforschung und Entwicklung von Technologien, die an die besonderen Bedingungen der Verbrennung von Braunkohle angepasst waren – ein Umstand, der sich in den 1980er-Jahren rächen sollte, als die SED angesichts wirtschaftlicher Probleme wieder verstärkt auf die heimische Braunkohle setzte.[42]

Trotz aller Widrigkeiten waren die Hygieneinspektionen bis dahin aber nicht hilflos. Das im zweiten Fünfjahrplan 1956–60 verankerte Programm zur Ausweitung der Braunkohle- und Energieproduktion sowie das 1958 auf dem V. Parteitag der SED beschlossene Chemieprogramm erzeugten bei den wirtschaftsplanenden Akteur:innen einen großen Handlungsdruck, der den Hygieneinspektionen in Standortgenehmigungsverfahren immer wieder Spielraum für Kompromisse eröffnete. Alleine die große Anzahl von Akteur:innen, die an der Errichtung der neuen Braunkohlekraftwerke im Leipziger Südraum oder in der Niederlausitz beteiligt waren, und die dabei oftmals unterschiedliche Zielstellungen verfolgten, spielte den Hygieneinspektion in die Karten. In die Planung für das südlich von Leipzig gelegene Kraftwerk Thierbach war beispielsweise gut ein Dutzend unterschiedlicher Behörden und Projektierungsbetriebe involviert. Der Hygiene war es im Zusammenspiel mit dem Meteorologischen Dienst der DDR gelungen, unter Verweis auf die zu erwartenden, hohen Schwefeldioxidimmissionen eine Schornsteinhöhe von 300 Meter durchzusetzen. Das an der Planung beteiligte Institut für Kraftwerke sowie das Staatliche Büro für Begutachtung der Investitionen versuchten während einer Planungsberatung

41 Anordnung zur Begrenzung und Ermittlung von Luftverunreinigungen (Immissionen) vom 28.06.1968, in: DDR GBl. II, 1968, S. 640–642.
42 Vgl. Möller, Umwelt, S. 222 f. u. S. 246–249.

im November 1965 jedoch, nachträglich eine Reduzierung der Schornsteinhöhe auf 250 m durchzusetzen. Beide Institutionen hatten vornehmlich die Kosten im Blick und fürchteten, dass mit der Planung in Thierbach ein Standard für künftige Kraftwerksbauten festgeschrieben werden könnte. Die Behörden argumentierten, wie zu jener Zeit üblich, dass es aufgrund des unzureichenden Forschungsstandes nicht möglich sei, die zu erwartenden Immissionen exakt zu berechnen. Der VEB Energieprojektierung, der ebenfalls auf Seiten der Wirtschaftsplaner stand, lehnte den Vorstoß allerdings ab, da man durch die Umplanung einen Zeitverlust von neun Monaten fürchtete. Mit Blick auf das wenige Kilometer westlich geplante Kraftwerk Lippendorf verwies der Vertreter des Projektierungsbetriebes außerdem darauf, dass man dort ebenfalls den Forderungen der Lufthygiene nachgekommen sei und einer 300-Meter-Schornsteinlösung zugestimmt habe.[43]

Der hohe Zeitdruck, der den Planer:innen durch die ehrgeizigen Ziele der SED-Wirtschaftspolitik auferlegt wurde, führte vielerorts dazu, dass die Projektierer:innen den Forderungen der Hygiene entgegenkamen, obwohl verbindliche Grenzwerte noch nicht rechtlich festgeschrieben waren.[44] Andernorts riefen Eingaben aus der Bevölkerung die Hygieniker:innen auf den Plan und erzeugten politischen Druck, die vorhandenen Missstände zu beheben. Da es sich in solchen Fällen aber zumeist um lange bestehende Probleme handelte, waren die Möglichkeiten der Hygieniker:innen nur sehr begrenzt. Denn Nachrüstungen bestehender Anlagen galten in der Logik der planwirtschaftlichen „Tonnenideologie“, wie bereits am Beispiel der Wasserwirtschaft gezeigt, bis in die 1960er-Jahre als unproduktive Investitionen und waren in der Regel nur dann möglich, wenn es gelang, sie durch einen Ministerratsbeschluss in die Volkswirtschaftspläne einzuordnen.

Braunkohlenfolgenbewältigung als „planmäßige Gestaltung der sozialistischen Landeskultur“

Während Wasserwirtschaft und Hygiene in den Debatten über die Umweltfolgen der Braunkohlenutzung in den 1950er-Jahren die Perspektiven des Ressour-

---

43 BArch, DQ 1/3490, 1, VEB Kraftwerke Thierbach-Elbe, Kraftwerk Thierbach, Protokoll über die Festlegung der endgültigen Schornsteinhöhe für Kraftwerk Thierbach am 05.11.1965 im Kraftwerk Vockerode, pag. 327–330.

44 Möller, Umwelt, S. 82–90; vgl. dazu auch Telefongespräch mit Dr. Klaus Hammje, ehem. Leiter der Abteilung Lufthygiene, BHI Halle, 25.09.2015.

cen- und Gesundheitsschutzes einnahmen, entwickelte der Naturschutz ein ganzheitliches Problembewusstsein. Außerdem gelang es Naturschützer:innen im darauffolgenden Jahrzehnt, mithilfe eines an die Herrschaftsideologie der SED angepassten Umweltschutzkonzeptes politische Ressourcen zu mobilisieren, um die zuvor isoliert voneinander agierenden Initiativen zusammenzufassen und ihre Forderungen in einem neuen Umweltrahmengesetz zu verankern. Voraussetzung war ein doppelter Prozess der Anpassung, den der Naturschutz zuvor durchlaufen musste, und der seinen Akteur:innen begrenzte Teilhabemöglichkeiten eröffnete, allerdings auch mit einer zunehmenden Funktionalisierung einherging.[45]

Der Naturschutz musste sich nach 1945 zunächst an die neuen Herrschaftsbedingungen anpassen. Die bestehenden Natur- und Heimatschutzvereine wurden ab 1950 im Kulturbund zur demokratischen Erneuerung Deutschlands zwangsvereinigt und erhielten dort erst auf dem IV. Bundestag 1954 eigene, beschlussfähige Leitungen zugesprochen.[46] Die Zentrale Kommission der Natur- und Heimatfreunde vertrat in den 1950er-Jahren die Interessen von etwa 45 000 Mitgliedern und stellte innerhalb des Kulturbundes die größte Fraktion dar. Mit der Zeitschrift „Natur und Heimat" verfügten die Naturschützer:innen bis 1962 zudem über ein einflussreiches Publikationsorgan, in dem regelmäßig und in bemerkenswerter Offenheit kritische Artikel über den Zustand der Natur sowie Kontroversen über die Stellung des Naturschutzes in der DDR erschienen.[47]

Eine für die Anpassung bedeutende Säule des Naturschutzes war die Deutsche Akademie der Landwirtschaftswissenschaften (DAL). Die Forschungsakademie unterstützte formal das Landwirtschaftsministerium in fachlichen Naturschutzfragen. Zu diesem Zweck bildete die Akademieführung 1951 eine Sektion „Landeskultur und Naturschutz" und errichtete zwei Jahre darauf in Halle ein „Institut für Landesforschung und Naturschutz" (ILN), das als Denkwerkstatt ei-

45 Vgl. ausführlich dazu: Möller, Umwelt, S. 91–115; ders.: Wissen und Umwelt in der „partizipatorischen Diktatur". Wissenschaftliche Umweltkonzepte und der umweltpolitische Aufbruch in der DDR, in: NTM. Zeitschrift für Geschichte der Wissenschaften, Technik und Medizin 26, 2018, S. 367–403.

46 O. A.: Erfolge und neue Ziele, in: Natur und Heimat 3, 1954, S. 97–98.

47 Würth, Gerhard: Umweltschutz und Umweltzerstörung in der DDR. Frankfurt (Main) 1985, S. 84–88; Behrens, Hermann u. a.: Wurzeln der Umweltbewegung. Die „Gesellschaft für Natur und Umwelt" (GNU) im Kulturbund der DDR, Marburg 1993, S. 44; Behrens, Hermann: Die ersten Jahre – Naturschutz und Landschaftspflege in der SBZ/DDR von 1945 bis Anfang der 60er Jahre, in: Institut für Umweltgeschichte und Regionalentwicklung e. V. (IUGR) (Hrsg.): Naturschutz in den Neuen Bundesländern – Ein Rückblick, Berlin 2001, S. 15–86, hier S. 37–43, S. 47 u. S. 52; vgl. auch Möller, Umwelt, S. 381–384.

nen bedeutenden Einfluss auf die Weiterentwicklung naturpolitischer Konzepte ausübte. Der große Stellenwert des Naturschutzes in der DAL ging wesentlich auf den Einfluss ihres ersten Präsidenten, Hans Stubbe (1902–1989),[48] zurück. Der Genetiker und Züchtungsforscher hatte sich bereits 1948 für eine Wiederbelebung des Naturschutzes in der Sowjetischen Besatzungszone eingesetzt und genoss als gut vernetzter Wissenschaftsmanager bei der Staats- und Parteiführung großes Ansehen. Ein erster Erfolg der Anpassung an die neuen Herrschaftsverhältnisse war die Verabschiedung eines „Gesetzes zur Erhaltung und Pflege der heimatlichen Natur (Naturschutzgesetz)" im Jahr 1954, das die Organisation, Aufgaben und Befugnisse des Naturschutzes in der DDR gesetzlich regelte.[49]

Parallel dazu führten insbesondere die Vertreter des wissenschaftlichen Naturschutzes in der DAL eine Debatte fort, die bereits in den 1930er-Jahren eingesetzt hatte und auf eine Abkehr von bis dahin dominierenden, museal-konservierenden Naturschutzvorstellungen abzielte. Naturschützer verstanden sich nun zunehmend als Landschaftsgestalter und traten leidenschaftlich dafür ein, das aus ihrer Sicht „romantisierende" Bewahren-Wollen einzelner Naturdenkmäler oder vermeintlich ursprünglicher Naturlandschaften zu überwinden. Ausdruck fand dieser Paradigmenwechsel in einer Bedeutungserweiterung von Landeskultur: Dieser agrarwissenschaftliche Fachbegriff umfasste eigentlich Praktiken und Techniken, die auf den Erhalt und die Vermehrung der Bodenfruchtbarkeit gerichtet waren. In den 1950er-Jahren wurde er zunehmend zu einem Leitbegriff für all jene Maßnahmen, die im darauffolgenden Jahrzehnt in den USA und in Westdeutschland unter dem neuen Schlagwort des Umweltschutzes verhandelt wurden.[50]

---

48 Kuntsche, Siegfried: Stubbe, Hans, in: Müller-Enbergs, Helmut u. a. (Hrsg.): Wer war wer in der DDR? Ein Lexikon ostdeutscher Biographien, Berlin 2010. Unter: http://www.bundesstiftung-aufarbeitung.de/wer-war-wer-in-der-ddr-%2363%3B-1424.html?ID=3463 (Eingesehen: 10.01.2022).

49 Gesetz zur Erhaltung und Pflege der heimatlichen Natur (Naturschutzgesetz), in: DDR GBl. I, 1954, S. 695–698; Kneschke, Karl: Begründung des Gesetzes zur Erhaltung und Pflege der heimatlichen Natur, in: Natur und Heimat 3, 1954, S. 300 f.

50 Vgl. Möller, Umwelt, S. 101–109; Möller, Wissen, S. 377–387.

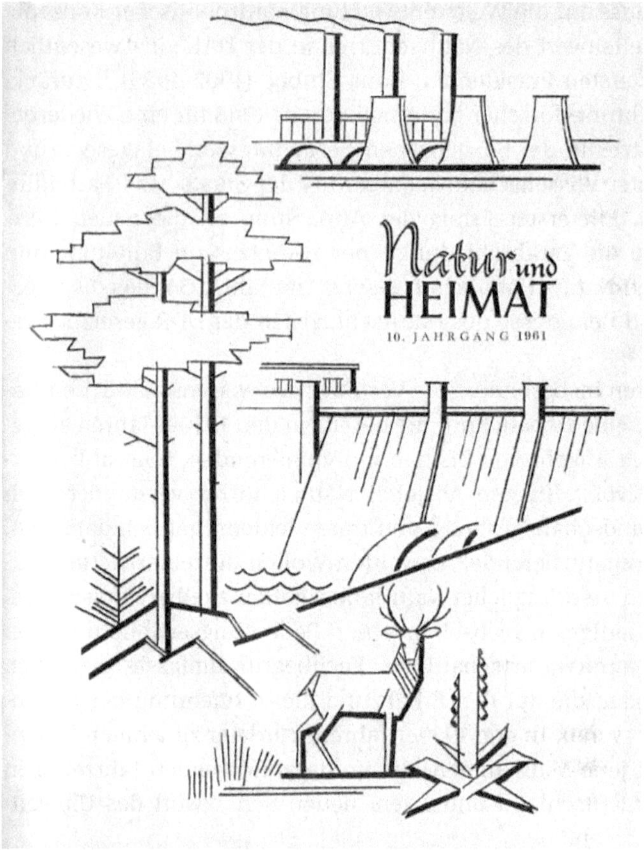

Abb. 2: Der Einband der Zeitschrift „Natur und Heimat" veranschaulicht das gewandelte Selbstverständnis des ostdeutschen Naturschutzes, der infolge der Anpassung an die SED-Herrschaft ökonomische Nutzungsinteressen in den Vordergrund rückte, 1961

Die Ergebnisse dieses zweiten Anpassungsprozesses wurden zu Beginn der 1960er-Jahre von Seiten der DAL in eine sprachliche Formel gegossen. Eine Ständige Kommission für Landschaftspflege und Naturschutz erarbeitete „Richtlinien für eine sozialistische Landeskultur", die sich konzeptionell und sprachlich ganz den Forderungen des VI. Parteitages der SED anglichen, und wenige Monate danach, im Dezember 1963, vom Akademieplenum offiziell verabschiedet wurden.[51] „Oberstes Prinzip" des Naturschutzes musste demnach

51 BArch, DK 107/7658, DAL an alle Mitarbeiter der Sektion Landeskultur und Grünland und an alle Mitglieder der Ständ. Kommission für Landschaftspflege u. Naturschutz vom 03.05.1962

„die Erhaltung und Mehrung der in der Natur vorhandenen Reichtümer sein, um die Kulturlandschaft heute und für die Zukunft produktionskräftig, gesund und schön zu erhalten und zu gestalten. Diese als Landeskultur bezeichnete umfassende Aufgabe" erforderte „ein System staatlicher und gesellschaftlicher Maßnahmen zum Schutz, zur rationellen Nutzung und zur erweiterten Reproduktion der natürlichen Ressourcen der Kulturlandschaft [...]."[52] Die Definition rückte nicht mehr den Schutz der Natur um ihrer selbst willen in den Vordergrund, sondern stellte Naturschutz voll und ganz in den Dienst der Bedürfnisse der modernen Industriegesellschaft sowie der wirtschaftspolitischen Ziele der SED. Die Richtlinie war ein deutlicher Ausdruck der Einordnung in das sozialistische Herrschaftssystem und warb umgekehrt bei der Staats- und Parteiführung um politische Ressourcen für die Anliegen des Naturschutzes.

Die mit dieser Anpassung einhergehende Funktionalisierung führte aber auch dazu, dass die sich in den Dienst des SED-Staates stellenden Naturschützer:innen die Ursachen für vorhandene Missstände nicht mehr hinterfragten und Kritik an einer schleppenden Umsetzung des Umweltschutzes immer häufiger tarnen mussten. Während Artikel in den ersten Jahrgängen von „Natur und Heimat" oder den Sitzungsberichten der DAL die Folgen des Braunkohleabbaus und der industriellen Verarbeitung von Braunkohle anprangerten, verschwanden solch kritische Töne in späteren Ausgaben zunehmend zwischen die Zeilen. Im Mai-Heft des Jahrgangs 1958 von „Natur und Heimat" wies Heinz Petzold (1924–2016)[53] in einem Artikel über „Industrie und Naturschutz in der Lausitz" beispielsweise die von „Natur- und Heimatfreunden" vorgetragenen Einwände gegen die Standortplanung des Braunkohlenkombinates „Schwarze Pumpe" als Naturliebhaberei zurück. Der Naturschutz durfte seiner Ansicht nach der industriellen Entwicklung der Niederlausitz nicht im Weg stehen und sollte sich vielmehr „mitverantwortlich dafür fühlen, wie der Braunkohlenbergbau eine ausgekohlte Landschaft hinterläßt und wie diese Landschaft neu gestaltet wird." Zufrieden konnte er feststellen, dass „die Naturschutzarbeit in der Lausitz [...]

sowie Gesichtspunkte zur Ausarbeitung von „Richtlinien für eine sozialistische Landeskultur", 03.05.1962. Die Sektion Landeskultur und Naturschutz wurde 1960 umbenannt in Sektion Landeskultur und Grünland.

52 BArch, DK 107/5398, DAL, Ständ. Kommission für Landschaftspflege und Naturschutz, Grundsätze für eine der sozialistischen Gesellschaftsordnung entsprechende Gebietsplanung und Landeskultur, Berlin, 05.12.1963, pag. 83.

53 Tausend und eine Heimatgeschichte für die Rundschau, in: Lausitzer Rundschau v. 25.06.2016. Unter: https://www.lr-online.de/lausitz/cottbus/tausend-und-eine-heimatgeschichte-fuer-die-rundschau-37619844.html (Eingesehen: 10.01.2022).

sich immer mehr von der romantischen Schwärmerei zum praktischen und sinnvollen Naturschutz hin" entwickelte.[54]

Im Oktober 1958 widmete sich ein ganzes Sonderheft der „Landschaft der Braunkohle", das den Spagat, den der Naturschutz vollzog, veranschaulicht. Eingebettet in ein Editorial, das den Braunkohlenplan der SED vorstellte und auf seine Erfordernisse für die Erfüllung der wirtschaftspolitischen Ziele verwies, widmeten sich eine Reihe von Artikeln im typischen sozialistischen Fortschrittsduktus den Errungenschaften der Braunkohle. Erst am Ende des Heftes behandelten einige Beiträge auch die Umweltfolgen des Tagebaus, formulierten Kritik aber nur vorsichtig. Der Redakteur der Zeitschrift, Reimar Gilsenbach (1925–2001),[55] beendete einen kritischen Zustandsbericht über die Abwassersituation in den Werken Böhlen und Espenhain, die er zuvor besichtigt hatte, mit einem aus heutiger Sicht pathetisch-naiv klingenden Fazit: „Als ich das Kombinat Böhlen verließ, besaß ich die Gewißheit, daß alle Anstrengungen gemacht werden, um die Verschmutzung der Pleiße zu verringern. Ich hatte aber auch eine Vorstellung davon gewonnen, welches Ausmaß diese Aufgaben besitzen."[56] In den 1950er-Jahren erschien es Naturschützern wie Gilsenbach noch nicht vergeblich daran zu glauben, dass im Zuge des sozialistischen Aufbaus auch die ökologischen Verfehlungen der modernen Industriegesellschaft beseitigt würden. Der Naturschutz erkaufte sich durch Anpassung und Indienststellung in das sozialistische Herrschaftssystem die Möglichkeit, ökologische Missstände offen ansprechen zu können, und Gehör bei der Staats- und Parteiführung zu finden.

Braunkohle im umweltpolitischen Aufbruch und das Scheitern der ökologischen Modernisierung

In den 1960er-Jahren profitierten die Umweltschutzinitiativen der Wasserwirtschaftler:innen, Hygieneärzt:innen und Naturschützer:innen von der Reformstimmung, die vom VI. Parteitag der SED ausging. Das 1963 dort beschlossene

54 Petzold, Heinz: Industrie und Naturschutz in der Lausitz, in: Natur und Heimat 7, 1958, S. 144–148, hier S. 144 f. u. S. 147.

55 Barth, Bernd-Rainer: Gilsenbach, Reimar, in: Müller-Enbergs u. a. (Hrsg.), Wer war wer in der DDR?. Unter: https://www.bundesstiftung-aufarbeitung.de/de/recherche/kataloge-datenbanken/biographische-datenbanken/reimar-gilsenbach (Eingesehen: 10.01.2022).

56 Gilsenbach, Reimar: Über das Wasser aus den Werken in Böhlen und Espenhain, in: Natur und Heimat 7, 1958, S. 317–318, hier S. 318.

„Neue ökonomische System der Planung und Leitung" sollte die Funktionsweise der Planwirtschaft verbessern: An die Stelle eines ineffektiven, allein auf die Bruttoproduktion ausgerichteten Bewertungsmaßstabs sollte das Prinzip der Eigenerwirtschaftung der Mittel treten. Der Gewinn wurde nun, wenn auch nur mit Hilfe simulierter Preise, zum Handlungsmaßstab für die Produktion erklärt. Ein ganzes Bündel „ökonomischer Hebel", das sowohl materielle Anreize als auch Sanktionen umfasste, sollte die Betriebsleitungen zur Erfüllung der Planvorgaben motivieren.[57] Dieser Ansatz war auch aus Sicht des Umweltschutzes vielversprechend, da es nun möglich schien, Umweltverschmutzung mit Kosten zu belegen, so dass sich Investitionen in den Bilanzen positiv niederschlagen konnten. Mit den Reformen gingen außerdem eine starke gesellschaftliche Aufwertung von wissenschaftlich-technischer Forschung, ab 1967 unter dem ideologischen Leitbegriff der „wissenschaftlich-technischen Revolution" von der SED propagiert, sowie Forderungen nach einer effizienteren Verwendung von Rohstoffen einher. Hinzu kamen Einflüsse aus der UdSSR, wo der Oberste Sowjet 1960 ein formal weitreichendes Naturschutzgesetz erlassen hatte, das von ostdeutschen Naturschützer aufmerksam rezipiert wurde.[58]

Die Staats- und Parteiführung geriet außerdem unter Druck, weil sich Bürger:innen aufgrund der vorhandenen Umweltprobleme immer häufiger mit Eingaben an Kommunen, Behörden und Betriebsleitungen wandten. Diese Briefe und mündlichen Einwendungen waren ein zentrales Instrument der politischen Kommunikation in der SED-Diktatur. Nach der Abschaffung der Verwaltungsgerichtsbarkeit im Jahr 1952 wurden ihr rechtlicher Stellenwert sowie Verfahrensweisen zum Umgang mit den Einwendungen sukzessive durch Verordnungen und das Eingabengesetz von 1975 geregelt.[59] Während das Eingabewesen in der Öffentlichkeit als zentrales Element zur Verwirklichung des Grundsatzes „Arbeite mit, plane mit, regiere mit!" propagiert wurde, verstand die Staats- und Par-

---

57 Zur Geschichte der Wirtschaftsreformen vgl.: Roesler, Jörg: Zwischen Plan und Markt: die Wirtschaftsreform in der DDR zwischen 1963 und 1970, Berlin 1990; Steiner, André: Die DDR-Wirtschaftsreform der sechziger Jahre. Konflikt zwischen Effizienz- und Machtkalkül, Berlin 1999; ders., Plan, S. 146–160. Zur vorsichtigen gesellschaftlichen Liberalisierung, einer damit einhergehenden Aufbruchsstimmung und der bald darauffolgenden restriktiven Wende auf dem sogenannten „Kahlschlag"-Plenum vgl.: Kaiser, Monika: Machtwechsel von Ulbricht zu Honecker. Funktionsmechanismen der SED-Diktatur in Konfliktsituationen 1962 bis 1972, Berlin 1997 (= Zeithistorische Studien, Bd. 10), S. 133–231; Wolle, Stefan: Aufbruch nach Utopia. Alltag und Herrschaft in der DDR 1961–1971, Bonn 2011 (= Bundeszentrale für politische Bildung, Schriftenreihe, Bd. 1137) [zuerst Berlin 2011], S. 143 ff. u. S. 293 ff.; Roesler, DDR, S. 58 ff.

58 Möller, Umwelt, S. 117–123.

59 Gesetz über die Bearbeitung der Eingaben der Bürger – Eingabengesetz – vom 19.06.1975, in: DDR GBl. I, 1975, S. 461–462.

teiführung Eingaben als Indikator für die Stimmung in der Bevölkerung und reagierte sensibel auf eine Zunahme von Bittschriften und Protestbriefen. Eingaben drückten sowohl individuelle Betroffenheit als auch ein auf das Gemeinwohl ausgerichtetes Interesse aus. Die von Umweltverschmutzung betroffene Bevölkerung nutzte das Kommunikationsinstrument, um selbstbewusst und mitunter auch in langwierigen Aushandlungen eine Verbesserung der Lage einzufordern. Die Zunahme von Eingabenprotesten aufgrund der hohen Umweltverschmutzung, die Volkskammer, Staatsrat und Ministerrat zwischen 1964 und 1967 aufmerksam registrierten, verlieh den Umweltreforminitiativen aus Wasserwirtschaft, Hygiene und Naturschutz daher zusätzliche politische Legitimation.[60]

Ein für die Formierung der sozialistischen Umweltpolitik bedeutendes Netzwerk war schließlich der 1957 gebildete „Beirat für naturwissenschaftlich-technische Forschung und Entwicklung".[61] In diesem Forschungsrat bestanden eine Reihe von Kommissionen und Arbeitsgemeinschaften, die sich mit Umweltfragen befassten und einen interdisziplinären Austausch sowohl zwischen unterschiedlichen Fachrichtungen als auch zwischen Wissenschaft, Politik und Betriebsleitungen ermöglichten. Im November 1964 entstand eine Kommission, die unter der Leitung des Ökonomen Helmut Koziolek (1927–1997)[62] stand und den Auftrag erhielt, eine „Grundkonzeption für die Behandlung industrieller Abprodukte" zu entwickeln.[63] An der Erarbeitung der Grundkonzeption waren unter anderem Wasserwirtschaftler:innen, Hygieneärzt:innen und Naturschüt-

60 BArch, DC 20/19317, Information über den hauptsächlichsten Inhalt der Eingaben an den Staatsrat im ersten Halbjahr 1967 wegen Verunreinigungen der Luft sowie Lärm- und andere Belästigungen durch Produktionsbetriebe, Berlin, 31.07.1967, pag. 123; Möller, Umwelt, S. 25–32 u. S. 147–158.

61 Zur Geschichte des Forschungsrates und der SED-Wissenschaftspolitik der 1960er-Jahre vgl.: Wagner, Matthias: Der Forschungsrat der DDR. Im Spannungsfeld von Sachkompetenz und Ideologieanspruch, 1954 – April 1962, Dissertation Humboldt-Universität zu Berlin 1992; Tandler, Agnes Charlotte: Geplante Zukunft. Wissenschaftler und Wissenschaftspolitik in der DDR 1955–1971, Freiberg 2000 (= Freiberger Forschungshefte, Reihe D, Bd. 209), S. 240–245; Malycha, Andreas: Wissenschaft und Politik in der DDR 1945 bis 1990. Ansätze zu einer Gesamtsicht, in: Burrichter, Clemens/Diesener, Gerald (Hrsg.): Reformzeiten und Wissenschaft, Leipzig 2005 (= Beiträge zur DDR-Wissenschaftsgeschichte, Reihe B/Bd. 2), S. 181–205.

62 Schwärzel, Hagen/Müller-Enbergs, Helmut: Koziolek, Helmut, in: Müller-Enbergs u. a. (Hrsg.): Wer war wer in der DDR?. Unter: https://www.bundesstiftung-aufarbeitung.de/de/recherche/kataloge-datenbanken/biographische-datenbanken/helmut-koziolek (Eingesehen: 10.01.2022).

63 BArch, DK 107/8380, Staatssekretariat für Forschung und Technik, Beschlußprotokoll der konstituierenden Sitzung der „Kommission des Forschungsrates zur Ausarbeitung einer Grundkonzeption für die Behandlung industrieller Abprodukte" am 17.02.1965, Berlin, 23.02.1965.

zer:innen aus DAL bzw. ILN beteiligt. Die Arbeit der Kommission brachte zwei wichtige Neuerungen hervor: Zum einen erhielten industrielle Abprodukte, zu denen man nun auch all jene Emissionen zählte, die für die hohe Umweltbelastung in der DDR verantwortlich waren, mehr ökonomische und in der Folge auch politische Aufmerksamkeit. Zum anderen machte die Grundkonzeption darauf aufmerksam, das mit der Verwertung dieser Stoffe die Möglichkeit bestand, Umweltschutz mit einem materialökonomischen Nutzeffekt zu verbinden.

Die Ergebnisse der Kommissionsarbeit wurden bald darauf vom Ministerrat aufgegriffen. Im Jahr 1967 beauftragte die Regierung den Funktionär der Demokratischen Bauernpartei Deutschlands (DBD) Werner Titel (1931–1971)[64] mit der Leitung eines interdisziplinären Expertenteams, das eine umfassende Umweltprognose für die kommenden Fünfjahrpläne der 1970er-Jahre erarbeiten sollte. Titel führte darin unter der Bezeichnung „Industrielle Abprodukte und die planmäßige Gestaltung einer sozialistischen Landeskultur" die unterschiedlichen Umweltschutzinitiativen zusammen. Das knapp 120-seitige Dokument errechnete die volkswirtschaftlichen Schäden der Umweltverschmutzung in der DDR und machte umfangreiche Aussagen über notwendige Maßnahmen und Forschungsbedarfe in der Luft- und Wasserreinhaltung, der Wiederverwertung und Beseitigung von Abfällen sowie der Rekultivierung devastierter Böden. Konzeptionell stand die Prognose ganz im Zeichen der Reformphase: Das Mittel der Wahl zur Umsetzung der prognostizierten Maßnahmen waren Kreislaufmodelle und „ökonomische Hebel", die in Form von Anreizen, beispielsweise durch die Verwertung von Schadstoffen und staatliche Investitionen, aber auch Sanktionen die umweltpolitischen Planvorgaben erzielen sollten.[65]

Zeitgleich zur Arbeit der Prognosegruppe wurde der Natur- und Umweltschutz in Artikel 15 der 1968 neugefassten Verfassung aufgenommen. Nach der Verabschiedung des Landeskulturgesetzes 1970 integrierte die SED-Führung das neue Politikfeld in ihre Herrschaftsideologie. Umweltschutz war nun fester Bestandteil der „sozialistischen Menschengemeinschaft" und diente in der Ost-West-Auseinandersetzung auch als Instrument, um die Überlegenheit des Sozialismus gegenüber dem Kapitalismus zu demonstrieren. Innenpolitisch offerierte die Staats- und Parteiführung der Bevölkerung die Möglichkeit, in gelenkten Bürgerinitiativen und anderen sanktionierten „Räumen des Mitmachens" an der Gestaltung der sozialistischen Landeskultur mitzuwirken. Erfolge und

---

64 Kuntsche, Siegfried/Müller-Enbergs, Helmut: Titel, Werner, in: Müller-Enbergs u. a. (Hrsg.): Wer war wer in der DDR?. Unter: https://www.bundesstiftung-aufarbeitung.de/de/recherche/kataloge-datenbanken/biographische-datenbanken/werner-titel (Eingesehen: 10.01.2022).
65 Möller, Umwelt, S. 158–167.

Probleme der Umweltpolitik wurden zwischen 1971 und 1973 auf landesweiten Wochen der sozialistischen Landeskultur öffentlich diskutiert. Nach Abschaffung dieses Formats bilanzierten Partei- und Staatsfunktionäre, Naturschützer:innen sowie Vertreter:innen der volkseigenen Wirtschaft auf Landeskulturtagen die regionale Umweltsituation.[66]

Abb. 3: Die Wochen der sozialistischen Landeskultur waren Ausdruck eines umweltpolitischen Aufbruchs, der um das Jahr 1970 in der DDR einsetzte

66 Ebd., S. 208–220.

Im Zuge dieses Aufbruchs gerieten auch wieder die besonders belasteten Braunkohleregionen in das Blickfeld der Öffentlichkeit und präsentierten sich als Modelllandschaften für die Umsetzung der sozialistischen Umweltpolitik. Die Kammer der Technik widmete beispielsweise 1974 dem Leipziger Südraum ein Sonderheft in der Reihe Technik und Umweltschutz. Im Zentrum standen die betrieblichen Umweltschutzanstrengungen des VEB Braunkohlenkombinates (BKK) Regis. Die Betriebsleitung hatte bereits zwei Jahre vor der Verabschiedung des Landeskulturgesetzes einen Kommunalvertrag mit der Stadt Regis-Breitingen abgeschlossen, in dem sich das Braunkohlenwerk dazu verpflichtete, die Luftsituation in der Region zu verbessern. Die Einhaltung der vereinbarten Maßnahmen wurde monatlich in Treffen zwischen der Betriebsleitung, dem Rat der Stadt und Vertretern der Wohnbezirksausschüsse überprüft und der Öffentlichkeit mitgeteilt.[67] Im Januar 1970, ebenfalls noch vor Verabschiedung des Landeskulturgesetzes, bildete das Kombinat ein „Aktiv für Landeskultur“, das die Kombinatsleitung beriet und die zu verwirklichenden Maßnahmen koordinierte. Eine „Arbeitsgruppe Wiederurbarmachung“ war mit der Rekultivierung der Tagebaue Phönix, Haselbach und Schleenhain befasst. Fast zeitgleich mit der Verabschiedung des Landeskulturgesetzes erließ die Kombinatsleitung ein Landeskulturprogramm, das die Eckpfeiler des betrieblichen Umweltschutzes definierte und in die Volkswirtschaftspläne der Kombinatsbereiche einfloss. Im Jahr 1974 konnte man daher stolz über Fortschritte bei der Rekultivierung ausgekohlter Tagebaue, der Abwasserreinhaltung und der Reinhaltung der Luft berichten, obwohl durch das Kombinat immer noch zahlreiche Immissionsgrenzwerte überschritten wurden.[68] Ein Mitarbeiter der Abteilung Umweltschutz und Wasserwirtschaft des Rates des Bezirkes Leipzig konnte angesichts der Erfolge dieses Vorzeigebetriebs auf viele bestehende Probleme in der Region verweisen, die es im laufenden Volkswirtschaftsplan zu bewältigen galt.[69]

---

67 Mühling, Rolf: Komplexer Kommunalvertrag zum Nutzen der Bürger. Rat der Stadt Regis-Breitingen und Braunkohlenbetriebe verbessern gemeinsam Arbeits- und Lebensbedingungen, in: Forum der Schrittmacher: Erfahrungen, Ergebnisse, Probleme aus der Arbeit der örtlichen Staatsorgane des Bezirkes Leipzig 1, 1/1969, S. 13–23.

68 Wagner, Ernst: Sozialistische Landeskultur zur Gestaltung der natürlichen Umwelt – Aufgaben und Ergebnisse im VEB Braunkohlenkombinat Regis, in: Kommission für Umweltschutz beim Präsidium der Kammer der Technik (Hrsg.): Bodennutzung und Umweltschutz. Beiträge aus dem Braunkohlenbergbau, Leipzig 1974, S. 22–31; Lange, Dieter/Tornack, Albert: Die Arbeitsgruppe für Wiederurbarmachung des VEB BKK Regis, ein wirksames Instrument zur Erfüllung der Wiederurmachungspläne, in: ebd., S. 42–49.

69 Walter, Horst: Landeskultur im Bezirk Leipzig, in: Kommission für Umweltschutz (Hrsg.), Bodennutzung, S. 11–21.

Das Landeskulturgesetz und die Aufnahme der Umweltpolitik in die sozialistische Herrschaftsideologie waren ein eindeutiges Bekenntnis des SED-Staates zum Umweltschutz. Die zunehmenden wirtschaftlichen Probleme verleiteten die Staats- und Parteiführung jedoch dazu, in den folgenden Jahren immer häufiger Abstriche bei den ohnehin zu gering bemessenen umweltpolitischen Planzielen vorzunehmen. Das 1981 beschlossene Programm zur Heizölablösung und die damit einhergehende Ausweitung des Braunkohleabbaus machten die bescheidenen und hart erkämpften Erfolge des Umweltschutzes zunichte. Die restriktive Wende in der Umweltpolitik und eine Wiederzunahme der Umweltverschmutzung hatten einen Anstieg von Eingabenprotesten zufolge. In den 1980er-Jahren entstanden unter den Dächern des Kulturbundes und der evangelischen Kirchen daher kritische Umweltgruppen, die sich um eine Neuaushandlung der Umweltpolitik bemühten und zuvor unantastbare Eckpfeiler der sozialistischen Wirtschaftspolitik – allen voran ein Wachstums- und Wohlstandsversprechen – infrage stellten. Die Staats- und Parteiführung reagierte auf die zunehmenden Probleme mit ideologischen Durchhalteparolen und Repressionen. Als der christliche Arbeitskreis des Weltumweltages Leipzig im Juni 1989 das erste Heft der Samisdat-Schrift „Die Pleiße“ herausgab, waren die Probleme noch dieselben wie schon zu Beginn der 1950er-Jahre. Die Umweltaktivist:innen konnten minutiös alle gesetzgeberischen Maßnahmen und die umweltpolitischen Verfehlungen der letzten 40 Jahre aufzählen, um abschließend in einer „Pleisse-Eingabe“ zu fragen, „wie geht es weiter, Herr Minister?“.[70] Die nicht erfüllten Versprechungen des umweltpolitischen Aufbruchs erodierten die Herrschaft der SED und mündeten schließlich in der friedlichen Revolution des Herbstes 1989.

Literatur

Anordnung über die Erteilung von Standortgenehmigungen vom 20. Februar 1963, in: DDR GBl. II, 1963, S. 147–153.

Anordnung zur Begrenzung und Ermittlung von Luftverunreinigungen (Immissionen) vom 28. Juni 1968, in: DDR GBl. II, 1968, S. 640–642.

Behrens, Hermann u. a.: Wurzeln der Umweltbewegung. Die „Gesellschaft für Natur und Umwelt“ (GNU) im Kulturbund der DDR, Marburg 1993.

Behrens, Hermann: Die ersten Jahre – Naturschutz und Landschaftspflege in der SBZ/DDR von 1945 bis Anfang der 60er Jahre, in: Institut für Umweltgeschichte und Regionalentwick-

70 Christlicher Arbeitskreis Weltumwelttag Leipzig (Hrsg.): Die Pleiße, Heft 1 v. 4. Juni 1989, Leipzig 1989, S. 14–38.

lung e. V. (IUGR) (Hrsg.): Naturschutz in den Neuen Bundesländern – Ein Rückblick, Berlin 2001, S. 15–86.
Christlicher Arbeitskreis Weltumwelttag Leipzig (Hrsg.): Die Pleiße, Heft 1 v. 4. Juni 1989, Leipzig 1989.
Darmer, Gerhard: Hochhalde Espenhain – eine offene Wunde der Landschaft, in: Natur und Heimat 2, 1953, S. 110–113.
Deutscher Bundestag, 13. Wahlperiode, Schlußbericht der Enquete-Kommission „Überwindung der Folgen der SED-Diktatur im Prozeß der deutschen Einheit", Drucksache 13/11000, 10.06.98.
Deutsches Institut für Wirtschaftsforschung (DIW): Entwicklung des Energieverbrauchs und seiner Determinanten in der ehemaligen DDR – Kurzfassung – Untersuchung im Auftrage des Bundesministeriums für Wirtschaft, Bonn 1991.
Enders, Karl: Die Entwicklung der Verunreinigung der Luft im Raum Bitterfeld/Wolfen, in: Archiv für Naturschutz und Landschaftsforschung 46, 2007, S. 25–30.
Erste Durchführungsbestimmung zur Verordnung über die Erteilung von Standortgenehmigungen vom 12. Oktober 1959, in: DDR GBl. I, 1959, S. 797–800.
Gaus, Günter: Wo Deutschland liegt. Eine Ortsbestimmung, Hamburg 1983.
Grahneis, Heinz/Horn, Karlwilhelm: Taschenbuch der Hygiene, Berlin [1967] 1972.
Gesetz zur Erhaltung und Pflege der heimatlichen Natur (Naturschutzgesetz) vom 04. August 1954, in: DDR GBl. I, 1954, 695–698.
Gesetz über die Bearbeitung der Eingaben der Bürger (Eingabengesetz) vom 19. Juni 1975, in: DDR GBl. I, 1975, S. 461–462.
Gilsenbach, Reimar: Über das Wasser aus den Werken in Böhlen und Espenhain, in: Natur und Heimat 7, 1958, S. 317–318.
Grewolls, Grete: Wer war wer in Mecklenburg-Vorpommern. Ein Personenlexikon, Bremen/ Rostock 1995.
Hahn, Judith/Gaida, Ulrike/Hulverscheidt, Marion: 125 Jahre Hygieneinstitute an Berliner Universitäten. Eine Festschrift, Berlin 2010.
Halbrock, Christian: „Freiheit heißt, die Angst verlieren". Verweigerung, Widerstand und Opposition in der DDR: Der Ostseebezirk Rostock, Göttingen [2014] 2015.
Hammje, Klaus: Messungen der Staubsedimentation in Halle (S.) und in umliegenden Industriegebieten, in: Angewandte Meteorologie 4, 1963, S. 8–10, S. 310–312.
Hönsch, Fritz: Der Industriekomplex Böhlen. Eine ökonomisch-geographische Untersuchung unter Berücksichtigung der historisch-geographischen Entwicklung, Leipzig 2011 [zuerst Potsdam 1968].
Horn, Karlwilhelm: Allgemeine und Kommunale Hygiene, Berlin 1964.
Huff, Tobias: Natur und Industrie im Sozialismus. Eine Umweltgeschichte der DDR, Göttingen 2015 (= Umwelt und Gesellschaft, Bd. 13).
Kaiser, Monika: Machtwechsel von Ulbricht zu Honecker. Funktionsmechanismen der SED-Diktatur in Konfliktsituationen 1962 bis 1972, Berlin 1997 (= Zeithistorische Studien, Bd. 10).
Karlsch, Rainer: Allein bezahlt? Die Reparationsleistungen der SBZ/DDR 1945–1953, Berlin 1993.
Karlsch, Rainer/Stokes, Raymond: Die Chemie muss stimmen. Bilanz des Wandels 1990–2000, Leipzig 2000.
Kneschke, Karl: Begründung des Gesetzes zur Erhaltung und Pflege der heimatlichen Natur, in: Natur und Heimat 3, 1954, S. 300–301.

Kowalczuk, Ilko-Sascha: Von der Freiheit, Ich zu sagen. Widerständiges Verhalten in der DDR, in: Poppe, Ulrike/Eckert, Rainer/Kowalczuk, Ilko-Sascha (Hrsg.): Zwischen Selbstbehauptung und Anpassung. Formen des Widerstandes und der Opposition in der DDR, Berlin 1995, S. 85–115.

Kowalczuk, Ilko-Sascha: Gegenkräfte: Opposition und Widerstand in der DDR – Begriffliche und methodische Probleme, in: Kuhrt, Eberhard (Hrsg.): Opposition in der DDR von den 70er Jahren bis zum Zusammenbruch der SED-Herrschaft, Opladen 1999, S. 47–80

Lange, Dieter/Tornack, Albert: Die Arbeitsgruppe für Wiederurbarmachung des VEB BKK Regis, ein wirksames Instrument zur Erfüllung der Wiederurmachungspläne, in: Kommission für Umweltschutz beim Präsidium der Kammer der Technik (Hrsg.): Bodennutzung und Umweltschutz. Beiträge aus dem Braunkohlenbergbau, Leipzig 1974, S. 42–49.

Lingner, Reinhold/Carl, Frank Erich: Landschaftsdiagnose der DDR, Berlin 1957.

Malycha, Andreas: Wissenschaft und Politik in der DDR 1945 bis 1990. Ansätze zu einer Gesamtsicht, in: Burrichter, Clemens/Diesener, Gerald (Hrsg.): Reformzeiten und Wissenschaft, Leipzig 2005 (= Beiträge zur DDR-Wissenschaftsgeschichte, Reihe B/Bd. 2), S. 181–205.

Meißner, Peter: Die Stellung der Staatlichen Hygieneinspektion im Umweltschutz, in: Behrens, Hermann/Hoffmann, Jens/Institut für Umweltgeschichte und Regionalentwicklung e. V. (Hrsg.): Umweltschutz in der DDR. Analysen und Zeitzeugenberichte, Bd. 3: Beruflicher, ehrenamtlicher und freiwilliger Umweltschutz, München 2007, S. 225–243.

Möller, Christian: Umwelt und Herrschaft in der DDR. Politik, Protest und die Grenzen der Partizipation in der Diktatur, Göttingen 2020 (= Kritische Studien zur Geschichtswissenschaft, Bd. 234).

Möller, Christian: Wissen und Umwelt in der „partizipatorischen Diktatur". Wissenschaftliche Umweltkonzepte und der umweltpolitische Aufbruch in der DDR, in: NTM. Zeitschrift für Geschichte der Wissenschaften, Technik und Medizin 26, 2018, S. 367–403.

Mühling, Rolf: Komplexer Kommunalvertrag zum Nutzen der Bürger. Rat der Stadt Regis-Breitingen und Braunkohlenbetriebe verbessern gemeinsam Arbeits- und Lebensbedingungen, in: Forum der Schrittmacher 1, 1/1969, S. 13–23.

Müller-Enbergs, Helmut u. a. (Hrsg.): Wer war wer in der DDR? Ein Lexikon ostdeutscher Biographien, Berlin 2010.

o. A.: Erfolge und neue Ziele, in: Natur und Heimat 3, 1954, S. 97–98.

Musterle, Theodor: Einflüsse des Wasservorkommens auf die langfristige Entwicklung von Wirtschaft und Leben, in: Welcker, Ernst Rulo (Hrsg.): Das Wasser in seiner Bedeutung für Leben, Gesundheit und Krankheit des Menschen. Vorträge, gehalten auf der 4. Tagung der Medizinisch-Wissenschaftlichen Gesellschaft der DDR zum Studium der aktuellen Lebensbedingungen (13. Januar 1962 in Berlin), Jena 1963, S. 13–24.

Petzold, Heinz: Industrie und Naturschutz in der Lausitz, in: Natur und Heimat 7, 1958, S. 144–148.

Reichhoff, Lutz/Wegener, Uwe: ILN, Institut für Landschaftsforschung und Naturschutz Halle. Forschungsgeschichte des ersten deutschen Naturschutzinstituts, Berlin [2011] 2016.

Riemer, Kerstin: Die Entwicklung der Bezirks-Hygieneinspektion Rostock, Hygieneinstitut Greifswald von 1945 bis 1983, Dissertation Universität Greifswald 1985.

Roesler, Jörg: Zwischen Plan und Markt: die Wirtschaftsreform in der DDR zwischen 1963 und 1970, Berlin 1990.

Roesler, Jörg: Schwarze Pumpe – ein „Schlüsselbetrieb" der DDR-Wirtschaft?, in: Bayerl, Günter (Hrsg.): Braunkohleveredelung im Niederlausitzer Revier. 50 Jahre Schwarze Pumpe,

Münster u. a. 2009 (= Cottbuser Studien zur Geschichte von Technik, Arbeit und Umwelt, Bd. 34), S. 105–118.
Schmidt-Renner, Gerhard (Hrsg.): Wirtschaftsterritorium Deutsche Demokratische Republik. Ökonomisch-geographische Einführung und Übersicht, Berlin [1959] 1962.
Schönherr, Hans: Die Rohstoffbasis der Industrie der Deutschen Demokratischen Republik, Berlin 1957.
Steiner, André: Die DDR-Wirtschaftsreform der sechziger Jahre. Konflikt zwischen Effizienz- und Machtkalkül, Berlin 1999.
Steiner, André: Von Plan zu Plan. Eine Wirtschaftsgeschichte der DDR, Berlin 2007.
Tandler, Agnes Charlotte: Geplante Zukunft. Wissenschaftler und Wissenschaftspolitik in der DDR 1955–1971, Freiberg 2000 (= Freiberger Forschungshefte, Reihe D, Bd. 209).
Verordnung über die Erteilung von Standortgenehmigungen vom 6. August 1959, in: DDR GBl. I, 1959, S. 795–797.
Verordnung über die Hygieneinspektion vom 4. Dezember 1952, in: DDR GBl. I, 1952, S. 1271–1273.
Wagenbreth, Otfried: Die Braunkohlenindustrie in Mitteldeutschland. Geologie, Geschichte, Sachzeugen, Markkleeberg 2011.
Wagner, Ernst: Sozialistische Landeskultur zur Gestaltung der natürlichen Umwelt – Aufgaben und Ergebnisse im VEB Braunkohlenkombinat Regis, in: Kommission für Umweltschutz beim Präsidium der Kammer der Technik (Hrsg.): Bodennutzung und Umweltschutz. Beiträge aus dem Braunkohlenbergbau, Leipzig 1974, S. 22–31.
Wagner, Matthias: Der Forschungsrat der DDR. Im Spannungsfeld von Sachkompetenz und Ideologieanspruch, 1954 – April 1962, Dissertation Humboldt-Universität zu Berlin 1992.
Walter, Horst: Landeskultur im Bezirk Leipzig, in: Kommission für Umweltschutz beim Präsidium der Kammer der Technik (Hrsg.): Bodennutzung und Umweltschutz. Beiträge aus dem Braunkohlenbergbau, Leipzig 1974, S. 11–21.
Wensierski, Peter: Von oben nach unten wächst gar nichts. Umweltzerstörung und Protest in der DDR, Frankfurt (Main) 1986.
Wolle, Stefan: Aufbruch nach Utopia. Alltag und Herrschaft in der DDR 1961–1971, Bonn 2011 (= Bundeszentrale für politische Bildung, Schriftenreihe, Bd. 1137) [zuerst Berlin 2011].
Würth, Gerhard: Umweltschutz und Umweltzerstörung in der DDR, Frankfurt (Main) 1985.

Internetressourcen

Eintrag zu Erich Krüger, Sächsische Biografie. Unter: https://saebi.isgv.de/person/snr/26623 (Eingesehen: 10.01.2022).
Musterle, Theodor, Indexeintrag: Deutsche Biographie. Unter: https://www.deutsche-biographie.de/pnd1012574768.html (Eingesehen: 10.01.2022).
Tausend und eine Heimatgeschichte für die Rundschau, in: Lausitzer Rundschau v. 25.06.2016. Unter: https://www.lr-online.de/lausitz/cottbus/tausend-und-eine-heimatgeschichte-fuer-die-rundschau-37619844.html (Eingesehen: 10.01.2022).

Archivquellen

Bundesarchiv Berlin-Lichterfelde (BArch)

DC 20 (Ministerrat der DDR): Nr. 1818, 19132, 19317
DC 20-I/4 (Ministerrat der DDR. Sitzungen des Präsidiums): Nr. 166
DQ 1 (Ministerium für Gesundheitswesen): Nr. 3490, 3492
DK 107 (Akademie der Landwirtschaftswissenschaften): Nr. 7658, 8389

Studienarchiv Umweltgeschichte Neubrandenburg

327-1, Bestand Ulrich Stottmeister

Martin Baumert

Eine „Synthese aus Natur und Technik“?

Entwicklung und Anwendung von Bodenmeliorationsverfahren im Braunkohlenbergbau der DDR 1949 bis 1974

Kein zweiter Staat der Erde war im 20. Jahrhundert bei der Energiegewinnung vergleichbar abhängig von einer Ressource wie die DDR von der Braunkohle. 1987 förderte sie 310,89 Mio. Tonnen und hatte damit einen Anteil von knapp 29 % an der weltweiten Gewinnung.[1] Dabei kamen fast zwei von drei Tonnen aus dem Bezirk Cottbus, der seit 1957 als „Kohle- und Energiezentrum“ maßgeblich zur Sicherung der Versorgung von Industrie und Gesellschaft beitrug.[2] Sie deckte damit 83 % ihres Primärenergiebedarfes.[3] Die Gewinnung und Verarbeitung der Braunkohle waren Hauptursachen der negativen ökologischen Bilanz der DDR 1989/90.[4] Trotz der Veränderungen im vereinigten Deutschland – ihr Anteil an der Energiegewinnung der Bundesrepublik sank bis 2018 auf 22,5 %[5] – bleibt die Braunkohle umstritten. 2019 schien kein anderes Thema so populär wie die Diskussion um den Klimawandel. Bei der Debatte um Kohlenstoffdioxideinsparungen steht in Deutschland heute der Braunkohlenbergbau als größter Emittent im Fokus der Diskussionen.[6] Wer einmal aufmerksam durch

---

1 Vgl. Sperling, Dieter/Schossig, Wolfgang: Wirtschaftsorganisation der Braunkohlenindustrie in der SBZ/DDR 1945 bis 1990, Cottbus 2015 (= Beiträge zur Geschichte des Braunkohlenbergbaus in der SBZ/DDR, Bd. 1), S. 321; Bundesanstalt für Geowissenschaften und Ressourcen (Hrsg.): Energierohstoffe 2009. Reserven, Ressourcen, Verfügbarkeit, Hannover 2009, S. 151.
2 Vgl. Böcker, Lutz/Katzur, Joachim: Chronik der Rekultivierungsforschung und Landschaftsgestaltung im Lausitzer Braunkohlenrevier bis 1990, Berlin 2010, S. 108.
3 Vgl. Wittig, Hermann: Braunkohlen- und Sanierungsplanung im Land Brandenburg, in: Pflug, Wolfram (Hrsg.): Braunkohlentagebau und Rekultivierung. Landschaftsökologie – Folgenutzung – Naturschutz, Berlin u. a. 1998, S. 475–486, hier S. 475.
4 Vgl. Möller, Christian: Umwelt und Herrschaft in der DDR. Politik, Protest und die Grenzen der Partizipation in der Diktatur, Göttingen 2020 (= Kritische Studien zur Geschichtswissenschaft, Bd. 234), S. 42.
5 Vgl. Deutscher Braunkohlen-Industrieverein (DEBRIV) (Hrsg.): Braunkohle in Deutschland. Daten und Fakten 2018, Berlin 2019, S. 3.
6 Vgl. Kielon, Kristin: Die Top 5 der CO_2-Verursacher Deutschlands nach Sektoren (22.01.2020). Unter: https://www.mdr.de/wissen/deutschland-top-fuenf-klima-emissionen-100.html#sprung0 (Eingesehen: 10.02.2021).

Hinweis: Universitätsarchiv Leipzig (UAL), Phil. Fak., Nr. G 13/001, Ein Universitätsinstitut stellt sich vor 21.11.1952.

https://doi.org/10.1515/9783110785289-004

Städte wie Berlin, Bochum, Dresden, Hamburg, Köln oder Leipzig läuft, dem entgehen nicht die Aufkleber, Flyer und Plakate von Bündnissen wie z. B. „Ende Gelände".[7] Die Räumung des Hambacher Forstes im Herbst 2018 mobilisierte die Gegner:innen der Braunkohle, während der Beschluss der Kommission „Wachstum, Strukturwandel und Beschäftigung" im Januar 2019 zum „Kohleausstieg" bis 2038 die Befürworter:innen erzürnte. Allerdings lassen beide Gruppen vielfach die umweltpolitischen Probleme, die in Bezug auf den Braunkohlenbergbau schon seit Beginn des 20. Jahrhunderts bestehen, außer Acht. Für den Betrieb eines Braunkohlentagebaus wurden und werden Wälder gerodet, Dörfer devastiert, Flüsse und Grundwasser umgeleitet bzw. aus der Tiefe gehoben sowie Böden auf tausenden Hektar abgetragen. Das dadurch entstehende Ödland erfordert eine Auseinandersetzung der Gesellschaft mit ihrer Ökonomie. Diese Diskussion ist kein neues Phänomen, sondern hat ihre Wurzeln bereits im Wilhelminischen Kaiserreich.[8] Die kontradiktorischen Umweltvorstellungen im Nationalsozialismus führten sowohl zur verstärkten Landschaftszerstörung als auch zur ersten reichsweiten „Mutterbodenrichtlinie" 1939/40,[9] die allerdings bereits auf eine ältere Richtlinie von 1932 für Preußen zurückgeht.[10]

Wie sah die Umweltpolitik der Sanierung braunkohlenbergbaulich devastierter Flächen in der DDR aus? Wie wollten die Verantwortlichen diese Schäden in der Kulturlandschaft beheben? Bei der Betrachtung der Umweltgeschichte der DDR herrscht heute die Vorstellung vom „sozialistischen Ökozid" vor, die die Zerstörung der Natur und des Lebensraumes am Ende des „real existierenden Sozialismus" in drastischen Worten beschreibt. Damit wird häufig die Situation in allen Staaten des ehemaligen Rates für gegenseitige Wirtschaftshilfe (RGW) beschrieben, ohne zu differenzieren.[11] Eine Fokussierung auf das letzte

---

7 Vgl. Neuseenland Sammlung im Soziokulturellen Zentrum KuHstall e. V. Großpösna (NlSG), Objekte, Plakate, PLA 50 bis 72; Bestand Fotografien, Bilder Braunkohlenprotest; Flyer-Sammlung, Ordner Antikohleproteste.

8 Vgl. Heuson, Rudolf: Praktische Kulturvorschläge für Kippen, Bruchfelder, Dünen und Ödländereien, Neudamm 1929, S. 13; Meyer, Torsten: 1922. Ein „turning point" in der Geschichte der Rekultivierung von Bergbaufolgelandschaften?, in: Der Anschnitt. Zeitschrift für Montangeschichte 71, 5–6/2019, S. 206–222, hier S. 213.

9 Vgl. Kretschmer, Kerstin: Braunkohle und Umwelt. Zur Geschichte des nordwestsächsischen Kohlereviers (1900–1945), Frankfurt (Main) 1998 (= Europäische Hochschulschriften, Reihe 3: Geschichte und ihre Hilfswissenschaften, Bd. 768), S. 153.

10 Vgl. Steinhuber, Uwe: Einhundert Jahre bergbauliche Rekultivierung in der Lausitz. Ein historischer Abriss der Rekultivierung, Wiederurbarmachung und Sanierung im Lausitzer Braunkohlenrevier, Dissertation Universität Olomouc 2005, S. 15.

11 Vgl. Obertreis, Julia: Von der Naturbeherrschung zum Ökozid? Aktuelle Fragen einer Umweltgeschichte Ost- und Ostmitteleuropas, in: Zeithistorische Forschungen/Studies in Contemporary History 9, 2012, S. 115–122, hier S. 116 und S. 118 ff.

Jahrzehnt der DDR bzw. auf die Ära Honecker, welche zweifelsohne von Umweltproblemen dominiert war, übersieht die fortschrittliche ökologische Herangehensweise früherer Phasen. Implizierte nicht gerade der Sozialismus eine andere Auseinandersetzung mit den natürlichen Lebensgrundlagen? Galten die Schädigungen und Zerstörungen nicht als Folge eines kapitalistischen Raubbaus?[12]

Dieser Beitrag geht den Fragen anhand der Aufbereitung der Kippen und Halden des Lausitzer Braunkohlenreviers nach. Indem er das Umweltmedium Boden fokussiert, betritt er wenig erforschtes Terrain.[13] Im Gegensatz zu den Umweltmedien Wasser und Luft ist dieses Thema bisher noch nicht im umwelthistorischen Kontext der DDR untersucht worden. Dabei steht die Forschung zur Bodenmelioration, ihren Techniken und ihrer Evolution bis ca. 1975 im Fokus. Hierzu werden Institutionen, Akteur:innen – besonders die Rolle des Pioniers der Rekultivierung Wilhelm Knabe (1923–2021) – und konkurrierende Vorstellungen untersucht, um Erfolge und Rückschläge bei der Beseitigung bergbaulicher „Mondlandschaften“ aufzuzeigen.

Von der Landschaftsdiagnose zur Bodenmelioration

Diskussionen um den Umgang mit unbewachsenen Kippenflächen lassen sich seit dem Deutschen Kaiserreich mit zunehmender Intensität wahrnehmen. Je größer die durch den Tagebau beanspruchte Fläche, desto häufiger traten mahnende Stimmen auf, die eine rechtliche Auseinandersetzung mit dem Braunkohlenbergbau forderten.[14] Allerdings konnte sich die Fraktion, die eine Begrenzung der Bodennutzung oder eine Wiederurbarmachung forderte, bis zum Ende des Zweiten Weltkrieges nicht durchsetzen. Beispielhaft zeigt dies der Konflikt um das Reichserbhofgesetz, das eigentlich Bauernhöfe und ihre land-

---

12 Vgl. Huff, Tobias: Natur und Industrie im Sozialismus. Eine Umweltgeschichte der DDR, Göttingen 2015 (= Umwelt und Gesellschaft, Bd. 13), S. 39 f.

13 Vgl. Uekötter, Frank: Boden (08.03.2012), in: Europäische Geschichte Online. Unter: http://www.ieg-ego.eu/uekoetterf-2012-de (Eingesehen: 10.02.2021), S. 3 f. und S. 18; ders.: Die Wahrheit ist auf dem Feld. Eine Wissensgeschichte der deutschen Landwirtschaft, Göttingen 2010 (= Umwelt und Gesellschaft, Bd. 1), S. 40 f.

14 Vgl. Kretschmer, Umwelt, S. 73 f.; Lehmann, Hans: Die Wiederurbarmachung der Tagebaue im Rahmen des Fünfjahrplanes, in: Bergbautechnik. Technisch-wissenschaftliche Zeitschrift für den Kohlen-, Erz- und Salzbergbau, für Aufbereitung und Brikettierung 6, 1951, S. 257–263, hier S. 257; Steinhuber, Einhundert Jahre, S. 165.

wirtschaftlichen Nutzflächen vor der Devastierung schützen sollte.[15] Der Konflikt blieb auch nach 1945 bestehen, nun als einer zwischen der Besatzungsmacht, die die größten und profitabelsten Bergbauunternehmen als Sowjetische Aktiengesellschaften (SAG) übernommen hatte, und der deutschen Verwaltung, die auf die Einhaltung der nationalsozialistischen „Richtlinie für die Urbarmachung der Tagebaue" drängte. Während sowohl die sowjetischen als auch die deutschen Bergbautreibenden nicht gewillt waren, Ressourcen und Personal für die Sanierung der in Anspruch genommenen Flächen aufzubringen, bemühte sich die Sozialistische Einheitspartei Deutschlands (SED), die Richtlinie in eine verbindliche Verordnung zu überführen, um die schlechte Nahrungsmittelversorgung zu verbessern.[16]

Als Ausgangspunkt der Bergbausanierung in der DDR wird das Projekt „Landschaftsdiagnose der DDR", 1950 initiiert von Reinhold Lingner (1902–1968) und Frank Erich Carl (1904–1994), angesehen.[17] Lingner, Diplom-Gartenbauinspektor und überzeugter Sozialist,[18] fasste nach seiner Berufung an die Deutsche Bauakademie (1947–51 Institut für Bauwesen der Akademie der Wissenschaften der DDR, seit 1972 Bauakademie der DDR) den Plan, sämtliche Schäden der Landschaft in der DDR zu erfassen.[19] Obwohl Lingner die stalinistischen Projekte der Umweltgestaltung kannte, unterschied sich seine Konzeption in ihrer analytischen Vorgehensweise und dem behutsamen Eingreifen in die Natur.[20] Damit war die DDR das erste Land weltweit, dessen Landschaften vollständig einem Umweltmonitoring unterzogen wurden.[21] Die Arbeitsgruppenleiter des Projektes waren während der Zeit des Nationalsozialismus als

15 Vgl. Kretschmer, Umwelt, S. 154 ff.

16 Vgl. Bundesarchiv Berlin-Lichterfelde (BArch), DF 9 (Oberste Bergbehörde der DDR)/385, Aktenvermerk Wiedernutzbarmachung vom 17.06.1949; Nr.386, Protokoll über die am 27.03.1950 stattgefundene Arbeitstagung. Von zehn besichtigten SAG führten 1950 nur zwei eine Wiederurbarmachung durch. Sechs wiederum führten sie nur als Täuschungsmanöver wenige Tage vor Besuch der Kommission durch, die Flächen abnehmen soll. Einzig die Sanktionsmöglichkeiten gegenüber den Unternehmen blieben gering.

17 Vgl. Carl, Frank Erich/Lingner, Reinhold: Landschaftsdiagnose der DDR, Berlin 1957, S. 31–38; Hiller, Olaf: Der Forschungsauftrag Landschaftsdiagnose in Kurzfassung, in: Hiller, Olaf (Hrsg.): Die Landschaftsdiagnose der DDR. Zeitgeschichte und Wirkung eines Forschungsprojektes aus der Gründungsphase der DDR, Berlin 2002 (= Materialien zur Geschichte der Gartenkunst, Bd. 6), S. 27–50, hier S. 27.

18 Vgl. Archiv der Humboldt Universität zu Berlin (AHUB), Bestand Personal nach 1945, L608, Lebenslauf Reinhold Lingner vom Juni 1956; Uekötter, Wahrheit, S. 45 ff.

19 Vgl. Küchler, Johannes: Zum historischen Kontext der Landschaftsdiagnose, in: Hiller (Hrsg.), Landschaftsdiagnose, S. 15–26, hier S. 15.

20 Vgl. Huff, Natur, S. 48.

21 Vgl. ebd., S. 65 f.; Küchler, Landschaftsdiagnose, S. 26.

„Landschaftsanwälte“ beim Reichsautobahnbau tätig gewesen und vielfach ehemalige Anhänger des Nationalsozialismus.[22] Werner Bauch (1902–1983), Arbeitsgruppenleiter in Sachsen, zeichnete sogar als Gartenplaner für das KZ Auschwitz verantwortlich.[23] Eine weitere Gemeinsamkeit stellten ihre Tätigkeiten als selbständige Landschaftsplaner in der unmittelbaren Nachkriegszeit dar.[24] Alle diese Umstände dürften dazu beigetragen haben, dass das erst 1950 gegründete Ministerium für Staatssicherheit die „Landschaftsdiagnose“ abbrechen lies und das Material einzog.[25]

Die Zerstörungen durch die Niederlausitzer Tagebaue stellten den Auftakt der Erfassung der Landschaftsschäden dar. Lingner selbst diagnostizierte „tot und geisterhaft wie Mondlandschaften wirken diese Gebiete“[26] und forderte, dass „diese offenen Wunden der Landschaft [...] durch Pflanzenkleid zum Vernarben gebracht werden“[27] müssen. Die Verwendung solcher medizinischen Metaphern hält bis heute an und verbindet sowohl die traumatische Seite der Verletzung in der Vergangenheit als auch den zukünftigen Heilungsprozess.[28] Der Braunkohlenbergbau auf dem Gebiet der SBZ/DDR stellte den größten Eingriff in die Umwelt dar, wobei die Flächenvernichtung bis zum Kriegsende be-

---

22 Vgl. Hiller, Olaf: Hermann Göritz. Eine biographische Studie als Beitrag zur Fachgeschichte der Garten- und Landschaftsarchitektur im 20. Jahrhundert, Berlin 1997 (= Materialien zur Geschichte der Gartenkunst, Bd. 1), S. 42 f. und S. 60; ders.: Daten und Fakten zum Ablauf, zur Unterbrechung und Wiederaufnahme des Forschungsauftrages Landschaftsdiagnose der fünf Länder der DDR, in: ders. (Hrsg.), Landschaftsdiagnose, S. 83–110, hier S. 89; Zutz, Axel: Wege grüner Moderne. Praxis und Erfahrung der Landschaftsanwälte des NS-Staates zwischen 1930 und 1960, in: Mäding, Heinrich/Strubelt, Wendelin (Hrsg.): Vom Dritten Reich zur Bundesrepublik. Beiträge einer Tagung zur Geschichte von Raumforschung und Raumplanung, Hannover 2009, S. 107–148, hier S. 114; ders.: „Zu den Menschenrechten gehört das Gesunde und Schöne.“ Zur Verankerung Landschaftlicher Daseinsvorsorge zwischen 1945 und dem Beginn der 1960er Jahre, in: Briesen, Detlev/Strubelt, Wendelin (Hrsg.): Raumplanung nach 1945. Kontinuitäten und Neuanfänge in der Bundesrepublik Deutschland, Frankfurt (Main), 2015, S. 151–196, hier S. 159 f.

23 Vgl. Röpke, Andrea/Speit, Andreas: Völkische Landnahme. Alte Sippen, junge Siedler, rechte Ökos, Bonn 2019 (= Bundeszentrale für politische Bildung: Schriftenreihe, Nr. 10311), S. 113.

24 Vgl. Behrens, Hermann: Das gesellschaftliche Umfeld der Landschaftsdiagnose und ihre Bedeutung aus der Sicht angrenzender Fachgebiete, in: Hiller (Hrsg.), Landschaftsdiagnose, S. 51–72, hier S. 61; Hiller, Daten und Fakten, S. 87.

25 Vgl. Huff, Natur, S. 54 f.

26 Lingner, Reinhold: Landschaftsgestaltung, Berlin 1952 (= Wissenschaft und Technik, Nr. 3), S. 34.

27 Ebd., S. 60.

28 Vgl. Storm, Anna: Post-Industrial Landscape Scars, New York 2014 (= Palgrave Studies in the History of Science and Technology), S. 4.

reits auf mehrere zehntausend Hektar angewachsen war.[29] Daher begann 1949 die Untersuchung im Tagebaugebiet Klettwitz auf 120 km^2.[30] Danach wurde der Betrachtungsraum von November 1949 bis Mai 1950 auf das gesamte Senftenberger Revier ausgedehnt,[31] bevor von April bis August 1950 die gesamte DDR untersucht werden sollte.[32] Auch die staatliche Administration hatte ein Interesse an der Sanierung der Lausitz. Unter den Bedingungen der Nachkriegszeit wurde die weitgehend agrarische Selbstversorgung und die Nutzung sämtlicher verfügbarer Flächen zur Ernährung der Bevölkerung zu einer Daseinsfrage der DDR: „ [...], daß der Acker, den der Bagger greift, um die Kohle freizulegen, sie ernährte, und daß die Kippe, die zurückbleibt, sie wieder ernähren muß."[33] Allerdings ging es um mehr: Neben der agrarischen und forstwirtschaftlichen Nutzung der rekultivierten Flächen sollte eine planvolle und gleichsam reizvolle Kulturlandschaft entstehen, die auch den Erholungssuchenden Platz bieten würde.[34] Ein an sich schon älteres Prinzip,[35] das die DDR-Braunkohlensanierung bis zu ihrem Ende und darüber hinaus prägte.[36]

Für die „Wiedernutzbarmachung" der ausgekohlten Bergbauflächen bedurfte es zunächst grundlegender, praxisorientierter Forschungen, um gesichertes Wissen zu erzeugen. Die ersten Aufforstungen in der Niederlausitz fanden zwar bereits in den ersten Jahrzehnten des 20. Jahrhunderts statt, doch waren sie meist wissenschaftlich wenig fundiert und unsystematisch.[37] Zu nennen sind hier die Vorarbeiten von Rudolf Heuson (1884–1955), der auch nach dem Zweiten Weltkrieg häufig referenziert wurde und als Begründer der Bergbausanierung in der Niederlausitz gilt. Aber auch der Forstmeister der Ilse AG und Hauptkonkurrent Heusons, Joachim-Hans Copien,[38] muss erwähnt werden.

29 Vgl. Fischer, Wolfram (Hrsg.): Statistik der Montanproduktion Deutschlands 1915 – 1985, St. Katharinen 1995, S. 47 u. S. 71; Lingner, Landschaftsgestaltung, S. 34; Meyer, 1922 – Ein „turning point", S. 209.

30 Vgl. Lingner, Landschaftsgestaltung, S. 26.

31 Hoffmann, Ruth: Meine persönliche Erfahrung als Mitarbeiterin der Landschaftsdiagnose, in: Hiller (Hrsg.), Landschaftsdiagnose, S. 121–128, hier S. 123.

32 Vgl. Hiller, Daten und Fakten, S. 83.

33 Vgl. Lingner, Landschaftsgestaltung, S. 61.

34 Vgl. ebd., S. 74 ff.

35 Vgl. Brandenburgisches Landeshauptarchiv Potsdam (BLHA), Rep. 55, Nr. 818, An den Herrn Landesdirektor vom 31.12.1930.

36 Vgl. Wittig, Braunkohlen- und Sanierungsplanung, S. 479.

37 Vgl. Preußner, Karl: Wälder und Forste auf Kippenstandorten, in: Pflug (Hrsg.), Braunkohlentagebau, S. 600–609, hier S. 605.

38 Vgl. Copien, Joachim-Hans: Über die Nutzbarmachung der Abraumkippen auf Braunkohlenwerken und die dabei gewonnenen Erfahrungen insbesondere bei Forstkulturen in der Niederlausitz, Berlin 1942.

Ebenso wurden die Dissertationen von Curt Kraemer (1904-?) zur Niederlausitz und von Kurt Hundhausen (1909-?) zum Rheinischen Revier veröffentlicht, die sich von akademischer Seite mit der Rekultivierung befassten.[39]

Abb. 1: Niederlausitzer Kippenlandschaft, fotografiert für die Landschaftsdiagnose der DDR, 13.10.1949

Die universitären Forschungen zur Rekultivierung begannen in der DDR im Anschluss an die „Landschaftsdiagnose“. Am Anfang standen die Forschungsaufträge F2-51 „für Versuche, die Anbaufähigkeit für Kulturpflanzen auf Abraumhalden des Tagebaus beschleunigt wieder herzustellen“, bearbeitet von Egon Brüning (1923–2019) unter Leitung des Professors für Meliorationswesen Joachim Seidemann (1903–1987) ab 1952 und F3-322 „Verbesserung der Rekultivie-

39 Vgl. Hundhausen, Kurt: Untersuchungen zur Frage der Wiederkultivierung im Rheinischen Braunkohlenrevier, Bonn 1935; Kraemer, Curt: Kultivierung von Abraumkippen der Braunkohlengruben in der Niederlausitz, Breslau 1935. Im Vergleich zu Hundhausen erkannte Kramer immerhin den Zusammenhang zwischen der Verwitterung des Schwefelkieses und der Versauerung tertiärer Kippen. Beide boten aber wenig konkrete Hinweise zur Sanierung entsprechender Flächen.

rung von Abraumkippen durch Erforschung der Voraussetzungen hierfür mit Hilfe von Gefäß- und Freilandversuchen und Überprüfung bisheriger Maßnahmen in der Niederlausitz" ab 1953, initiiert von Georg Bela Pniower (1896–1960) und ausgeführt als Promotionsprojekt von Wilhelm Knabe (1923–2021).[40] Pniower war der akademische Konkurrent Lingners. Der studierte Gartenbautechniker, vor 1933 SPD-Mitglied und als „Halbjude" Verfolgter des Nationalsozialismus, baute ab 1951 an der Humboldt-Universität (HU) zu Berlin den Lehrstuhl für Gartenkunst und Landschaftsgestaltung auf und wurde 1952 Direktor des gleichnamigen Instituts an der Landwirtschaftlich-Gärtnerischen Fakultät.[41] Nahezu zeitgleich zu Lingner führte er ab 1949 im Huy-Hakel-Gebiet (nördliches Harzvorland) ein Umweltmonitoring zum Thema Gehölzentblößung durch, das später als ein Argument zum Abbruch der „Landschaftsdiagnose" genutzt wurde, da die Gegner eine Dopplung unterstellten.[42] Pniower stand dennoch auch mit Lingner im akademischen Austausch und griff mehrfach auf Materialien und Ergebnisse seines Konkurrenten zurück,[43] obwohl er ihn gleichzeitig für seine Begrifflichkeit kritisierte.[44] Der Forschungsauftrag F3-322 wäre ohne den Anstoß durch die Bestandsaufnahme der gestörten Umwelt im Lausitzer Revier nicht zustande gekommen.

Wilhelm Knabe nahm nach seiner Kriegsgefangenschaft das Studium der Forstwissenschaft auf und gehörte 1946 zum ersten Nachkriegsjahrgang der

---

40 Vgl. Meyer, Torsten/Zutz, Axel: Rekultivierung von Braunkohlentagebauen in der Niederlausitz 1920 – 1960. Institutionalisierungen und Interventionen als Wegbereiter des Senftenberger Seengebietes, in: Benke, Carsten/Betker, Frank/Bernhardt, Christoph (Hrsg.): Paradigmenwechsel und Kontinuitätslinien im DDR-Städtebau. Neue Forschungen zur ostdeutschen Architektur- und Planungsgeschichte, Erkner 2010 (= Regio transfer, Nr. 8), S. 273–328, hier S. 320 f.; UAL, Phil. Fak., G 13/001, Forschungsplan 1952 vom 03.07.1951.

41 Vgl. Wagner, Wolfgang: Pniower, Georg Bela, in: Müller-Engbers Helmut u. a. (Hrsg.): Wer war wer in der DDR? Ein Lexikon ostdeutscher Biographien, Berlin 2010. Unter: https://www.bundesstiftung-aufarbeitung.de/wer-war-wer-in-der-ddr-%2363%3B-1424.html?ID=2677 (Eingesehen: 10.02.2021).

42 Vgl. Hiller, Daten und Fakten, S. 87.

43 Vgl. AHUB, LGF, Nr. 29, Sehr geehrter Herr Prof. Pniower vom 08.12.1959; Nr. 28 Allgemeiner Schriftwechsel von Prof. Pniower, Sehr geehrter Herr Kollege Lingner vom 15.11.1957 u. Sehr geehrter Herr Professor Pniower vom 11.11.1957; Zutz, Axel: Zum vorhandenen Bestand der Landschaftsdiagnose, in: Hiller (Hrsg.), Landschaftsdiagnose, S. 171–174, hier S. 173.

44 Vgl. Archiv Grünes Gedächtnis (AGG), Bestand A-Knabe, Wilhelm, Nr. 84, Diskussionsbeitrag von Dr. W. Knabe zur Tagung der Bauakademie vom 14.12.1957; Zutz, Axel: „Kranke" und „Gesunde" Landschaft. Anmerkungen zur Kritik des Landschaftsbegriffs bei der Landschaftsdiagnose, in: Hiller (Hrsg.), Landschaftsdiagnose, S. 111–120, hier S. 112.

Forsthochschule Tharandt.[45] Aufgrund einer Umweltprotestaktion war ihm nach dem Abschluss des Studiums im Herbst 1950 der Aufstieg zum Forstamtsleiter verwehrt, so dass Knabe in der Wissenschaft blieb.[46] Er wurde an der HU Berlin wissenschaftlicher Assistent von Pniower und erhielt die Aufgabe, ein Verfahren zur Wiederurbarmachung der sterilen Kippen im Niederlausitzer Braunkohlenrevier zu entwickeln. Knabe begann schon 1951 seine Versuche, also vor dem offiziellen Start des Forschungsauftrages F3-322.[47] Bereits ein Jahr später veröffentlichte er im sechsten Band der Serie „Braunkohlenbergbau. Anleitung für Planung und Betrieb“ von Ernst Kirst (1893-?) den Abschnitt zur Wiederurbarmachung von Kippengelände.[48] Zwar war es nicht die erste Veröffentlichung zur „Wiederurbarmachung“ in der DDR seit den Arbeiten von Heuson,[49] die 1947 nochmals in erweiterten Ausgaben erschienen,[50] allerdings bot es als erstes Lehrbuch konkrete Praxisanleitungen für den Bergbau. Knabe erweiterte die Untersuchung auf die bodenkundliche Zusammensetzung der Kippen. Dabei identifizierte er als erster die konkreten toxischen Deckgebirgsschichten, die nicht oben auf die Kippe aufgetragen werden sollten. 1952 konnte er bereits nachweisen, dass die tertiären Abraummassen ohne Vorbehandlung ungeeignet

---

45 Vgl. Knabe, Wilhelm: Tharandt 1949 – erste studentische Umweltinitiative in Sachsen, in: Behrens, Hermann/Hoffmann, Jens/Institut für Umweltgeschichte und Regionalentwicklung e. V. (Hrsg.): Umweltschutz in der DDR. Analyse und Zeitzeugenberichte, Bd. 3: Beruflicher, ehrenamtlicher und freiwilliger Umweltschutz, München 2007, S. 329–352, hier S. 330 ff.

46 Vgl. ebd., S. 348 f.

47 Vgl. AGG, Bestand A – Knabe, Wilhelm, Nr. 308, von Pankow nach Bonn und Lintorf vom 13./24.11.2003.

48 Vgl. Knabe, Wilhelm: Wiederurbarmachung des Kippengeländes, in: Kirst, Ernst: Braunkohlentagebau. Anleitung für Planung und Betrieb. Band VI: Verkippung der Abraummassen, Berlin 1952 (= Schriftenreihe des Verlags Technik, Nr. 26), S. 60–114.

49 Vgl. Lehmann, Hans: Wiederurbarmachung, S. 257–263; Knabe, Wiederurbarmachung, S. 60 f.; Wunschik, Alfons: Die Wiederurbarmachung von Kippen und Halden der Bergbaugebiete der Deutschen Demokratischen Republik durch landschaftsgestaltende Maßnahmen zur Begrünung land- und forstwirtschaftlicher Nachkulturen (unter Berücksichtigung des Braunkohlenbergbaus), Cottbus 1951. Lehmann war in den 1950er-Jahren Leiter der Hauptverwaltung Braunkohle und maßgeblich an der ersten Wiederurbarmachungsanordnung beteiligt. Der Geologe Wunschik (1903–1969) leitete den Zentralen Regierungsausschuss der DDR für Landschaftsgestaltung und Naturschutz. Knabe bezieht sich auf beide in seiner Veröffentlichung von 1952.

50 Vgl. Heuson, Rudolf: Bodenkultur der Zukunft, Berlin [1938] 1947; ders.: Die Kultivierung roher Mineralböden, Berlin [1929] 1947.

für eine Nachnutzung waren.[51] Um die Bodenfruchtbarkeit zu erhöhen, empfahl er das seit den 1920er-Jahren praktizierte Auftragen von kulturfähigem Boden.[52] Diese Orientierung an den Vorarbeiten Heusons zeigte sich auch an seinem Plädoyer für eine diversifizierte Baumartenwahl für die Wiederaufforstung.[53] Gleichwohl sich hierin die Ablehnung von Kiefernmonokulturen, die Copien befürwortet hatte, ausdrückt, spielten dessen Veröffentlichungen ebenfalls eine Rolle für Knabe, wie seine Ausführungen zum Anpflanzen von bereits verschulten Bäumen zeigen.[54] Diese erste Bestandsaufnahme verband sich für ihn mit der Erkenntnis, dass Feldversuche nicht zielführend wären. Nach Inaugenscheinnahme der Ergebnisse bisheriger Versuche der Wiederaufforstung im Lausitzer Revier begann er, die etablierte agrarwissenschaftliche Praxis der Gefäßversuche auch für die devastierten Flächen zu nutzen.[55] Dadurch konnte er die Bodengüte der verschiedenen verkippten Substrate bestimmen und als erster eine Einteilung der verschiedenen Deckgebirgsschichten vornehmen.[56] Das gleichzeitige Festhalten an Freilandversuchen zeigte, dass diese Einteilung auch für andere Bereiche geeignet waren, z. B. die Ergebnisse der Melioration im Rahmen von Kippengutachten zu überprüfen.[57] Knabe beschritt damit einen anderen Weg als in den Agrarwissenschaften, die – trotz des beschränkten Erkenntnisgewinns und fehlender wissenschaftlicher Gutachten – Feldversuche bei der Bodennutzung bevorzugten.[58] Eine Kritik, die so auch auf die frühen Leipziger Forschungen von Brüning zutraf.[59]

51 Vgl. Knabe, Wiederurbarmachung, S. 110 u. S. 114.

52 Vgl. ebd., S. 103 ff.

53 Vgl. ebd., S. 107 ff.

54 Vgl. ders.: Untersuchung über die Voraussetzungen der Rekultivierung von Kippen im Braunkohlenbergbau, Dissertation Humboldt-Universität zu Berlin 1957, S. 40.

55 Vgl. ebd., S. 92.

56 Vgl. ebd., S. 198.

57 Vgl. Katzur, Joachim/Zeitz, Jutta: Bodenfruchtbarkeitskennziffern zur Beurteilung der Qualität der Wiederurbarmachung schwefelhaltiger Kippböden, in: Archiv für Acker- und Pflanzenbau und Bodenkunde, 4, 1985, S. 195–203, hier S. 196.

58 Vgl. Uekötter, Frank: Das Versuchsfeld als wissenschaftlicher Ort. Zur Divergenz ökologischer imaginierter Räume, in: Middell, Matthias/Thoms, Ulrike/Uekötter, Frank (Hrsg.): Verräumlichung, Vergleich, Generationalität. Dimensionen der Wissenschaftsgeschichte, Leipzig 2004, S. 24–45, hier S. 29 f. und S. 34; ders.: Know your Soil. Transitions in Farmers‘ and Scientist‘ Knowledge in Germany, in: McNeill, John R./Winiwarter, Verena (Hrsg.): Soils and Societies. Perspectives from Enviromental History, Isle of Harris 2006, S. 322–340, hier S. 330 f.

59 Vgl. UAL, Phil. Fak., G 13/001, Forschungsplan 1952 vom 03.07.1951.

Abb. 2: Gefäßversuche mit Mitscherlich-Gefäßen, 1952

Die Ergebnisse ließen nicht lange auf sich warten, wie eine Aufstellung der wiedernutzbaren Flächen für die Zeit 1945 bis 1953 zeigt. Das prozentuale Verhältnis zwischen devastierten und rekultivierten Flächen veranschaulicht den Erfolg. Nicht nur, dass sich die jährliche Leistung innerhalb kürzester Zeit verdoppelte, auch qualitativ sei diese, so die Einschätzung der Hauptverwaltung Braunkohle unter Hans Lehmann (1904–1989), deutlich höher zu bewerten als frühere. Umso bemerkenswerter ist dies, wenn der gleichzeitige kostenintensive Ausbau der Braunkohlenindustrie und die immer noch bestehenden Belastungen durch die Reparationen in Form der SAG berücksichtigt werden.[60] Auch für die zweite Hälfte der 1950er-Jahre war eine Zunahme der Sanierung geplant. So sollte das Verhältnis von sanierten zu unsanierten Flächen im zweiten Fünfjahresplan 1956–1960 auf 70,3 % wachsen.[61] Beim Vergleich der wiederurbarge-

60 Vgl. Sperling/Schossig, Wirtschaftsorganisation, S. 116; Steiner, André: Von Plan zu Plan. Eine Wirtschaftsgeschichte der DDR, Bonn 2007 (= Bundeszentrale für politische Bildung: Schriftenreihe, Nr. 625), S. 30 f.

61 Vgl. BArch, DE 4 (Volkswirtschaftsrat der DDR)/18354, Erfolge und Mängel der Verordnung über die Wiedernutzbarmachung vom 22.11.1955. Der Leiter der Hauptverwaltung Braunkohle, Hans Lehmann, schätzte, neben der Forschung, die Wiedernutzbarmachungsanordnung von 1951 als wichtige Initialzündung. Die darüber hinaus bestehenden Probleme schob er den Unternehmen zu, die die Umstellung auf selektive Massengewinnung teilweise nur unzureichend machten Flächen ergab sich sogar ein Zuwachs um 169,3 %. Dennoch wurde weiterhin mehr Land durch den Bergbau eingezogen als rekultivierte Flächen zurückgegeben wurden, so dass das Ödland weiterwuchs.

Tab. 1: Entzogene und wiederurbargemachte Flächen in der SBZ/DDR 1945 bis 1953[62]

	Durchschnitt 1945 bis 1951	**1952**	**1953**
entzogene Flächen	995 ha	1508 ha	1600 ha
landwirtschaftliche Flächen	190 ha	221 ha	370 ha
forstwirtschaftliche Flächen	350 ha	575 ha	710 ha
sonstige Flächen	40 ha	–	–
Wiederurbarmachung Gesamt	580 ha	796 ha	1080 ha
Anteil wiederurgemachter Flächen	58,3 %	52,8 %	67,5 %

Forschungseinrichtungen in der Bergbausanierung

Viele der von Knabe erstmals systematisch zusammengetragenen wissenschaftlichen Grundlagen der Wiederherstellung von land- und forstwirtschaftlichen Flächen reklamieren bis heute Gültigkeit für die Rekultivierung; ihre Lage über dem Grundwasserspiegel, die Notwendigkeit der leichten Neigung zum Wasserabfluss, das Planieren und die Herstellung einer biologisch aktiven Bodenschicht von ca. 1 m.[63] Auch erwähnte er die bevorzugte Nutzung von Kippen für Forststandorte, da diese einfacher herzustellen sind und für viele Flächen in

---

vornahmen. Wichtigster Kritikpunkt war die Umsetzung von Sanierungsmaßnahmen in Bezug auf die Restlochflächen, deren Nutzung für Wassersport, Fischerei und Erholung unzureichend berücksichtigt wurde. Da er selbst federführend in der Wiedernutzbarmachung agierte, ist diese Einschätzung ernst zu nehmen.

62 Vgl. BArch, DE 4/18354, der derzeitige Stand der Wiederurbarmachung vom 23.06.1953.

63 Vgl. Drebenstedt, Carsten: Planungsrundlagen der Wiedernutzbarmachung, in: Pflug (Hrsg.), Braunkohlentagebau, S. 487–512, hier S. 504 u. S. 506; ders./Möckel, Reinhard: Gewässer in der Bergbaufolgelandschaft, in: ebd., S. 610–624, hier S. 613; Knabe, Untersuchung, S. 56 f.; Grümmer, Gerhard/Krummsdorf, Albrecht: Landschaft vom Reißbrett. Die Zukunft unserer Kippen, Halden und Restlöcher, Leipzig u. a. 1981, S. 59 ff., S. 65 f. und S. 102 f.; Preußner, Karl: Forstwirtschaft, in: Pflug (Hrsg.), Braunkohlentagebau, S. 517–519, hier S. 517.

der Niederlausitz aufgrund der niedrigen Bodengüte nur diese Nutzung in Frage kam.[64] Die „Verordnung über die Wiedernutzbarmachung der für den Abbau- und Kippenzwecke des Bergbaues in Anspruch genommenen Grundstücksflächen" vom 06. Dezember 1951 und die dazugehörige erste Durchführungsbestimmung zur Wiedernutzmachungsverordnung vom 10. Mai 1952 priorisierten hingegen die Schaffung von landwirtschaftlichen Nutzflächen.[65] Zwar bereitete Knabe mit seinen Versuchen auch hierfür den Weg und skizzierte in seiner ersten Veröffentlichung das Problemfeld,[66] das Ausmaß der gesamten geforderten Wiedernutzbarmachung überstieg allerdings bei weitem die Möglichkeiten eines einzelnen Forschers. Daher verwundert es nicht, dass auf dem Weg zu einer leistungsfähigen Bergbausanierung eine Intensivierung der Grundlagenforschung stand.

Auf universitärer Ebene bildete sich ein regelrechter Forschungsverbund heraus, der mindestens bis zur dritten DDR-Hochschulreform 1968 wichtige Beiträge zur Bergbausanierung leistete und grundlegend für die Erfolge bei der Entstehung der Bergbaufolgelandschaften in den 1970er-Jahren war. Das Zentrum der Rekultivierungsforschung lag anfangs an der HU Berlin. Hier bestand das Institut Pniowers, das nach seinem Tod 1960 von Lingner bis zu dessen Tod 1968 geleitet wurde.[67] Es umfasste Außenstellen in Schöneiche, Malchow und in der Niederlausitz. Neben Knabe brachte diese Einrichtung noch weitere Wiederurbarmachungsexperten hervor, wie Kurt Illner (1917–1990), von 1964 bis 1970 Professor für Landschaftspflege und danach bis zu seiner Emeritierung 1982 für Meliorationswesen an der HU Berlin.[68] Die Außenstelle in der Niederlausitz leitete bis zu seinem Tod der Oberförster Alfred Ballaschk (1910–1960), der wesentlichen Anteil am Erfolg sowohl der Forschungen Knabes als auch der weiter oben genannten Leipziger Arbeitsgruppe hatte.[69] Hinzu kam die forstli-

---

64 Vgl. Knabe, Untersuchung, S. 57.

65 Vgl. Gesetzblatt der Deutschen Demokratischen Republik, Nr. 146/1951, S. 1133; Gesetzblatt der Deutschen Demokratischen Republik, Nr. 61/1952, S. 369 f. Auch hieran wird das Ziel der DDR ersichtlich, die Lebensmittelversorgung der Bevölkerung zu verbessern.

66 Vgl. Knabe, Wiederurbarmachung, S. 60, S. 62 ff., S. 93 ff., S. 103 ff. u. S. 106 ff.

67 Vgl. Huff, Natur, S. 52.

68 Vgl. Böhm, Wolfgang: Biographisches Handbuch zur Geschichte des Pflanzenbaus, München 1997, S. 129.

69 Vgl. Knabe, Wilhelm: Zur Wiederurbarmachung im Braunkohlenbergbau. Allgemeine Darstellung des Problems der Wiederurbarmachung und spezielle Untersuchungen im Lausitzer Braunkohlenbergbau, Berlin 1959, S. V; UAL, NA Darmer, 1, Bd. 1, Sehr geehrter Herr Dr. Darmer vom 28.07.1954 und Sehr geehrter Herr Kollege Ballaschk vom 17.07.1954.

che Fakultät der HU Berlin, die allerdings de facto als Nachfolgeeinrichtung der Forsthochschule Eberswalde bis 1963 bestand.[70]

An der Landwirtschaftlich-Gärtnerischen Fakultät der Karl-Marx-Universität (KMU) Leipzig existierte von 1952 bis 1965 das Institut für Landschaftsgestaltung unter der Leitung der Oberassistenten Gerhard Darmer (1912–1992), bis zu dessen Flucht 1958, und Albrecht Krummsdorf (1926–2014).[71] In Halle baute der Professor für Botanik, Hermann Meusel (1909–1997), das Institut für Landesforschung und Naturschutz (ILN) auf, dem er von 1953 bis 1963 vorstand.[72] Zum Thema Bergbausanierung betrieb das ILN ab 1966/67 die „Arbeitsgruppe Wiederurbarmachung" in Dölzig und eine Außenstelle Finsterwalde, die es vom Wissenschaftlich Technische Zentrum (WTZ) Schöneiche der HU Berlin übernommen hatte, die sich mit Fragen der Bodenmelioration beschäftigten.[73] Dass dabei wiederum innerhalb der Forschungslandschaft eine enge Vernetzung bestand, verdeutlicht die Verbindung zwischen Leipzig und Finsterwalde: Egon Brüning hatte an der KMU Leipzig studiert und promoviert.[74] Nachdem er in seiner Dissertation grundlegende Fragen der Begrünung einer Hochkippe des Tagebau Böhlens thematisiert hatte,[75] wurde er am 01. April 1960 zum Leiter der „Arbeitsgruppe Wiederurbarmachung" ernannt.[76] Bis 1961 blieb das Institut un-

70 Vgl. Arndt, Tobias u. a.: Von den Anfängen der Holzbiologie in Eberswalde. Beitrag zum Kolloquium anlässlich des 65. Geburtstages von Wiebke Unger, Eberswalde 2010, S. 15. Unter: https://www.hnee.de/de/Fachbereiche/Holzingenieurwesen/Forschung-am-Fachbereich/Holzbiologie-Kolloqium/Programm/Programm-Auszug-Vortrge-E5177.htm (Eingesehen: 10.02.2021).

71 Vgl. Krummsdorf, Albrecht: Landschafts- und Rekultivierungsforschung am Institut für Landschaftsgestaltung der Karl-Marx-Universität Leipzig 1952 bis 1965, in: Behrens/Hoffmann/Institut für Umweltgeschichte und Regionalentwicklung (Hrsg.), Umweltschutz in der DDR, S. 259–276, hier S. 260 f.

72 Vgl. Behrens, Hermann: Das Institut für Landesforschung und Naturschutz (ILN) und die Biologischen Stationen, in: Behrens/Hoffmann/ Institut für Umweltgeschichte und Regionalentwicklung (Hrsg.), Umweltschutz in der DDR, S. 68–72, hier S. 68.

73 Vgl. ebd., S. 71; Große-Wilde, Simon: Prosopographie und Wiedernutzbarmachung. Zur Zentralisierung der Rekultivierungsforschung der DDR in den 1960er-Jahren, in: Der Anschnitt. Zeitschrift für Montangeschichte 72, 3–4/2020, S. 121–129, hier S. 125 f.

74 Vgl. Brüning, Egon: Wiedernutzbarmachung von Kippen und Halden des Braunkohlenbergbaues. Zielstellung, Ergebnisse und Erkenntnisse im Rückblick 1952 bis 1972, in: Krummsdorf, Albrecht (Hrsg.): Ökonologie in Landschaftsgestaltung, Tagebau-Rekultivierung und Landeskultur/Umweltschutz, Beucha 2007, S. 83–92, hier S. 83.

75 Vgl. ders.: Untersuchungen zur Frage der Begrünung tertiärer Rohbodenkippen des Braunkohlentagebaues. Dargestellt am Beispiel der Hochabsetzerkippe 18 Böhlen, Dissertation Karl-Marx-Universität Leipzig 1959.

76 Vgl. ders., Wiedernutzbarmachung, S. 85; Forschungsinstitut für Bergbaufolgelandschaften e. V. (Hrsg.): Zur Historie des Forschungsinstituts für Bergbaufolgelandschaften e. V. (FIB) in Finsterwalde, Teil I: Ein kleiner Streifzug durch die Geschichte – Von den Anfängen bis ter Brünings Leitung in Dölzig bei Leipzig und wandte sich Problemstellungen der Bergbausanierung im Geiseltal bei Merseburg zu,[77] erst danach erfolgte die Teilung in zwei Außenstellen. Während Brüning die Leitung in Finsterwalde übernahm, wurde Konrad Werner (1929–1992) Leiter der Arbeitsgruppe Mitteldeutschland.[78]

An der Technischen Hochschule Dresden existierte der Lehrstuhl für Gartenkunst, Landschaftsgestaltung und Ingenieurbiologie unter Werner Bauch.[79] Zusammen mit seinem Assistenten und Nachfolger Harald Linke (geb. 1928) war er in Projekte zur Böschungsbegrünung involviert.[80] Darüber hinaus war Bauch in der DDR das einzige korrespondierende Mitglied des Arbeitskreises der Landschaftsanwälte e. V. und hielt Kontakt zu geflohenen Wissenschaftlern wie Darmer, die ihm wiederum ihre aktuellen Veröffentlichungen zukommen ließen.[81] Als Ausbildungsbetrieb diente die Forstakademie Tharandt wie das Beispiel Joachim Katzur (1937–2014) zeigt. Dieser war, neben Knabe, einer der bekanntesten Absolventen Tharandts, der sich der Bergbausanierung zuwandte.[82] Auch die Hochschule für Landwirtschaft Bernburg unter ihrem ersten Rektor Fritz Oberdorf (1898–1976) war an der Bergbausanierungsforschung beteiligt. Die Bergakademie Freiberg, das eigentliche Hauptforschungszentrum zum Thema Braunkohle, beschäftigte sich in den späten 1940er- und 1950er-Jahren vor allem unter dem Bergbauingenieur und Professor Hans Matschak (1901–1979) mit den Aspekten der Bergbaumechanik und der hydrologischen Verhältnisse im Tagebau, um stabile Kippen auszuformen.[83] Matschak war – zusammen mit

zum Forschungsinstitut (1960–1989). Unter: http://www.fib-finsterwalde.de/index.php?PH&m=300;0 (Eingesehen: 10.02.2021).

77 Vgl. UAL, PA-A, Nr. 9839, Brief von E. Brüning an den Prorektor W. Gertler vom 24.01.1959.

78 Vgl. SächsStA-F, 40067, Nr. 1077, Niederschrift über die 5. Sitzung der Zentralen Kommission für Wiedernutzbarmachung am 19.05.1961.

79 Vgl. Krummsdorf, Landschafts- und Rekultivierungsforschung, S. 263.

80 Vgl. UATUD, Nachlass W. Bauch, Nr. 131, Begrünung veg.-feindl. Bö BKW Heide vom 08.07.1966.

81 Vgl. ebd., Nr. 103, Arbeitskreis der Landschaftsanwälte e. V. vom 01.02.1968; Nr. 128, Artikel Merkmale für Landschaftspflegemaßnahmen zum landwirtschaftlichen Standortgutachten, in: Wasser und Boden 1963 (15), Heft 11. Bei dem Verein handelte es sich um einen Zusammenschluss der ehemaligen NS-Landschaftsanwälte.

82 Vgl. Haubold-Rosar, Michael: Prof. Dr. Hans Joachim Katzur (10.04.2014). Unter: https://www.forstpraxis.de/prof-hans-joachim-katzur/ (Eingesehen: 10.02.2021).

83 Vgl. Förster, Wolfgang/Walde, Manfred: Zur Entwicklung der Geotechnik für den Bergbau, in: Bilkenroth, Klaus-Dieter/Piatkowiak, Norbert/Wächtler, Eberhard (Hrsg.): Braunkohle in Forschung und Lehre an der Bergakademie Freiberg. Herausgegeben aus Anlass des 125. Geburtstages von Prof. Dr. e. h. Karl Kegel am 19. Mai 2001, Freiberg 2001, S. 175–203, hier S. 190 f.

Hans Lehmann – an der Begutachtung der Hochhalde Trages bei Espenhain beteiligt.[84]

Auf der Ebene der Bezirke stellten die Büros für Territorialplanung (BfT) weitere zentrale Institutionen dar. Diese waren keine Wissenschaftseinrichtungen, sondern fungierten als regionale Planungsstellen, was ihre Verbindung zu akademischen Fachbereichen aber nicht ausschloss.[85] Als solche – je nach Engagement ihrer Leiter – nahmen sie eine Schlüsselstellung bei der Bergbausanierung und der Implementierung der Forschungsergebnisse ein. Das BfT Cottbus, geprägt durch Otto Rindt (1906–1994), kann als herausragend in seiner Wirkung auf die Bergbausanierung betrachtet werden. So entwarf es schon Ende der 1960er-Jahre einen Plan zur Schaffung von Landschaftsschutzgebieten und Erholungszonen.[86] Schlussendlich übernahm das BfT Cottbus unter Rindt die Planung des Knappensees und des Senftenberger Sees, zwei der ersten Naherholungsgebiete, die aus vormaligen Braunkohlentagebauen entstanden.[87] Dabei wirkten die Gutachten und Planungen bei letzterem erstmals bis in den Endbetrieb des Tagebaus hinein, um eine möglichst günstige Sanierung zu ermöglichen.[88] Im Mitteldeutschen Revier beteiligte sich das BfT Leipzig wesentlich an der Planung der Bergbausanierung.[89]

84 Vgl. SächsStA-L, 20681, Nr. 444, Hochkippe Espenhain vom 13.08.1955.

85 Vgl. Ernst, Heinz u. a.: Territorialplanung im neuen ökonomischen System der Planung und Leitung, Berlin 1966, S. 9, S. 17 u. S. 27 ff.

86 Vgl. Großer, Karl Heinz: Der Naturraum und seine Umgestaltung, in: Pflug (Hrsg.), Braunkohlentagebau, S. 461–474, hier 472.

87 Vgl. Hoffmann, Ruth: Zur Leitbilddiskussion im Zusammenhang mit der Landschaftsdiagnose, in: Hiller (Hrsg.), Landschaftsdiagnose, S. 269–276, hier S. 270; Meyer, Torsten: Der Senftenberger See oder das Ende der „Mondlandschaft"?, in: Jahrbuch für Regionalgeschichte 23, 2005, S. 113–142, hier S. 129.

88 Vgl. Kupfer, Rudolf/Sawall, Dieter/Wiese, Ulrich: Der Senftenberger See. Eine Chronik, Senftenberg 2003, S. 39.

89 Vgl. Lange, Dieter, Erfahrungen aus der Arbeitsgruppe Wiederurbarmachung im VEB BKK Regis, in: Krummsdorf, Albrecht u. a. (Hrsg.): 1. Landeskultur-Tagung des Bezirkes Leipzig im Braunkohlenkombinat Regis, Meuselwitz 1970 (= Mitteilungsblatt des Bezirkstages und des Rates des Bezirkes Leipzig, Sondernummer Juli 1970), S. 50–56, hier S. 54; Walter, Horst: Landeskulturelle Aufgaben im Bezirk Leipzig, in: ebd., S. 10–21, hier S. 13 f. und S. 16 f. Horst Walter war Abteilungsleiter des BfT Leipzig und zuständig für die Bergbausanierung. Konkret war das BfT im Braunkohlenkombinat Regis an der Arbeitsgruppe für Wiederurbarmachung beteiligt und nahm eine zentrale Rolle bei der Planung der Bergbaufolgelandschaft im Bezirk Leipzig ein.

Abb. 3: Erholungszentrum Senftenberger See, 1983

Forschungsergebnisse der Wiedernutzbarmachung

Die beschriebenen Versuche Knabes bildeten die Grundlage für weitere Forschungen. Der kulturfeindliche Boden der Kippen musste aufbereitet werden, um Pflanzen das Überleben überhaupt zu ermöglichen. Knabe selbst beschrieb zwei von ihm entwickelte Verfahren zur Verbesserung der Bodenqualität: das Schwarzkollmer sowie das kombinierte Domsdorfer.[90] Erstere Methode zur Wiederurbarmachung ist das älteste bekannte Verfahren zur Bodenaufbereitung von Kippen.[91] Nach einer Analyse der Kippenzusammensetzung sollte durch die Zugabe einer entsprechenden Menge Kalks der pH-Wert des Bodens gehoben werden, um vegetationsfreundlichere Bedingungen zu schaffen. Aufgrund der spezifischen wirtschaftlichen Probleme der DDR griff Knabe dabei auf die kalk-

90 Vgl. Knabe, Zur Wiederurbarmachung, S. 60 ff.

91 Vgl. Katzur, Joachim: Melioration schwefelhaltiger Kippböden, in: Pflug (Hrsg.), Braunkohlentagebau, S. 559–572, hier S. 570; Illner, Kurt/Lorenz, Wolfgang-Dieter: Das Domsdorfer Verfahren zur Wiederurbarmachung von Kippen und Halden des Braunkohlenbergbaus, Berlin 1965, S. 15.

haltige Kraftwerksasche, die als Abfallprodukt massenhaft anfiel,[92] zurück.[93] Die Säurepufferung durch Braunkohlenasche war schon seit den 1920er-Jahren bekannt.[94] Ungefähr zeitgleich mit Knabes Erkenntnissen begann auch in anderen Ländern ihr Einsatz zur Bodenaufbereitung, wie in Großbritannien.[95] Im Schwarzkollmer Verfahren sollte sie ca. 30 Zentimeter tief in den Boden eingearbeitet werden.[96] Zusätzlich wurden die Kippen mit Stickstoff, Phosphor und Kali gedüngt, um den Anwuchs der Pflanzen zu begünstigen. Knabe selbst war bewusst, dass die von ihm angegebene Meliorationstiefe mit 30 cm zu niedrig gewählt worden war.[97] Zu dieser Zeit fehlten aber die technischen Voraussetzungen zur tieferen Bodenbearbeitung durch entsprechendes Spezialgerät.

Nahezu zeitgleich entwickelte Brüning ab 1951 das Böhlener Verfahren an der KMU Leipzig, das für Abraumhalden gedacht war.[98] Brüning begann 1952 mit dem Forschungsauftrag F2-51. Ab dem 01. August 1954 schloss sich der Forschungsauftrag „Begrünung von Rohbodenkippen" an.[99] Brüning war ausgebildeter und studierter Landwirt.[100] Entsprechend – und das ist ein wesentlicher Unterschied zu Knabe – untersuchte er vorrangig die Möglichkeiten zur landwirtschaftlichen Rekultivierung der bergbaulich beanspruchten Flächen, wobei er auf bestehende Vorarbeiten an der KMU Leipzig zurückgreifen konnte. In Espenhain experimentierte der Universitäts-Lektor und Leiter der Abteilung Landschaftsgestaltung beim Rat des Kreises Leipzig, Gerhard Scheerer (1890–1969), mit der Begrünung der Halde Trages, dessen Erkenntnisse ebenfalls in Brünings Arbeit einflossen.[101] Das Böhlener Verfahren unterschied sich vor allem in dem Material für die Neutralisierung des sauren Bodens. Brüning setzte Brannt- und

92 Vgl. Möller, Umwelt, S. 38.

93 Vgl. Drebenstedt, Carsten: 30jährige Erfahrung beim Einsatz von Braunkohlenaschen zur Melioration von Kippenrohböden in der Lausitz, in: Braunkohle, Bergbautechnik. Energieversorgung, Kohlenveredelung, Opencast mining 7, 1994, S. 40–45, hier S. 41.

94 Vgl. BLHA, Rep. 75, Nr. 149, Bericht über die Besichtigung vom 03.07.1926.

95 Vgl. AGG, Bestand A – Knabe, Nr. 140, Vortrag Erfahrungen bei der Planung und Durchführung von Rekultivierungsprojekten in europäischen und nordamerikanischen Tagebauen 12. bis 20.10.1964.

96 Vgl. Katzur, Melioration, S. 570.

97 Vgl. Knabe, Zur Wiederurbarmachung, S. 64.

98 Vgl. UAL, Phi. Fak., Akte G13/001, Forschungsplan 1952 vom 03.07.1951.

99 Vgl. Brüning, Wiedernutzbarmachung, S. 83 u. S. 87; UAL, Phil. Fak., Nr. G13/001, Protokoll Zusammenkunft Tagebau-Leitung vom 21.10.1952.

100 Vgl. UAL, StuA, Nr. 801, Studierendenkartei Brüning, Egon und Urkunde vom 13.09.1949.

101 Vgl. Krummsdorf, Landschafts- und Rekultivierungsforschung, S. 267.

Hüttenkalk anstelle der Kraftwerksasche ein, die in einem zweischichtigen Prozess anfangs 30 cm und später 60 cm tief eingearbeitet wurden.[102]

Der Einsatz von Kalk anstelle von Asche hat Vor- und Nachteile. Schadstoffe, die sich je nach Zusammensetzung der Kohle auch in der Asche finden, gibt es im Kalk nicht, und auch seine einzusetzende Menge ist für das gleiche Ergebnis geringer. Die Vorteile der Asche sind ihre geringen Kosten und ihr positiver Effekt auf die Krümelbildung, die Wasseraufnahmefähigkeit und teilweise die Düngung des Bodens.[103] Grundsätzlich unterschied sich die Düngung der Böden bei beiden Verfahren nicht.[104] Nach Brünings Ernennung zum Leiter der Außenstelle Finsterwalde 1961 führte er das Verfahren auch in der Lausitz ein bzw. erprobte es an den dortigen Halden.[105] Für das Böhlener Verfahren erfolgte 1984 die Einführung eines Fachbereichsstandards für die „Wiederurbarmachung von Kippen und Halden".[106] Erstaunlich bei der Leipziger Forschungsgruppe war auch die Begründung der Baumartenwahl, die den Natur- sowie Artenschutz in den Vordergrund stellte und damit eher an die Diskussionen in der Gegenwart erinnert: Durch Anpflanzen von Brut- und Nahrungsbäumen sollte der Ansiedlung von Vögeln Vorschub geleistet werden.[107] Auch diese Ideen finden sich schon teilweise bei Heuson, wenn auch nicht im Detail.[108]

Brüning wurde 1969 habilitiert und war ab 1971 Professor an der HU Berlin.[109] Knabe und Brüning kannten sich sowohl von ihren Forschungen als auch von ihrer gemeinsamen Teilnahme an Kippenbegehungen im Rahmen einer ersten „Wiederurbarmachungskommission", bestehend aus Vertretern der Wissenschaft, der staatlichen und der Wirtschaftsverwaltung.[110] Diese Begegnungen waren überaus förderlich für die jeweiligen Projekte. Knabe war an den technischen Entwicklungen von Geräten zur Bearbeitung von Kippen interessiert.[111]

---

102 Vgl. ders.: Wiederurbarmachung und Rekultivierung im Braunkohlenbergbau, in: Behrens, Hermann/Hoffmann, Jens/Institut für Umweltgeschichte und Regionalentwicklung (Hrsg.): Umweltschutz in der DDR. Analyse und Zeitzeugenberichte, Bd. 2: Mediale und sektorale Aspekte, München 2007, S. 395–413, hier S. 401.

103 Vgl. Drebenstedt, 30jährige Erfahrung, S. 44; UAL, Phil. Fak., Nr. G13/001, Auswertung der Versuche vom 23.10.1952.

104 Vgl. Krummsdorf, Wiederurbarmachung, S. 401.

105 Vgl. UATUD, Nachlass W. Bauch, Nr. 125, Arbeitsergebnisse des Institutes 1963.

106 Vgl. Brüning, Wiedernutzbarmachung, S. 90.

107 Vgl. UAL, Phi. Fak., Nr. G13/001, Begrünung von Hochkippen.

108 Vgl. Heuson, Praktische Kulturvorschläge, S. 76.

109 Vgl. AHUB, Bestand PA nach 1945, Nr. I33, Entpflichtung vom 01.03.1984.

110 Vgl. BArch, DF 9/386 Besprechung von Gruben-Abraumkippen vom 02.11.1950; UAL, NA Darmer, Nr. 1, Bd. 2, geehrter Herr Kollege Knabe vom 4.11.1954.

111 Vgl. UAL, NA Darmer, Nr. 4, Bd. 1, Sehr geehrter Herr Dr. Darmer vom 30.10.1956 (2). Knabe würdigte die Pionierleistungen von Darmer und Brüning auch in Bezug auf die Rekul-

Brüning wiederum übernahm von Knabe die Methode der Gefäßversuche und den Einsatz der Kessel- und Filteraschen.[112] Selbst nach Knabes Flucht in die Bundesrepublik 1959 scheint der Kontakt nicht gänzlich abgebrochen zu sein, wie die Rezeption seiner damals aktuellen Forschung durch Brüning zeigt.[113] Ein Ergebnis, das jedoch nur auf den ersten Blick verblüfft. Kontakte zwischen der DDR und der Bundesrepublik bestanden bis über den Bau der Mauer hinaus bei allen untersuchten Instituten.[114] Verstrickungen in das nationalsozialistische Unrechtsregime spielten in Ost und West dabei keine Rolle.[115]

Das von Knabe Ende der 1950er-Jahre entwickelte Domsdorfer Verfahren, das erstmals ausführlich von Wolfgang-Dieter Lorenz (1929–2018) 1965 in seiner Dissertation beschrieben wurde,[116] stellte eine Weiterentwicklung des Schwarzkollmer Verfahrens dar,[117] in dem Knabe Erkenntnisse des Böhlener Verfahrens kombinierte. So sollte die Einbringungstiefe auf 60 cm erhöht werden, und die Melioration ebenfalls in zwei Phasen erfolgen. Fundamental war, dass die Aschegabe nicht mehr nach Erfahrung gewählt, sondern berechnet werden sollte. Als Kalkulationsgrundlage dienten bodengeologische Gutachten der Bergakademie Freiberg.[118] Für die Ausbringung der Mineralien standen erstmals spezielle Geräte aus der Landwirtschaft zur Verfügung, wie der vom Forstmeister Willy Schälicke entwickelte gleichnamige Pflug, der Vollumbruch-Tiefpflug B175, der Weißkeiseler Großraum-Kalk- und Düngestreuer oder der Silo-Zug zur

tivierung der Halde Trages. Des Weiteren interessierte er sich sehr für das entwickelte Tiefbearbeitungsgerät (vermutlich meinte er die Bodenfräse) von Brüning und das Ausgrasungsgerät von Krummsdorf, das ursprünglich gar nicht für den Bergbau entwickelt worden war. Des Weiteren versuchten sie, ihre Versuche abzustimmen, um vergleichbare Ergebnisse aus dem Lausitzer und dem Mitteldeutschen Revier zu erhalten.

112 Vgl. UAL, PromA, Nr. 5812, Blatt 335 und 342 f.

113 Vgl. ebd., Blatt 346. Hierbei handelte es sich um einen Beitrag Knabes in Heft 9 der Serie „Hilfe durch Grün", erschienen 1960. Entstanden ist diese Serie aus einer gleichnamigen Ausstellung in Köln 1957, an der auch Vertreter der Landschaftsgestaltung der KMU Leipzig und der HU Berlin mit einem eigenen Abschnitt teilnahmen.

114 Vgl. AGG, Bestand A – Knabe, Wilhelm, Nr. 84; AHUB, LGF, Nr. 29; UAL, NA Darmer, Nr. 1, Bd. 1 und 2; UATUD, Nachlass W. Bauch, Nr. 179.

115 Vgl. UAL, NA Darmer, Nr. 4, Bd. 1, Sehr geehrter Herr Kragh vom 27.05.1957 und Bd. 2 Sehr geehrter Herr Dr. Olschowy; UATUD, Nachlass W. Bauch, Nr. 103, Arbeitskreis der Landschaftsanwälte e. V. vom 01.02.1968, Nr. 139, Sehr geehrter Herr Linke vom 14.12.1967. Abgesehen davon, dass Ballaschk vor 1945 SS- und Bauch NSDAP-Mitglied waren, hielten die ostdeutschen Wissenschaftlern Kontakte zu Gerhard Olschowy (ehemaliges SS-Mitglied) oder Alwin Seifert (ehemaliger Reichlandschaftsanwalt und NSDAP-Parteimitglied).

116 Vgl. Illner/Lorenz, Das Domsdorfer Verfahren.

117 Vgl. Krummsdorf, Wiederurbarmachung, S. 401 f.

118 Vgl. SächsStA-F, 40069, Nr. 41, Bodengeologisches Gutachten vom 13.10.1969.

Ausbringung der Asche.[119] Allerdings bestanden gerade in Bezug auf die Entwicklung von Spezialgeräten große Probleme, denn die Meliorationstiefe wurde technisch häufig nicht erreicht.[120] Darüber hinaus fehlten Fertigungskapazitäten in der DDR für die Produktion der Gerätschaften.[121]

Abb. 4: Schälicke-Pflug auf der Kippe Domsdorf, 1962/63

119 Vgl. BLHA, Rep. 803, Nr. 635, Die Wiedernutzbarmachung von kulturfeindlichen Tertiärkippen vom 29.01.1965; Grümmer/Krummsdorf, Landschaft vom Reißbrett, S. 85 f.; Katzur/Böcker, Chronik, S. 225 ff.

120 Vgl. Haubold-Rosar, Michael, Bodenentwicklung, in: Pflug (Hrsg.), Braunkohlentagebau, S. 573–588, hier S. 582.

121 Vgl. Krummsdorf, Wiederurbarmachung, S. 400; Schnurrbusch, Gottfried: Das Wirken von Albrecht Krummsdorf aus Kollegensicht, in: Krummsdorf (Hrsg.), Ökonologie, S. 23–29, hier S. 28. Dies ließ sich für die „Regiser Bosenfräse" und die „Zweiwegearbeitsmaschine" nachweisen.

Die in den 1950er-Jahren entwickelten Bodenmeliorationsverfahren bildeten die Basis für weitere Forschungen. So formulierten Katzur und Illner 1963 das Koyne-Verfahren, das auf nährstoffarme Böden der Lausitzer Bergbaufolgelandschaft und deren unzureichende Bodenqualität reagierte.[122] Das Koyne-Verfahren nutzte ebenfalls ein Abfallprodukt, um den Boden aufzubereiten. Hierzu wurde zusätzlich Bioklärschlamm aus den Kokereiabwässern der BHT-Kokereien in Lauchhammer und Schwarze Pumpe auf den Flächen ausgebracht;[123] Versuche wurden in der Umgebung von Lauchhammer mindestens seit 1958, angeregt durch Knabe, durchgeführt.[124] Im Mitteldeutschen Revier griffen die Unternehmen auf die Abwässer der Entphenolung und Schwelereien zurück.[125] Darüber hinaus wurde in diesem Verfahren mit Kali und Phosphat gedüngt. Stickstoff wurde explizit nicht gegeben, da das Verfahren für sandigen Untergrund entwickelt und eine Kontamination des Grundwassers befürchtet wurde.[126] Unter den sonst rigorosen Umweltschädigungen in Bezug auf das Grundwasser in der DDR im Allgemeinen (besonders durch Mülldeponien) und im Lausitzer Revier im Besonderen (durch die bergbaubedingte Grundwasserabsenkung) war dies ein erstaunlich nachhaltiger Ansatz.[127]

Als spezielle Variante für alle geneigten Flächen wurde das Merseburger Anspritzverfahren aus dem Koyne-Verfahren entwickelt. Hierbei wurde die Fläche zusätzlich mit Abwässern aus Bitumen und Latex, dem auch Saatgut bei-

---

122 Vgl. Illner, Kurt/Katzur, Joachim: Das Koyne-Verfahren zur Wiedernutzbarmachung von Kippen und Halden des Braunkohlenbergbaus, in: Veröffentlichungen aus dem Institut für Landschaftspflege der Humboldt Universität zu Berlin, 1966, S. 1–16; UATUD, Nachlass W. Bauch, Nr. 125, Vortrag Die Bodenmelioration tertiärer Kippen 1963.

123 Vgl. Katzur/Böcker, Chronik, S. 288 ff.; Krummsdorf, Wiederurbarmachung, S. 402.

124 Vgl. BArch, DF 6 (Ministerium für Geologie)/1294, Sitzung des Arbeitskreises Wiedernutzbarmachung am 12.02.1958 in Leipzig. Die Versuche in Lauchhammer lagen nahe, da die Braunkohlenhochtemperaturkokerei Lauchhammer den notwendigen Rohstoff lieferte. Der Braunkohlenhochtemperaturkoks war eine eigene Entwicklung der DDR, um hüttenfähigen Koks für die Metallurgie zu gewinnen.

125 Vgl. SächsStA-L, 20300, Nr. 59, Studie über „Optimaler Standort der Großbiologie der Kombinate Böhlen und Espenhain" (Oktober 1966). Dabei wurde ebenfalls der Bioklärschlamm aus den lokalen Anlagen in Böhlen und Espenhain eingesetzt. Da entsprechende Abwässer auch in Regis bzw. auch noch in Leuna anfielen, wird es vermutlich auch in den unterschiedlichen Teilrevieren Mitteldeutschlands Anwendung gefunden haben.

126 Vgl. Grümmer/Krummsdorf, Landschaft vom Reißbrett, S. 87.

127 Vgl. Drebenstedt/Möckel, Gewässer, S. 611 f.; Knoth, Nikola: „Ich war Bergmann, was wird nun?" Die Niederlausitzer Braunkohlenregion aus umwelthistorischer Sicht, in: WerkstattGeschichte: Umweltgeschichte 3, 1992, S. 27–32, hier S. 28. Der Fokus in der historischen Betrachtung liegt bisher auf den Grundwasserabsenkungen, wohingegen die Grundwasserverschmutzung bzw. Reinhaltung kaum eine Rolle spielt.

gegeben war, berieselt.[128] Dadurch hafteten Samen und Nährstoffe deutlich besser. Das Verfahren stand in Zusammenhang mit den ingenieurbiologischen Forschungen von Bauch und Linke in Dresden, die erstmals 1966 im Tagebau Heide erprobt wurden.[129] Allerdings stellt sich hier die Frage, ob die durch Ausbringung dieser Materialien erreichte Verbesserung des Bodens die damit verbundenen Umweltschäden nicht aufhob.

Das letzte relevante Verfahren, das aus der akademischen Forschung hervorging, war das Kleinleipischer Verfahren, erstmals beschrieben 1974 von Katzur und Friedrich-Karl Heiske, aber schon Ende der 1960er-Jahre entwickelt.[130] Benannt wurde es nach der ersten Versuchsfläche auf der Brückenkippe des Tagebau Kleinleipisch.[131] Die Namensgebung nach dem Ort der ersten Anwendung bestand auch für die anderen Verfahren. Die Methode wurde, und das unterschied sie von den anderen, vergleichend erprobt. Um die resultierenden Erkenntnisse zu festigen, wurde der Versuch nochmals auf der Absetzerkippe 1004 im Tagebau Klettwitz wiederholt. Das Kleinleipischer Verfahren bildete den Höhepunkt der Forschung zur Bodenaufbereitung. So wurde die Meliorationstiefe auf 1 m erhöht und das Material flächig ausgebreitet.[132] Klagen aus den 1980er-Jahren deuten darauf hin, dass diese Umbruchtiefe meistens nicht erreicht wurde.[133] Das eigentlich Neue war die Kombination von speziell entwickelten Geräten wie Vollumbruchpflug und Spezialgrubber,[134] die tiefgreifende Bodenverbesserungen nun technisch ermöglichen sollten.[135]

Resümee

Die Sanierung der Bergbaufolgelandschaften war im Vergleich zur Luft- und Wasserreinhaltung in der DDR schon frühzeitig weit fortgeschritten. Fördernd waren die vergleichsweise niedrigen Investitionssummen für die Wiedernutz-

128 Vgl. Krummsdorf, Wiederurbarmachung, S. 404.
129 Vgl. UATUD, Nachlass W. Bauch, Nr. 131, Begrünung veg.-feindl. Bö BKW Heide vom 08.07.1966.
130 Vgl. Katzur, Joachim/Heiske, Friedrich-Karl: Das Kleinleipischer Meliorationsverfahren, in: Neue Bergbautechnik. Wissenschaftliche Zeitschrift für Bergbau, Geowissenschaften und Aufbereitung 9, 1974, S. 690–694.
131 Vgl. ebd., S. 692.
132 Vgl. Grümmer/Krummsdorf, Landschaft vom Reißbrett, S. 88.
133 Vgl. Katzur/Zeitz, Bodenfruchtbarkeitskennziffern, S. 201.
134 Vgl. Katzur/Heiske, Kleinleipischer Meliorationsverfahren, S. 691.
135 Vgl. ebd., S. 691 f.

barmachung und der wirtschaftliche Nutzen durch neue Betriebsflächen für Forst- und Landwirtschaft. Dabei waren für diese frühen Erfolge nicht nur die Ergebnisse der Forschungen aus der Zeit vor 1945 entscheidend, sondern auch der ökonomische Druck der Nachkriegszeit, der eine Rückgewinnung land- und forstwirtschaftlicher Flächen erforderte. Neben diesem wirtschaftlichen Determinismus gab es auch den Anspruch, die Folgen des kapitalistischen Raubbaus zu beseitigen. Die theoretischen Erfolge der Bodenaufbereitung müssen in der Praxis allerdings differenziert bewertet werden. Die Leistung der Rekultivierung blieb bis 1966 unstet und teilweise hinter ihren selbstgesteckten Zielen zurück. Nur 10 600 von 32 000 Hektar (ein Drittel) der Niederlausitzer Kippen konnten bis dahin rekultiviert und dabei wiederum gerade einmal 1600 Hektar (5 %) für die landwirtschaftliche Nachnutzung wiederhergestellt werden.[136] Dies war der aufwendigeren Sanierung mit den beschriebenen Verfahren geschuldet. In der gesamten DDR wurden bis 1964 25 600 Hektar saniert, von denen immerhin 10 000 Hektar (39,1 %) einer landwirtschaftlichen Nachnutzung zugeführt wurden.[137] Auch die Umsetzung der Verfahren erfolgte mangelhaft, da sie „nur auf kulturfähigen Bodenformen erfolgreich waren."[138] Die Probleme begründen sich in den fehlenden technischen Möglichkeiten zur Umsetzung, auch wenn sich dies ab Mitte der 1970er-Jahre wandelte und dabei auf die Schaffung von Agrarflächen Wert gelegt wurde.[139] 20 % der ca. 20 000 Hektar, die in der Zeit von 1965 bis 1980 in der gesamten DDR rekultiviert wurden, entsprachen dieser Nutzungsform.[140]

Schlussendlich scheiterte eine fortschrittliche Rekultivierung nicht an der Wissenschaft, sondern an den wirtschaftlichen Voraussetzungen. Das „Primat der Produktion" galt auch für die Erforschung der Bergbausanierung. Dabei fokussierte die Staatsführung stets die kurzfristige Planerfüllung und verlor langfristige Investitionen aus dem Blick. In der späten DDR konnte die Sanierung schon daran scheitern, dass nicht genügend Treibstoff für die Planierraupen zur Verfügung stand.[141] Ein weiteres Problem der Zentralplanwirtschaft schlug sich auch in der Wiederherstellung landwirtschaftlicher Fläche nieder. Häufig war die Motivation der Unternehmen, den Plan zwar quantitativ zu erfüllen, die

136 Vgl. Knoth, „Ich war Bergmann", S. 30.
137 Vgl. BArch, DE 1 (Staatliche Plankommission)/51584, Kohleprogramm 1964–1980 vom 26.09.1964.
138 Vgl. Krummsdorf, Wiederurbarmachung, S. 404.
139 Vgl. Grümmer/Krummsdorf, Landschaft vom Reißbrett, S. 86.
140 Vgl. Drebenstedt, Planungsrundlagen, S. 489.
141 Vgl. Steinhuber, Einhundert Jahre, S. 284.

Qualität trat hingegen in den Hintergrund.[142] Daher verwundert es nicht, dass in einer ex-post-Analyse von 8800 Hektar rekultivierter Niederlausitzer Agrarfläche diese als geringwertig galten bzw. nur einen niedrigen Ertrag brachten.[143] Dennoch sollte nicht vergessen werden, welche Erfolge erzielt wurden. So war die Zeit zwischen 1950 und 1965 insgesamt eine äußerst produktive Phase, in der die Grundlagen der Wiederherstellung systematisch erforscht wurden und die Ergebnisse in den Tagebaubetrieb einflossen. Eine Schlussfolgerung, die auch die Staatliche Plankommission teilte.[144] Daran schloss sich ein umfangreicheres Sanierungsprogramm an, das laut Plan im Zeitraum von 1964 bis 1980 43 800 Hektar umfasste.[145] Die jährlich wiederurbargemachte Fläche von über 2500 Hektar bedeutete eine Steigerung auf fast das Fünffache im Vergleich zum Zeitraum von 1945 bis 1951. Allerdings führte der jährliche Flächenverbrauch von über 3 000 Hektar zu einem weiteren Anwachsen des Öd- und Unlandes. Zwar wies die Planung des Kohleprogramms ab 1971 einen Rückgang der Devastierungen aus, die durch die Ablösung von Braunkohle durch Mineralöl geschehen sollte. Das Scheitern der DDR-Wirtschaftsreform und die Rückbesinnung auf den einzigen heimischen Energieträger ließ diese Planungen jedoch spätestens ab 1975 als nicht mehr realistisch erscheinen. Somit weiteten sich die „Mondlandschaften“ – unabhängig von den Leistungen der theoretischen und praktischen Rekultivierung – immer weiter aus und trugen mit zu der katastrophalen Umweltbilanz am Ende der DDR bei.

Aus heutiger Sicht muss darüber hinaus die Verwendung von Abfallprodukten, bei aller Genialität des Recyclinggedankens, kritisch gesehen werden. Derartige Verwertungslogiken spiegeln sinnfällig das „Primat der Produktion“, das Umweltschutz nur als Nebentätigkeit zur Wiederinwertsetzung der Landschaft gestattete und darüber hinaus möglichst noch die ungeliebten „Abprodukte“ entsorgen sollte.[146]

Andererseits strahlten die Forschungsergebnisse auch auf andere Bereiche des DDR-Bergbaus aus. So experimentierte der Kalibergbau mit dem Merseburger Anspritzverfahren, um die Spitzkegelhalden zu begrünen.[147] Durch Knabes Flucht wirkten die ostdeutschen Meliorationsverfahren auch in der Bundesrepu-

142 Vgl. Steiner, Plan, S. 14.

143 Vgl. Gunschera, Gerhard: Stellung der Landwirtschaft in der Abbauregion, in: Pflug (Hrsg.), Braunkohlentagebau, S. 513–516, hier S. 513.

144 Vgl. BArch, DE 1/51584, Kohleprogramm 1964–1980 vom 26.09.1964.

145 Vgl. ebd.

146 Vgl. Möller, Umwelt, S. 64.

147 Vgl. Heinze, Martin/Fiedler, Hans Joachim/Liebmann, Heike: Freilandversuche zur Begrünung von Kalirückstandshalden im Südharzgebiet, in: Hercynia. Beiträge zur Erforschung und Pflege der natürlichen Ressourcen 2, 1984, S. 179–189, S. 187 f.

blik und sogar bis nach Frankreich und in die Vereinigten Staaten.[148] Die Anwendung der Verfahren bei der Gestaltung, sowohl der Kippenflächen als auch ganzer Restlöcher, dokumentiert zumindest bis ca. 1980 den Willen der Verantwortlichen in der DDR zur Schaffung einer neuen Landschaft.

Auch war die DDR sowohl theoretisch als auch praktisch führend in der Wiederurbarmachung von Bergbaufolgeflächen des Braunkohlenbergbaus bis zu diesem Zeitpunkt. Das lässt sich anhand der sanierten Flächen nachweisen. Nicht nur, dass im Zeitraum von 1965 bis 1980 die Sanierungsleistung am höchsten lag, sondern auch mit der Schaffung anspruchsvoller Landschaften, die später zu Landschafts- oder Naturschutzgebieten wurden, erfüllten die Bergbauunternehmen den Anspruch Lingners, reizvolle Landschaften zu gestalten.[149] Ohne die Forschungsarbeiten der 1950er- und 1960er-Jahre wären diese Erfolge nicht denkbar gewesen. Insofern weist ein direkter Weg von der „Landschaftsdiagnose“ Lingners über die Forschungsaufträge F2-51 und F3-322 von Brüning und Knabe bis zu dem skizzierten differenzierten Forschungsverbund und dessen sich ständig verbessernden Methoden der Landschaftswiederherstellung.

Abschließend steht eine Bewertung der Forschungen Wilhelm Knabes. Seine historische Leistung besteht aus mehreren Aspekten: Er war der erste, der die Methode der Gefäßversuche auf dem Gebiet der Kippenrekultivierung einsetzte. Auch war er der erste, der mit einer evaluierten Vorgehensweise zu systematischen Freilandversuchen auf Kippen überging. Aus diesen Forschungen wiederum resultierte mit dem Schwarzkollmer Verfahren ein paradigmatischer, praktischer Ansatz zur Rekultivierung von tertiären Abraumkippen. Sein Artikel „Wiederurbarmachung des Kippengeländes“ von 1952 sowie seine 1959 gedruckte Dissertation fanden weite Verbreitung in der DDR und waren Standardwerke in jedem Braunkohlenkombinat. In diesen Studien kombinierte er seine eigenen Erkenntnisse mit bestehenden aus den Bereichen des Bergbaus, der Geologie, der Wasserwirtschaft sowie der Forst- und Landwirtschaft.

---

148 Vgl. AGG, Bestand A – Knabe, Nr. 140, Séminaire sur „La conservation du sol et l’irrigation“ 3–29. avril 1964; Knabe, Wilhelm: Die Rekultivierung im Rheinischen und Lausitzer Braunkohlenrevier, in: Hartke, Wolfgang/Wilhelm, Friedrich (Hrsg.): Tagungsbericht und wissenschaftliche Abhandlungen. 23. Deutscher Geographentag, Köln, 22. bis 26. Mai 1961, Wiesbaden 1962, S. 353–374; ders.: Methods and Results of Strip-Mine Reclamation in Germany, in: The Ohio Journal of Science 2, 1964, S. 75–105.
149 Vgl. Drebenstedt, Planungsrundlagen, S. 489 f.

Literatur

Behrens, Hermann: Das gesellschaftliche Umfeld der Landschaftsdiagnose und ihre Bedeutung aus der Sicht angrenzender Fachgebiete, in: Hiller, Olaf (Hrsg.): Die Landschaftsdiagnose der DDR. Zeitgeschichte und Wirkung eines Forschungsprojektes aus der Gründungsphase der DDR, Berlin 2002 (= Materialien zur Geschichte der Gartenkunst, Bd. 6), S. 51–72.

Behrens, Hermann: Das Institut für Landesforschung und Naturschutz (ILN) und die Biologischen Stationen, in: Behrens, Hermann/Hoffmann, Jens/Institut für Umweltgeschichte und Regionalentwicklung e. V. (Hrsg.): Umweltschutz in der DDR. Analyse und Zeitzeugenberichte. Bd. 3: Beruflicher, ehrenamtlicher und freiwilliger Umweltschutz, München 2007, S. 68–72.

Behrens, Hermann/Hoffmann, Jens/Institut für Umweltgeschichte und Regionalentwicklung e. V. (Hrsg.): Umweltschutz in der DDR. Analyse und Zeitzeugenberichte. Bd. 2: Mediale und sektorale Aspekte, München 2007.

Behrens, Hermann/Hoffmann, Jens/Institut für Umweltgeschichte und Regionalentwicklung e. V. (Hrsg.): Umweltschutz in der DDR. Analyse und Zeitzeugenberichte. Bd. 3: Beruflicher, ehrenamtlicher und freiwilliger Umweltschutz, München 2007.

Benke, Carsten/Betker, Frank/Bernhardt, Christoph (Hrsg.): Paradigmenwechsel und Kontinuitätslinien im DDR-Städtebau. Neue Forschungen zur ostdeutschen Architektur- und Planungsgeschichte, Erkner 2010 (= Regio transfer, Bd. 8).

Böcker, Lutz/Katzur, Joachim: Chronik der Rekultivierungsforschung und Landschaftsgestaltung im Lausitzer Braunkohlenrevier bis 1990, Berlin 2010.

Böhm, Wolfgang: Biographisches Handbuch zur Geschichte des Pflanzenbaus, München 1997.

Briesen, Detlev/Strubelt, Wendelin (Hrsg.): Raumplanung nach 1945. Kontinuitäten und Neuanfänge in der Bundesrepublik Deutschland, Frankfurt (Main) 2015.

Brüning, Egon: Untersuchungen zur Frage der Begrünung tertiärer Rohbodenkippen des Braunkohlentagebaues. Dargestellt am Beispiel der Hochabsetzerkippe 18 Böhlen, Dissertation Karl-Marx-Universität Leipzig 1959.

Brüning, Egon: Wiedernutzbarmachung von Kippen und Halden des Braunkohlenbergbaues. Zielstellung, Ergebnisse und Erkenntnisse im Rückblick 1952 bis 1972, in: Krummsdorf, Albrecht (Hrsg.): Ökonologie in Landschaftsgestaltung, Tagebau-Rekultivierung und Landeskultur/Umweltschutz, Beucha 2007, S. 83–92.

Bundesanstalt für Geowissenschaften und Ressourcen (Hrsg.): Energierohstoffe 2009. Reserven, Ressourcen, Verfügbarkeit, Hannover 2009.

Carl, Frank Erich/Lingner, Reinhold: Landschaftsdiagnose der DDR, Berlin 1957.

Copien, Joachim-Hans: Über die Nutzbarmachung der Abraumkippen auf Braunkohlenwerken und die dabei gewonnenen Erfahrungen insbesondere bei Forstkulturen in der Niederlausitz, Berlin 1942.

Deutscher Braunkohlen-Industrieverein (DEBRIV) (Hrsg.): Braunkohle in Deutschland. Daten und Fakten 2018, Berlin 2019.

Drebenstedt, Carsten: 30jährige Erfahrung beim Einsatz von Braunkohlenaschen zur Melioration von Kippenrohböden in der Lausitz, in: Braunkohle, Bergbautechnik. Energieversorgung, Kohlenveredelung, Opencast mining 7, 1994, S. 40–45.

Drebenstedt, Carsten: Planungsrundlagen der Wiedernutzbarmachung, in: Pflug, Wolfram (Hrsg.): Braunkohlentagebau und Rekultivierung. Landschaftsökologie – Folgenutzung – Naturschutz, Berlin u. a. 1998, S. 487–512.
Drebenstedt, Carsten/Möckel, Reinhard: Gewässer in der Bergbaufolgelandschaft, in: Pflug, Wolfram (Hrsg.): Braunkohlentagebaue und Rekultivierung. Landschaftsökologie – Folgenutzung – Naturschutz, Berlin u. a. 1998, S. 610–624.
Fischer, Wolfram (Hrsg.): Statistik der Montanproduktion Deutschlands 1915–1985, St. Katharinen 1995.
Große-Wilde, Simon: Prosopographie und Wiedernutzbarmachung. Zur Zentralisierung der Rekultivierungsforschung der DDR in den 1960er Jahren, in: Der Anschnitt. Zeitschrift für Montangeschichte 72, 3–4/2020, S. 121–129.
Großer, Karl Heinz: Der Naturraum und seine Umgestaltung, in: Pflug, Wolfram (Hrsg.): Braunkohlentagebaue und Rekultivierung. Landschaftsökologie – Folgenutzung – Naturschutz, Berlin u. a. 1998, S. 461–474.
Grümmer, Gerhard/Krummsdorf, Albrecht: Landschaft vom Reißbrett. Die Zukunft unserer Kippen, Halden und Restlöcher, Leipzig u. a. 1981.
Gunschera, Gerhard: Stellung der Landwirtschaft in der Abbauregion, in: Pflug, Wolfram (Hrsg.): Braunkohlentagebau und Rekultivierung. Landschaftsökologie – Folgenutzung – Naturschutz, Berlin u. a. 1998, S. 513–516.
Hartke, Wolfgang/Wilhelm, Friedrich (Hrsg.): Tagungsbericht und wissenschaftliche Abhandlungen. 23. Deutscher Geographentag, Köln, 22. bis 26. Mai 1961, Wiesbaden 1962.
Haubold-Rosar, Michael: Bodenentwicklung, in: Pflug, Wolfram (Hrsg.): Braunkohlentagebau und Rekultivierung. Landschaftsökologie – Folgenutzung – Naturschutz, Berlin u. a., 1998, S. 573–588.
Heinz, Ernst u. a.: Territorialplanung im neuen ökonomischen System der Planung und Leitung, Berlin 1966.
Heinze, Martin/Fiedler, Hans Joachim/Liebmann, Heike: Freilandversuche zur Begrünung von Kalirückstandshalden im Südharzgebiet, in: Hercynia. Beiträge zur Erforschung und Pflege der natürlichen Ressourcen 2, 1984, S. 179–189.
Heuson, Rudolf: Praktische Kulturvorschläge für Kippen, Bruchfelder, Dünen und Ödländereien, Neudamm 1929.
Heuson, Rudolf: Bodenkultur der Zukunft, Berlin [1938] 1947.
Heuson, Rudolf: Die Kultivierung roher Mineralböden, Berlin [1929] 1947.
Hiller, Olaf: Hermann Göritz. Eine biographische Studie als Beitrag zur Fachgeschichte der Garten- und Landschaftsarchitektur im 20. Jahrhundert, Berlin 1997 (= Materialien zur Geschichte der Gartenkunst, Bd. 1).
Hiller, Olaf: Daten und Fakten zum Ablauf, zur Unterbrechung und Wiederaufnahme des Forschungsauftrages Landschaftsdiagnose der fünf Länder der DDR, in: Hiller, Olaf (Hrsg.): Die Landschaftsdiagnose der DDR. Zeitgeschichte und Wirkung eines Forschungsprojektes aus der Gründungsphase der DDR, Berlin 2002 (= Materialien zur Geschichte der Gartenkunst, Bd. 6), S. 83–110.
Hiller, Olaf: Der Forschungsauftrag Landschaftsdiagnose in Kurzfassung, in: Hiller, Olaf (Hrsg.): Die Landschaftsdiagnose der DDR. Zeitgeschichte und Wirkung eines Forschungsprojektes aus der Gründungsphase der DDR, Berlin 2002 (= Materialien zur Geschichte der Gartenkunst, Bd. 6), S. 27–50.

Hiller, Olaf (Hrsg.): Die Landschaftsdiagnose der DDR. Zeitgeschichte und Wirkung eines Forschungsprojektes aus der Gründungsphase der DDR, Berlin 2002 (= Materialien zur Geschichte der Gartenkunst, Bd. 6).

Hoffmann, Ruth: Meine persönliche Erfahrung als Mitarbeiterin der Landschaftsdiagnose, in: Hiller, Olaf (Hrsg.): Die Landschaftsdiagnose der DDR. Zeitgeschichte und Wirkung eines Forschungsprojektes aus der Gründungsphase der DDR, Berlin 2002 (= Materialien zur Geschichte der Gartenkunst, Bd. 6), S. 121–128.

Hoffmann, Ruth: Zur Leitbilddiskussion im Zusammenhang mit der Landschaftsdiagnose, in: Hiller, Olaf (Hrsg.): Die Landschaftsdiagnose der DDR. Zeitgeschichte und Wirkung eines Forschungsprojektes aus der Gründungsphase der DDR, Berlin 2002 (= Materialien zur Geschichte der Gartenkunst, Bd. 6), S. 269–276.

Müller-Enbers, Helmut u. a. (Hrsg.): Wer war wer in der DDR? Ein Lexikon ostdeutscher Biographien, Berlin 2010. Unter: https://www.bundesstiftung-aufarbeitung.de/wer-war-wer-in-der-ddr-%2363%3B-1424.html?ID=2677 (Eingesehen: 10.02.2022).

Huff, Tobias: Natur und Industrie im Sozialismus. Eine Umweltgeschichte der DDR, Göttingen 2015 (= Umwelt und Gesellschaft, Bd. 13).

Hundhausen, Kurt: Untersuchungen zur Frage der Wiederkultivierung im Rheinischen Braunkohlenrevier, Bonn 1935.

Illner, Kurt/Katzur, Joachim: Das Koyne-Verfahren zur Wiedernutzbarmachung von Kippen und Halden des Braunkohlenbergbaus, Berlin 1966 (= Veröffentlichungen aus dem Institut für Landschaftspflege der Humboldt Universität zu Berlin).

Illner, Kurt/Lorenz, Wolfgang-Dieter: Das Domsdorfer Verfahren zur Wiederurbarmachung von Kippen und Halden des Braunkohlenbergbaus, Berlin 1965.

Katzur, Joachim: Melioration schwefelhaltiger Kippböden, in: Pflug, Wolfram (Hrsg.): Braunkohlentagebau und Rekultivierung. Landschaftsökologie – Folgenutzung – Naturschutz, Berlin u. a. 1998, S. 559–572.

Katzur, Joachim/Heiske, Friedrich-Karl: Das Kleinleipischer Meliorationsverfahren, in: Neue Bergbautechnik. Wissenschaftliche Zeitschrift für Bergbau, Geowissenschaften und Aufbereitung 9, 1974, S. 690–694.

Katzur, Joachim/Zeitz, Jutta: Bodenfruchtbarkeitskennziffern zur Beurteilung der Qualität der Wiederurbarmachung schwefelhaltiger Kippböden, in: Archiv für Acker- und Pflanzenbau und Bodenkunde 4, 1985, S. 195–203.

Kirst, Ernst: Braunkohlentagebau. Anleitung für Planung und Betrieb. Bd. VI: Verkippung der Abraummassen, Berlin 1952 (= Schriftenreihe des Verlags Technik, Nr. 26).

Knabe, Wilhelm: Wiederurbarmachung des Kippengeländes, in: Kirst, Ernst: Braunkohlentagebau. Anleitung für Planung und Betrieb. Bd. VI: Verkippung der Abraummassen, Berlin 1952 (= Schriftenreihe des Verlags Technik, Nr. 26), S. 60–114.

Knabe, Wilhelm: Untersuchung über die Voraussetzungen der Rekultivierung von Kippen im Braunkohlenbergbau, Dissertation Humboldt Universität zu Berlin 1957.

Knabe, Wilhelm: Zur Wiederurbarmachung im Braunkohlenbergbau. Allgemeine Darstellung des Problems der Wiederurbarmachung und spezielle Untersuchungen im Lausitzer Braunkohlenbergbau, Berlin 1959.

Knabe, Wilhelm: Die Rekultivierung im Rheinischen und Lausitzer Braunkohlenrevier, in: Hartke, Wolfgang/Wilhelm, Friedrich (Hrsg.): Tagungsbericht und wissenschaftliche Abhandlungen. 23. Deutscher Geographentag, Köln, 22. bis 26. Mai 1961, Wiesbaden 1962, S. 353–374.

Knabe, Wilhelm: Methods and Results of Strip-Mine Reclamation in Germany, in: The Ohio Journal of Science 2, 1964, S. 75–105.
Knabe, Wilhelm: Tharandt 1949 – erste studentische Umweltinitiative in Sachsen, in: Behrens, Hermann/Hoffmann, Jens/Institut für Umweltgeschichte und Regionalentwicklung e. V. (Hrsg.): Umweltschutz in der DDR. Analyse und Zeitzeugenberichte. Bd. 3: Beruflicher, ehrenamtlicher und freiwilliger Umweltschutz, München 2007, S. 329–352.
Knoth, Nikola: „Ich war Bergmann, was wird nun?" Die Niederlausitzer Braunkohlenregion aus umwelthistorischer Sicht, in: WerkstattGeschichte: Umweltgeschichte 3, 1992, S. 27–32.
Kraemer, Curt: Kultivierung von Abraumkippen der Braunkohlengruben in der Niederlausitz, Breslau 1935.
Kretschmer, Kerstin: Braunkohle und Umwelt. Zur Geschichte des nordwestsächsischen Kohlereviers (1900–1945), Frankfurt (Main) 1998 (= Europäische Hochschulschriften, Reihe 3: Geschichte und ihre Hilfswissenschaften, Bd. 768).
Krummsdorf, Albrecht u. a. (Hrsg.): 1. Landeskultur-Tagung des Bezirkes Leipzig im Braunkohlenkombinat Regis, Meuselwitz 1970 (= Mitteilungsblatt des Bezirkstages und des Rates des Bezirkes Leipzig, Sondernummer Juli 1970).
Krummsdorf, Albrecht: Landschafts- und Rekultivierungsforschung am Institut für Landschaftsgestaltung der Karl-Marx-Universität Leipzig 1952 bis 1965, in: Behrens, Hermann/Hoffmann, Jens/Institut für Umweltgeschichte und Regionalentwicklung e. V. (Hrsg.): Umweltschutz in der DDR. Analyse und Zeitzeugenberichte. Bd. 3: Beruflicher, ehrenamtlicher und freiwilliger Umweltschutz, München 2007, S. 259–276.
Krummsdorf, Albrecht (Hrsg.): Ökonologie in Landschaftsgestaltung, Tagebau-Rekultivierung und Landeskultur/Umweltschutz, Beucha 2007.
Krummsdorf, Albrecht: Wiederurbarmachung und Rekultivierung im Braunkohlenbergbau, in: Behrens, Hermann/Hoffmann, Jens/Institut für Umweltgeschichte und Regionalentwicklung e. V. (Hrsg.): Umweltschutz in der DDR. Analyse und Zeitzeugenberichte. Bd. 2: Mediale und sektorale Aspekte, München 2007, S. 395–413.
Küchler, Johannes: Zum historischen Kontext der Landschaftsdiagnose, in: Hiller, Olaf (Hrsg.): Die Landschaftsdiagnose der DDR. Zeitgeschichte und Wirkung eines Forschungsprojektes aus der Gründungsphase der DDR, Berlin 2002 (= Materialien zur Geschichte der Gartenkunst, Bd. 6), S. 15–26.
Kupfer, Rudolf/Sawall, Dieter/Wiese, Ulrich: Der Senftenberger See. Eine Chronik, Senftenberg 2003.
Lange, Dieter: Erfahrungen aus der Arbeitsgruppe Wiederurbarmachung im VEB BKK Regis, in: Krummsdorf, Albrecht u. a. (Hrsg.): 1. Landeskultur-Tagung des Bezirkes Leipzig im Braunkohlenkombinat Regis, Meuselwitz 1970 (= Mitteilungsblatt des Bezirkstages und des Rates des Bezirkes Leipzig, Sondernummer Juli 1970), S. 50–56.
Lehmann, Hans: Die Wiederurbarmachung der Tagebaue im Rahmen des Fünfjahrplanes, in: Bergbautechnik. Technisch-wissenschaftliche Zeitschrift für die Kohlen-, Erz- und Salzbergbau, für Aufbereitung und Brikettierung 6, 1951, S. 257–263.
Lingner, Reinhold: Landschaftsgestaltung, Berlin 1952 (= Wissenschaft und Technik, Nr. 3).
Mäding, Heinrich/Strubelt, Wendelin (Hrsg.): Vom Dritten Reich zur Bundesrepublik. Beiträge einer Tagung zur Geschichte von Raumforschung und Raumplanung, Hannover 2009.
McNeill, John R./Winiwarter, Verena (Hrsg.): Soils and Societies. Perspectives from Environmental History, Isle of Harris 2006.
Middell, Matthias/Thoms, Ulrike/Uekötter, Frank (Hrsg.): Verräumlichung, Vergleich, Generationalität. Dimensionen der Wissenschaftsgeschichte, Leipzig 2004.

Meyer, Torsten: Der Senftenberger See oder das Ende der „Mondlandschaft“?, in: Jahrbuch für Regionalgeschichte 23, 2005, S. 113–142.
Meyer, Torsten: 1922. Ein „turning point“ in der Geschichte der Rekultivierung von Bergbaufolgelandschaften?, in: Der Anschnitt. Zeitschrift für Montangeschichte 71, 5–6/2019, S. 206–222.
Meyer, Torsten/Zutz, Axel: Rekultivierung von Braunkohlentagebauen in der Niederlausitz 1920–1960. Institutionalisierungen und Interventionen als Wegbereiter des Senftenberger Seengebietes, in: Benke, Carsten/Betker, Frank/Bernhardt, Christoph (Hrsg.): Paradigmenwechsel und Kontinuitätslinien im DDR-Städtebau. Neue Forschungen zur ostdeutschen Architektur- und Planungsgeschichte, Erkner 2010 (= Regio transfer, Bd. 8), S. 273–328.
Möller, Christian: Umwelt und Herrschaft in der DDR. Politik, Protest und die Grenzen der Partizipation in der Diktatur, Göttingen 2020 (= Kritische Studien zur Geschichtswissenschaft, Bd. 234).
Obertreis, Julia: Von der Naturbeherrschung zum Ökozid? Aktuelle Fragen einer Umweltgeschichte Ost- und Ostmitteleuropas, in: Zeithistorische Forschungen/Studies in Contemporary History 9, 2012, S. 115–122.
Pflug, Wolfram (Hrsg.): Braunkohlentagebau und Rekultivierung. Landschaftsökologie – Folgenutzung – Naturschutz, Berlin u. a. 1998.
Preußner, Karl: Forstwirtschaft, in: Pflug, Wolfram (Hrsg.): Braunkohlentagebau und Rekultivierung. Landschaftsökologie – Folgenutzung – Naturschutz, Berlin u. a. 1998, S. 517–519.
Preußner, Karl: Wälder und Forste auf Kippenstandorten, in: Pflug, Wolfram (Hrsg.): Braunkohlentagebau und Rekultivierung. Landschaftsökologie – Folgenutzung – Naturschutz, Berlin u. a. 1998, S. 600–609.
Röpke, Andrea/Speit, Andreas: Völkische Landnahme. Alte Sippen, junge Siedler, rechte Ökos, Bonn 2019 (= Bundeszentrale für politische Bildung: Schriftenreihe, Nr. 10311).
Schnurrbusch, Gottfried: Das Wirken von Albrecht Krummsdorf aus Kollegensicht, in: Krummsdorf, Albrecht (Hrsg.): Ökonologie in Landschaftsgestaltung, Tagebau-Rekultivierung und Landeskultur/Umweltschutz, Beucha 2007, S. 23–29.
Sperling, Dieter/Schossig, Wolfgang: Wirtschaftsorganisation der Braunkohlenindustrie in der SBZ/DDR 1945 bis 1990, Cottbus 2015 (= Beiträge zur Geschichte des Braunkohlenbergbaus in der SBZ/DDR, Bd. 1).
Steiner, André: Von Plan zu Plan. Eine Wirtschaftsgeschichte der DDR, Bonn 2007 (= Bundeszentrale für politische Bildung: Schriftenreihe, Nr. 625).
Steinhuber, Uwe: Einhundert Jahre bergbauliche Rekultivierung in der Lausitz. Ein historischer Abriss der Rekultivierung, Wiederurbarmachung und Sanierung im Lausitzer Braunkohlenrevier, Dissertation Universität Olomouc 2005.
Storm, Anna: Post-Industrial Landscape Scars, New York 2014 (= Palgrave Studies in the History of Science and Technology).
Uekötter, Frank: Das Versuchsfeld als wissenschaftlicher Ort. Zur Divergenz ökologischer imaginierter Räume, in: Middell, Matthias/Thoms, Ulrike/Uekötter, Frank (Hrsg.): Verräumlichung, Vergleich, Generationalität. Dimensionen der Wissenschaftsgeschichte, Leipzig 2004, S. 24–45.
Uekötter, Frank: Know your Soil. Transitions in Farmers' and Scientist' Knowledge in Germany, in: McNeill, John R./Winiwarter, Verena (Hrsg.): Soils and Societies. Perspectives from Environmental History, Isle of Harris 2006, S. 322–340.

Uekötter, Frank: Die Wahrheit ist auf dem Feld. Eine Wissensgeschichte der deutschen Landwirtschaft, Göttingen 2010 (= Umwelt und Gesellschaft, Bd. 1).
Wagner, Wolfgang: Pniower, Georg Bela, in: Müller-Enbers, Helmut (Hrsg.): Wer war wer in der DDR? Ein Lexikon ostdeutscher Biographien, Berlin 2010. Unter: https://www.bundesstiftung-aufarbeitung.de/wer-war-wer-in-der-ddr-%2363%3B-1424.html?ID=2677 (Eingesehen: 10.02.2022).
Walter, Horst: Landeskulturelle Aufgaben im Bezirk Leipzig, in: Krummsdorf, Albrecht u. a. (Hrsg.): 1. Landeskultur-Tagung des Bezirkes Leipzig im Braunkohlenkombinat Regis, Meuselwitz 1970 (= Mitteilungsblatt des Bezirkstages und des Rates des Bezirkes Leipzig, Sondernummer Juli 1970), S. 10–21.
Wittig, Hermann: Braunkohlen- und Sanierungsplanung im Land Brandenburg, in: Pflug, Wolfram (Hrsg.): Braunkohlentagebau und Rekultivierung. Landschaftsökologie – Folgenutzung – Naturschutz, Berlin u. a. 1998, S. 475–486.
Wunschik, Alfons: Die Wiederurbarmachung von Kippen und Halden der Bergbaugebiete der Deutschen Demokratischen Republik durch landschaftsgestaltende Maßnahmen zur Begrünung land- und forstwirtschaftlicher Nachkulturen (unter Berücksichtigung des Braunkohlenbergbaus), Cottbus 1951.
Zutz, Axel: „Kranke" und „Gesunde" Landschaft. Anmerkungen zur Kritik des Landschaftsbegriffs bei der Landschaftsdiagnose, in: Hiller, Olaf (Hrsg.): Die Landschaftsdiagnose der DDR. Zeitgeschichte und Wirkung eines Forschungsprojektes aus der Gründungsphase der DDR, Berlin 2002 (= Materialien zur Geschichte der Gartenkunst, Bd. 6), S. 111–120.
Zutz, Axel: Zum vorhandenen Bestand der Landschaftsdiagnose, in: Hiller, Olaf (Hrsg.): Die Landschaftsdiagnose der DDR. Zeitgeschichte und Wirkung eines Forschungsprojektes aus der Gründungsphase der DDR, Berlin 2002 (= Materialien zur Geschichte der Gartenkunst, Bd. 6), S. 171–174.
Zutz, Axel: Wege grüner Moderne. Praxis und Erfahrung der Landschaftsanwälte des NS-Staates zwischen 1930 und 1960, in: Mäding, Heinrich/Strubelt, Wendelin (Hrsg.): Vom Dritten Reich zur Bundesrepublik. Beiträge einer Tagung zur Geschichte von Raumforschung und Raumplanung, Hannover 2009, S. 107–148.
Zutz, Axel: „Zu den Menschenrechten gehört das Gesunde und Schöne." Zur Verankerung Landschaftlicher Daseinsvorsorge zwischen 1945 und dem Beginn der 1960er Jahre, in: Briesen, Detlev/Strubelt, Wendelin (Hrsg.): Raumplanung nach 1945. Kontinuitäten und Neuanfänge in der Bundesrepublik Deutschland, Frankfurt (Main) 2015, S. 151–196.

Internetressourcen

Arndt, Tobias u. a.: Von den Anfängen der Holzbiologie in Eberswalde. Beitrag zum Kolloquium anlässlich des 65. Geburtstages von Wiebke Unger, Eberswalde 2010. Unter: https://www.hnee.de/de/Fachbereiche/Holzingenieurwesen/Forschung-am-Fachbereich/Holzbiologie-Kolloqium/Programm/Programm-Auszug-Vortrge-E5177.htm (Eingesehen: 10.02.2022).
Forschungsinstitut für Bergbaufolgelandschaften e. V. (Hrsg.): Zur Historie des Forschungsinstituts für Bergbaufolgelandschaften e. V. (FIB) in Finsterwalde. Teil I: Ein kleiner Streifzug

durch die Geschichte – Von den Anfängen bis zum Forschungsinstitut (1960–1989). Unter: http://www.fib-finsterwalde.de/index.php?PH&m=300;0 (Eingesehen: 10.02.2021).
Haubold-Rosar, Michael: Prof. Dr. Hans Joachim Katzur (10.04.2014). Unter: https://www.forstpraxis.de/prof-hans-joachim-katzur/ (Eingesehen: 10.02.2022).
Kielon, Kristin: Die Top 5 der CO2-Verursacher Deutschlands nach Sektoren (22.01.2020). Unter: https://www.mdr.de/wissen/deutschland-top-fuenf-klima-emissionen-100.html#sprung0 (Eingesehen: 10.02.2022).
Uekötter, Frank: Boden (08.03.2012), in: Europäische Geschichte Online. Unter: http://www.ieg-ego.eu/uekoetterf-2012-de (Eingesehen: 10.02.2022).

Archivquellen

Archiv Grünes Gedächtnis (AGG)
Bestand: A – Knabe Wilhelm: Nr. 84, 140, 308

Archiv der Humboldt-Universität zu Berlin (AHUB)
Bestand Personal nach 1945, I33, L608
LGF, Nr. 28, 29

Brandenburgisches Landeshauptarchiv Potsdam (BLHA)
Rep. 55 Brandenburgischer Provinzialverband, Nr. 818
Rep 75 Niederlausitzer Kohlenwerke AG, Nr. 149
Rep. 803 Büro für Territorialplanung Cottbus, Nr. 635

Bundesarchiv Berlin-Lichterfelde (BArch)
DE 1 (Staatliche Plankommission): Nr. 51584
DE 4 (Volkswirtschaftsrat der DDR): Nr. 18354
DF 6 (Ministerium für Geologie): Nr. 1294
DF 9 (Oberste Bergbehörde der DDR): Nr. 385, 386

Neuseenland Sammlung im Soziokulturellen Zentrum KuHstall e. V. Großpösna (NlSG)
Bestand Objekte, Plakate
Bestand Fotografien, Bilder Braunkohlenprotest
Flyer-Sammlung, Ordner Antikohleproteste

Sächsisches Staatsarchiv, Bergarchiv Freiberg (SächsStA-F)
40067 Bergbehörde Borna, Nr. 1077
40069 Bergbehörde Senftenberg, Nr. 41

Sächsisches Staatsarchiv Leipzig (SächsStA-L)

20300 Wasserwirtschaftsdirektion Saale-Werra, Oberflussmeisterei Leipzig, Nr. 59
20681 VEB Braunkohlenveredelungswerk Espenhain, Nr. 444

Universitätsarchiv Leipzig (UAL)

Nachlass (NA) Darmer, Nr. 1, Nr. 4
Personal Akten – Angestellte (PA-A), Nr. 9839
Philosophische Fakultät (Phil. Fak.), G 13/001
Promotions-Akten (PromA), Nr. 5812
Studenten Akten (StuA), Nr. 801

Universitätsarchiv der Technischen Universität Dresden (UATUD)

Nachlass W. Bauch, Nr. 103, 125, 128, 131, 139, 179

Sabine Loewe-Hannatzsch

Aspekte der Wiederurbarmachung und Umweltpolitik im Uranerzbergbau der SDAG Wismut

Einleitung

Schon im frühen Mittelalter wurde im Erzgebirge Erz- und Mineralstoffbergbau betrieben. Später kamen Steinkohle- und Kupfererzbergbau hinzu.[1] Dadurch gelangten große Mengen Abraum mit hohen Konzentrationen an natürlichen Radionukliden und weitere Schadstoffe in die Umwelt. Diese Situation verschärfte sich erheblich mit dem Beginn des intensiven Uranerzbergbaus im Kontext des Kalten Krieges und des Ost-West-Konfliktes.[2] Bis Ende 1953 fand der Uranerzbergbau in Sachsen und Thüringen unter der „Sowjetischen Staatlichen Aktiengesellschaft der Buntmetallindustrie Wismut" (SABM) statt. In einem Regierungsabkommen zwischen der UdSSR und der DDR vom 22. August 1953 wurde festgelegt, die SABM zu liquidieren und eine „Sowjetisch-Deutsche Aktiengesellschaft Wismut" (SDAG) neu zu gründen, an der Moskau und Ost-Berlin zu gleichen Teilen beteiligt waren.[3]

Als sowjetisch-deutsche Aktiengesellschaft entzog sich der Uranerzbergbau der Wismut nicht nur häufig den staatlich-umweltpolitischen Zugriffen,[4] auch

---

1 Eine Überblicksgeschichte des Bergbaus im Erzgebirge geben Wagenbreth, Otfried/Wächtler, Eberhard: Bergbau im Erzgebirge. Technische Denkmale und Geschichte, Leipzig 1990; Tolksdorf, Johann Friedrich: Mittelalterlicher Bergbau und Umwelt im Erzgebirge. Eine interdisziplinäre Untersuchung, Dresden 2018 (= Veröffentlichungen des Landesamtes für Archäologie, Bd. 67; = ArchaeoMontan, Bd. 4).

2 Das Manhattan-Projekt führte ab 1942 alle Tätigkeiten der USA zur militärischen Nutzbarmachung der Kernspaltung und zur Entwicklung und zum Bau einer Atombombe zusammen. Reed, Bruce Cameron: The history and science of the Manhattan Project, Berlin 2014 (= Undergraduate Lecture Notes in Physics); Holloway, David: Stalin and the Bomb. The Soviet Union and Atomic Energy 1939–1956, New Haven 1994.

3 Karlsch, Rainer: Ungleiche Partner. Vertragliche und finanzielle Probleme der Uranlieferungen der DDR, in: Karlsch, Rainer/Schröter, Harm (Hrsg.): „Strahlende Vergangenheit". Studien zur Geschichte des Uranbergbaus der Wismut, St. Katharinen 1996, S. 272–275.

4 Zur Umweltpolitik in der DDR siehe Brüggemeier, Franz-Josef/Engels, Jens Ivo (Hrsg.): Natur- und Umweltschutz nach 1945. Konzepte, Konflikte, Kompetenzen, Frankfurt (Main) 2005 (= Geschichte des Natur- und Umweltschutzes, Bd. 4); Behrens, Hermann/Hoffmann, Jens/Institut für Umweltgeschichte und Regionalentwicklung e. V. (Hrsg.): Umweltschutz in der DDR. Analysen und Zeitzeugenberichte, Bd. 1–3, München 2007; Radkau, Joachim: Ära der Ökologie.

https://doi.org/10.1515/9783110785289-005

wurden die mit der Uranerzgewinnung einhergehenden Umweltbelastungen und möglichen Folgeprobleme in den Anfangsjahren nur wenig zur Kenntnis genommen. Obwohl die Umweltbelastungen in den folgenden Jahrzehnten kontinuierlich zunahmen und auch den Verantwortlichen bekannt waren, spielten die damit einhergehenden Probleme eine eher untergeordnete Rolle. Bis zur Liquidierung am 01. Januar 1991 hatte der Uranerzbergbau durch die SDAG Wismut enorme Konsequenzen für die Menschen, die das Uranerz förderten, die in der Nähe der Schächte, Halden und Aufbereitungsanlagen lebten, für die gesamte Umwelt, die die Schächte umgab und indirekt für den Rest der Welt.[5]

In den Anfangsjahren des Uranerzbergbaus spielten die Strahlenbelastung und andere Umweltbeeinträchtigungen für die Wismut keine Rolle. Erst die Gründung der SDAG Wismut im Jahr 1954 ermöglichte einen langfristigen und planmäßigen Uranerzbergbau. Damit waren überhaupt erst die theoretischen Voraussetzungen geschaffen, sich in irgendeiner Art und Weise mit Ansätzen des Umweltschutzes im Uranerzbergbau zu beschäftigen. Andererseits nahmen die Wassergenossenschaften schon Ende der 1940er-Jahre die Auswirkungen des Bergbaus und der Erzaufbereitung wahr und wiesen wiederholt auf die zunehmenden Belastungen hin. Die „innovativen Ansätze und positiven Elemente“ der DDR-Umweltpolitik sowie die „ökologischen Binnenanalysen“ der 1950er- und 1960er-Jahre führten nicht nur nicht zu entsprechenden politischen Maßnahmen,[6] sondern verpufften aufgrund der Verschlechterung der außenpolitischen und wirtschaftlichen Lage der DDR in den 1970er-Jahren völlig. Eine Betrachtung der Probleme erfolgte hauptsächlich unter ökonomischen Aspekten, die Umweltpolitik wurde letztlich immer einer Kosten-Nutzung-Erwägung untergeordnet. Daraus resultierte, dass die Umweltschäden keinen Einfluss auf die Wirtschaftsbilanzen hatten und auch in den Wirtschaftsplänen nur minimalen Eingang fanden. Zudem fanden Umweltprobleme kaum offizielle Anerkennung und mussten außerdem im theoretischen Kontext des Marxismus-Leninismus erklärt werden.[7]

Eine Weltgeschichte, München 2011; Möller, Christian: Umwelt und Herrschaft in der DDR. Politik, Protest und die Grenzen der Partizipation in der Diktatur, Göttingen 2020 (= Kritische Studien zur Geschichtswissenschaft, Bd. 234).

5 Als Beispiel sind zu nennen: die Kontamination des Bodens, des Wassers, der Luft, die strahlenden Halden, die Schwermetallbelastung, sowie das globale Wettrüsten, die Stationierung von Atomsprengkörpern in beiden deutschen Staaten, die Umweltverschmutzung durch ober- und unterirdische Atomwaffentests etc.

6 Huff, Tobias: Natur und Industrie im Sozialismus. Eine Umweltgeschichte der DDR, Göttingen 2015 (= Umwelt und Gesellschaft, Bd. 13).

7 Knabe, Hubertus: Umweltkonflikte im Sozialismus. Möglichkeiten und Grenzen gesellschaftlicher Problemartikulation in sozialistischen Systemen: Eine vergleichende Analyse der Um-

Aber auch die unzureichende Durchsetzung der Gesetzgebung im Bereich der Umweltpolitik, einschließlich der Wiederurbarmachungsvorgaben, begrenzte die Umweltprobleme nur wenig. Trotz einer bestehenden Umweltgesetzgebung, die international mit anderen durchaus vergleichbar war, existierten keine hinreichenden legislativen, sanktionellen, administrativen und ökonomischen Vorkehrungen zur Durchsetzung von Umweltschutz- und Sanierungsmaßnahmen, sowie Strafen. Obwohl die Wiederurbarmachung von in Anspruch genommenen Flächen und die Reinigungs- bzw. Einleitungsbedingungen von Abwässern durch verschiedene rechtliche Bereiche geregelt waren, wird in diesem Beitrag hier die gesamte Wasserproblematik in die Betrachtung und Analyse der Umwelt- und Sanierungsmaßnahmen mit einbezogen.[8] Die Komplexität der Problematik könnte bei einer Trennung von wasserwirtschaftlichen und land- bzw. forstwirtschaftlichen Maßnahmen im Analyseprozess nicht dargestellt werden. Da das Berggesetz der DDR auch eine wasserwirtschaftliche Folgenutzung als Ziel der Wiederurbarmachung vorsah, ist anzunehmen, dass auch die Wasserproblematik in den Sanierungs- und Umweltschutzmaßnahmen eine zentrale Rolle spielte.[9]

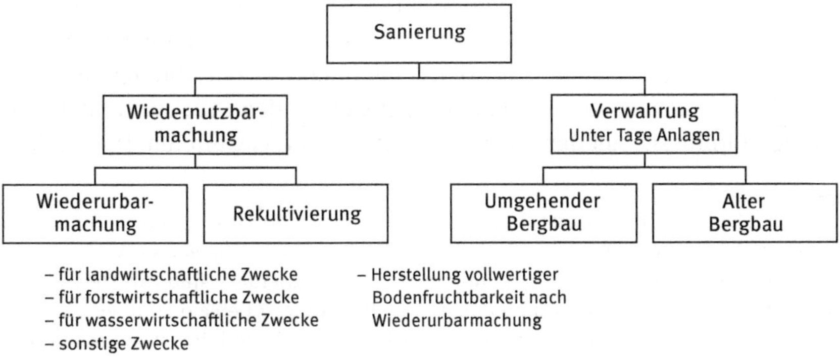

Schema 1: Sanierungsarbeiten nach dem Berggesetz der DDR

weltdiskussion in der DDR und Ungarn, Berlin 1993 (= Bibliothek Wissenschaft und Politik, Bd. 49).

8 Einen umfangreichen Überblick über die Folgen von Uranerzbergbau auf die Umwelt und die Hydrologie bieten Merkel, Broder J./Hasche-Berger, Andrea: Uranium in the Environment. Mining Impact and Consequences, Berlin 2006.

9 §13 Abs. 2 Berggesetz der DDR vom 12. Mai 1969, DDR GBl. I, Nr.5, S. 29; Mücke, Manfred/ Bergakademie Freiberg (Autorenkollektiv): Bergrecht, Berlin 1985, S. 164.

Dokumentation der Umweltbelastungen in den Anfangsjahren

Obwohl das Thema Umweltschutz seit 1968 in der Verfassung der DDR verankert war, immer wieder Umweltschutzkommissionen implementiert wurden und durch das Landeskultur-, Strahlenschutz-, Berg-, Wasser- und Atomgesetz ein rechtlicher Rahmen existierte, wurden die ökologischen Probleme im Gebiet der Wismut[10] nur selten als Folge des Uranerzbergbaues wahrgenommen. Den ersten Umweltbericht der SDAG Wismut erstellte 1959 eine Gruppe sowjetischer Wissenschaftler. Dieser befasste sich mit der radioaktiven Kontaminierung des Oberflächen- und Grundwassers in der Nähe der industriellen Absetzanlage (IAA) Helmsdorf. Die Werte waren so alarmierend, dass die Experten die Untersuchung auf zwei weitere Objekte in Freital und Ronneburg ausweiteten.[11] Die Havarie am Absetzbecken Helmsdorf am 07. April 1961 führte dazu, dass die SDAG Wismut eine weitere Studie über die Umweltsituation im Wismut-Gebiet veranlasste. Die zweijährige Aufarbeitung dokumentierte erneut die schwerwiegenden Umweltbelastungen der Gewässer im Einzugsbereich der Wismut-Objekte[12]. Erstmals benannte die SDAG Wismut selbst die durch den Uranerzbergbau verursachten Umweltprobleme und schlug konkrete Maßnahmen vor.[13] In den folgenden Jahren fertigte die SDAG Wismut immer wieder umfangreiche Berichte an, die die Umweltsituation in den Betrieben, in den IAA, auf Halden und im gesamten Einflussgebiet der Wismut festhielten und bewerteten. Doch schon

---

10 Die Terminologie ‚Wismut-Gebiet' muss stets im zeitlichen Kontext gesehen werden, da sich die territoriale Ausdehnung des Gebietes mit dem Abwurf stillgelegter Anlagen und dem Aufschluss neuer Abbaugebiete ständig veränderte. Außerdem sind direkte (Abbau- und Aufbereitungs-) und indirekte (Erkundungs- und Belastungs-) Gebiete zu unterscheiden. Als Kerngebiet können die Gegenden um Aue, Ronneburg, Freital und Königstein gezählt werden.

11 Unternehmensarchiv der Wismut GmbH (UA Wismut GmbH), M 428, W. D. Krutscherenko: Bericht über die Ergebnisse der umwelthygienischen Untersuchung des hydrographischen Netzes und der Umgebung von Betrieben der SDAG Wismut, 1959. Vgl. Schramm, Manuel: Uranium Mining and the Environment in East and West Germany, in: RCC Perspectives 2012, No. 10: „Mining in Central Europe – Perspectives from Environmental History", herausgegeben von Frank Uekötter, S. 71–87. Unter: doi.org/10.5282/rcc/6204 (Eingesehen: 15.02.2022).

12 Die Bezeichnung ‚Objekt' wurde nur bis Ende 1969 durch die SDAG Wismut verwendet. Danach benutzte die SDAG Wismut die Begriffe Bergbau- oder Aufbereitungsbetrieb mit anschließender Nummer und noch später mit anschließendem Standort. Beispielsweise wurde das „Objekt 101" im Jahr 1968 in „Aufbereitungsbetrieb 101" und danach in „Aufbereitungsbetrieb Crossen" umbenannt.

13 Schröter, Harm: Die Wismut, der Umweltschutz und ein zentrales Dokument, in: Karlsch/Schröter (Hrsg.), „Strahlende Vergangenheit", S. 343–372.

vor dem ersten, eigens von der SDAG Wismut durchgeführten Umweltbericht, existierten umfangreiche Gutachten. Diese wiesen wiederholt auf die hohe Wasserverschmutzung der Vorfluter in allen Bereichen (pH-Wert, Sulfate, Chloride, Wasserhärte, Eisen, Mangan, Kaliumpermanganat usw.) auf Grund der Erzaufbereitung hin.[14] So beklagte zum Beispiel die VEB Wasserwirtschaft Weiße Elster im Juni 1955 die starke Verunreinigung der Fließgewässer. Die zunehmende Menge an Schlamm und eine zu hohe Wasserentnahme führte besonders bei Niedrigwasser zu einer weitgehenden Verschlammung des Flussbettes der Weißen Elster. Die Wasserwirtschaft[15] lehnte nicht nur die von der SDAG Wismut geforderte Entnahmemenge an Brauchwasser ohne Rückleitung in den Vorfluter und die Einleitung von Abwasser ab, sondern forderte die vollständige Reinigung aller Abwässer und die Einführung eines Kreislaufverfahrens im Betrieb.[16] Die sowjetischen Kollegen der SDAG Wismut lehnten die vorgeschlagenen Maßnahmen jedoch ohne Begründung ab.

Im am 07. Dezember 1962 unterzeichneten Abkommen zwischen der DDR und der Sowjetunion wurde vereinbart, alle Aufwendungen für die Nutzung von Grundstücken und Ausgaben für deren Sanierung nunmehr paritätisch zu tragen. Trotz der gemeinsamen Verantwortung für die Wiederurbarmachung setzte die SDAG Wismut bis zu ihrer Liquidierung im Jahr 1991 nur wenige Maßnahmen für Sanierung vollumfänglich um. Die Gründe dafür waren vielfältig, aber neben den geringen zur Verfügung stehenden finanziellen Mitteln für Wiederurbarmachungsmaßnahmen wirkten sich besonders die unzureichend vorhandenen Arbeitsgeräte, kaum abrufbares Personal und die mangelnde Planung und Koordinierung der Maßnahmen negativ auf deren Umsetzung aus.

---

14 Sächsisches Staatsarchiv Chemnitz (SächsStA-C), Wasserwirtschaftsdirektion Obere Elbe-Neiße, 33113, Nr. 634, Beschaffenheit der Flüsse im Muldengebiet, 1954.

15 Zur Wasserwirtschaft in der DDR siehe Thürnagel, Wilhelm: Trinkwasserversorgung und Abwasserbehandlung in der DDR. Die VEB Wasserversorgung und Abwasserbehandlung. Abriss der Entwicklung, der Organisation, des Leistungsstandes und der Schwächen und Hemmnisse, Friedland 2014 (= Edition Lesezeichen); Simon, Manfred/ Zwirnmann, Karl-Heinz: Wasserbewirtschaftung in der DDR. Entwicklung, Leistung und Ergebnisse einer Wasserbewirtschaftung nach Flussgebieten, Friedland 2019 (= Edition Lesezeichen).

16 LA Th–StA RU, Wasserwirtschaftsdirektion Saale-Werra, 5-51-5020, Nr. 634, Gutachten zur Brauchwasserversorgung im Bergbaugebiet Seelingstädt/Trünzig, Juni 1955, VEB Wasserwirtschaft Weiße Elster.

Wiederurbarmachung

Der Uranerzbergbau der SDAG Wismut kontaminierte alle Umweltmedien (Lithosphäre, Atmosphäre, Hydrosphäre und Biosphäre)[17] und verursachte komplexe Umweltprobleme und Schäden. Diese waren räumlich oft außerordentlich differenziert. Die zahlreichen Standorte[18] des Uranerzbergbaus in den Südbezirken der DDR (Karl-Marx-Stadt, Dresden und Gera)[19] waren durch die verschiedenen Abbaumethoden und Aufbereitungsverfahren – Bergbau über und unter Tage, IAA, Absetzbecken und Schlammteiche, Restlöcher, unter Tage-, Haufen- und Haldenlaugung, sowie mechanische und chemische Erzaufbereitungsanlagen – gekennzeichnet. Oftmals existierten an einem Standort mehrere Betriebe und die Anlagen mussten durch die Umstellung der Produktion im Laufe der Betriebsdauer an immer wieder neue Verhältnisse angepasst werden. Diese trugen qualitativ und quantitativ in einem sehr unterschiedlichen Maß zur gesamten Belastungssituation bei.

Schon vor 1989 erfolgte die Stilllegung zahlreicher Betriebe oder wurde bis Ende 1989 beschlossen. Dazu existierte fast immer eine Wiederurbarmachungskonzeption (im Technischen Betriebsplan), die der Projektierungsbetrieb der SDAG Wismut oftmals in mehreren Varianten ausarbeitete und den einzelnen

---

17 Obwohl unter dem klassischen Begriff der ‚Umweltmedien' die Bereiche Boden, Wasser und Luft verstanden werden, ist es sinnvoll, besonders bei Strahlenbelastungen, den Begriff um den Bereich der Biosphäre zu erweitern. Bereits in den Erläuterungen der Rechtsprinzipien des Bergrechts der DDR wurde darauf hingewiesen, die Belastungen des Bodens, der Gewässer, der Luft sowie der Pflanzen- und Tierwelt auszuschließen oder so gering wie möglich zu halten, vgl. Mücke, Bergrecht, S. 31.

18 Neben den Bergbau- und Aufbereitungsbetrieben entstanden auch Maschinenbau-, Instandhaltungs- und Versorgungsbetriebe. Schächte und Betriebe wurden zu „Objekten" zusammengefasst. 1953 existierten 22 Objekte in den Bezirken Karl-Marx-Stadt, Gera, Dresden, Suhl, Leipzig, Halle und Erfurt.

19 Partei, Betriebsleitung und die Industriegewerkschaft Wismut bildeten dabei ein besonderes, institutionelles Geflecht. Die Gebietsparteiorganisation der SAG/SDAG Wismut erstreckte sich auf das Territorium der Bezirke Karl-Marx-Stadt, Gera und Dresden. Die Strukturen der SAG/SDAG Wismut waren nicht identisch mit der Verwaltungsgliederung in den Bezirken und Kreisen. Territoriale Veränderungen vollzogen sich mit den Veränderungen in den Abbaugebieten. Funktion und Struktur der Gebietsparteiorganisation der SAG/SDAG Wismut entsprachen denen der Bezirksleitungen. Der Gebietsleitung unterstanden Objekt- und Kreisleitungen sowie Grundorganisationen. Abteilungen für Wismutangelegenheiten bei den Räten der Bezirke Karl-Marx-Stadt, Gera, Dresden und Leipzig regelten ab 1954 Forderungen der Wismut gegenüber Kommunen und Bürgern und umgekehrt. Sartor, Lutz: Die Gebietsparteiorganisation Wismut der SED und die SAG/SDAG Wismut im Thüringer Raum, in: Best, Heinrich/Mestrup, Heinz (Hrsg.): Die Ersten und Zweiten Sekretäre der SED. Machstrukturen und Herrschaftspraxis in den thüringischen Bezirken der DDR, Weimar 2003, S. 174–204.

Betrieben und Räten der Bezirke vorlegte. Beispiele dafür sind der Tagebau Lichtenberg, der Aufbereitungsbetrieb Crossen, der Bergbaubetrieb Willy Agatz in Freital, die IAA Freital, Rußdorf, Bohrbachtal, Hakenkrümme, Dänkritz I und Dänkritz II, sowie Betriebsteile des Bergbaubetriebs Aue-Schlema-Alberoda. Die Maßnahmen der Wiederurbarmachung und Rekultivierung umfassten die Abdeckung oder den Abtrag und die Bepflanzung von Halden, die Reinigung von Brauchwasser, die Beseitigung von Erosionsschäden an den Böschungen der Absetzbecken, die Bepflanzung von Böschungen, die Entwässerung von Schlammteichen und die Abdeckung von freien Spülstrandflächen in den Becken der IAA, das Auffangen von Sickerwässern und dessen Zurückpumpen in die Becken, die Flutung von Schächten und die Abdeckung von Schlammteichen mit mehreren Schichten unterschiedlichen Materials. Im Jahr 1962 erfolgte beispielsweise eine erste einfache Rekultivierung der Beckenböschungen der Absetzbecken Dänkritz I und II. Die Schlammteiche der seit 1952 nicht mehr genutzten IAA Freital wurden 1967 entwässert und trockengelegt. Allerdings wurde die Verwahrung von Grubenbauen und die Wiederurbarmachung vieler Anlagen oftmals nur teilweise und/oder unvollständig durchgeführt. Die rechtlichen Rahmenbedingungen in der DDR für Umweltschutz, Verwahrung, Wiederurbarmachung und Rekultivierung unterlagen ständigen Veränderungen und Anpassungen und führten zu zahlreichen Anordnungen und spezifischen Vereinbarungen mit der SDAG Wismut.[20]

An allen Sanierungsstandorten der SDAG Wismut war die Wasserproblematik das Hauptumweltproblem, welches den gesamten Produktionsprozess und sämtliche Verwahrungs- und Wiederurbarmachungsmaßnahmen beeinflusste. Dies beinhaltete nicht nur die Frage nach der permanent zur Verfügung stehenden Wassermenge und deren Entnahme aus den Fließgewässern, sondern auch die Rückführung des Brauchwassers in den Wasserkreislauf, die Einleitung des verunreinigten Wassers in die Vorfluter und die Reinigung des Abwassers. Das radioaktiv verschmutzte Wasser, das zudem mit Schwermetallen belastet war, gelangte einerseits durch Schacht- und Sickerwässer von Grubenbauen, Halden und Absetzbecken, andererseits durch die direkte Einleitung des Brauchwassers in die Vorfluter und beeinflusste somit die Qualität des Grund- und Oberflächenwassers. Die staatliche Gewässeraufsicht des Ministeriums für Umweltschutz und Wasserwirtschaft (MUW) und deren Vorläuferinstitutionen wiesen seit den späten 1960er-Jahren beständig auf Probleme der Sickerwässer an Ab-

20 Die SDAG Wismut traf beispielsweise Vereinbarungen und Regelungen mit dem Ministerium für Finanzen, dem Ministerium für Land-, Forst- und Nahrungsgüterwirtschaft, dem Staatlichen Amt für Atomsicherheit und Strahlenschutz (SAAS), dem Rat des Bezirkes (RdB), den Wasserwirtschaftsorganen, den WWD und der Obersten Bergbehörde.

setzbecken und die Austrocknung der Spülstrände hin. Damit die Sickerwässer nicht weiterhin ungereinigt in Oberflächen- und Fließgewässer gelangten, wurde wiederholt das Anlegen von Auffangbecken und die Begrünung der Spülstrände und Böschungen gefordert. Schon im Jahr 1965 erläuterte die „Anordnung zum Schutz der Gewässer beim Umgang mit Wasserschadstoffen“ des Amtes für Wasserwirtschaft mehrere Varianten zur Ausbildung und Abdichtung von Auffangbecken. Diese umfassten die Abdichtung durch Erdstoffschichten durch eine Beton- oder Kunststoffdichtung.[21] Neben den Vorgaben der Wasserwirtschaft beeinflussten auch die zuständigen Wasserwirtschaftsdirektionen (WWD), durch die Vergabe von Genehmigungen für die Einleitung von Abwasser mit entsprechenden Grenzwerten in die Vorfluter, die Wasserqualität der Fließgewässer. Bei Nichteinhaltung der vorgegebenen Grenzwerte konnten diese Genehmigungen der SDAG Wismut jederzeit wieder entzogen werden.[22]

Ein weiteres Problem war die Lagerung des bei der chemischen und mechanischen Aufbereitung anfallenden Schlammes, der sogenannten Tailings. Nach der Zerkleinerung des uranhaltigen Erzkörpers erfolgte die chemische Lösung des Urans aus dem Gestein. Die fein gemahlenen Erze wurden mit Schwefelsäure oder Soda aufgeschlossen.[23] Die schlammartigen Rückstände pumpte und lagerte die SDAG Wismut in Schlammabsetzbecken. Die Tailings enthielten nicht nur zahlreiche Schwermetalle und andere giftige Verbindungen, sondern auch die gesamte Kette der Radionuklide einschließlich des im Aufbereitungsprozess nicht abgetrennten Thoriums-230 und Radiums-230 sowie deren Zerfallsprodukte. Da es insbesondere an effektiven Technologien zur Schlammeindickung und -entwässerung fehlte, wurde eine Vielzahl an Sammelbecken, Absetzbecken, Spülhalden und IAA angelegt.[24] Im Jahr 1962 existierten bereits 16 stillgelegte IAA mit zahlreichen dazugehörenden Schlammbecken, die einer Wiederurbarmachung bedurften.

---

21 BArch, DK 4/349, „Anordnung zum Schutz der Gewässer bei dem Umgang mit Wasserschadstoffen“, Anlage 2, Jahr 1965.

22 Da sich die Belastung mit Arsen verschlimmerte, untersagte die WWD Obere Elbe-Neiße ab Februar 1987 eine kontinuierliche Einleitung des überschüssigen, im Produktionsprozess nicht als Brauchwasser benötigten Rücklaufwassers von der IAA Helmsdorf in die Zwickauer Mulde. Auch in weiteren Beratungen stimmte die WWD einer Einleitung nicht mehr zu, BArch, DK 5/5754, Brief an Minister für Umweltschutz und Wasserwirtschaft Reichelt, 09.11.1987.

23 Die Beschreibung des chemischen Elementes Uran und die chemischen Formeln zur Gewinnung finden sich in Holleman, Arnold F./Wiberg, Egon/Wiberg, Nils: Lehrbuch der Anorganischen Chemie, Berlin 1995, S. 1795 f.

24 BArch, DK 4/349, Definition für IAA für feststoffhaltige Rückstände durch das Amt für Wasserwirtschaft, August 1965.

Das Bergrecht der DDR regelte die Wiederurbarmachung und Verwahrung von Grubenbauen. Eine vollumfängliche Durchsetzung des Umweltschutzes konnte das Bergrecht aber nicht garantieren, da viele Fragen offenblieben, besonders die Qualität der Wiederurbarmachung und der Schutz des Kulturbodens bzw. kulturfähigen Bodens sind zu nennen. Die Wiedernutzmachungsverordnung vom 06. Dezember 1951, deren Durchführungsbestimmungen und die Wiederurbarmachungsanordnung regelten,[25] dass der Bergbautreibende die Kosten der Wiederurbarmachung zu tragen hatte und die dafür erforderlichen Mittel in den Investitions- und Betriebsplänen gesondert auszuweisen und abzurechnen waren. Weiterhin definierten die Regelungen Art und Weise sowie das Ziel der Sanierung. Die rechtlichen Grundlagen der Wiederurbarmachung durchliefen einen permanenten Prozess der Veränderung und Anpassung. Bis Ende der 1960er-Jahre war das Wiederurbarmachungsrecht rein verwaltungsrechtlich konzipiert und die Bergbehörden waren für die Aufsicht, die Überwachung der Wiederurbarmachungsmaßnahmen und die Übertragung der Flächen an Folgenutzer zuständig.[26]

Die für die Gebiete der Wismut zuständige Bergbehörde Karl-Marx-Stadt (Bezirke Dresden, Karl-Marx-Stadt und Gera) bildete 1961 eine Kommission für Wiederurbarmachung, die für die Behandlung aller Fragen der Wiederurbarmachung zuständig war, d. h. „aller Maßnahmen, die bergbauseitig durchzuführen waren, bis der Boden von Kippen und Halden in einem derartigen Zustand war, dass die Rekultivierung – die Bepflanzung – durchgeführt werden“ konnte.[27] Der Bergbautreibende hatte den Umfang der Wiederurbarmachung mit der Kommission abzustimmen und diese hatte zudem das Recht, besondere Auflagen zu erteilen. Jede Übergabe ehemals bergbaulicher Anlagen oder bergbaulich genutzter Grundstücke an mögliche Rechtsnachfolger hatte die Kommission zu bestätigen. Ob dabei auch die Qualität der Wiederurbarmachung begut-

---

25 Verordnung über die Wiedernutzbarmachung der für Abbau- und Kippenzwecken in Anspruch genommenen Grundstücksflächen vom 06.12.1951, GBl. 1951, Nr. 146, S. 1133; Durchführungsbestimmungen dazu 1952 (GBl. 1952, Nr. 61, S. 369), 1958 (GBl. I 1958, Nr. 16, S. 205), 1964 (GBl. II 1964, Nr. 14, S. 121) sowie die Anordnung über die Wiederurbarmachung bergbaulich genutzter Bodenflächen vom 04.11.1985 (GBl. I 1985, Nr. 33, S. 369).

26 Die Grundzüge der Wiederurbarmachung waren folgende: 1) Dem Bergbautreibenden als Verursacher der Devastierung wurde die Rechtspflicht zur Wiederurbarmachung auferlegt. 2) Ziel, Art und Umfang der Wiederurbarmachung wurde vom Staat bestimmt. 3) Der Staat entschied über die Folgenutzer der wieder urbar gemachten Bodenflächen. Mücke, Manfred: Umweltbelange im Raumordnungs- und Bodenrecht in der DDR. Zum Bergrecht als Sonderproblem, in: Kloepfer, Michael (Hrsg.): Instrumente des Umweltrechts der früheren DDR, Berlin u. a. 1991 (= Ladenburger Kolleg, Studien zum Umweltstaat), S. 47–52.

27 BArch, DF 9/1803, Wiedernutzbarmachung, 30.08.1961.

achtet wurde und ob überhaupt Kriterien dafür existierten, muss in weiteren Recherchen ausgewertet werden. Obwohl die Kommission für Wiederurbarmachung für die Sanierung der stillgelegten Anlagen und Betriebe der SDAG Wismut verantwortlich war, bedurfte die zunehmende Oberflächenbeeinträchtigung durch Bergbau und Aufbereitung sowie die rationelle Bearbeitung dieser Probleme eine einheitliche Regelung. Um die Behandlung von Bergschäden und deren Sanierung im Wismutgebiet zu vereinheitlichen und klar zu regeln, veröffentlichte die Bergbehörde 1968 die „Richtlinie über die Behandlung von Bergschadenangelegenheiten und bergbauliche Wiederurbarmachung im Territorialbereich der Bergbehörde Karl-Marx-Stadt".[28] Diese unterstrich, dass die „Wiederurbarmachung sämtliche Maßnahmen, die im volkswirtschaftlichen Interesse notwendig sind, um die für bergbauliche Zwecke genutzten Flächen einer Folgenutzung zuführen zu können", umfasste und beinhaltete somit auch die Flächen der IAA.[29]

Die Anwendung des Umweltrechts der DDR auf den Uranerzbergbau der SDAG Wismut

Das Umweltrecht der DDR wurde 1970 mit dem Landeskulturgesetz (LKultG)[30] gebündelt und neugefasst und gliederte sich in die umweltbezogenen Einzelgesetzgebungen, die die Bereiche Boden, Wasser, Nuklearer Umweltschutz, Luft und Schutz vor Lärm abdeckten. Als komplexes Rahmengesetz steckte das LKultG allgemeine Leitlinien und Zielsetzungen der DDR-Umweltpolitik ab. Demzufolge handelte es sich nur um Grundsatzregelungen, die durch konkrete Gesetze und untergesetzliche Normativakte (Anordnungen, Vereinbarungen und Durchführungsverordnungen) zu den einzelnen Regelungsbereichen ausgefüllt wurden.[31] Die Umweltgesetzgebung der DDR war natürlich auch auf den Uranerzbergbau anzuwenden, was sich in einer Vielzahl von spezifischen Anordnungen und Vereinbarungen für die SDAG Wismut niederschlug. Aufgrund

28 BArch, DF 9/1235, Entwurf Richtlinie über die Behandlung von Bergschadenangelegenheiten und bergbauliche Wiederurbarmachung im Territorialbereich der Bergbehörde Karl-Marx-Stadt, 17.04.1968.

29 Ebd.

30 Gesetz über die planmäßige Gestaltung der sozialistischen Landeskultur in der Deutschen Demokratischen Republik (Landeskulturgesetz) vom 14.05.1970, GBl. I 1970, Nr. 12, S. 67. Das Landeskulturgesetz (LKultG) konkretisierte Artikel 15 der Verfassungen der DDR seit 1968.

31 Oehler, Ellenor: Zum System der Instrumente des Umweltrechts in der DDR, in: Kloepfer (Hrsg.): Instrumente des Umweltrechts der früheren DDR, S. 1–18, hier S. 3 f.

veränderter Abbau- und Aufbereitungsverfahren, die wiederum veränderte Sanierungsmaßnahmen erforderten, einer Zunahme der Umweltbelastungen und neu auftretender Fragen der Rechtsträgerschaft durchliefen die gesetzlichen Regelungen einen dynamischen Prozess der kontinuierlichen Anpassung.

Die Ende der 1950er- und besonders während der 1960er-Jahre etablierte neue Umweltgesetzgebung und die rechtlichen Mechanismen boten jedoch nur ungenügende Möglichkeiten, einen erfolgreichen Umweltschutz zu realisieren.[32] Die teils fortschrittlichen Ansätze wurden von den auf Produktivität ausgerichteten Fünf-Jahr-Plänen konterkariert. Die Planvorgaben waren im Allgemeinen wie auch bei der Umsetzung der Umweltpolitik die Hauptsteuerungselemente, die die Tätigkeit der Ministerien, örtlichen Staatsorgane[33] und Betriebe/Kombinate genau bestimmten.[34] Somit wurden die durch die allgemein gehaltenen gesetzlichen Regelungen noch vorhandenen Ermessensspielräume auf ein Minimum reduziert. Das zentralistisch-administrative System der Volkswirtschaftsplanung, in dem die Bestimmung von Schwerpunkten mit fehlenden wirtschaftlichen Kapazitäten einherging, schloss demzufolge die erforderlichen Umweltschutzmaßnahmen von vornherein aus. Die von den örtlichen Organen gemachten Vorschläge für notwendige Maßnahmen wurden nur selten in die staatlichen und betrieblichen Fünf-Jahr-Pläne aufgenommen. Eine solche Durchsetzung war in einem von zwei Staaten geführten Betrieb mit einem dominierenden sowjetischen Partner, der die Planvorgaben aufstellte, noch erheblich schwerer.[35] Der vom Plan ausgehende Druck auf die einzelnen Betriebe der SDAG Wismut ließ kaum finanziellen, zeitlichen, technischen und personellen Spielraum für die Umsetzung von Umweltschutz- und Sanierungsmaßnahmen. Schon im Februar 1964 kommentierte der Leiter der Bergbehörde Karl-Marx-Stadt die Wiederurbarmachung im Wismutgebiet und hielt fest, dass „in keinem Falle die Betriebspläne, die für die Wiederurbarmachung notwendigen Mittel ausweisen."[36] Besonders deutlich zeigte sich die Problematik im Fall des Tage-

32 Die verschiedenen Entwicklungsphasen des Umweltrechts der DDR beschreibt Oehler, Ellenor: Zur Entwicklung des Umweltrechts, in: Behrens/Hoffmann/Institut für Umweltgeschichte und Regionalentwicklung e. V. (Hrsg.): Umweltschutz in der DDR, Bd. 1: Politische und umweltrechtliche Rahmenbedingungen, S. 99–128.

33 In der DDR-Terminologie wurden Bezirke, Kreise, Städte, Gemeinden und Staatsbezirke unter dem Begriff „örtlich" zusammengefasst.

34 Gläß, Klaus: Verwaltung und Organisation des Umweltschutzes in der DDR, in: Kloepfer (Hrsg.): Instrumente des Umweltrechts der früheren DDR, S. 18–25.

35 Sacharow, Wladimir: Uran für das strategische Gleichgewicht. Die SAG/SDAG Wismut im sowjetischen Atomkomplex, in: Boch, Rudolf/Karlsch, Rainer: Uranbergbau im Kalten Krieg. Die Wismut im sowjetischen Atomkomplex, Bd. 1: Studien, Berlin 2011, S. 37–98.

36 BArch, DF 9/1803, Wiederurbarmachung bergbaulich genutzter Flächen, 10.02.1964.

baus Lichtenberg. Im Dezember 1963 waren weder „der Tagebau noch das Objekt noch die Generaldirektion in der Lage, konkrete Aussagen über eine erfolgreiche Einleitung von Wiederurbarmachungsmaßnahmen zu machen.“[37]

Andererseits führte der Mangel an wirkungsvollen Sanktionsmöglichkeiten durch einzelne Gesetze und an eindeutigen behördlichen Kompetenzzuweisungen zu einer ineffektiven Umsetzung des Umweltrechts. So waren beispielsweise die Ordnungsstrafen im Wassergesetz so niedrig angesetzt, dass diese günstiger als innerbetriebliche Sanierungsmaßnahmen waren.[38] Gleichermaßen waren auch die anlagenbezogenen Emissionsgrenzwerte für Wassereinleitungen in die Vorfluter nicht normativ geregelt, sondern wurden für die Emittenten differenziert für jede Quelle unter Berücksichtigung der wissenschaftlich-technischen und volkswirtschaftlichen Bedingungen und Möglichkeiten ermittelt und vorgegeben.[39] Einheitliche Emissionsbegrenzungen wie in der bundesdeutschen Immissionsschutz- und Wassergesetzgebung hätten in der DDR die Stilllegung oder Nichtzulassung der Anlagen bedeutet und wären wirtschaftlich kaum vertretbar gewesen.

Ein zentrales Problem der Durchführung der Wiederurbarmachung an Standorten der SDAG Wismut, und besonders an IAA, war die seit Mitte der 1950er-Jahre auftretende Frage der Rechtsträgerschaft. Die Überprüfung der in Betrieb und im Bau befindlichen sowie stillgelegten Anlagen und Schlammteiche führte seit 1961 die gemischte Kommission des Amtes für Wasserwirtschaft und der SDAG Wismut durch. Die Kommission wurde als Konsequenz der Havarie in Oberrothenbach[40] gebildet und bestand bis zur Liquidierung der SDAG Wismut. Schon bei der ersten Überprüfung im Jahr 1961 waren die Gutachter mit ungeklärten Fragen der Rechtsträgerschaft konfrontiert. Aufgrund der mangelnden Wartung durch die eigentlichen Rechtsträger und des schlechten Zustands zahlreicher Anlagen wies die Kommission auf die „unbedingte Klärung der Verantwortlichkeit hinsichtlich einer ständigen Kontrolle und Wartung der Anlagen“ hin.[41] Die Kommission war zudem überzeugt, dass die „Mängel in der Unterhaltung [der IAA] die Voraussetzungen zu Katastrophen bilden“ konn-

37 Ebd.

38 Ohlenforst, Sascha: Umweltrecht in der DDR. Das Landeskulturgesetz als Mittel zur völkerrechtlichen Anerkennung?, in: Natur und Recht. Zeitschrift für das gesamte Recht zum Schutze der natürlichen Lebensgrundlagen und der Umwelt 41, 2019, S. 530–537.

39 Oehler, Zum System der Instrumente des Umweltrechts in der DDR, S. 10.

40 Am 07.04.1961 kam es zum Bruch einer Rohrleitung unter der Beckensohle der Absetzanlage Helmsdorf. Fast 700 000 m³ radioaktiver Schlamm flossen durch Oberrothenbach in den Helmsdorfer Bach und weiter in die Zwickauer Mulde.

41 BArch, DK 4/800/1, Ergebnis der Arbeit der gemischten Kommission Amt für Wasserwirtschaft – SDAG Wismut, 27.04.1961.

ten.[42] Demzufolge schlugen die Vertreter der Kommission vor, die stillgelegten Schlammabsetzbecken der Bergsicherung zu übertragen und die Wiedernutzbarmachungsverordnung von 1951 auf den Bereich der Wismut auszudehnen.[43]

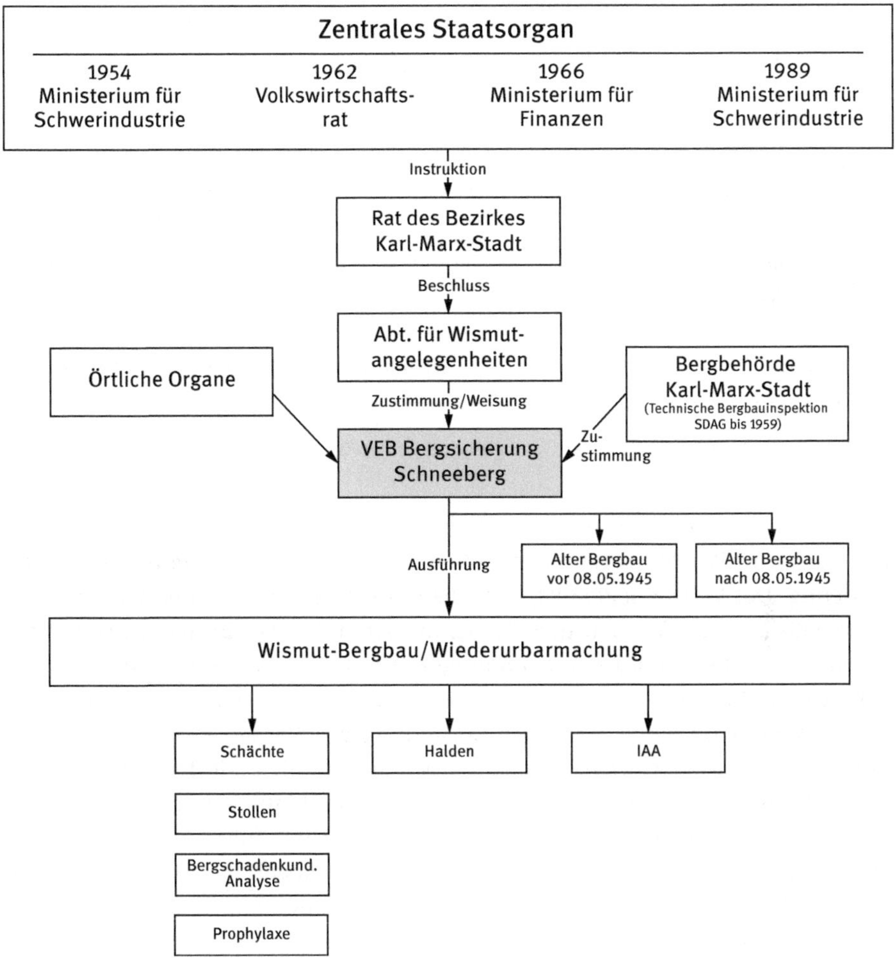

Schema 2: Wiederurbarmachung stillgelegter Anlagen bis 31.12.1962

42 Ebd.

43 Mit Weisung des stellvertretenden Vorsitzenden des Volkswirtschaftsrates vom 15.09.1961 bekam die VEB Bergsicherung Schneeberg die Instandhaltung und Wartung der von der SDAG Wismut stillgelegten Absetzbecken übertragen. BArch, DK 4/800/1, Ergebnis der Arbeit der gemischten Kommission Amt für Wasserwirtschaft – SDAG Wismut, 27.04.1961.

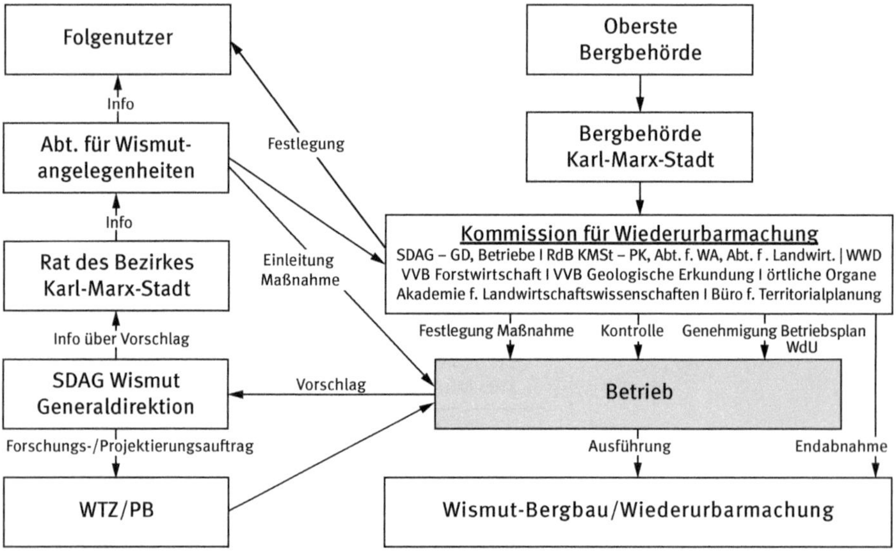

Schema 3: Wiederurbarmachung stillgelegter Anlagen ab 01.01.1963

Erst der Staatsvertag von 1962 zwischen Moskau und Ost-Berlin über die Tätigkeit der SDAG Wismut regelte den Ablauf und die Durchführung der Sanierung eindeutig. Der Vertrag legte fest, dass die gesetzlichen Bestimmungen der DDR, und somit auch die Wiedernutzbarmachungsverordnung, für die SDAG Wismut verbindlich galten und die Aufwendungen für die Sanierung paritätisch zu tragen waren. Das bedeutete, dass die stillgelegten Anlagen – also auch die Schlammabsetzbecken – nach der Einstellung des Betriebes durch die SDAG Wismut selbst wieder urbar zu machen waren. Alle bis Ende 1962 stillgelegten Schächte, Halden, IAA und Betriebe wurden an die staatlichen Organe der DDR, den Rat des jeweiligen Bezirkes, übergeben. Dieser betraute seinerseits die Abteilung für Wismutangelegenheiten (WA) mit der Regelung von Einzelfragen. Die Abteilung hatte die Aufgabe, „für die Beseitigung aller Bergschäden, Wasserschäden und sonstige Schäden Sorge zu tragen, die durch den Bergbau der SDAG Wismut“[44] entstanden waren und beauftragte die Bergsicherung mit der Durchführung der Wiederurbarmachung.

Bereits 1958 wurde die Bergsicherung Schneeberg gegründet, um die umfangreichen Sanierungsarbeiten an den bis zum 01. Januar 1963 abgeworfenen

44 Für Schäden, deren Ursachen nach dem 01.01.1963 gelegt waren, hatte die SDAG Wismut selbst Abhilfe zu schaffen. BArch, DF 9/1235, Brief der Leiter der Bergsicherungen Schneeberg, Dresden und Ronneburg an den Leiter der Obersten Bergbehörde der DDR, 17.05.1968.

Wismut-Anlagen durchzuführen.[45] Das Aufgabenspektrum reichte von der Verwahrung von Tagesbrüchen, der Sicherung und Verfüllung offener Grubenbaue, der Wiederurbarmachung und Rekultivierung von Halden bis zum Abdecken von Schlammabsetzbecken. Obwohl Artikel 15 der neuen Verfassung der DDR von 1968 die in den vorangegangenen Jahren geschaffenen gesetzlichen Grundlagen für die Wiederurbarmachung bestätigte, blieben die Lücken im Bereich der Rechtsträgerschaft, besonders für die Bergsicherungsbetriebe, bestehen.[46] Für die Bergsicherungsbetriebe gab es außer bezirklichen Regelungen keine einheitlichen Bestimmungen über deren Stellung, Aufgaben und Verantwortungsumfang. Nach Auffassung der Bergsicherungen Dresden, Schneeberg und Ronneburg war eine verbindliche Abgrenzung der Aufgaben der örtlichen Organe unbedingt notwendig, da der Mehrheit der Rechtsträger ehemaliger Wismut-Anlagen der Umfang ihrer Zuständigkeit nicht bewusst war. Die örtlichen Organe, wie beispielsweise Räte der Stadt, der Bezirke oder der Gemeinden, waren zwar Rechtsträger der Anlagen, aber weder fachlich noch finanziell in der Lage, die übertragenen Anlagen zu warten, zu kontrollieren und gegebenenfalls Maßnahmen einzuleiten.

Nach zahlreichen Havarien an Absetzbecken und Halden veranlasste der Ministerrat die Überprüfung aller IAA und Halden.[47] Aus den Ergebnissen der Kontrollen ging die Notwendigkeit einer Überarbeitung der Anordnung über die Behandlung von Industriellen Absetzanlagen von 1965 hervor. Demzufolge war die Ausarbeitung von Rahmenstandards und einheitlichen Begriffsdefinitionen für IAA dringend notwendig.[48] Im Jahr 1967 bestimmte das Amt für Wasserwirtschaft in einer „Anordnung zu Industriellen Absetzanlagen“, dass Halden und Restlöcher in der Verantwortlichkeit der Obersten Bergbehörde lagen. Dagegen verblieben die industriellen Absetzanlagen, Sammel- und Spülbecken in der

45 1958 erfolgte die Umwandlung der Abteilung Bergsicherung beim Rat der Stadt Schneeberg in einen bezirksgeleiteten volkseigenen Betrieb mit Unterstellung bei der Abteilung für Wismut-Angelegenheiten beim Rat des Bezirkes Karl-Marx-Stadt. Vgl. Neef, Anna: 50 Jahre Bergsicherung Schneeberg (1957–2007). 50 Jahre Sanierungstätigkeit zur Gefahrenabwehr aus dem Altbergbau, 50 Jahre Sanierungstätigkeit zur Erhaltung bergbauhistorischer Sachzeugen im Erzgebirge, Freiberg 2007.

46 BArch, DF 9/1235, Brief der Leiter der Bergsicherungen Schneeberg, Dresden und Ronneburg an den Leiter der Obersten Bergbehörde der DDR, 17.05.1968.

47 BArch DF 9/1713, Beispiele für Havarien: 07.04.1961 IAA Helmsdorf, 01.10.1962 IAA Sorge-Trünzig, 21.10.1966 Abraumhalde Gessen, 07.11.1964 und 25.06.1966 Gravitationshalde Crossen des Schachtes 366.

48 BArch, DF 9/1713, Dienstreisebericht vom 03.01.1967, 05.01.1967.

Verantwortung der Staatlichen Bauaufsicht der Wasserwirtschaft.[49] Angesichts der weiterhin ungeklärten Frage, wer für diejenigen IAA zuständig war, die sich in Restlöchern befanden, beauftragte der Ministerrat der DDR noch im selben Jahr das Amt für Wasserwirtschaft damit, ein einheitliches gesetzliches Normativ über Projektierung, Errichtung, Betrieb, Kontrolle, Beaufsichtigung, Außerbetriebsetzung und Verwahrung von industriellen Absetzanlagen zu erarbeiten.

Die zwei Jahre später veröffentlichte „Anordnung über Vorbereitung, Bau, Betrieb und Instandhaltung sowie Außerbetriebsetzung industrieller Absetzanlagen" war mit allen relevanten Ministerien und Behörden – Oberste Bergbehörde, Ministerium für Leichtindustrie, Ministerium für Erzbergbau, Metallurgie und Kali, Ministerium für Bauwesen, Ministerium für Chemische Industrie, Ministerium für Bezirksgeleitete Industrie und Lebensmittelindustrie, Ministerium für Grundstoffindustrie und Ministerium der Justiz – abgestimmt und ausgearbeitet.[50] Die neue Anordnung nahm die bis dahin unter der Beaufsichtigung der Obersten Bergbehörde stehenden Restlöcher, die als IAA genutzt wurden, in ihren Geltungsbereich auf und legte einheitliche Begriffsdefinitionen sowie Standards, einschließlich technischer Einzelheiten, für den Betrieb von IAA fest.[51] Ungeachtet der vereinheitlichten Regelungen blieb die Anordnung hinter den Möglichkeiten eines detaillierteren Regelwerkes zurück. Nicht nur der Hinweis des Ministeriums für Grundstoffindustrie, schon „bei der Projektierung Möglichkeiten und Forderungen für die Außerbetriebsetzung der Anlagen"[52] einzubeziehen, sondern auch der Vorschlag der Obersten Bergbehörde, „konkrete Festlegungen über Verwahrung und Verfahrensweise nach Stilllegung industrieller Absetzanlagen"[53] einzuarbeiten, wurde außer Acht gelassen. Als Begründung gab das Amt für Wasserwirtschaft an, dass „derartige Forderungen bereits im Projekt vorzusehen[,] weit über die Möglichkeiten des Projektanten hinaus" gingen und die „Unterschiede zwischen den einzelnen Anlagen keine verallgemeinernden Festlegungen" zuließen.[54] Infolgedessen war die Zahl der Wiederurbar-

49 BArch, DK 4/349, Schreiben des Leiters der Rechtsstelle an den Leiter des Amtes für Wasserwirtschaft, 05.12.1966.

50 BArch, DK 4/349, Brief Leiter Amt für Wasserwirtschaft an Leiter des Büros des Ministerrates der DDR, 21.04.1969.

51 BArch, DK 4/349, Aktenvermerk vom 17.02.1969 vom Direktor des BB 09 Aue Rudolph. Die Zuständigkeit für Sammel- und Spülbecken lag bei der Staatlichen Bauaufsicht der Wasserwirtschaft. Alle übrigen industriellen Absetzanlagen wurden von der Staatlichen Bauaufsicht des Bauwesens kontrolliert.

52 BArch, DK 4/349, SBA an Rechtstelle, 14.11.1968.

53 BArch, DK 4/349, Brief Rochlitzer an Dörfelt, 25.11.1968.

54 BArch, DK 4/349, SBA an Rechtstelle, 14.11.1968 sowie Brief Rochlitzer an Dörfelt, 25.11.1968.

machungskonzepte und Maßnahmen, die schon während der Projektierung der Anlagen mit eingearbeitet wurden, dementsprechend klein.

Der dynamische Anpassungsprozess an aktuelle Entwicklungen zeigte sich auch im Bereich des nuklearen Umweltschutzes. Die möglichen Auswirkungen und Belastungen radioaktiver Strahlung an Halden und Absetzanlagen für die Bevölkerung nahmen zunehmend eine wichtigere Rolle ein. Die Staatsführung der DDR, die zuständigen Ministerien und die örtlichen Organe versuchten immer wieder, die Rechtsunsicherheiten im Bereich des Wismut-Bergbaus zu beseitigen. So wurde im Jahr 1979 die „Anordnung zur Gewährleistung des Strahlenschutzes bei Halden, Restlöchern, industriellen Absetzanlagen und bei der Verwendung darin abgelagerter Materialien“ erlassen, um eine Angleichung an andere Rechtsvorschriften über den Umweltschutz im Zusammenhang mit dem Bergbau der SDAG Wismut zu erreichen.[55] Die Anordnung fasste letztendlich die Strahlenschutzrechtssetzung im nuklearen Umweltschutz in der Umgebung von Bergbaubetrieben zusammen. Zudem legte sie fest, dass „alle Halden und industriellen Absetzanlagen wiederurbar zu machen und zu rekultivieren oder die Materialien der Halden und Absetzbecken unter Berücksichtigung volkswirtschaftlicher Erfordernisse weiter zu verwenden“ waren.[56] Zur Festlegung der notwendigen Strahlenschutzmaßnahmen und der Art und Stärke der vorgesehenen Abdeckung wurden die Halden und Absetzanlagen in vier Gruppen eingeteilt. Die Anordnung legte für jede Kategorie spezifische Strahlenschutz- und Sanierungsmaßnahmen fest.[57]

Ein weiteres Beispiel für die Anpassung der rechtlichen Rahmenbedingungen an die Bedürfnisse der SDAG Wismut war der Umgang mit der 1980 erlassenen „Anordnung über Halden und Restlöcher“. In Abstimmung mit der Obersten Bergbehörde der DDR erging im Juni 1981 eine „Spezifische Regelung für die SDAG Wismut bei der Durchsetzung der Anordnung über Halden und Restlöcher vom 02. Oktober 1980“.[58] Die Regelung legte fest, dass das den örtlichen Staatsorganen eingeräumte Kontroll- und Weisungsrecht bezüglich der Halden und Restlöcher nun von den Abteilungen für WA bei den Räten der Bezirke ausgeübt wurde. Die Abteilungen für WA erhielten auch die Befugnisse, selbst zu

55 BArch, DF 10/214, Planaufgabe A.I.2, 13.04.1978. Der Verlauf der Diskussionen zu dem Entwurf der Anordnung finden sich in BArch, DF 9/897.

56 BArch, DF 10/214, Planaufgabe A.I.2, 13.04.1978.

57 BArch, DF 9/897, Anordnung zur Gewährleistung des Strahlenschutzes bei Halden, Restlöchern, industriellen Absetzanlagen und bei der Verwendung darin abgelagerter Materialien, 12.02.1979.

58 UA Wismut GmbH, WA-DD-19/5, Spezifische Regelung für die SDAG Wismut bei der Durchsetzung der Anordnung über Halden und Restlöcher vom 02.10.1980, 22.06.1981; Anordnung über Halden und Restlöcher vom 02.10.1980, GBl. DDR I 1980, Nr. 31, S. 301.

entscheiden, „inwieweit sie die zuständigen örtlichen und staatlichen Organe in Kenntnis“ setzten.[59] Weitere Vereinbarungen, um die gesetzlich festgelegten Rechte und Pflichten der SDAG Wismut zu gewährleiten und die Rechtsnormen verbindlich durchzusetzen, bestanden mit den Wasserwirtschaftsdirektionen, dem Ministerium für Umweltschutz und Wasserwirtschaft sowie der Obersten Bergbehörde.[60]

Aufbereitungsbetrieb 101, Crossen, und die Industrielle Absetzanlage Helmsdorf

Am Beispiel des Aufbereitungsbetriebes (AB) Crossen und der IAA Helmsdorf sollen die oben beschriebenen rechtlichen Rahmenbedingungen rekonstruiert und deren Handhabung verdeutlicht werden. Crossen steht hier nur als ein Vertreter von zahlreichen Bergbau- und Aufbereitungsbetrieben sowie Absetzanlagen der SDAG Wismut, welcher die Komplexität der Umweltprobleme und den Umgang damit veranschaulicht.

Der Aufbereitungsbetrieb entstand 1951 ursprünglich als Fabrik 38 aus der ehemaligen Papierfabrik Leonhardt. Erst im Jahr 1968 erfolgte die Umbenennung in AB 101.[61] Der Standort in der Nähe von Zwickau war für die Abbaugebiete des Erzgebirges und Thüringens zentral gelegen und verkehrstechnisch gut erreichbar. Neben dem Betrieb befand sich die IAA mit drei Absetzbecken. Das Becken Dänkritz I wurde von 1952 bis 1958, Dänkritz II bis 1985 und die Anlage Helmsdorf von 1958 bis 1989 betrieben. Der chemische und mechanische Aufbereitungsbetrieb produzierte bis zu seiner Liquidierung insgesamt 77 000 Tonnen Uran.[62] In die Absetzanlagen wurden die bei der chemischen Aufberei-

---

59 Ebd.

60 UA Wismut GmbH, WA-DD-19/13, Vereinbarung zwischen dem Minister für Umweltschutz und Wasserwirtschaft und dem Generaldirektor der SDAG Wismut zu Fragen der Umweltgestaltung und des Umweltschutzes sowie der Wasserwirtschaft, Vereinbarung zwischen dem SAAS, der WWD Obere Elbe-Neiße, der WWD Saale-Werra und der SDAG Wismut (03.11.1980); 17.02.1988.

61 Wismut GmbH (Hrsg.): Chronik der Wismut. Mit erweitertem Sanierungsteil (1998–2010), Chemnitz 2010. Unter: https://www.wismut.de/de/wismut_chronik.php (Eingesehen: 15.02.2022).

62 Die Verarbeitung des Erzes war seit der Inbetriebnahme zahlreichen Veränderungen hinsichtlich Technologie und Technik unterworfen. Weinl, Helmut/Brückner, Bernd/Höfer, Horst (Hrsg.): Geschichte der Uranerzaufbereitung 101. Teil 1. Zeitraum bis 1970, Wilkau-Haßlau 2011; dies.: Geschichte der Uranerzaufbereitung 101. Teil 2. Zeitraum 1971–1989, Wilkau-Haßlau 2013.

tung anfallenden Tailings, Sorptionsabgänge, Überkorn aus der Sandabtrennung und überschüssiges Spülwasser eingeleitet. Durch die Einspültechnologie erhielt der Spülstrand eine ständige Erhöhung durch Sandablagerungen. Dadurch sollte gleichzeitig eine regelmäßige Befeuchtung des Spülstrandes erfolgen, um das durch Winderosion verursachte Abtragen von radioaktiv- und schwermetallbelasteten Stäuben zu verhindern.

Seit 1980 erfolgte eine Rücklaufwasserentnahme des Freiwassers aus den Becken, welches dann als Mahlwasser, Waschwasser, Kühlwasser und zum Ansatz von Reagenzlösungen genutzt wurde. Diesem Wasserkreislauf führte man auch das austretende Sickerwasser vom Fuß des Dammes der Absetzanlage wieder zu. Das Rücklaufwasser deckte mehr als 63 % des Wasserbedarfs des Aufbereitungsbetriebes ab. Da die chemische Grundproduktion des Betriebes einen enormen Wasserverbrauch hatte, wurde selbst das von Uran befreite Rücklaufwasser vor der Einleitung in die Vorfluter (Zwickauer Mulde und Pleiße) noch zu Kühlzwecken in der Drucklaugung genutzt. Dieses Verfahren der Wasserrückgewinnung aus Wasser-Feststoff-Gemischen war die technologisch einfachste und wirtschaftlich günstigste. Jedoch nahmen die Absetzbecken ausgedehnte Flächen in Anspruch und waren – je nach Zusammensetzung des Inhalts[63] – nur schwierig zu sanieren. Der Betrieb benötigte aber auch stets Frischwasser zur Nassreinigung, zur Berieselung von Übergabestellen beim Bandtransport und für die Entstaubung.

Anfang der 1950er-Jahre legte die VEB Wasserwirtschaft Mulde mehrere Berichte über den Zustand der Flüsse im Muldengebiet vor.[64] Diese beinhalteten nicht nur eine abwasserchemische Situationsanalyse, sondern benannten auch die Verursacher der Belastungen und machten Verbesserungsvorschläge. Schon im Jahr 1952 waren die Vorfluter im Muldengebiet in einem katastrophalen Zustand: Die „Zwickauer und Freiberger Mulde besaßen lange Flußstrecken stärkster Verschmutzung".[65] Der Oberlauf der Zwickauer Mulde war bereits durch die Kleine Pyra, das Schwarzwasser und den Schlemabach stark verschmutzt, da diese große Mengen Abwässer der chemischen Erzaufbereitung durch kleinere Wismut-Objekte mit sich führten. Die Abwässer waren durch einen niedrigen pH-Wert, einen hohen Eisen- und Chloridgehalt sowie einen hohen Wert an anorganischen Schwebstoffen gekennzeichnet. So wurden im Was-

63 Komponenten im Freiwasser der IAA Helmsdorf waren Uran, Radium, Arsen, Cadmium, Chrom, Nickel, Blei, Kupfer, Sulfate, Chloride, Karbonate und Hydrogenkarbonate.

64 van der Wall, Henriette/Kraemer, Rudolf Andreas: Die Wasserwirtschaft in der DDR, Bonn 1993.

65 SächsStA-C, Wasserwirtschaftsdirektion Obere Elbe-Neiße, 33113, Nr. 634, Bericht über die Beschaffenheit der Vorfluter im Muldengebiet 1952, 11.03.1953.

ser des Schlemabaches unterhalb von Schneeberg 135 mg/l und vor der Einmündung in die Zwickauer Mulde 1200 mg/l anorganische Schwebstoffe gemessen. Bei Crossen wurde die Zwickauer Mulde dann nicht nur durch die Abwässer der Aufbereitungsanlagen und Absetzbecken, sondern gleichzeitig auch noch durch die des Zellstoffwerkes Crossen[66] belastet.

Obwohl die SAG Wismut im Jahr 1952 „umfangreiche abwassertechnische Maßnahmen“[67] getroffen hatte und die Werte niedriger als im Jahr zuvor waren, blieb die Verschmutzung gewaltig. Der Jahresmittelwert an anorganischen Schwebstoffen der Zwickauer Mulde betrug vor Crossen 143 mg/l und nach Crossen 480 mg/l. Demzufolge lagerten sich auf der kurzen Strecke von Crossen bis Glauchau große Mengen Schlamm ab. Unmittelbar hinter Glauchau summierten sich die verschiedenen schädlichen Einflüsse und der Fluss erreichte dort den schlechtesten Zustand. Zu den Abwässern der chemischen Erzaufbereitung kamen noch die „unvollständig gereinigten häuslichen Abwässer der Städte Zwickau und Glauchau, die Abwässer der Textilindustrie, der Zellstofffabrik und des Spinnstoffwerkes“[68] hinzu. Dies bedeutete, dass bereits mehrere Jahre vor dem Aufbau und der Inbetriebnahme der IAA Helmsdorf im Jahr 1958 eine enorme Mehrfachbelastung der Zwickauer Mulde vorhanden war. Ein drittes Absetzbecken entlastete zwar die bestehenden Anlagen Dänkritz I und II, indem es ein höheres Volumen an Abwässern auffing und in den Wasserkreislauf des AB Crossen zurückführte, löste aber nicht das Problem der Wasserbelastung. Der Bau einer weiteren Absetzanlage basierte auf der Grundlage des zunehmenden Anstiegs der Abbauumfänge und demzufolge auch der chemischen Erzaufbereitung. Damit war auch der Wasserwirtschaft zu Beginn der 1950er-Jahre bewusst, dass zukünftig der Umfang des Abwassers stark zunehmen würde. Für das Jahr 1953 erwartete die VEB Wasserwirtschaft vom Aufbereitungsbetrieb Crossen, dass dieser mehr Eindicker[69] zur Entwässerung des Klärschlamms nutzen würde, um das gesamte Abwasser zu klären und das bereits projektierte und dringend erforderliche Absetzbecken in Angriff zu nehmen.

Die Mehrfachbelastung der Zwickauer Mulde durch Abwässer der Industrie und der Gemeinden reduzierte sich in den folgenden Jahren nicht. Die Ver-

---

66 Die Zellulose-, Papier- und Kartonpapierfabrik Leonhardt Söhne ist 1946 unter Treuhandschaft gestellt und im Oktober 1948 enteignet worden. Der Betrieb ist danach als VEB Zellstoff- und Papierfabrik Crossen fortgeführt und 1992 liquidiert worden. Vgl. Wismut GmbH (Hrsg.), Chronik der Wismut, S. 2319.

67 SächsStA-C, Wasserwirtschaftsdirektion Obere Elbe-Neiße, 33113, Nr. 634, Bericht über die Beschaffenheit der Vorfluter im Muldengebiet 1952, 11.03.1953.

68 Ebd.

69 Ebd. Eindicker werden zur Entwässerung des Schlammes vor der weiteren Behandlung benutzt, um sein Volumen zu vermindern.

schmutzung nahm im Gegenteil noch zu und bereits gemachte Verbesserungen an einigen Flussabschnitten wurden durch neue Belastungen wieder aufgehoben. Der Jahresbericht der VEB Wasserwirtschaft Mulde über die Beschaffenheit der Flüsse im Muldengebiet von 1954 hob deutlich hervor, dass die Selbstreinigung der Zwickauer Mulde streckenweise durch stetige Abwassereinleitungen aus Industrie und Gemeinden aufgehoben und auf einer Strecke von etwa 30 Kilometern „nicht festgestellt werden konnte“. Demzufolge blieb „die Wasserbeschaffenheit fast unverändert“.[70] Die Grenzwerte wurden in den Bereichen pH-Wert, Gesamthärte, absetzbare Stoffe, Kaliumpermanganat, Sauerstoffverhältnis, Chloride, Sulfate, Karbonate und Mangan immer häufiger überschritten. Die stärkste Belastung der Zwickauer Mulde im Jahr 1954 konnte in Crossen nachgewiesen werden. Die Erhöhung der absetzbaren Stoffe war auf die Einleitung von ungenügend geklärtem Abwasser aus der mechanischen und chemischen Erzaufbereitung zurückzuführen. Auch in dem Bericht von 1954 schlug die VEB Wasserwirtschaft Mulde gegenüber der SDAG Wismut erforderliche Maßnahmen zur Verbesserung des Abwassers vor und wurde in Bezug auf die Umsetzung sehr deutlich:

> „Der vorhandene Auflandeteich und eine Anzahl Eindicker genügten offensichtlich nicht zur völligen Reinigung des Gesamtabwassers. Ein neuer Auflandeteich ist in Bau. Die Schwierigkeiten scheinen im Betrieb selbst zu liegen. Es muss gefordert werden, dass das gesamte Abwasser nach mechanischer Reinigung zurückgenommen wird. Um Vorschläge dem Betrieb unterbreiten zu können, muss der Produktionsablauf bekannt sein und hier liegen noch grundsätzliche Schwierigkeiten für den Begutachter.“[71]

Zu diesem Zeitpunkt verfügte der VEB Wasserwirtschaft Mulde nicht über alle betriebstechnischen Informationen, die notwendig gewesen wären, um dem Aufbereitungsbetrieb Crossen adäquate Verbesserungsvorschläge zu unterbreiten. Parallel dazu kam der Betrieb den Aufforderungen der VEB Wasserwirtschaft Mulde nicht vollständig nach, das gesamte Abwasser zu reinigen. Es bleibt offen, ob dies an der technischen Umsetzung, den Kosten oder an dem Willen zur Durchführung auf Seiten der SDAG Wismut lag.

Auch zehn Jahre später hatte sich auf Grund der Produktionssteigerung und neu entwickelten Aufbereitungsverfahren die Situation der Abwasserreinigung nicht verbessert. Im Gegenteil, der Grad der Belastung hatte sich dramatisch erhöht. Besonders die Entsorgung und Klärung der zunehmenden Menge des bei der Erzaufbereitung entstehenden Schlammes verursachten immer häu-

---

70 SächsStA-C, Wasserwirtschaftsdirektion Obere Elbe-Neiße, 33113, Nr. 634, Beschaffenheit der Flüsse im Muldengebiet 1954; Anfang 1955.
71 Ebd.

figer große Probleme. Einerseits konnten technische Probleme an den Anlagen bei einer ständigen Zunahme des Schlamms nicht ausgeschlossen werden, andererseits bestand damit wiederum immer die Gefahr der Produktionseinstellung, wie das Beispiel der radiometrischen automatischen Aufbereitungsfabrik (RAF) am Schacht 371 in Hartenstein verdeutlicht.[72] Das Fertigprodukt der RAF war ein bis zu 0,4 % angereichertes Uranerz, das der AB Crossen weiterverarbeitete. Nur wenige Monate nach der Inbetriebnahme im Jahr 1965 zeigten sich in der RAF zwei wesentliche Probleme, die in Verbindung mit dem Waschen des Erzes standen. Diese waren „im Projekt nicht vorgesehen" und „wurden auch noch nicht gelöst", so die Einschätzung der Abteilung Wirtschaftspolitik der Generaldirektion.[73] Erstens verursachte die zunehmende Schlammproduktion ein technisches Problem. Die Abnahme des Schlammes durch den AB Crossen reichte nicht mehr aus, um die anfallende Menge permanent vom Eindicker abzuziehen. Dadurch bestand „manchmal die Gefahr, dass bei weiterer Produktion das Krellwerk vom Eindicker brechen"[74] könnte. Zweitens war durch die Technologie, Fabrikerz und Erze der Sorte II (Erz mit geringerem Urangehalt) getrennt auf je einen von den zwei vorhandenen Eindickern zu fahren, keine ausreichende Klärung des Abwassers vorhanden. Dies bedeutete, dass das Abwasser, welches in die Zwickauer Mulde eingeleitet werden sollte, einen zu hohen Feststoffgehalt aufwies. Bei einem Feststoffgehalt von 24 g/l flossen stündlich über 100 kg in die Zwickauer Mulde.[75] Dem Leiter der RAF war bewusst, dass die WWD Obere Elbe-Mulde[76] diesen Zustand und eine Einleitung von Abwasser mit solch einer hohen Belastung nicht gestatten würde. Demzufolge lag für das Jahr 1966 auch keine Einleitungsgenehmigung der Wasserwirtschaftsdirektion vor.

---

72 Der Schacht 371 war der bedeutendste Förderschacht des Bergbaubetriebes 09 Aue-Schlema-Alberoda. Im Jahr 1965 wurde am Schacht 371 eine radiometrische automatische Aufbereitungsfabrik (RAF) in Betrieb genommen, welche Stufenerz und Fabrikerz vorsortierte. Vgl. Wismut GmbH (Hrsg.), Chronik der Wismut, S. 2354 f.

73 SächsStA-C, SED-Gebietsleitung Wismut, 32301, W IV A 2/6, Nr. 93, Informationen über die Situation der Wasserklärung in der RAF Schacht 371, 12.12.1965.

74 Ebd. In der Anlage des sogenannten Eindickers erfolgte die Abtrennung von Wasser aus Schlämmen zur Reduzierung des Schlammvolumens. In Schlammeindickern werden Krählwerke (Rührer/Gatter) eingesetzt, um dem Schlamm das Wasser zu entziehen und damit den Eindickvorgang zu beschleunigen. Dabei wird der noch pumpfähige Schlamm in gleichmäßiger Konsistenz gehalten, um die Ausbildung von Wasserschichten im Eindicker zu verhindern.

75 SächsStA-C, SED-Gebietsleitung Wismut, 32301, W IV A 2/6, Nr. 93, Informationen über die Situation der Wasserklärung in der RAF Schacht 371, 12.12.1965.

76 Am 1. Juli 1958 wurde das zentrale Amt für Wasserwirtschaft in Berlin gebildet. Diesem unterstanden die Wasserwirtschaftsdirektionen (WWD), die nach den Flussgebieten geschaffen wurden.

Während einer Aussprache mit Vertretern des Bergbaubetriebs Aue und der Generaldirektion der SDAG wurde auch der Vorschlag des Leiters der RAF, die Schlämme zusammen zu fahren, aus Effizienzgründen abgelehnt. Dieses Verfahren hätte die beiden Sorten Schlämme zusammen auf einen Eindicker gefahren. Folglich wäre Schlamm der Sorte II mit einer geringen Qualität entstanden und hätte dann im AB Crossen erst noch aufbereitet werden müssen.[77] Die Entscheidung der Vertreter der Generaldirektion verhinderte zwar einen zusätzlichen Arbeitsschritt im Produktionsverfahren, beseitigte aber nicht die Gefahr der möglichen Produktionseinstellung und bot auch keine Lösung des Problems an. Das Ergebnis des Austauschs traf bei den Arbeitern der Aufbereitungsfabrik auf Kritik und Unverständnis.

> „Kann man das so lösen, dass bei uns das Material in die Mulde läuft und damit die Gefahr besteht, dass wir im Januar die Produktion einstellen müssen, wenn wir keinen Überlauf mit so hohen Feststoffgehalten in die Mulde abgeben dürfen? Wann wird endlich die Voraussetzung von den Leitern geschaffen [,] rhythmisch den Schlamm von den Eindickern abzuziehen, wenn schon Crossen nicht alles abnehmen kann. Wenn wir bis zum Hals im Dreck stecken, geht es ja dann auch, dass welcher in Kontainern abgestellt wird."[78]

Das Beispiel der RAF zeigt nicht nur die unterschiedlichen Perspektiven der Wahrnehmung des Problems und des Umgangs damit, sondern auch die Diskrepanzen zwischen der Leitungsebene der SDAG Wismut, den Leitern und den Arbeitern der Betriebe. Das Beispiel bestätigt, dass die WWD sehr wohl Einfluss auf die SDAG Wismut nehmen konnte. Sie hatte die Befugnis, die Einleitungsgenehmigungen für Abwässer entweder zurückzunehmen, nicht zu verlängern oder diese erst gar nicht zu vergeben. Sicherlich ist das Jahr 1965 zu früh, um von einer Argumentation auf Seiten der RAF aus Umweltschutzaspekten zu sprechen, aber auf jeden Fall war das Bewusstsein für die Konsequenzen einer zu hohen Wasserverschmutzung bei den Vertretern der Betriebe vorhanden.[79] Der Schutz der Umwelt – und damit auch der betroffenen Bevölkerung – blieb aber gegenüber der Verhinderung der Produktionseinstellung weiterhin zweitrangig.

Neben dem Entzug von Einleitungsgenehmigungen verpflichtete die WWD die SDAG Wismut auch dazu, sich als Verursacher der Auflandungen und Ver-

---

77 SächsStA-C, SED-Gebietsleitung Wismut, 32301, W IV A 2/6, Nr. 93, Informationen über die Situation der Wasserklärung in der RAF Schacht 371, 12.12.1965.

78 Ebd.

79 Die Umweltbelastungen wurden erst Anfang der 1970er-Jahre weltweit virulent und das Politikfeld „Umweltpolitik" erst 1970 institutionalisiert. McNeill, John R.: Blue Planet. Die Geschichte der Umwelt im 20. Jahrhundert, Frankfurt (Main) 2003.

schlammung der Fließgewässer an der Grundräumung der Vorfluter und Bäche zu beteiligen.[80] Des Weiteren übten auch andere staatliche Organe wie die Staatliche Zentrale für Strahlenschutz (SZS), später das Staatliche Amt für Atomsicherheit und Strahlenschutz (SAAS), die WWD Obere Elbe-Mulde und die VEB Wasserversorgung und Abwasserbehandlung (WAB) ihre Kontrollfunktionen gegenüber der SDAG Wismut aus.

Ungeachtet dessen agierte die SDAG Wismut aber auch ohne Genehmigungen und außerhalb staatlicher Kontrollen, wie das Beispiel der Trinkwassergewinnungsanlage „Forellenquelle" zeigt. In der zweiten Hälfte der 1960er-Jahre ergaben Untersuchungen der Behörden, teils auch in Zusammenarbeit mit Vertretern der SDAG Wismut und einzelner Betriebe, eine erhöhte Kontamination der Grund- und Oberflächengewässer in der Umgebung der Absetzanlagen des Aufbereitungsbetriebes Crossen. Daraus resultierte die Aufforderung an die SDAG Wismut, den „Oststrang der Trinkwassergewinnungsanlage ‚Forellenquelle' stillzulegen" und die „Wasserentnahme aus dem sogenannten Lokbrunnen des Sandwerkes einzustellen".[81] Sieben Monate später führte die SZS eine erneute Überprüfung mit dem Ergebnis durch, dass die Stilllegung des Oststrangs noch nicht erfolgt war. Die Sicherung der Trinkwasserversorgung der umliegenden Gemeinden war jedoch schon seit mehreren Jahren garantiert, da die SDAG Wismut selbst „dem VEB WAB bereits vor Jahren Tiefbrunnen als Ersatz für die Trinkwasserfassungen nördlich der Absetzanlagen" zur Verfügung gestellt hatte.[82] Demzufolge hätte die Verplombung des Strangs sofort erfolgen und bei der Stilllegung auch keine Schwierigkeiten auftreten sollen. Fraglich bleibt, warum die SDAG Wismut trotz der bereits umgesetzten Maßnahmen keine Stilllegung durchführte und erst im Herbst 1970 die geforderten Maßnahmen umsetzte. Es ist anzunehmen, dass der Betrieb die erhöhte Wasserentnahme für die gestiegene Produktion benötigte. Diese erfolgte bis zur endgültigen Verplombung ohne Genehmigung der zuständigen WWD.

Im April 1989 beschloss der Ministerrat der DDR die Stilllegung des Aufbereitungsbetriebes Crossen.[83] Die Einstellung der Uranproduktion in Crossen hat-

80 SächsStA-C, Wasserwirtschaftsdirektion Obere Elbe-Neiße, 33113, Nr. 108, Auflandungen in dem Oberrothenbacher Dorfbach in Zwickau-Oberrothenbach, 26.06.1973.

81 SächsStA-C, Wasserwirtschaftsdirektion Obere Elbe-Neiße, 33113, Nr. 108, Brief der Staatlichen Zentrale für Strahlenschutz an das Amt für Wasserwirtschaft, Wasserwirtschaftsdirektion Obere Elbe-Mulde, 27.02.1970.

82 Ebd.

83 Am 27.04.1989 entschied der Ministerrat der DDR, den Aufbereitungsbetrieb 101 Crossen zum 31.04.1989 zu schließen und ein Konzept zur Endverwahrung zu erarbeiten. Vgl. SächsStA-C, Wasserwirtschaftsdirektion Obere Elbe-Neiße, 33113, Nr. 92, Technischer Auftrag für die Verwahrung der Halde Crossen und der IAA Helmsdorf, 20.12.1989.

te vielfältige Gründe. Einerseits hätte die Erneuerung der veralteten maschinellen Ausrüstung hohe Investitionen erfordert, andererseits gingen die Abbaumengen im Ronneburger Raum zurück und hätten zu einer Nichtauslastung des Aufbereitungsbetriebes Seelingstädt geführt. Zudem sollten die sächsischen Erze ab 1990 ebenfalls mit in Seelingstädt verarbeitet werden. Ein weiterer Grund für die Einstellung der Produktion war die 1986 begonnene Silbergewinnung aus Uranerzen, die bereits kurze Zeit später aus Effizienzgründen und schwerwiegenden Umweltbelastungen wieder eingestellt werden musste.[84] Mit der Entscheidung der Stilllegung des Aufbereitungsbetriebes Crossen begann auch die Ausarbeitung eines Sanierungskonzepts für das gesamte Betriebsgelände einschließlich der IAA, der Halden, der Ausrüstung, der Dämme und der Reinigung der Frei- und Sickerwässer. Während des gesamten Zeitraums von der Inbetriebnahme bis zur Einstellung der Produktion verursachten der AB Crossen und die IAA Helmsdorf hohe Umweltbelastungen in allen Umweltmedien. Die radioaktive Kontamination und die Schwermetallbelastungen traten an verschiedenen Standorten, in verschiedenen Zeiträumen und mit unterschiedlicher Intensität auf. Trotz zahlreicher Bemühungen konnte das vielschichtige Problem der Wasserverschmutzung zu keiner Zeit gelöst oder signifikant eingegrenzt werden.

Fazit

Die Kontamination des Wassers durch den Uranerzbergbau hatte zwei wesentliche Komponenten – die radiologische Strahlung und die Schwermetallbelastung. Das räumlich begrenzte und dichtbesiedelte Gebiet, in dem die DDR Uranerz förderte, führte unweigerlich zu einer Überlagerung von Umweltproblemen. Die Belastungen der Wasserqualität durch den Uranerzbergbau waren schon in den frühen 1950er-Jahren und auf verschiedenen Verwaltungsebenen der DDR bekannt. Obwohl eine Diskussion und Auseinandersetzung mit den Umweltproblemen inner- und außerhalb der SDAG Wismut stattfand, wurden die Probleme über viele Jahre hinweg nicht gelöst. Stattdessen nahmen die Verschmutzungen und das Überschreiten der vorgegebenen Grenzwerte stetig zu. Die oben rekon-

84 Im Jahr 1984 hatte man mit dem zusätzlichen Abbau von Silbererzen in Pöhla und Niederschlema-Alberoda begonnen. Dies führte geologisch bedingt zu einem Anstieg des Arsengehalts im Grubenwasser. Durch die Anwendung der Drucklaugung zur Sicherung eines erhöhten Uran- und Silberausbringens ging auch das Arsen fast komplett in Lösung über. Der Arsengehalt des im Betrieb verwendeten Brauchwassers stieg von 50 mg/l im April 1986 auf 130 mg/l im Januar 1988 an. BArch, DF 11/124, Material für das Gespräch mit Genossen Fichtner.

struierten Beispiele zeigen, dass eine Betrachtung von Sanierungsmaßnahmen im Uranerzbergbau immer auch eine Analyse der Wasserproblematik erfordert. Die Wiederurbarmachungs- und Rekultivierungsmaßnahmen waren von der Lösung der Wasserproblematik abhängig. Die Abdeckung der Halden mit kulturfähigen Böden verhinderte zwar die Stauberosion, aber nicht das Entstehen kontaminierter Sickerwässer. Ebenso war das Abdecken von Schlammteichen ohne eine vorherige Entwässerung kaum möglich und löste auch hier nicht das Problem der Sickerwässer, das die Oberflächen und Fließgewässer belastete. Zudem veränderten sich die Anforderungen an die Wiederurbarmachungsmaßnahmen mit dem Einsatz neuer Aufbereitungs- und Abbauverfahren und erforderten deshalb einen hohen technischen, finanziellen, wissenschaftlichen und organisatorischen Aufwand. Die Absetzbecken der Anfangsjahre beinhalteten grobe Flotationsrückstände, die mit einer geo-mechanischen Abdeckung verwahrt wurden. Dagegen produzierte die seit den 1960er-Jahren angewandte chemische Aufbereitung Schlämme, die sich vom Spülstrand zur Mitte des Beckens verfeinerten und nicht tragfähig für eine Abdeckung waren. Auch wenn die Abdeckung der Beckenoberfläche in den technischen Betriebsplänen festgelegt und projektiert war, blieb die Art und Weise der Durchführung ungelöst.[85] Gleichermaßen war aber auch eine Stilllegung der Anlagen häufig nicht absehbar, weshalb oftmals auch keine Wiederurbarmachungskonzeption in den jeweiligen Betriebsplänen existierte.

Im Zeitraum von 1950 bis zur Stilllegung des Aufbereitungsbetriebes Crossen Ende 1989 unterlagen die Umweltbelastungen zahlreichen Veränderungen und Verschiebungen. Die veränderten Situationen verlangten regelmäßig eine technologische, politische, ökonomische und ökologische Anpassung auf Seiten der SDAG Wismut und der staatlichen Organe. Allerdings führten oftmals erst gravierende Ereignisse wie Havarien und Haldenrutschungen zur Überarbeitung und Anpassung von Rechtsvorschriften sowie zur Etablierung von Kontrollstandards. Das Beispiel am Aufbereitungsbetrieb Crossen veranschaulicht, dass neben der SDAG Wismut auch örtliche und staatliche Organe eine Mitverantwortung für die katastrophalen Umweltbelastungen im Uranerzbergbau trugen.

85 Die staatliche Bauaufsicht der Wasserwirtschaftsdirektion forderte seit 1965 die Verwahrung der IAA Dänkritz I und II und das Abdecken mit einer mindestens 2,5 m dicken Schicht aus geeigneten tragfähigen Materialien, damit für die Beckenoberfläche insgesamt ein gefahrloses Begehen möglich wäre. Die Projektierung einer ordnungsgemäßen Verwahrung durch das VEB Mansfeldkombinat, Erzprojekt Leipzig, war jedoch erst für das Jahr 1973 vorgesehen. Sächsisches Staatsarchiv, Hauptstaatsarchiv Dresden (SächsStA-D), 11473 WWD Obere Elbe-Neiße, Nr. 328, Industrielle Absetzanlage Dänkritz I, 15.10.1971.

Literatur

Behrens, Hermann/Hoffmann, Jens/Institut für Umweltgeschichte und Regionalentwicklung e. V. (Hrsg.): Umweltschutz in der DDR. Analysen und Zeitzeugenberichte, Bd. 1–3, München 2007.

Boch, Rudolf /Karlsch, Rainer: Uranbergbau im Kalten Krieg. Die Wismut im sowjetischen Atomkomplex, Bd. 1–2, Berlin 2011.

Brüggemeier, Franz-Josef/Engels, Jens Ivo (Hrsg.): Natur- und Umweltschutz nach 1945. Konzepte, Konflikte, Kompetenzen, Frankfurt (Main) 2005 (= Geschichte des Natur- und Umweltschutzes, Bd. 4).

Gläß, Klaus: Verwaltung und Organisation des Umweltschutzes in der DDR, in: Kloepfer, Michael: Instrumente des Umweltrechts der früheren DDR, Berlin u. a. 1991 (= Ladenburger Kolleg, Studien zum Umweltstaat), S. 18–25.

Holleman, Arnold F./Wiberg, Egon/Wiberg, Nils: Lehrbuch der Anorganischen Chemie, Berlin 1995.

Holloway, David: Stalin and the Bomb. The Soviet Union and Atomic Energy 1939–1956, New Haven 1994.

Huff, Tobias: Natur und Industrie im Sozialismus. Eine Umweltgeschichte der DDR, Göttingen 2015 (= Umwelt und Gesellschaft, Bd. 13).

Karlsch, Rainer: Ungleiche Partner. Vertragliche und finanzielle Probleme der Uranlieferungen der DDR, in: Karlsch, Rainer/Schröter, Harm (Hrsg.): „Strahlende Vergangenheit“. Studien zur Geschichte des Uranbergbaus der Wismut, St. Katharinen 1996, S. 272–275.

Karlsch, Rainer/Schröter, Harm (Hrsg.): „Strahlende Vergangenheit“. Studien zur Geschichte des Uranbergbaus der Wismut, St. Katharinen 1996.

Kloepfer, Michael (Hrsg.): Instrumente des Umweltrechts der früheren DDR, Berlin u. a. 1991 (= Ladenburger Kolleg, Studien zum Umweltstaat).

Knabe, Hubertus: Umweltkonflikte im Sozialismus. Möglichkeiten und Grenzen gesellschaftlicher Problemartikulation in sozialistischen Systemen: Eine vergleichende Analyse der Umweltdiskussion in der DDR und Ungarn, Berlin 1993 (= Bibliothek Wissenschaft und Politik, Bd. 49).

McNeill, John R.: Blue Planet. Die Geschichte der Umwelt im 20. Jahrhundert, Frankfurt (Main) 2003.

Merkel, Broder J./Hasche-Berger, Andrea: Uranium in the Environment. Mining Impact and Consequences, Berlin 2006.

Möller, Christian: Umwelt und Herrschaft in der DDR. Politik, Protest und die Grenzen der Partizipation in der Diktatur, Göttingen 2020 (=Kritische Studien zur Geschichtswissenschaft, Bd. 234).

Mücke, Manfred/Bergakademie Freiberg (Autorenkollektiv): Bergrecht, Berlin 1985.

Mücke, Manfred: Umweltbelange im Raumordnungs- und Bodenrecht in der DDR. Zum Bergrecht als Sonderproblem, in: Kloepfer, Michael (Hrsg.): Instrumente des Umweltrechts der früheren DDR, Berlin u. a. 1991 (= Ladenburger Kolleg, Studien zum Umweltstaat), S. 47–52.

Neef, Anna: 50 Jahre Bergsicherung Schneeberg (1957–2007). 50 Jahre Sanierungstätigkeit zur Gefahrenabwehr aus dem Altbergbau, 50 Jahre Sanierungstätigkeit zur Erhaltung bergbauhistorischer Sachzeugen im Erzgebirge, Freiberg 2007.

Oehler, Ellenor: Zum System der Instrumente des Umweltrechts in der DDR, in: Kloepfer, Michael (Hrsg.): Instrumente des Umweltrechts der früheren DDR, Berlin u. a. 1991 (= Ladenburger Kolleg, Studien zum Umweltstaat), S. 1–18.

Oehler, Ellenor: Zur Entwicklung des Umweltrechts, in: Behrens, Hermann/Hoffmann, Jens/ Institut für Umweltgeschichte und Regionalentwicklung e. V. (Hrsg.): Umweltschutz in der DDR. Analysen und Zeitzeugenberichte, Bd. 1 Politische und umweltrechtliche Rahmenbedingungen, München 2007, S. 99–128.

Ohlenforst, Sascha: Umweltrecht in der DDR. Das Landeskulturgesetz als Mittel zur völkerrechtlichen Anerkennung?, in: Natur und Recht. Zeitschrift für das gesamte Recht zum Schutze der natürlichen Lebensgrundlagen und der Umwelt 41, 2019, S. 530–537.

Radkau, Joachim: Ära der Ökologie. Eine Weltgeschichte, München 2011.

Reed, Bruce Cameron: The history and science of the Manhattan Project, Berlin 2014 (= Undergraduate Lecture Notes in Physics).

Sacharow, Wladimir: Uran für das strategische Gleichgewicht. Die SAG/SDAG Wismut im sowjetischen Atomkomplex, in: Boch, Rudolf/Karlsch, Rainer (Hrsg): Uranbergbau im Kalten Krieg. Die Wismut im sowjetischen Atomkomplex, Bd. 1, Berlin 2011, S. 37–98.

Sartor, Lutz: Die Gebietsparteiorganisation Wismut der SED und die SAG/SDAG Wismut im Thüringer Raum, in: Best, Heinrich/Mestrup, Heinz (Hrsg.): Die Ersten und Zweiten Sekretäre der SED. Machstrukturen und Herrschaftspraxis in den thüringischen Bezirken der DDR, Weimar 2003.

Schramm, Manuel: Uranium Mining and the Environment in East and West Germany, in: RCC Perspectives 2012, No. 10: „Mining in Central Europe – Perspectives from Environmental History", herausgegeben von Frank Uekötter, S. 71–87. Unter: doi.org/10.5282/rcc/6204 (Eingesehen: 15.02.2022).

Schröter, Harm: Die Wismut, der Umweltschutz und ein zentrales Dokument, in: Karlsch, Rainer/Schröter, Harm (Hrsg.): „Strahlende Vergangenheit". Studien zur Geschichte des Uranbergbaus der Wismut, St. Katharinen 1996, S. 343–372.

Simon, Manfred/Zwirnmann, Karl-Heinz: Wasserbewirtschaftung in der DDR. Entwicklung, Leistung und Ergebnisse einer Wasserbewirtschaftung nach Flussgebieten, Friedland 2019 (= Edition Lesezeichen).

Thürnagel, Wilhelm: Trinkwasserversorgung und Abwasserbehandlung in der DDR. Die VEB Wasserversorgung und Abwasserbehandlung. Abriss der Entwicklung, der Organisation, des Leistungsstandes und der Schwächen und Hemmnisse, Friedland 2014 (= Edition Lesezeichen).

Tolksdorf, Johann Friedrich: Mittelalterlicher Bergbau und Umwelt im Erzgebirge. Eine interdisziplinäre Untersuchung, Dresden 2018 (= Veröffentlichungen des Landesamtes für Archäologie, Bd. 67; = ArchaeoMontan, Bd. 4).

van der Wall, Henriette/Kraemer, Rudolf Andreas: Die Wasserwirtschaft in der DDR, Bonn 1993.

Wagenbreth, Otfried/Wächtler, Eberhard: Bergbau im Erzgebirge. Technische Denkmale und Geschichte, Leipzig 1990.

Weinl, Helmut/Brückner, Bernd/Höfer, Horst (Hrsg.): Geschichte der Uranerzaufbereitung 101. Teil 1. Zeitraum bis 1970, Wilkau-Haßlau 2011.

Weinl, Helmut/Brückner, Bernd/Höfer, Horst (Hrsg.): Geschichte der Uranerzaufbereitung 101. Teil 2. Zeitraum 1971–1989, Wilkau-Haßlau 2013.

Internetressourcen

Wismut GmbH (Hrsg.): Chronik der Wismut. Mit erweitertem Sanierungsteil (1998–2010), Chemnitz 2010. Unter: https://www.wismut.de/de/wismut_chronik.php (Eingesehen: 15.02.2022).

Archivquellen

Bundesarchiv Berlin-Lichterfelde (BArch)

DF 11 (Sowjetisch-Deutsche Aktiengesellschaft Wismut): Nr. 124
DF 10 (Staatliches Amt für Atomsicherheit und Strahlenschutz): Nr. 214
DF 9 (Oberste Bergehörde der DDR): Nr. 897, 1235, 1713, 1803
DK 4 (Amt für Wasserwirtschaft): Nr. 349, 800/1
DK 5 (Ministerium für Umweltschutz und Wasserwirtschaft): Nr. 5754

Landesarchiv Thüringen/Staatsarchiv Rudolstadt (LA Th–StA RU)

LA Th–StA RU, Wasserwirtschaftsdirektion Saale-Werra, 5-51-5020, Nr. 634

Sächsisches Staatsarchiv, Hauptstaatsarchiv Dresden (SächsStA-D)

SächsStA-D, 11473 WWD Obere Elbe-Neiße, Nr. 328

Sächsisches Staatsarchiv Chemnitz (SächsStA-C)

SächsStA-C, Wasserwirtschaftsdirektion Obere Elbe-Neiße, 33113, Nr. 634
SächsStA-C, SED-Gebietsleitung Wismut, 32301, W IV A 2/6, Nr. 93
SächsStA-C, Wasserwirtschaftsdirektion Obere Elbe-Neiße, 33113, Nr. 108

Unternehmensarchiv der Wismut GmbH

UA Wismut GmbH, M 428
UA Wismut GmbH, WA-DD-19/13
UA Wismut GmbH, WA-DD-19/5

Astrid Mignon Kirchhof, Yaroslav Koshelev, Florian Manthey, Anna-Katharina Pelkner, Judith Schein, Christiane Uhlig

Uranerzbergbau der DDR als Erbmasse der Bundesrepublik Deutschland

Sanierung der Wismut im Zeitzeug:innengespräch – ein Werkstattbericht

Gedächtnisspeicher und Erinnerungsspuren: ein Interviewprojekt zum Uranbergbau in der DDR

„Wismut" war ein Tarnname für das größte und wichtigste Unternehmen der Sowjetunion auf deutschem Boden, nämlich der 1947 gegründeten Sowjetischen, später Sowjetisch-Deutschen Aktiengesellschaft Wismut (S(D)AG Wismut), die über vier Jahrzehnte Uran in der Deutschen Demokratischen Republik (DDR) für die Sowjetunion (UdSSR) förderte.[1] Als Reaktion auf die Atombombenabwürfe auf Hiroshima und Nagasaki der Vereinigten Staaten von Amerika und für das politische Kräfteverhältnis im Kalten Krieg benötigte die Sowjetunion Uran, um im atomaren Wettrüsten mithalten zu können. Bis zum Ende der DDR produzierten eine halbe Million Menschen bei der Wismut 231 000 Tonnen angereichertes Uran.[2] Einerseits fanden viele Menschen über und unter Tage durch den Betrieb Arbeit und verdienten meist sehr gut, andererseits waren die hier arbeitenden und in der Region lebenden Personen einem erhöhten Krankheitsrisiko durch die Strahlengefahr und die Umweltzerstörung ausgesetzt.[3] Nach Einstellung der Produktion 1990 wurde eine der größten Umweltkatastro-

1 Am 10. Mai 1947 wurde die Wismut als „Zweigstelle der Staatlichen sowjetischen Aktiengesellschaft der Buntmetallindustrie, ‚Wismut'" gegründet. Vgl. Karlsch, Rainer: Uran für Moskau. Die Wismut. Eine populäre Geschichte, Berlin 2007, S. 54.

2 Ebd. S. 234, sowie: Wismut GmbH (Hrsg.): Chronik der Wismut. Mit erweitertem Sanierungsteil (1998–2010), Chemnitz 2010, S. 1. Unter: https://www.wismut.de/de/wismut_chronik.php (Eingesehen: 15.02.2022). Der Atombombenabwurf der USA über Hiroshima und Nagasaki im August 1945 beschleunigte das sowjetische Atomprojekt. Am 20. August 1945 befahl Stalin den Bau der Atombombe. Vgl. Karlsch, Uran für Moskau, S. 43. Die Uranindustrie war Teil der Reparationen, die die Sowjetunion dem besiegten Deutschland auferlegte (Ebd., S. 46).

3 Vgl. Schütterle, Juliane: Kumpel, Kader und Genossen: Arbeiten und Leben im Uranbergbau der DDR. Die Wismut AG, Paderborn 2010 (= Sammlung Schöningh zur Geschichte und Gegenwart), S. 157–162.

https://doi.org/10.1515/9783110785289-006

phen weltweit offensichtlich, in deren Sanierung die Bundesrepublik bis Ende 2020 6,8 Milliarden Euro investierte.[4]

Im Jahr 2018 wurde das Deutsche Bergbau-Museum Bochum von der Wismut GmbH beauftragt, ein Umsetzungskonzept zum zukünftigen Umgang mit dem Erbe des Uranerzbergbaus in Sachsen und Thüringen zu erstellen.[5] Ein Ziel bildete die „Sicherung von Zeitzeugenschaften [als] besonders dringliche Aufgabe im Rahmen des Wismut-Erbes, da die Zahl der auskunftsfähigen Zeitzeugen altersbedingt kontinuierlich abnimmt."[6] 30 Jahre nach dem Ende der DDR und angesichts des Ablebens der Zeitzeug:innen nahm daraufhin ein Projekt, das sich der filmischen Dokumentation subjektiver Erinnerungen von Personen, die im Wismut-Komplex gearbeitet haben, noch dort arbeiten oder von diesem geprägt wurden, seine Arbeit auf.

Die Leitung des Gesamtprojektes wurde der Sächsischen Akademie der Wissenschaften zu Leipzig übertragen und die Berliner Historikerin, Astrid Mignon Kirchhof, in Kooperation mit der Humboldt-Universität zu Berlin, mit der Koordination des anderthalb Jahre andauernden Interviewprojektes betraut.[7] Im November desselben Jahres startete das Projekt, dessen Ziel es war, rund 50 filmische Interviews mit ehemaligen und gegenwärtigen Bergbaubeschäftigten der Wismut durchzuführen und damit Erinnerungen von Zeitzeug:innen festzuhalten. Neben den Bergbaubeschäftigten, die unter Tage gearbeitet haben oder heute in der Sanierung tätig sind, wurden Zeitzeug:innen aus den Bereichen Bildung, Pflege, Gesundheit, Handel, Technik, Kunst und Wissenschaft sowie Familienangehörige interviewt, die im Zusammenhang mit dem Uranbergbau stehen und die bereit waren, ihre persönlichen Erinnerungen und Erlebnisse zu erzählen und dadurch der Öffentlichkeit zugänglich zu machen. Die Interviews wurden aufwendig, jeweils mit einer:m Interviewer:in, einer:m Tonfrau:mann

---

4 Die Wismut GmbH wird vom Bund als institutioneller Zuwendungsempfänger finanziert. Von der bis Ende 2020 investierten Summe gingen 3,2 Milliarden (47 %) an Sachsen und 3,6 Milliarden (53 %) an Thüringen. Vgl. hierzu Wismut GmbH: Die Finanzierung der Wismut. Unter: https://www.wismut.de/de/wismut_finanzierung.php (Eingesehen: 15.02.2022).

5 An den Vorarbeiten für diesen Auftrag waren das Bundesministerium für Wirtschaft und Energie (BMWi), das Thüringer Finanzministerium (TFM), das Sächsische Ministerium der Finanzen (SMF), die Wismut GmbH sowie der Bergbautraditionsverein Wismut e. V. (BTV) beteiligt. Vgl. Brüggerhoff, Stefan u. a.: Umsetzungskonzept Wismut-Erbe, Bochum 2019, S. 4. Unter: https://www.bergbautraditionsverein-wismut.de/media/files/umsetzungskonzept-wismut-erbe_final.pdf (Eingesehen: 15.02.2022).

6 Ebd., S. 32.

7 Die Gesamtleitung des Teilprojekts übernahm Prof. Dr. Martin Sabrow, Lehrstuhl für Neueste und Zeitgeschichte der Humboldt Universität zu Berlin, an dem Dr. Astrid Kirchhof wissenschaftliche Mitarbeiterin war.

und einer:m Filmer:in digital produziert und sind damit für Dokumentar- oder Lehrfilme und für Präsentationszwecke in Ausstellungen und Museen geeignet. Im Nachgang wurden die Interviews mit einem Kriterienkatalog verschlagwortet und beschrieben.

Geplant war, im Frühjahr 2020 mit den Interviews zu beginnen. Durch die Corona-Pandemie und dem darauffolgenden Lockdown im März 2020 kam es indes zur Verzögerung dieses Zeitplans. Nach der Lockerung der Corona-Bestimmungen wurden die ersten Interviews im Herbst 2020 in Sachsen und Thüringen durchgeführt. Ein erneuter Lockdown machte die Reisetätigkeit jedoch wiederum unmöglich, so dass die Interviews seit November 2020 zunächst online durchgeführt und erst im Frühjahr 2021 Zeitzeug:innen wieder persönlich aufgesucht werden konnten. Insgesamt wurde etwa die Hälfte der Interviews persönlich durchgeführt, die eine Durchschnittslänge von zwei bis drei Stunden haben.

Neben den filmischen Interviews wurde auch bereits vorhandenes Quellen- und Datenmaterial zur Wismut erfasst.[8] In der Datenbank liegen schriftliche Interviews (sogenannte Steckbriefe) und eine Fülle von Digitalisaten,[9] wie selbst gedrehte Filme und Fotografien von Zeitzeug:innen sowie Spielfilme und Dokumentationen über die Wismut vor.[10] Weitere Erinnerungsspuren konnten durch schriftliche Interviews russischsprachiger Zeitzeug:innen, die durch andere Projekte generiert wurden, erfasst werden.[11] Darüber hinaus unterhielt das Projekt einen Blog mit durchschnittlich 400 Besucher:innen im Monat und es wurden Fernseh-, Radio- und Podcastbeiträge über das Projekt gesendet.

---

8 Das Projekt endete am 31.10.2021. Bis heute sind 50 Interviews geführt, davon 22 live und 28 per Videokonferenz. Die Durchschnittslänge der Interviews beträgt 2–3 Stunden und die Gesamtlänge ca. 120 Stunden (Stand 30.9.2021). Transkribiert sind elf Interviews mit 668 DIN A4-Seiten. Alle Interviews sind auf der Datenbank digital verschlagwortet und verknüpft. Unter: https://wismut.saw-leipzig.de/home (Eingesehen: 15.02.2022).

9 Bis dato liegen sechs Steckbriefe vor, weitere sind angefragt und zugesagt. Der Projekt-Blog „Urangeschichten" beinhaltet 25 Beiträge. Fernsehbeiträge, Radio- und Podcastbeiträge über das Projekt können im Blog eingesehen werden. Unter: https://wismut.hypotheses.org (Eingesehen: 15.02.2022).

10 Zu nennen sind hier z. B. Dokumente, persönliche Filmaufzeichnungen von Zeitzeug:innen sowie Publikationen und multimediale Zeitzeug:inneninterviews, Fotografien und Wismut-Filme.

11 Dank des russischen Traditionsvereins, der hierzu seit 2008 umfangreiche Arbeiten leistet, standen uns bis Juni 2021 131 schriftliche Interviews und Berichte (ca. 700 Seiten) in russischer Sprache zur Verfügung.

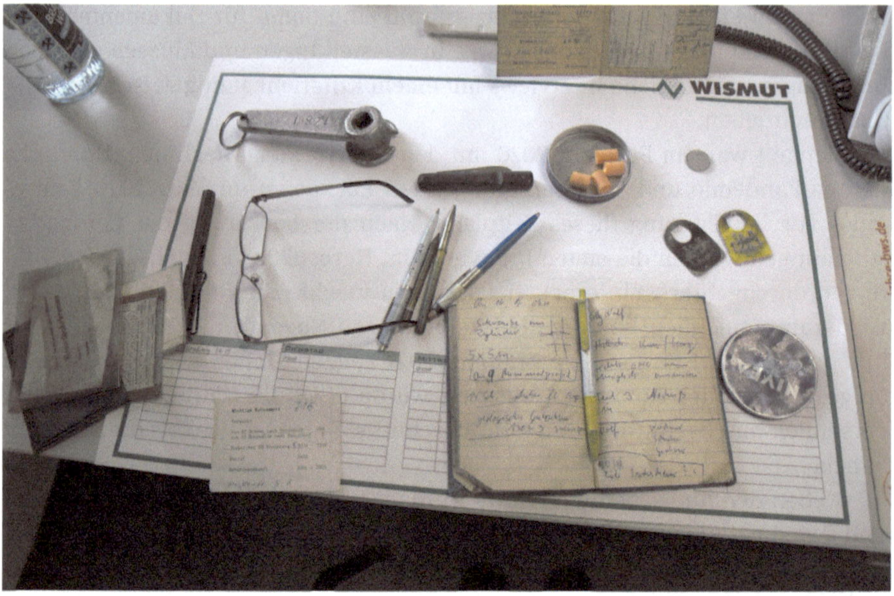

Abb. 1: Historische Objekte eines Wismut-Beschäftigten während des Interviews, 2020

Abgerufen werden können die Interviews auf einer Webseite, die von einer zweiten Forschungsgruppe des Gesamtprojektes „Wismut-Erbe-Forschung" erarbeitet wird.[12] Künftige Nutzer:innen dieses Online-Archivs werden Informationen zu allen relevanten Themen bezüglich der Wismut in ihrer historischen Komplexität auf der Webseite einsehen können. Das Online-Archiv wird daher sowohl historische Quellen, wissenschaftliche Texte, empirische Berichte und Studien, Fotografien als auch Zeitzeug:inneninterviews bereitstellen, um die Zusammenhänge von Kultur-, Technik-, Medizin- und Umweltgeschichte sowie Politik- und Sozialwissenschaft zu verdeutlichen und sichtbar zu machen. Die Nutzung der Webseite eröffnet die Möglichkeit, die ostdeutsche Umwelt- und Bergbaugeschichte in ihren sozialen und kulturellen Bezügen interaktiv zu entdecken und Erfahrungen, Eindrücke und Geschichten der Zeitzeug:innen zu recherchieren und audiovisuell wahrzunehmen.

Das Zentrum für Zeithistorische Forschung (ZZF) Potsdam hat sich freundlicherweise dazu bereit erklärt, die generierten Projektdaten zu archivieren und

12 Die Forschungsumgebung wird unter der Leitung von Lisa Ellmers, Projektkoordinatorin des Teilprojekts A der „Wismut-Erbe-Forschung" erarbeitet. Die Gesamtleitung des Teilprojekts übernahm Prof. Dr. Sebastian Lentz, Leibniz-Institut für Länderkunde, Leipzig.

auf dem neuesten technischen Stand zu halten. Jedoch soll dies eine Interimslösung sein und eine dem Projekt angemessene Langzeitarchivierung – finanzielle Mittel vorausgesetzt – gefunden werden.

Methodik und Oral History im Interviewprojekt

Seitdem die Oral History in den 1970er-Jahren Einzug in die deutsche Geschichtswissenschaft hielt und sich im Laufe der 1980er-Jahre etablierte, ist über Potenziale und Grenzen dieser Methodik ausgiebig diskutiert worden. Während Befürworter:innen etwa argumentieren, dass eine ihrer größten Chancen sei, minoritäre Perspektiven „von unten“ überhaupt erst sichtbar zu machen und mit ihnen ein Versprechen nach historischer Authentizität verknüpft ist,[13] wiesen Kritiker:innen auf „die ‚Subjektivität‘ der Quellen, die Unzuverlässigkeit des menschlichen Erinnerungsvermögens sowie die Konstruktion von Lebensgeschichten und Geschichtsbildern“ hin.[14] So betont der Historiker Martin Sabrow etwa, dass Zeitzeug:innen zwar eine wertvolle historische Quelle darstellten, dass aber der

> „vom Zeitzeugen ausgehende Hauch der Unmittelbarkeit eine Illusion ist. Wir wissen, dass Erinnerungen nicht so direkt aufgerufen werden können, wie die sprechende Person es uns suggeriert. Erzählungen werden mit den Jahren glatter, erhalten neuen Sinn, gewinnen dramatische Qualität. Auch hier gilt: Wir erinnern uns oft nicht so sehr an das Geschehen selbst, sondern mehr noch an das letzte Mal, das wir darüber gesprochen haben.“[15]

---

13 Zum Topos der historischen Authentizität vgl. Sabrow, Martin/Saupe, Achim (Hrsg.): Historische Authentizität, Göttingen 2016.

14 Zum Zitat vgl. Obertreis, Julia: Oral History. Geschichte und Konzeptionen, in: dies. (Hrsg.): Oral History. Basistexte, Stuttgart 2012, S. 7–30, hier S. 7. Zur Methodik der Oral History ferner u. a. Wierling, Dorothee: Oral History, in: Maurer, Michael (Hrsg.): Aufriß der historischen Wissenschaften, in sieben Bänden, Bd. 7: Neue Themen und Methoden der Geschichtswissenschaft, Stuttgart 2003 (= Reclams Universal-Bibliothek, Nr. 17033), S. 81–151; Breckner, Roswitha: Von den Zeitzeugen zu den Biographen. Methoden der Erhebung und Auswertung lebensgeschichtlicher Interviews, in: Obertreis (Hrsg.), Oral History, S. 131–151; Niethammer, Lutz (Hrsg.): Lebenserfahrung und kollektives Gedächtnis. Die Praxis der „Oral History“, Frankfurt (Main) 1985 (= Suhrkamp-Taschenbuch Wissenschaft, Bd. 490); Sabrow, Martin/Frei, Norbert (Hrsg.): Die Geburt des Zeitzeugen nach 1945., Göttingen 2012 (= Geschichte der Gegenwart, Bd. 4; = Beiträge zur Geschichte des 20. Jahrhunderts, Bd. 14).

15 Sabrow, Martin, zitiert nach: Dame, Florentine: Der Sinnlosigkeit des Leidens einen Sinn geben, in: Die Welt vom 18.02.2016. Unter: https://www.welt.de/regionales/nrw/article152390610/Der-Sinnlosigkeit-des-Leidens-einen-Sinn-geben.html (Eingesehen: 15.02.2022).

Abb. 2: Astrid Kirchhof während des Interviews mit Gisela Gründel, 2020

Die Zeitzeug:innen geben also nicht nur Auskunft über Vergangenes, sondern auch über den Umgang mit Vergangenheit, über den Blick auf Vergangenes. Hier könnte die Historiografie anknüpfen und etwa danach fragen, welche Narrative in Interviews bedient werden oder wie sich diese im Laufe der Zeit veränderten. Im Folgenden werden Einblicke in Entscheidungsprozesse gegeben, wie das Wismut-Erbe-Zeitzeug:innenprojekt sich des methodischen Repertoires der Oral History bediente.

Methodische Grundlagen der Oral History in der Praxis

Die Historikerin Dorothee Wierling identifiziert in ihrem Aufsatz zur Oral History drei verschiedene Interviewtypen: Erstens das Expert:inneninterview, zweitens das thematische und drittens das biografische Interview. Während das Expert:inneninterview primär nach Fachexpertisen der in Blick zu nehmenden Interviewpartner:innen und nach deren Faktenwissen frage, stehe, laut Wierling, ein bestimmtes abgestecktes Sujet im Zentrum des thematischen Interviews. Der dritte Typus hingegen interessiere sich für die gesamte Biografie der Interviewpartner:innen. Einschränkend erklärt Wierling, dass „die Trennung zwischen den verschiedenen Kategorien von Interviews [...] künstlich“ sei,[16] was sich auch in der Praxis des Wismut-Interviewprojekts offenbarte, da die Interviewtypen kaum konturscharf zu trennen waren: die Wismut war und ist systemübergreifend identitätsstiftend und eng mit den Lebensgeschichten der Interviewten verwoben. Nicht selten gaben die Befragten in den Interviews an, dass die Wismut nicht nur ihr Arbeitsleben stark prägte, sondern auch einen tiefgreifenden Einfluss auf ihr Privatleben hatte. In der Literatur oftmals als „Staat im Staate“ charakterisiert, bemühte sich das Unternehmen zumindest bis zu seiner Transformation zur Gesellschaft mit beschränkter Haftung (GmbH) 1991, beispielsweise durch ein umfassendes Kulturangebot, um einen Zugriff auf das soziale Leben seiner Mitarbeitenden.[17] Zusammenfassend lässt sich daher konstatieren, dass die biografischen Erzählungen der Interviewpartner:innen sich nicht von deren Arbeitsexpertise und Tätigkeit bei der Wismut trennen lassen, da die Lebensgeschichten der Interviewten und die Erinnerungen an ihr Arbeitsleben bei der Wismut miteinander korrelieren.

Der Leitfaden: Interviewaufbau und Fragenhorizonte

Die Gliederung der Interviews orientierte sich an den etablierten methodischen Vorarbeiten der Soziologin Roswitha Breckner. Sie benennt drei Interview-Phasen: „die Eingangserzählung (1), den sogenannten ‚internen Nachfrageteil‘ (2) und schließlich den externen Nachfrageteil (3).“[18] In Anlehnung an die Arbeiten

---

16 Wierling, Oral History, S. 109 ff.

17 Vgl. u. a. Karlsch, Uran für Moskau; Karlsch, Rainer: Sonderzone und Leistungsregime. Uranerzbergbau durch die SDAG Wismut – ein Betrieb als „Staat im Staat“, in: Kaiser, Paul (Hrsg.): Arbeit! Ostdeutsche Arbeitswelt im Wandel 1945–2015, Dresden 2015, S. 102–108. Letztere Position auch online unter: Karlsch, Rainer: Urangeschichten der Wismut S(D)AG. Erinnerungen an den größten Bergbaubetrieb der DDR. Unter https://wismut.hypotheses.org/die-wismut (Eingesehen: 15.02.2022). Die Historikerin Sabine Loewe-Hannatzsch vertritt eine konträre Meinung: „Da die Umweltbelastungen und Auswirkungen des Uranerzbergbaus weit über das sogenannte ‚Wismutgebiet‘ hinausgingen und eine Vielzahl von Akteuren auf staatlicher, bezirklicher, kommunaler sowie betrieblicher Ebene mit der Umweltproblematik konfrontiert waren, Entscheidungen trafen und detaillierten Kenntnisstand über die Belastungen hatten, lässt sich das in der Literatur dominierende Konstrukt des ‚Staat im Staate‘ schwer halten“. Vgl. den Beitrag von Sabine Loewe-Hannatzsch in diesem Band sowie Loewe-Hannatzsch, Sabine: Umweltpolitik im Uranerzbergbau der SAG/SDAG Wismut in der DDR, in: Der Anschnitt. Zeitschrift für Montangeschichte 72, 3–4/2020, S. 92–98, hier S. 95.

18 Breckner, Von den Zeitzeugen zu den Biographen, S. 136. Inhaltlich kongruent, jedoch mit differierender Terminologie auch bei: Wierling, Dorothee: Geboren im Jahr Eins. Der Jahrgang 1949 in der DDR. Versuch einer Kollektivbiographie, Berlin 2002, S. 21.

des Kulturanthropologen Edmund Ballhaus wurde eine vierte handlungsorientierte Phase (4) dem Wismut-Frage-Leitfaden hinzugefügt. In dieser vierten Phase erhielten die Zeitzeug:innen die Möglichkeit, ihren mündlichen Aussagen haptische Eindrücke durch Gegenstände wie Fotografien, Urkunden und Kleidungsstücke hinzuzufügen.

Die erste Frage des Wismut-Leitfadens, die zur Eingangserzählung der Interviews (1) führte, offenbarte bereits die oben genannte Verwobenheit von Biografie und Unternehmen Wismut: „Erzählen Sie mir bitte Ihre Lebensgeschichte und welche Rolle die Wismut darin gespielt hat und auch heute noch spielt!".[19] Um die Narration der Interviewten nicht zu unterbrechen und damit den Erzählfluss zu stören, folgten Nachfragen zur Eingangserzählung im anschließenden zweiten internen Nachfrageteil (2).

Die Vergleichbarkeit der Interviews wurde durch den externen Nachfrageteil (3) sichergestellt, in dem alle Befragten gebeten wurden, denselben Fragenkatalog zu beantworten. Gefragt wurde nach den Anfangs- und Aufbaujahren, der Entwicklung des Bergbaubetriebs, den Löhnen, Prämien und dem Lebensstandard, dem sozialen Leben bei der Wismut, der Wismut als Wirtschaftsfaktor, dem Unfall- und Gesundheitsschutz, der Auflösung der Wismut, der Erfahrung der „Wende-Zeit", der Sanierung der Bergbaufolgelandschaften und der Berufstätigkeit im wiedervereinten Deutschland.

Die Herausforderung des externen Nachfrageteils lag darin, Themenkomplexe zu identifizieren, die die Forschung in Zukunft interessieren könnten. Diese wurden im Austausch mit den Kommissionsmitgliedern des „Wismut-Erbes" ausgelotet und zielten auf Identität, Modernität, Geschlecht, Umwelt und Naturschutz, Gesundheit, Herrschaft sowie persönliche wie strukturelle Zäsuren und Kontinuitäten.[20]

In der vierten handlungsorientierten Phase (4) des Interviews wurden durch das Interagieren mit Gegenständen weitere Geschichten und Emotionen in den Erinnerungen der Befragten angeregt und dadurch zusätzliche soziale und politische Zugehörigkeiten sowie kulturelle Merkmale identifiziert.[21] In dieser letzten Interviewphase wurden Zeitzeug:innen, die bereits zu einem vorherigen Zeitpunkt Interviews zum Thema Wismut gegeben hatten, zu eigenen Aussagen

---

19 Interviewleitfaden am Ende dieses Beitrages, Anhang A.

20 Mitglieder der Kommission: Carsten Drebenstedt, Norbert Frei, Andreas Hochhaus, Sebastian Lentz, Martin Sabrow, Hans Wiesmeth.

21 Vgl. u. a. Ballhaus, Edmund: Rede und Antwort. Antwort oder Rede? Interviewformen im kulturwissenschaftlichen Film, in: Wossidlo, Joachim/Roters, Ulrich (Hrsg.): Interview und Film. Volkskundliche und Ethnologische Ansätze zu Methodik und Analyse, Münster u. a. 2003, S. 11–49.

damals und heute befragt, um gegebenenfalls auf die Veränderbarkeit von Erinnerung und Einstellung der Interviewten hinweisen zu können.

Wer wurde interviewt? Zur Diversität der Narrative

Das Wismut-Erbe-Zeitzeug:innenprojekt hatte den Anspruch, unterschiedliche Erinnerungen an die Wismut möglichst divers abzubilden. Um die Breite der Narrative angemessen berücksichtigen zu können, wurde auf die Einbeziehung unterschiedlichster Berufe, Geschlechter und eines breiten Altersspektrums geachtet. Neben bergbauspezifischen Berufen, wie dem des Brigadiers und Hauers, konnten somit weitere Berufssparten abgebildet werden, wie pädagogisches Fachpersonal, Gesundheits- und Pflegedienste bzw. medizinische Fachkräfte, Kunst- und Kulturschaffende, Wissenschaftler:innen, handwerkliches Fachpersonal, Dienstleistende, Verwaltungs- und Ministeriumsangestellte, Sportler:innen sowie technische Spezialist:innen. Aufnahme in die Interviews fanden auch Kinder von Wismut-Angestellten und durch den Bergbau betroffene Anwohner:innen, sowie sowjetische Mitarbeiter:innen, die eine eigene Kategorie darstellten.[22] Aus Datenschutzgründen konnte nicht pro-aktiv nach Interviewpartner:innen gesucht werden, vielmehr wurden Aufrufe in verschiedenen Medien für das Projekt lanciert, auf die sich dann interessierte Zeitzeug:innen meldeten.

Die Wismut in der wiedervereinten Bundesrepublik: Blühende Landschaften durch Rekultivierung und Sanierung? Erste Analyseansätze

1987 entschied die DDR-Regierung, unrentabel gewordene Bergbaubetriebe zu schließen und einen Strukturwandel in dem Unternehmen einzuläuten. Freigesetzten Wismutmitarbeiter:innen sollte der Wechsel in volkseigene Betriebe ermöglicht werden. Die bisherigen Hilfs- und Nebenbetriebe sollten sich auf die Entwicklung und Produktion von bergbauspezifischen Anlagen und Maschinen spezialisieren sowie den Bereich Umwelt- und Verfahrenstechnik ausbauen.

22 Vgl. Anhang B.

Ende 1990, die DDR war inzwischen Geschichte, wurde die Uranerzgewinnung eingestellt und im darauffolgenden Jahr die SDAG Wismut aufgelöst. In diesem Prozess wurden die sowjetischen Anteile auf die Bundesrepublik übertragen, die damit Alleineigentümerin des Wismut-Bergbaubetriebes wurde. Rund 1500 km offene Grubenbaue, 311 Mio. m³ Haldenmaterial und 160 Mio. m³ radioaktive Schlämme waren die Hinterlassenschaften.[23] Die Wismut GmbH als ein Unternehmen des Bundesministeriums für Wirtschaft und Technologie übernahm die Stilllegung, Verwahrung, Sanierung und Wiedernutzbarmachung der Abbaugebiete.[24]

Abb. 3: Thüringen, Abraumhalten, Uranbergbau, November 1990

Diese Stilllegungs- und Sanierungsphase wurde – neben anderen Themen – im bereits erläuterten externen Frageteil der Interviews in den Blick genommen.

---

23 Hierzu ein Podcast über das Leben in der DDR. Astrid Mignon Kirchhof im Gespräch mit Martin Fischer. Vgl. Staatsbürgerkunde, vom Leben in der DDR: Übertage. Vom Aufbau, Abbau und Umbau. (10.04.2021). Unter: https://www.staatsbuergerkunde-podcast.de/ueber-tage/ (Eingesehen: 15.02.2022).

24 Vgl. hierzu: Wismut GmbH: Die Finanzierung der Wismut. Unter: https://www.wismut.de/de/wismut_finanzierung.php (Eingesehen: 15.02.2022); Karlsch, Uran für Moskau, S. 202–230; Die Wismut GmbH – ein Generationenprojekt und seine 25-jährige Erfolgsgeschichte, in: Dialog. Mitarbeiterzeitschrift der Wismut GmbH, Nr. 90, 2016, S. 6–10, hier S. 6.

Damit richtete sich das Interesse der Befragung auf die Zukunftsperspektive und die tiefgreifenden wirtschaftlichen, sozialen und umweltpolitischen Transformationsprozesse, aber ebenso auf die damit verbundene Anpassungserfahrung sowohl der Wismutmitarbeiter:innen als auch der anderen Menschen in den Regionen Sachsens und Thüringens.

Rettung von Arbeitsplätzen und Entlassungspraxis

Blickt man auf die Transformation der Wismut aus wirtschafts- und sozialgeschichtlicher Perspektive, so weisen einige Zeitzeug:innen darauf hin, dass die Umwandlung der Wismut AG in ein bundesdeutsches Unternehmen für viele Mitarbeiter:innen ein schmerzhafter Prozess war, der die ehemaligen Beschäftigten in Verlierer:innen und Gewinner:innen einteilte. Gerd Schneider erzählt:

> Gerd Schneider (2:34:32)
> „Na mit den Hauertätigkeiten, wer weiß, wie lange das noch gegangen wär? Also es war ja beschlossen, dass zurückgefahren wird, dass die Sowjetunion langsam aussteigt. [...] War ja alles schon beschlossen. [...] das war kein Geheimnis. [...] Das hat sich schon angedeutet. Dadurch, dass die Betriebe zusammengeführt worden sind. [...] [M]ein Bereichsleiter wurde ersetzt, weil der angeblich nicht mehr so gut war. [...] mit dem habe ich auch hier drüben zusammen gewohnt im Haus. Und da kam ein neuer Bereichsleiter [...]. Ach, sagt er, klopft mir auf die Schulter, wir reißen den Karren jetzt aus dem Dreck! Jetzt wird alles besser von der Arbeit her. Ja es wurde aber nicht besser. Der hat dann auch aufgehört, hat eine fette Abfindung gekriegt, die habe ich zufällig gesehen.“[25]

Das Zitat verdeutlicht verschiedene wirtschafts- und sozialpolitische Folgen der Umbruchszeit. So spricht der Zeitzeuge an, dass die Wismut bzw. der Uranbergbau schon vor 1989 im Niedergang begriffen und dies der Belegschaft durchaus bekannt war. Durch die Erwähnung des „Wendeverlierers“, der in seiner Nachbarschaft lebte, wird deutlich, dass soziale Härten auch durch die Erwartbarkeit nicht abgefedert werden konnten. Die ebenfalls angesprochene intransparente Personalpolitik führte vermutlich noch zu weiteren Verunsicherungen unter der Belegschaft.

---

25 Interviewgespräch zwischen Astrid Mignon Kirchhof und Gerd Schneider: Schneider, Gerd: Gera, Interview am 16.09.2020. Unter: https://wismut.saw-leipzig.de/content/de/bestaende/zeitzeugen-interviews/interview-mit-schneider-gerd (Eingesehen: 15.02.2022).

Bundesarchiv, Bild 183-1990-0907-020
Foto: Kasper, Jan Peter | 7. September 1990

Abb. 4: Schmirchau, Wismut, Protest gegen Schließung, 07. September 1990

Zu welchen psychosozialen Folgen diese Veränderungen führen konnten, benennt die Zeitzeugin Martina Runge und erklärt, dass es ihrer Einschätzung nach zu DDR-Zeiten mehr Zusammenhalt unter den Mitarbeitenden gab:

> Martina Runge (1:26:29)
> „[...] wir hatten eine Kollegin gehabt, die war sehr labil. Hat auch ein bisschen getrunken. [...] Und die wurde zum Beispiel zu DDR-Zeiten [...] in der Arbeitsgruppe aufgefangen.[26] Die hat ihr Halt gegeben. [...] nach der Wende [...] war die [...] bei der zweiten Entlassungswelle dabei. Wurde die entlassen. Und die hat später Selbstmord gemacht. Weil die plötzlich den Halt verloren hatte. [...] Die hat sich zu Tode getrunken."[27]

---

26 Mit Arbeitsgruppe ist hier das Arbeitskollektiv im Betrieb gemeint. Ein mögliches Folgeforschungsthema könnte die starke Identifikation von Werktätigen der DDR mit ihrem Kollektiv am Arbeitsplatz insbesondere in Großbetrieben der DDR in den Blick nehmen. Viele Zeitzeug:innen beschreiben den Zusammenhalt im Betrieb im positiven Sinn wie eine Familie, die auch einen großen Teil ihrer Freizeit zusammen verbringt, in der man Freude und Leid miteinander auch am Arbeitsplatz teilt.

27 Interviewgespräch zwischen Astrid Mignon Kirchhof und Martina Runge: Runge, Martina: Berlin, Interview am 10.03.2021. Unter: https://wismut.saw-leipzig.de/content/de/bestaende/zeitzeugen-interviews/interview-mit-runge-martina (Eingesehen: 15.02.2022).

Es ließe sich argumentieren, dass Runge vor allem den Wegfall der „Fürsorge"-Dimension der DDR für persönliche Zäsuren in den Lebensläufen verantwortlich macht. Hier könnte analytisch angeknüpft werden an einen Vorschlag des Historikers Konrad H. Jarausch, der die DDR mit dem Neologismus der „Fürsorge-Diktatur" charakterisierte, um „den widersprüchlichen Charakter der DDR, die sowohl aus einem emanzipatorischen Anspruch heraus als auch aus diktatorischer Praxis bestand, auf einen prägnanten Nenner zu bringen".[28] Andere Historiker schlussfolgerten, dass die DDR nicht an ihrem wirtschaftlichen Niedergang scheiterte, sondern an der Aufkündigung des grundsätzlichen Einverständnisses mit dem Staat ostdeutscher Prägung, der auch immer ein Versprechen beinhaltete, ein sozialer Staat zu sein.[29] Astrid Kirchhof konstatierte im Interview mit dem MDR, dass daher die nahezu ausnahmslos positiven Erinnerungen der Zeitzeug:innen an die Wismut überraschend waren. Entgegen ihrer Erwartung, dass mit der Wismut verknüpfte Themen wie Umwelt oder Krankheit im Interview kritisch besprochen würden, dominierte indes die Erzählung der fürsorglichen Arbeitgeberin, die Wohlstand und Privilegien in die Region gebracht habe.[30]

Ähnlich positive Aussagen der Zeitzeug:innen lassen sich zur Zäsur von 1989/1990 beobachten, die von den Interviewten selbst kaum als einschneidend wahrgenommen wurden und sich damit von vorherrschenden Narrativen zur DDR-Geschichte wie beispielsweise bei vielen Kolleg:innen, von denen sie berichteten, unterscheiden.[31] Ein Grund hierfür könnte zum einen die bereits erwähnte Art der Kontaktaufnahme sein, bei dem sich Zeitzeug:innen pro-aktiv an das Projekt wandten und nach eigenen Aussagen das gesellschaftliche „Wismutbild" durch positive Narrative „richtigstellen" wollten. Wismutkritische Stimmen waren daher kaum zu hören. Zum anderen könnte die Tendenz von Menschen zum Tragen kommen, generell idealisiert auf ihr Leben zurückzu-

---

28 Jarausch, Konrad H.: Fürsorgediktatur. Version 1.0, in: Docupedia-Zeitgeschichte, 11.02.2010. Unter: http://docupedia.de/zg/F.C3.BCrsorgediktatur (Eingesehen:15.02.2022).

29 Vgl. Sabrow, Martin: Der Konkurs der Konsensdiktatur. Überlegungen zum inneren Zerfall der DDR aus kulturgeschichtlicher Perspektive, in: Jarausch, Konrad H./Sabrow, Martin (Hrsg.): Weg in den Untergang. Der innere Zerfall der DDR, Göttingen 1999, S. 83–118, hier S. 103.

30 Vgl. Schade, Hartmut: Geheimsache Wismut. Zeitzeugenprojekt, MDR Zeitreise (Stand: 16.01.2022). Unter: https://www.mdr.de/geschichte/wismut-erbe-forschung-konferenz-uranbergbau-100.html (Eingesehen: 15.02.2022).

31 Martin Sabrow auf der Veranstaltung „Immer noch Geheimsache? Sprechen über die Wismut heute". Vgl. Sabrow, Martin, in: Sächsische Akademie der Wissenschaften zu Leipzig: Immer noch Geheimsache? Sprechen über die Wismut heute. Mittweida, Leipzig, 29.04.2021. Unter: https://youtu.be/5hern1B-uPs, Timecode: 1:26:40 (Eingesehen: 15.02.2022).

blicken, auch um ihre Lebensleistung nicht grundsätzlich infrage stellen zu müssen. Anders gewendet ließe sich vermuten, dass die Positivdarstellung auf der starken Identifikation der interviewten Zeitzeug:innen mit ihrer Arbeitgeberin basiert. Dass eine kulturelle Identitätskonstruktion des ostdeutschen Uranerzbergbaus existiert, wird deutlich, wenn an kulturelle Produkte des (positiv belegten) erzgebirgischen Bergbaus gedacht wird – wie Schwibbögen mit Bergbaumotiven aber auch Bergparaden, die zu ausgewählten Anlässen stattfinden. Häufig äußerten die Befragten ihren Stolz, ein Teil der Wismut (gewesen) zu sein, sie identifizierten sich als „Wismuter und Wismuterinnen" und lobten den Zusammenhalt sowie die Gemeinschaft und beschrieben das Gefühl, etwas Besonderes zu sein. Dieser Stolz ebbte bei vielen Interviewten auch im Folgebetrieb, der Wismut GmbH, nicht ab. Falls sie übernommen wurden, erweiterten sie diesen vielmehr auch auf ihre Sanierungstätigkeit. Dies ist insofern bemerkenswert, als dass die Sanierungstätigkeit im Grunde das Gegenteil zur vormaligen Bergbauarbeit bedeutete: den Rückbau, die Schließung, die Beseitigung der (sichtbaren) Hinterlassenschaften des Uranerzbergbaus und damit das Verschwinden eines Unternehmens und seiner weithin sichtbaren Spuren.[32] Identität ist dennoch ein fragwürdiger Begriff, denn anstatt von multiplen Identitäten zu sprechen, wird er häufig stark vereinfacht genutzt. Ist schon die Identität eines Individuums viel zu komplex, als dass sie mit diesem Singular erfasst werden könnte, so gilt dies in weit stärkerem Maße für Kollektive, da sich die Identität jedes einzelnen Menschen aus Rollen und Rollenerwartungen individueller, sozialer, regionaler und nationaler Herkunft speist und während eines Lebens nicht unverändert bleibt.[33] Es ließe sich daher vermuten, dass die Identifikation mit der Arbeitgeberin eine wichtige aber nicht hinreichende Erklärung liefert, da auch der Wirtschaftsfaktor nicht unwesentlich zur persönlichen Einschätzung der Umbruchsituation beitrug. Ein wichtiger Aspekt scheint die Frage zu sein, ob die (ehemaligen) Wismut-Beschäftigten weiterhin Arbeit hatten, zumal im weitgehend selben Beruf und in der heimatlichen Region, weil dadurch ein berufsbedingter Umzug nicht nötig wurde, der das bisherige Leben stark verändert hätte. Eine Anschlussbeschäftigung hatten alle während des Projektes befragten Zeitzeug:innen gefunden. Beispielsweise war der Hauer, später Sprenghauer und Brigadier, Hans-Georg Fischer, nach der Transformation der Wismut

---

32 So auch Sabrow, Ebd., Timecode: 1:27:36.

33 Möller, Horst: Erinnerung(en), Geschichte, Identität, in: Aus Politik und Zeitgeschichte B 28, 2001: Zeitgeschichte. Nicht nur ein wissenschaftliches Verhältnis, S. 8–14. Unter: https://www.bpb.de/shop/zeitschriften/apuz/26151/erinnerung-en-geschichte-identitaet/ (Eingesehen: 15.02.2022); Assmann, Aleida/Friese, Heidrun (Hrsg.): Identitäten. Erinnerung, Geschichte, Identität, Bd. 3, Frankfurt (Main) 1998 (= Suhrkamp-Taschenbuch Wissenschaft, Bd. 1404).

zur GmbH 1991 in der Sanierung unter und über Tage tätig. In folgendem Zitat schlägt er mühelos eine Brücke zwischen den verschiedenen Tätigkeiten:

> Hans-Georg Fischer (1:28:16):
> „Also sehen Sie […] da müsste ich eigentlich sagen, zweie. Also als Hauer unter Tage warst du noch jung, da warst du noch Elan und so weiter und so fort. Gut, als Sanierer dann, Sanierung unter Tage, da hast du schon mit einem weinenden Auge, ja, es ist vorbei und, und, und, war eigentlich eine schöne Zeit. Was dann noch mal Spaß gemacht hat, war hier, Haldenabtrag mit den Großgeräten.“[34]

Der Spaß, den Hans-Georg Fischer in dem Zitat anspricht, verweist einerseits auf die Freude einen neuen Bergbaubereich, nämlich die Möglichkeit zum Umgang mit Großmaschinen, kennengelernt zu haben. Aber auch daran beteiligt zu sein, die verursachten Umweltschäden, wenn nicht zu revidieren, so doch zu minimieren, spricht möglicherweise die Frage der Bergbauehre an.

Praktischer Einblick in die Sanierung der Wismut

Am 03. Oktober 1990 wurde die Bundesrepublik Deutschland Aktionärin der SDAG Wismut. Ein Regierungsabkommen zwischen der Bundesrepublik Deutschland und der UdSSR besiegelte am 16. Mai 1991 den Rückzug der Sowjetunion aus dem Betrieb – die letzte sowjetische Führungskraft, Walentin Nasarkin, verließ neun Monate später das Unternehmen. Alle sowjetischen Anteile gingen ohne Ausgleich in deutschen Besitz über und auf eine Aufteilung der Sanierungskosten wurde beidseitig verzichtet.[35] Sofort wurde mit der Planung und den ersten Arbeiten zur Stilllegung und Verwahrung der Anlagen sowie der Sanierung und Wiedernutzbarmachung der Flächen begonnen. Eine Fortführung der Bergbautätigkeit war vorher aus wirtschaftlichen Gründen ausgeschlossen worden. Mit dem vom Bundestag verabschiedeten „Wismut-Gesetz“ wurde das Bergbauunternehmen in eine Gesellschaft deutschen Rechts umgewandelt. Alleinige Inhaberin des Geschäftsanteils der am 20. Dezember 1991 entstandenen Gesellschaft mit beschränkter Haftung wurde die Bundesrepublik Deutschland. Die Verantwortung für die Gesellschafter:innenanteile

---

34 Interviewgespräch zwischen Astrid Mignon Kirchhof und Hans-Georg Fischer: Fischer, Hans-Georg: Gera, Interview am 09.09.2020. Unter: https://wismut.saw-leipzig.de/content/de/bestaende/zeitzeugen-interviews/interview-mit-fischer-hans-georg (Eingesehen: 15.02.2022).

35 Meissner, Michael: Schichtende. Kontroversen um Rückbau und Sanierung, in: Boch, Rudolf/Karlsch, Rainer (Hrsg.): Uranbergbau im Kalten Krieg. Die Wismut im sowjetischen Atomkomplex, Band 1: Studien, Berlin 2011, S. 355–398, hier S. 361–366, S. 370–373.

wurde dem Bundeswirtschaftsministerium (BMWi) übertragen. Seitdem hat die Wismut GmbH den Auftrag, die Hinterlassenschaften des Uranerzbergbaus zu sanieren.

Der Umweltaktivist Michael Beleites sprach in diesem Kontext Anfang der 1990er-Jahre von der „Wismut-Metamorphose" und verwies damit auf den bruchlosen Übergang der Wismut vom sowjetischen Atomprojekt zur bundesdeutschen Umwelt-Sanierungsfirma.[36] Einige Sanierungstätigkeiten gehörten jedoch schon vor 1990 zu den regulären Aufgaben der SDAG Wismut. So wurden beispielsweise ausgeerzte Grubenbaue verfüllt, Halden begrünt und Schlammteiche aufbereitet.[37] Allerdings ist Beleites insofern recht zu geben, dass diese Arbeiten nicht durch das kritische Umweltbewusstsein der Akteur:innen motiviert waren, sondern häufig mit Blick auf wirtschaftliche Vorteile ausgeführt wurden. In einem Interview erinnerte sich Dr. Rudolf Daenecke, federführend an der Erstellung der ersten Sanierungskonzepte beteiligt, an die Sanierungspraxis der 1960er-Jahre:

> Dr. Rudolf Daenecke (1:50:58)
> „[W]ir [haben] schon in den 60er [1960er] Jahren an einem Dorfteich in Gera den Schlamm entsorgt [...]. Aber nicht [...] deshalb, weil wir einen Umweltschutz damals in den 60er [1960er] Jahren beachtet haben. Sondern vor allem darum, weil der Schlamm wunderbare Uranvererzungen aufwies. [...] Also wirtschaftliche Zwecke standen damals dahinter."[38]

Ab den 1980er-Jahren wurde die SDAG Wismut durch die erstarkende ostdeutsche Umweltbewegung zunehmend mit den negativen Folgen ihrer Arbeit konfrontiert. Besonders der oben erwähnte Michael Beleites schuf mit seiner investigativen und breit rezipierten Studie „Pechblende" eine Grundlage für nachfolgende öffentliche Umweltkritiken an der Tätigkeit der SDAG Wismut.[39] Laut Rudolf Daenecke bewog der anhaltende Protest der oppositionellen Gruppen die Wismut zu einer Kontaktaufnahme mit Umweltaktivist:innen in den 1980er-

---

36 Beleites, Michael: Altlast Wismut. Ausnahmezustand, Umweltkatastrophe und das Sanierungsproblem im deutschen Uranbergbau, Frankfurt (Main) 1992, S. 75 ff.

37 Interviewgespräch zwischen Astrid Mignon Kirchhof und Siegfried Geyer: Geyer, Siegfried: Aue-Bad Schlema, Interview am 11.06.2021. Unter: https://wismut.saw-leipzig.de/content/de/bestaende/zeitzeugen-interviews/interview-mit-geyer-siegfried (Eingesehen: 15.02.2022), Timecode: 01:58:38. Vgl. den Beitrag von Sabine Loewe-Hannatzsch in diesem Band.

38 Interviewgespräch zwischen Astrid Mignon Kirchhof und Dr. Rudolf Daenecke: Daenecke, Rudolf: Berlin, Bad Schlema, Interview am 21.01.2021. Unter: https://wismut.saw-leipzig.de/content/de/bestaende/zeitzeugen-interviews/interview-mit-daenecke-rudolf (Eingesehen: 15.02.2022), Timecode: 1:50:58.

39 Beleites, Michael: Pechblende. Der Uranbergbau in der DDR und seine Folgen, Lutherstadt Wittenberg 1988.

Jahren und führte zu einer wachsenden Relevanz von umweltpolitischen Themen innerhalb der Wismut-Strukturen:

> Dr. Rudolf Daenecke (1:51:46)
> „Es wurde[n] [...] in der Generaldirektion, aber dann auch in den Betrieben Umweltabteilungen [...] gegründet. [...] Und es wurden tatsächlich eine Reihe von Maßnahmen eingeführt. [...] [Diese Entwicklung] endete dann [...] in dem direkten Kontakt der Umweltgruppen mit den Betrieben. Sodass ich [...] Ende 89 [1989] [...] den ersten Kontakt zum Beispiel mit dem Herrn Beleites hatte. [...] Und immer versuchten wir dann [...] letztendlich nach der Wende, [...] auf einen gemeinsamen Nenner [...] die Vorstellungen zu bringen und Sanierungsfortschritte einzuleiten.“[40]

Hier könnte die Historiografie an neuere Forschungen anknüpfen und nach einer (proto)zivilgesellschaftlichen Dimension der Umweltaktivist:innen fragen und mithilfe dieses methodischen Zugangs den Einfluss der Umweltgruppen auf die Wismut-Sanierungspraxis der 1980er-Jahre genauer untersuchen.[41]

Nach der Wiedervereinigung erhielt die Sanierung einen nunmehr verpflichtenden Charakter. Siegfried Geyer, Leiter der Sanierung unter und über Tage, sprach in seinem Interview von mannigfaltigen Hinterlassenschaften, welche die Wismut nach über vier Jahrzehnten des Uranerzabbaus erzeugt hatte: viele Schächte mussten in aufwendigem Verfahren verfüllt und verschlossen werden, das in ihnen entstehende lebensgefährliche Edelgas Radon in umkonstruierte Wetterschächte umgeleitet werden, das giftige Grubenwasser aufbereitet, große Halden abgetragen und begrünt, Tagebaue verfüllt und chemische Absetzanlagen unschädlich gemacht werden. Die Sanierungsexpertise wäre erst durch die laufende Sanierungspraxis entstanden und hätte den zuständigen Behörden zum Teil durch aufwendige Kommunikation vermittelt werden müssen:

> Siegfried Geyer (0:58:30)
> „Es gab also eine immense Arbeit [...]. Es wurden ja neue Behörden gegründet [...]. Das waren Leute, die hatten nie was mit dem Bergbau zu tun. [...] Jetzt ging so ein Betriebs-

---

40 Daenecke, Rudolf: Interview, Timecode: 01:51:46.

41 Die Diskussionen kreisen um die Frage, ob eine auf westlich-liberalen Gesellschaften fußende Zivilgesellschaftsdefinition auch auf realsozialistisch verfasste Staaten anwendbar ist. Als problematisch erweist sich die Öffentlichkeitskomponente, die in realsozialistisch verfassten Staaten nicht im vollen diskursiven Sinne zu attestieren ist. Vgl. u. a.: Jarausch, Konrad H.: Aufbruch der Zivilgesellschaft. Zur Einordnung der friedlichen Revolution von 1989, in: Totalitarismus und Demokratie 3, 1/2006, S. 25–46. Jarausch operiert mit der Zivilgesellschaftsdefinition von Jürgen Kocka, vgl.: Kocka, Jürgen: Zivilgesellschaft in historischer Perspektive, in: Forschungsjournal Neue Soziale Bewegungen 16, 2/2003, S. 29–37. Zu der Reichweite der ostdeutschen Umweltbewegung: Kirchhof, Astrid Mignon: For a decent quality of life. Environmental groups in East and West Berlin, in: Journal of Urban History 41, 4/2015, S. 625–646.

> plan an das LfULG [Landesamt für Umwelt, Landwirtschaft und Geologie, Anmerkung die Autoren] und es dauerte gar nicht lange, dann kriegen Sie ein Schreiben mit hundert Fragen zurück [...] Also, es gab Fragen, da haben Sie als gestandener Bergmann nur mit dem Kopf geschüttelt. [...] Am Anfang war das äußerst kompliziert.“[42]

Die Sanierung der Hinterlassenschaften des Uranerzbergbaus war also am Beginn der 1990er-Jahre nicht nur mit neuartigen technischen Herausforderungen verbunden, sondern auch mit aufwendigen behördlichen Verhandlungen, welche für die Schaffung von neuen Richtlinien und Konzepten vonnöten waren. Auch fuhren Expert:innen nach Kanada und in die Vereinigten Staaten von Amerika, um von deren Sanierungspraktiken zu lernen. Darauf aufbauend und gemäß den hierzulande herrschenden geologischen und klimatischen Bedingungen fand die Wismut ihre eigenen Lösungen und nutzte hierfür neueste Technologien. In der Beurteilung der Zeitzeug:innen sei ein umfassendes Sanierungswerk entstanden, das einen weltweiten Vorbildcharakter erlangt hätte, weil es kein weiteres Land gebe, das so wie die Bundesrepublik unter finanziellem und persönlichem Aufwand eine Rekultivierung dieses Ausmaßes vorgenommen hätte.[43] Diese proklamierte Vorbildfunktion – auch auf internationaler Ebene – lässt vermutlich die Versäumnisse, die es in so einem Prozess ebenfalls gibt, in den Augen der Zeitzeug:innen in den Hintergrund treten, so dass Folgeforschung hier ansetzen sollte und die tatsächliche Pionierleistung sowie einen möglichen Wissenstransfer in andere Länder näher untersuchen könnte.[44]

Die Sanierung der Wismut – eine Erfolgsgeschichte?

Generell wird die Sanierung der Wismut vielfach – wie in dem folgenden Zitat des Zeitzeugen Oliver Titzmann – als Erfolgsgeschichte charakterisiert, eine Einschätzung, die auch in der Forschung auf Zustimmung trifft:[45]

---

42 Geyer, Siegfried: Interview, Timecode: 00:58:30.

43 Interviewgespräch zwischen Astrid Mignon Kirchhof und Ulrich Rieger: Rieger, Ulrich: Berlin, Interview am 22.06.2021. Unter: https://wismut.saw-leipzig.de/content/de/bestaende/zeitzeugen-interviews/interview-mit-rieger-ulrich (Eingesehen: 15.02.2022).

44 Zum technischen und umweltpolitischen Wissenstransfer zwischen kommunistischen und kapitalistischen Ländern: Coumel, Laurent: Building a Soviet Eco-Power while Looking at the Capitalist World. The Rise of Technocratic Environmentalism in Russian Water Controversies, 1957–1989, in: Kirchhof, Astrid Mignon/McNeill, John R. (Hrsg.): Nature and the Iron Curtain. Environmental Policy and Social Movements in Communist and Capitalist Countries 1945–1990, Pittsburgh 2019, S. 17–35.

45 So beschreibt der Historiker Rainer Karlsch die Sanierung der Wismut als einzigartigen Erfolg: „Drei Jahrzehnte sind ein langer Zeitraum. Und in diesen drei Jahrzehnten ist nirgends

Oliver Titzmann (0:48:59):
„Denn was der Sanierungsbetrieb geleistet hat in der Region, das ist unbeschreiblich. Und viele Dinge, grad in Bad Schlema, die Wiedergeburt des Kurbades Schlema, wäre ohne den Sanierungsbetrieb Wismut völlig undenkbar. Somit ist der Sanierungsbetrieb Wismut auch aus meiner Sicht sehr, sehr positiv zu bewerten [...].“

Abb. 5: Ronneburg – Schmirchauer Höhe, 2007

Bei dieser in Forschung und Zeitzeug:innenschaft vorherrschend bewerteten Erfolgsgeschichte der Wismut-Sanierung sollte allerdings nicht vergessen werden, dass noch heute die aus DDR-Zeiten stammende Verordnung zur Gewährleistung von Atomsicherheit und Strahlenschutz (VOAS) gilt. Im Einigungsvertrag wurde festgelegt, dass die Sanierung der Wismut vorläufig nach den Regeln des DDR-Strahlenschutzrechts stattfinden soll, weil es in der Bundesrepublik keine Regelungen zu Bergbaufolgelasten gab und man einen Sanierungsstillstand vermeiden wollte.[46] Das führte am 11. Januar 2000 zu einer – schließlich nicht zur Entscheidung angenommenen – Beschwerde vor dem Bundesverfassungsgericht, in der neun Betroffene diese Regelung kritisierten. Inzwischen wurden die Richtwerte für den Radongehalt jedoch angepasst.[47] Die Historikerin Sabine

auf der Welt ein so dicht besiedeltes Gebiet renaturiert worden, soweit das überhaupt möglich ist, wie in Sachsen und Thüringen die Wismut-Gebiete renaturiert worden sind. Es ist eine außerordentliche Leistung, die mit viel Geld, mit viel Aufwand gebracht worden ist.“. Vgl. Karlsch, Rainer: Die Zukunft des Wismut-Erbes. Ein interdisziplinäres Forschungs-Forum der Sächsischen Akademie der Wissenschaften zu Leipzig. Unter: https://youtu.be/5hern1B-uPs, Timecode: 01:14:42 ff. (Eingesehen: 15.02.2022).

46 Rieger, Ulrich: Interview.

47 AGURMINE: Ein Reader anlässlich der Wander-Ausstellung. Uran – oder das Recht auf Leben? Ein SchülerInnen-Studierenden Projekt zum Thema Uranabbau und den Folgen, Marburg 2004, S. 48. Unter: https://www.gruene-tuttlingen.de/fileadmin/gruene-tuttlingen/texte/Uranabbau.pdf (Eingesehen: 15.02.2022); Le Monde diplomatique u. a.: Uranatlas. Daten und Fakten über den Rohstoff des Atomzeitalters, Berlin 2019, S. 31. Unter: https://www.rosalux.de/fileadmin/rls_uploads/pdfs/sonst_publikationen/URANATLAS_final.pdf (Eingesehen: 15.02.2022);

Loewe-Hannatzsch konstatierte in diesem Zusammenhang, dass die Forschung bislang eine schlüssige Erklärung schuldig geblieben wäre, wie die Wismut quasi über Nacht von der Umweltverschmutzerin zur Umweltretterin werden konnte und so nicht nur die Sanierung, sondern auch die eigentliche Wismutzeit in der DDR kaum noch einer ausreichend kritischen Analyse unterzogen werde.[48] Diese Einschätzung verweist darauf, dass das Narrativ der Wismut-Sanierung als Erfolgsgeschichte einer weiteren Untersuchung bedarf, in der die Aussagen der Zeitzeug:innen zu diesem Themenkomplex mit Archivdokumenten gegengelesen und einer kritischen Analyse unterzogen werden sollten. Weiterhin ließe sich die Frage stellen, ob die Wismut-Gebiete und ihre Sanierung einen glücklichen Sonderfall in der ostdeutschen Transformationsgeschichte darstellten.

Ein vorläufiges Fazit

Mit diesem Beitrag richtete sich das Augenmerk der Autor:innen auf die durch die Zäsur 1989 angeschobene Umwandlung der Wismut von einem Bergbau- in einen Sanierungsbetrieb und die damit erfolgten zum Teil tiefgreifenden sozialen, wirtschaftlichen und umweltpolitischen Veränderungsprozesse für die Belegschaft, die betroffenen Regionen in Thüringen und Sachsen und die Landschaften. Die Interviews machten zwar stets die vielfältigen Brüche deutlich, die es in jedem Leben und so auch in der Biografie der Wismut-Angestellten gab, dennoch überwog die positive Betrachtung des einstmaligen Berufsfeldes und der Arbeitgeberin. Das war insofern überraschend, als die Projektbeteiligten ursprünglich davon ausgingen, dass Fragen nach Umweltzerstörung, Krankheitsrisiken durch Uranstrahlung oder Einschnitte durch den Anschluss der DDR an die Bundesrepublik zu Entfremdungserfahrungen geführt hätten. Das war indes nicht der Fall. Ein Grund dürfte darin zu finden sein, dass es aus Datenschutzgründen nicht möglich war, beispielsweise die Krankenakten der Wismut einzusehen und gezielt Interviewpartner:innen oder deren Hinterbliebene anzuschreiben, die eine entsprechende Krankengeschichte erlebt oder Auseinandersetzungen um Krankenanerkennung durchgefochten hatten. Viel-

---

Bundesamt für Strahlenschutz: Wismut-Kohortenstudie. Unter: https://www.bfs.de/DE/bfs/wissenschaft-forschung/projekte/wismut/wismut_node.html (Eingesehen: 15.02.2022)

48 Vortrag: Loewe-Hannatzsch, Sabine: Neue Perspektiven auf den Umgang mit Umweltproblemen im Uranerzbergbau der DDR, in: Berlin-Brandenburger Umweltcolloquium am 09.06.2021. Unter: https://zzf-potsdam.de/de/veranstaltungen/vortrag-von-sabine-loewe-hannatzsch-freiberg-neue-perspektiven-auf-den-umgang (Eingesehen: 15.02.2022).

mehr kamen die interessierten Zeitzeug:innen pro-aktiv nach Medienaufrufen auf das Projekt zu. Unter dem Kreis der Befragten befand sich letztendlich niemand, der arbeitslos und nur eine Person, deren Angehöriger schwer krank geworden war. Wismutkritische Stimmen waren daher rar. Vielmehr überwog eine klare Identifikation mit der früheren Arbeitgeberin und der Stolz, Teil des Wismut-Imperiums gewesen zu sein. Dieser Stolz verringerte sich auch dann nicht, wenn Wismut-Beschäftigte nach dem Mauerfall im Sanierungsbetrieb der Wismut arbeiteten. Das deutet daraufhin, dass die enge Bindung an die Bergbautradition der Region, die ebenfalls immer wieder zustimmend hervorgehoben wurde, nicht allein ausschlaggebend für die positiven Narrative waren, sondern dass die Wismut selbst affirmativ erinnert wurde. Das hatte verschiedene Gründe. Während russische Zeitzeug:innen, von denen ebenfalls ein Sample befragt wurde, eher den Uranbergbau der Wismut als Garant für ein stabiles Gleichgewicht im Kalten Krieg nannten, verwiesen die deutschen Befragten besonders auf den Uranbergbaubetrieb als fürsorglicher und sozialer Arbeitgeber, dessen Bezahlung ebenso wie die medizinische Betreuung seiner Angestellten nicht selten als vorbildlich eingestuft wurden.

Die erarbeitete Forschungsumgebung in Form einer Webseite, die zukünftig eine umfangreiche Datenbank und Interview-Mediathek bereitstellt, wird eine breite Basis für weitere Forschungen eröffnen. Ergiebige Forschungsprojekte könnten sich auf die transnationale Verflechtungsgeschichte der Wismut fokussieren, die beispielsweise den Austausch und Kontakt der in Deutschland arbeitenden sowjetischen Wismut-Arbeiter:innen mit ihren deutschen Kolleg:innen in den Blick nehmen. Ebenso wäre die Frage nach den Schattenseiten der Wismut sinnvoll. Hierzu gehören beispielsweise medizinische Studien, die sich mit Krankheitsverläufen beschäftigen. Ausgangspunkt weiterer Forschungen könnte das „Masternarrativ" des Wismut-Uranbergbaus sein, das sich auf deutsche männliche unter Tage arbeitende Bergarbeiter konzentriert. Um dieser Erzählung kaum beleuchtete Perspektiven der Bergbaugeschichte hinzuzufügen, sind von der Forschung bislang marginalisierte Gruppen in Betracht zu ziehen. Zu fragen wäre weiterhin nach den positiven Narrativen und der Bindungskraft eines sozialistischen Projekts 30 Jahre nach seiner Schließung. In dem Zusammenhang sollte auch die (geglückte) Übernahme von DDR-Bürger:innen in das westdeutsche System analysiert werden. Von Interesse für die Historiografie dürften auch Fragen nach der zivilgesellschaftlichen Dimension der Umweltaktivist:innen und deren Einfluss auf die Wismut-Sanierungspraxis der 1980er-Jahre sein. Zur Sanierungspraxis der Wismut selbst wurde bislang ebenfalls kaum geforscht, so dass die in den Interviews angesprochene Erfolgsgeschichte, Pionierleistung und der Wissenstransfer in andere Länder näher untersucht werden könnte. Aber nicht nur für Historiker:innen ist die Wismut ein reiches

Feld. Auch der umfangreiche Kunstbestand der vielen Künstler:innen, die für die Wismut gearbeitet haben, ist noch in keiner Weise aufgearbeitet. Die Grundsteine für weitere spannende Forschungsfragen zur Wismut-Geschichte sind nun gelegt.

Anhang A Interviewleitfaden – Wismut-Erbe-Zeitzeug:innen-Projekt

[Eingangserzählung]
Erzählen Sie mir bitte Ihre Lebensgeschichte und welche Rolle die Wismut darin gespielt hat und auch heute noch spielt!

[Nachfragen]
Falls noch nicht in der „Eingangserzählung" erzählt:
1. Erzählen Sie uns, wie sie groß geworden sind?
2. Beschreiben Sie mir Ihre ersten Berührungspunkte mit der Wismut
3. Was waren die Gründe zur Wismut zu gehen?

[Zäsuren]
Gibt es einschneidende Erlebnisse, die Ihnen in Erinnerung geblieben sind, („klassische" [1953, 1961, 1989 etc.] wie private)?

[eigene Position]
Erzählen Sie uns von der Zeit der „Wende" und der „Wiedervereinigung". Wie haben Sie sich selbst gesehen und wie standen Sie den unterschiedlichen Entwicklungen und Positionen gegenüber? Wie empfanden Sie sich als neue BRD-Bürger:in?

[Faktenfragen]
Wie beurteilen Sie folgende Sachverhalte:
1. War die Anzahl der gekündigten Mitarbeiter:innen nach 1990 gerechtfertigt?
2. Ist Ihre Rente angemessen für Ihre Tätigkeit bei der Wismut?
3. Sind Sie der Meinung, dass die Bundesregierung ausreichend finanzielle Mittel für die Sanierung zur Verfügung stellt?

[Gefühle]

1. Könnten Sie bitte die Stimmung und Atmosphäre zur Anfangszeit im Betrieb beschreiben?
2. Welche Zeit würden Sie als die Hochzeit im Betrieb beschreiben und wie hat sich das persönlich für Sie bemerkbar gemacht?
3. Könnten Sie bitte die Stimmung und Atmosphäre zur Endzeit im Betrieb beschreiben?

[Staat im Staate]

Überall heißt es, die Wismut war ein „Staat im Staate".

1. Was kann ich darunter verstehen?
2. Bitte erklären Sie mir das.
3. Wie haben Sie das wahrgenommen?

[Wende]

1. Ab wann bemerkten Sie, dass sich im Betrieb etwas veränderte und die Dinge ins Rollen kamen, sich Veränderungen bis hin zur „Wende" abzeichneten?
2. Was waren die ersten Anzeichen, wie machte sich das bemerkbar?
3. Wie haben Sie diese Zeit erlebt? Wie haben Sie den Wandel von SDAG zu GmbH miterlebt?
4. Was hat sich bei Ihnen verändert?
5. Wie ist es dann für Sie persönlich weitergegangen?

[Krankheit]

Bergbau ist ja auch mit Gefahren verbunden.

1. War und ist das Thema Berufskrankheit präsent?
2. Gab und gibt es in Ihrem Bekanntenkreis Personen, die aufgrund Ihrer Arbeit bei der Wismut erkrankt sind?
3. Sehen sich diese durch die Bundesrepublik genug unterstützt?

Im Falle einer Anerkennung der Berufskrankheit:

Wie sieht Ihre finanzielle Unterstützung in Ihrem Krankheitsfall aus?

Erzählen Sie uns von dem Prozess bis Ihre Krankheit als Berufskrankheit anerkannt wurde!

[Umwelt & Sanierung]

Welche Auswirkungen hatte die geplante Umstrukturierung des Betriebes und die Sanierung auf Ihre Arbeit und auf Sie persönlich? Beschreiben Sie bitte, was sich für Sie dadurch verändert hat und wie Sie dazu standen?

[Rolle/Präsenz der SED]

1. Welche Rolle spielten die SED sowie die Massenorganisationen wie FDJ oder DSF, in Ihrem Leben? Wie präsent waren diese in der Wismut?
2. Könnten Sie uns die Rolle der SED in ihrem (Arbeits)Alltag beschreiben?
3. Wie würden Sie Ihr politisches Selbstverständnis zur damaligen Zeit einschätzen?

[Arbeit]

Erzählen Sie uns von Ihrer Arbeit.

Wie sah ein ganz normaler Arbeitstag bei Ihnen aus?
Vom Aufstehen bis zum Schlafen gehen?

[Sowjetische Spezialist:innen/Beziehungen]

Wie haben Sie Ihre sowjetischen Kollegen oder Vorgesetzten wahrgenommen? Welche Präsenz hatten sie im Betrieb, aber auch im öffentlichen Bereich und was hatte es mit der Gesellschaft für Deutsch-Sowjetische Freundschaft auf sich? Wie würden Sie die Kontakte beschreiben? Reichten Sie auch bei Ihnen in den privaten Bereich?

[Identität/Zugehörigkeit/Modernität]

Die Wismut – was hat sie Ihnen bedeutet? Und was bedeutet sie Ihnen noch heute? Was hat Sie besonders geprägt? Was hat Sie bewogen, jeden Morgen aufzustehen und in die Wismut zu gehen und Ihre Arbeit zu verrichten? Haben die Beziehungen zu Ihren unmittelbaren Kumpel die Wismut überdauert? War es Ihnen bewusst, dass es ein besonderer Betrieb war?

[Abschluss]

Wollen Sie noch etwas erzählen, worüber wir noch nicht gesprochen haben?

[Gegenstände]
Haben Sie Dinge und Erinnerungsstücke, die Ihnen wichtig sind und die mit der Wismut in Zusammenhang stehen zeigen und uns etwas über die Bedeutung für Sie persönlich erzählen?

Anhang B Zeitzeug:innen nach Kategorien – Stand 30.09.2021

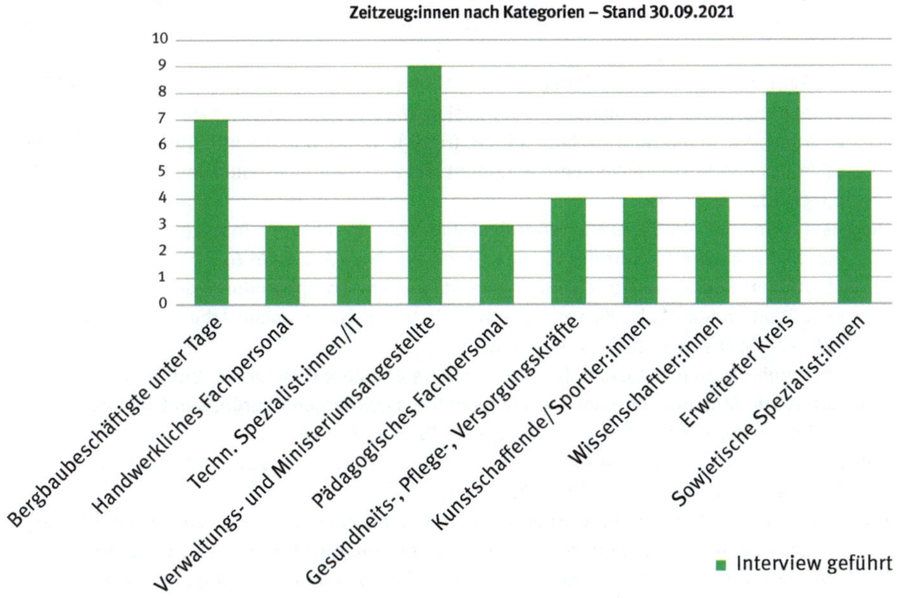

Tab. 1: Die Tabelle zeigt neben bergbauspezifischem Personal, wie Brigadiere und Hauer, weitere Berufssparten, wie pädagogisches Fachpersonal, Gesundheits- und Pflegedienste bzw. medizinisches Fachpersonal, Kunst- und Kulturschaffende, Wissenschaftler:innen, handwerkliches Fachpersonal, Dienstleistende, Verwaltungs- und Ministeriumsangestellte, Sportler:innen, technische Spezialist:innen sowie Kinder von Wismut-Angestellten, durch den Bergbau betroffene Anwohner:innen sowie sowjetische Mitarbeiter:innen

Literatur

Assmann, Aleida/Friese, Heidrun (Hrsg.): Identitäten. Erinnerung, Geschichte, Identität, Bd. 3, Frankfurt (Main) 1998 (= Suhrkamp-Taschenbuch Wissenschaft, Bd. 1404).

Ballhaus, Edmund: Rede und Antwort. Antwort oder Rede? Interviewformen im kulturwissenschaftlichen Film, in: Wossidlo, Joachim/Roters, Ulrich (Hrsg.): Interview und Film. Volkskundliche und Ethnologische Ansätze zu Methodik und Analyse, Münster u. a. 2003, S. 11–49.

Beleites, Michael: Altlast Wismut. Ausnahmezustand, Umweltkatastrophe und das Sanierungsproblem im deutschen Uranbergbau, Frankfurt (Main) 1992.

Beleites, Michael: Pechblende. Der Uranbergbau in der DDR und seine Folgen, Lutherstadt Wittenberg 1988.

Breckner, Roswitha: Von den Zeitzeugen zu den Biographen. Methoden der Erhebung und Auswertung lebensgeschichtlicher Interviews, in: Obertreis, Julia (Hrsg.): Oral History. Basistexte, Stuttgart 2012, S. 131–151.

Coumel, Laurent: Building a Soviet Eco-Power while Looking at the Capitalist World. The Rise of Technocratic Environmentalism in Russian Water Controversies, 1957–1989, in: Kirchhof, Astrid Mignon/McNeill, John R. (Hrsg.): Nature and the Iron Curtain. Environmental Policy and Social Movements in Communist and Capitalist Countries 1945–1990, Pittsburgh 2019, S. 17–35.

Die Wismut GmbH – ein Generationenprojekt und seine 25-jährige Erfolgsgeschichte, in: Dialog. Mitarbeiterzeitschrift der Wismut GmbH, Nr. 90, 2016, S. 6–67.

Karlsch, Rainer: Sonderzone und Leistungsregime. Uranerzbergbau durch die SDAG Wismut – ein „Staat im Staat", in: Kaiser, Paul (Hrsg.): Arbeit! Ostdeutsche Arbeitswelt im Wandel 1945–2015, Dresden 2015, S. 102–108.

Karlsch, Rainer: Uran für Moskau. Die Wismut. Eine populäre Geschichte, Berlin 2007.

Kirchhof, Astrid Mignon: For a decent quality of life. Environmental groups in East and West Berlin, in: Journal of Urban History 41, 4/2015, S. 625–646.

Kocka, Jürgen: Zivilgesellschaft in historischer Perspektive, in: Forschungsjournal Neue Soziale Bewegungen 16, 2/2003, S. 29–37.

Loewe-Hannatzsch, Sabine: Umweltpolitik im Uranerzbergbau der SAG/SDAG Wismut in der DDR, in: Der Anschnitt. Zeitschrift für Montangeschichte 72, 3–4/2020, S. 92–98.

Meissner, Michael: Schichtende. Kontroversen um Rückbau und Sanierung, in: Boch, Rudolf/Karlsch, Rainer (Hrsg.): Uranbergbau im Kalten Krieg. Die Wismut im sowjetischen Atomkomplex, Bd. 1: Studien, Berlin 2011, S. 355–398.

Niethammer, Lutz (Hrsg.): Lebenserfahrung und kollektives Gedächtnis. Die Praxis der „Oral History", Frankfurt (Main) 1985.

Obertreis, Julia: Oral History – Geschichte und Konzeptionen, in: dies. (Hrsg.): Oral History. Basistexte, Stuttgart 2012, S. 7–30.

Sabrow, Martin: Der Konkurs der Konsensdiktatur. Überlegungen zum inneren Zerfall der DDR aus kulturgeschichtlicher Perspektive, in: Jarausch, Konrad H./Sabrow, Martin (Hrsg.): Weg in den Untergang. Der innere Zerfall der DDR, Göttingen 1999, S. 83–118.

Sabrow, Martin/Frei, Norbert (Hrsg.): Die Geburt des Zeitzeugen nach 1945, Göttingen 2012 (= Geschichte der Gegenwart, Bd. 4; = Beiträge zur Geschichte des 20. Jahrhunderts, Bd. 14).

Sabrow, Martin/Saupe, Achim (Hrsg.): Historische Authentizität, Göttingen 2016.

Schütterle, Juliane: Kumpel, Kader und Genossen: Arbeiten und Leben im Uranbergbau der DDR. Die Wismut AG, Paderborn 2010 (= Sammlung Schöningh zur Geschichte und Gegenwart).

Wierling, Dorothee: Geboren im Jahr Eins. Der Jahrgang 1949 in der DDR. Versuch einer Kollektivbiographie, Berlin 2002.

Wierling, Dorothee: Oral History, in: Maurer, Michael (Hrsg.): Aufriß der historischen Wissenschaften, in sieben Bänden, Bd. 7: Neue Themen und Methoden der Geschichtswissenschaft, Stuttgart 2003 (= Reclams Universal-Bibliothek, Nr. 17033), S. 81–151.

Internetressourcen

AGURMINE: Ein Reader anlässlich der Wander-Ausstellung. Uran – oder das Recht auf Leben? Ein SchülerInnen-Studierenden Projekt zum Thema Uranabbau und den Folgen. Marburg 2004. Unter: https://www.gruene-tuttlingen.de/fileadmin/gruene-tuttlingen/texte/Uranabbau.pdf (Eingesehen: 15.02.2022).

Brüggerhoff, Stefan u. a.: Umsetzungskonzept Wismut-Erbe, Bochum 2019. Unter: https://www.bergbautraditionsverein-wismut.de/media/files/umsetzungskonzept-wismut-erbe_final.pdf (Eingesehen: 15.02.2022).

Bundesamt für Strahlenschutz: Wismut-Kohortenstudie. Unter: https://www.bfs.de/DE/bfs/wissenschaft-forschung/projekte/wismut/wismut_node.html (Eingesehen: 15.02.2022).

Daenecke, Rudolf: Berlin, Bad Schlema, Interview am 21.01.2021. Unter: https://wismut.saw-leipzig.de/content/de/bestaende/zeitzeugen-interviews/interview-mit-daenecke-rudolf (Eingesehen: 15.02.2022).

Dame, Florentine, Der Sinnlosigkeit des Leidens einen Sinn geben, in: Die Welt vom 18.2.2016. Unter: https://www.welt.de/regionales/nrw/article152390610/Der-Sinnlosigkeit-des-Leidens-einen-Sinn-geben.html (Eingesehen: 15.02.2022).

Fischer, Hans-Georg: Gera, Interview am 09.09.2020. Unter: https://wismut.saw-leipzig.de/content/de/bestaende/zeitzeugen-interviews/interview-mit-fischer-hans-georg (Eingesehen: 15.02.2022).

Geyer, Siegrfried: Aue-Bad Schlema, Interview am 11.06.2021. Unter: https://wismut.saw-leipzig.de/content/de/bestaende/zeitzeugen-interviews/interview-mit-geyer-siegfried (Eingesehen: 15.02.2022),

Jarausch, Konrad H.: Aufbruch der Zivilgesellschaft. Zur Einordnung der friedlichen Revolution von 1989, in: Totalitarismus und Demokratie 3, 1/2006, S. 25–46. Unter: https://hait.tu-dresden.de/media/zeitschrift/TD_03_01_Jarausch.pdf (Eingesehen: 15.02.2022).

Jarausch, Konrad H.: Fürsorgediktatur. Version 1.0, in: Docupedia-Zeitgeschichte, 11.02.2010. Unter: http://docupedia.de/zg/F.C3.BCrsorgediktatur (Eingesehen:15.02.2022).

Karlsch, Rainer: Die Zukunft des Wismut-Erbes. Ein interdisziplinäres Forschungs-Forum der Sächsischen Akademie der Wissenschaften zu Leipzig. Unter: https://youtu.be/5hern1B-uPs (Eingesehen: 15.02.2022).

Karlsch, Rainer: Urangeschichten der Wismut S(D)AG. Erinnerungen an den größten Bergbaubetrieb der DDR. Unter: https://wismut.hypotheses.org/die-wismut (Eingesehen: 15.02.2022).

Le Monde diplomatique u. a.: Uranatlas. Daten und Fakten über den Rohstoff des Atomzeitalters, Berlin 2019. Unter: https://www.rosalux.de/fileadmin/rls_uploads/pdfs/sonst_publikationen/URANATLAS_final.pdf (Eingesehen: 15.02.2022).
Möller, Horst: Erinnerung(en), Geschichte, Identität, in: Aus Politik und Zeitgeschichte B 28, 2001: Zeitgeschichte. Nicht nur ein wissenschaftliches Verhältnis, S. 8–14. Unter: https://www.bpb.de/apuz/26151/erinnerungen-geschichte-identitaet?p=all (Eingesehen: 15.02.2022).
Sabrow, Martin, in: Sächsische Akademie der Wissenschaften zu Leipzig: Immer noch Geheimsache? Sprechen über die Wismut heute. Mittweida, Leipzig, 29.04.2021. Unter: https://youtu.be/5hern1B-uPs (Eingesehen: 15.02.2022).
Schade, Hartmut: Geheimsache Wismut. Zeitzeugenprojekt, MDR Zeitreise (04.05.2021). Unter: https://www.mdr.de/zeitreise/wismut-erbe-uranbergbau-geologie-kunstsammlung-akademie-100.html (Eingesehen: 15.02.2022).
Staatsbürgerkunde, vom Leben in der DDR: Übertage. Vom Aufbau, Abbau und Umbau. (10.04.2021). Unter: https://www.staatsbuergerkunde-podcast.de/ueber-tage/ (Eingesehen: 15.02.2022).
Wismut GmbH: Die Finanzierung der Wismut. Unter: https://www.wismut.de/de/wismut_finanzierung.php (Eingesehen: 15.02.2022).
Wismut GmbH (Hrsg.): Chronik der Wismut. Mit erweitertem Sanierungsteil (1998–2010), Chemnitz 2010. Unter: https://www.wismut.de/de/wismut_chronik.php (Eingesehen: 15.02.2022).

Jörg Dettmar

Rekultivierung von Bergehalden im Ruhrgebiet

Beobachtungen und Erfahrungen

Bergehalden als prägende Elemente der Industrielandschaft

Der Steinkohlenbergbau hat die Topographie des Ruhrgebiets maßgeblich verändert. Besonders in der einstmals flachen „Emscherzone" fallen die Bergehalden als künstliche Erhebungen auf. Bis 2012 wurden geschätzt ca. 7 Mrd. t Steinkohle im Ruhrgebiet abgebaut.[1] Die Menge des mit der Kohle zu Tage geförderten Begleitgesteins nahm mit der immer weiter automatisierten Abbautechnologie zu. In den 1940er-Jahren lag der Anteil bei 18 %, um 1970 bei 37 % und ab den 1980er-Jahren bei 47 bis 49 %.[2] Das Jahresvolumen der Aufhaldung betrug 1980 ca. 38 Mio. t, mit dem Rückgang der geförderten Kohlemengen nahm auch das Aufkommen des Bergematerials kontinuierlich ab, 1996 wurden noch 17,6 Mio. m^3 geschüttet.[3] Rund drei Viertel der Massen mussten deponiert werden, den Rest hat man als Baustoff oder Füllmaterial z. B. im Damm- oder Deichbau sowie Bahn- und Straßenbau eingesetzt. Ein kleinerer Anteil wurde zurück unter Tage transportiert und als Versatz genutzt, um Bergsenkungen zu verringern.[4]

Eine vollständige Übersicht aller Haldenstandorte und Ablagerungen von Bergematerial im Ruhrgebiet gibt es nicht. Insbesondere aus der frühen Phase des Bergbaus vor dem 19. Jahrhundert im Ruhrtal fehlen entsprechende Daten. Allerdings wurde im Rahmen des Forschungsprojektes CultNature (2013) die bislang umfangreichste Recherche zur Erhebung von Bergbauflächen im Ruhr-

1 RVR – Regionalverband Ruhr (Hrsg.): Gipfelstürmen in der Metropole Ruhr. Haldenerlebnis bei Tag und Nacht! Broschüre, Essen 2012.

2 Vgl. Blaurock, Helmut: Report on Mine Tips in the Ruhr, in: KVR – Kommunalverband Ruhr (Hrsg.): Internationale Haldenfachtagung. International symposium of mine spoil heaps, Essen, 7. bis 10. September 1982, Begleitbuch zur Haldenfachtagung, Essen 1982; Riedel, Detlef/RVR (Hrsg): Das Revier bekommt Profil: Bergehalden im Ruhrgebiet, Essen 1997 (= Schulbuchinformationsdienst Ruhrgebiet, Nr. 29).

3 Riedel/RVR, Revier bekommt Profil.

4 Ebd.

https://doi.org/10.1515/9783110785289-007

gebiet durchgeführt.[5] Dazu hat man die Bergbaukarte des Regionalverbandes Ruhr (RVR) von 1960 (die letzte vergleichsweise vollständige Übersichtskarte der Bergwerke und Schachtanlagen des Ruhrgebiets) mit der aktuellen Flächennutzungskartierung des RVR aus den Jahren 2009/2010 verschnitten. Ergänzend wurden zahlreiche weitere Quellen ausgewertet, die bis in die 1920er-Jahre zurückreichen, um die Flächen exakter bestimmen zu können.[6] Damit ergab sich eine vergleichsweise umfangreiche Übersicht mit Bezug auf die letzten 90 Jahre. Ziel der Untersuchung war auch, die aktuelle Flächennutzung dieser ehemaligen Bergbauflächen zu ermitteln. Die umfangreiche Datensammlung und Kartendarstellung enthält Angaben über die Lage und Flächengröße von Halden inklusive – soweit verfügbar – Schüttbeginn und -ende. Nach dieser Übersicht gab es zu diesem Zeitpunkt im RVR-Gebiet insgesamt 211 Bergehalden mit einer Gesamtfläche von rund 4903 ha.

Erste Versuche der Haldenbegrünung von einzelnen Bergwerken sind bereits seit Ende des 19. Jahrhunderts bekannt.[7] Im Jahr 1951 rief die Regierung des Landes Nordrhein-Westfalen (NRW) zur stärkeren Haldenbegrünung auf und es wurden von staatlicher und kommunaler Seite Finanzmittel für Bepflanzungsmaßnahmen an einzelnen Halden zur Verfügung gestellt. In der Folge hat man eine Reihe von Begrünungsversuchen durchgeführt und diese auch wissenschaftlich dokumentiert.[8] Beteiligt waren u. a. die Bundesforschungsanstalt für Forst- und Holzwirtschaft und der Siedlungsverband Ruhrkohlenbezirk (SVR; 1979–2004 Kommunalverband Ruhr (KVR), seit 2004 bis heute Regionalverbund Ruhr (RVR)). In den 1960er- und 1970er-Jahren wurden Richtlinien für die Haldenrekultivierung eingeführt und in den 1980er-Jahren noch weiter verschärft.[9]

Seit den 1980er-Jahren hat der damalige Kommunalverband Ruhr (KVR) insgesamt 37 Halden mit rund 1200 ha von der Ruhrkohle AG (RAG) erworben, weiterentwickelt und für die Bevölkerung als Erholungsgebiete geöffnet. Nach

5 Vgl. Krüger-Charlé, Michael/Paul, Hansjürgen/Becker, David: Ruhrbergbau und Strukturwandel: Probleme und Potentiale bei der Nutzung ehemaliger Bergbauflächen im Ruhrgebiet, Gelsenkirchen 2013 (= Forschung Aktuell, No. 07/2013). Unter: urn:nbn:de:0176-201307013 (Eingesehen: 10.02.2022).

6 Vgl. ebd.

7 Mellinghoff, Klaus: Problem und Zielsetzung, in: Knabe, Wilhelm u. a.: Haldenbegrünung im Ruhrgebiet, Essen 1968 (= Schriftenreihe Siedlungsverband Ruhrkohlenbezirk, Bd. 22), S. 7–9.

8 Vgl. Knabe u. a., Haldenbegrünung.

9 Vgl. ausführliche Darstellung dieser Entwicklungen bei Heinen, Ron-David: Vom „Kummer der Hausfrauen" zur Landmarke. Die Bergehalden des Ruhrgebiets und der Wandel des Mensch-Umwelt-Verhältnisses nach 1945, in: Der Anschnitt. Zeitschrift für Montangeschichte 72, 3–4/2020, S. 84–91.

dem Ende des Bergbaus (2018) ist man jetzt dabei, für insgesamt 23 Halden der RAG Aktiengesellschaft (RAG AG) mit rund 1300 ha Fläche, die zukünftige Nutzung zu planen.[10] Schrittweise sollen 20 Halden vom RVR übernommen werden.[11] Inzwischen liegt ein Rahmen-Nutzungskonzept zur Weiterentwicklung der Haldenstandorte vor.[12]

Typologie der Bergehalden und Deponien im Ruhrgebiet – Geschichte, Entwicklung, Dimensionen

Frühe Formen der Ablagerung von Bergematerial u. a. Hangböschungs-/Zungenhalden

Die Anfänge des Steinkohlenbergbaus im Ruhrgebiet reichen zurück bis in das 13. Jahrhundert. Im Ruhrtal wurde Kohle in Pingen oberirdisch abgebaut. Frühe Formen des Stollenbergbaus finden sich im 16. Jahrhundert.[13] Das bei der Kohlegewinnung anfallende Bergematerial wurde in der näheren Umgebung der Stollen untergebracht. Typisch für den Stollenbau im Ruhrtal sind Hangböschungshalden oder Zungenhalden. Sie entstanden, weil man das Bergematerial einfach den Hang hinunterschüttete. Zum Teil wurde damit vor dem Stollenmundloch eine Arbeitsfläche für den Tagesbetrieb des Abbaus geschaffen.

Vermutlich gab es einige hundert Stollen, oberirdisch ist davon heute nur noch wenig zu erkennen. Diese Stollen wurden zum Teil verfüllt, sind verfallen oder wurden in Notzeiten wie z. B. dem Zweiten Weltkrieg provisorisch wieder genutzt. Die Bergeablagerungen sind vielfach durch Abtragung, Erosion, Bodenentwicklung und Bewaldung nur sehr schwer erkennbar. Eine der wenigen

10 Vgl. RVR – Regionalverband Ruhr (Hrsg.): Rahmen-Nutzungskonzept zur Weiterentwicklung von Haldenstandorten in der Metropole Ruhr, RVR, Essen 2019. Unter: https://www.rvr-spd.de/wp-content/uploads/2021/01/Haldennutzungskonzept.pdf (Eingesehen: 10.02.2022).

11 Vgl. RAG Montan Immobilien: RVR übernimmt schrittweise 20 Halden von der RAG. Unter: https://www.rag-montan-immobilien.de/aktuelles/detail/t2_news/rvr-uebernimmt-schrittweise-20-halden-von-der-rag/ (Eingesehen: 10.02.2022).

12 Vgl. RVR, Rahmen-Nutzungskonzept.

13 Vgl. Schulz, Dietmar/Wiggering, Hubert: Die industrielle Entwicklung des Steinkohlenbergbaus und der Anfall von Bergematerial, in: Wiggering, Hubert/Kerth, Michael (Hrsg.): Bergehalden des Steinkohlenbergbaus. Beanspruchung und Veränderung eines industriellen Ballungsraumes, Wiesbaden 1991 (= Geologie und Ökologie im Kontext), S. 9–20.

noch erhaltenen und erkennbaren Zungenhalden im Ruhrtal, die vermutlich aus dem 18. Jahrhundert stammt, findet sich in Bochum-Dahlhausen bei der so genannten Scharpenseelsbäncke.[14]

Anfang des 18. Jahrhunderts sind 101 fördernde Zechen mit rund 34 000 t Gesamtförderung und 53 stillgelegte Zechen bekannt. Deren Zahl steigerte sich bis Ende des 18. Jahrhunderts auf 158 Zechen mit 230 000 t geförderter Kohle.[15] Die Menge des zu Tage geförderten Bergematerials – im Verhältnis zur gewonnenen Kohle – war zu dieser Zeit noch gering, da das taube Gestein bereits unter Tage beim Abbau per Hand getrennt wurde und teilweise im Stollen verblieb.

Anfang des 19. Jahrhunderts erlebte der Steinkohlenbergbau nach Einsatz der Dampfmaschine einen starken Aufschwung. Die Nordwanderung in die Emscherzone, und dann auch Hellwegzone, begann, nachdem das Durchteufen des Deckgebirges erstmalig mit dem Schacht Franz bei Essen 1832 gelungen war.[16] Die maschinelle Trennung des Nebengesteins von der Kohle erfolgte erstmals 1849 auf der Zeche Victoria Mathias in Essen mit der Einrichtung einer Kohlensieberei und -wäsche. Damit stiegen auch die Mengen des Bergematerials, die deponiert werden mussten, massiv an. Der Transport des Materials erfolgte zunächst per Förderwagen (Loren) und Handkarren. Ausgehend von einem nur wenige Meter hohen Hauptwall entstanden Seitenschüttungen (Fischgrätenhalde). Ein Beispiel dieses frühen Haldentyps existiert im Ruhrgebiet nicht mehr.

Einfache Aufschüttungen des Bergematerials von Kleinzechen aus dem 19. Jahrhundert kann man heute noch im Muttental in Witten-Bommern besichtigen. Die Halde der Zeche Vereinigte Hermann (erste Aktivitäten um 1883) ist nur wenige Meter hoch und heute Bestandteil des Bergbauwanderwegs Muttental. Während der Betriebszeit der Zeche Vereinigte Hermann wurde der Abraum aus dem Stollen über eine kurze Schleppbahn zur Bergehalde transportiert.[17]

---

14 Teil des Bergbaulehrpfades Bochum-Dahlhausen. Unter: http://www.bergmannstisch-bosued.de/lehrpfad.html (Eingesehen: 10.02.2022).

15 Pfläging, Kurt: Die Wiege des Ruhrkohlenbergbaus. Die Geschichte der Zechen im südlichen Ruhrgebiet, Essen [1978] 1980; Huske, Joachim: Die Steinkohlenzechen im Ruhrrevier. Daten und Fakten von den Anfängen bis 1986, Bochum 1987 (= Veröffentlichungen aus dem Deutschen Bergbau-Museum Bochum, Nr. 40).

16 Vgl. Pfläging, Wiege des Ruhrkohlenbergbaus.

17 Vgl. Huske, Joachim: Die Steinkohlenzechen im Ruhrrevier. Daten und Fakten von den Anfängen bis 2005, Bochum 2006 (= Veröffentlichungen aus dem Deutschen Bergbau-Museum Bochum, Nr. 144). Siehe auch Zeche Vereinigte Hermann (Witten) unter: http://de.wikipedia.org/wiki/Zeche_Vereinigte_Hermann_%28Witten%29 (Eingesehen: 10.02.2022).

Ebenfalls im Muttental findet man noch eine andere Form der Bergematerialschüttung. Es handelt sich um Abraum des Schachtes Juno. Schacht Juno wurde 1847 als Gemeinschaftsprojekt der Zechen Fortuna und Jupiter gebaut. Hier hat man den Lauf des Muttenbaches an den gegenüberliegenden Talrand verlegt und das Tal teilweise mit Bergematerial aufgefüllt, um einen ausreichend großen Zechenplatz zu schaffen.[18]

Halden der 1. Generation: Spitzkegel- bzw. Kegelsturzhalden, Plateau- oder Rückenhalden

Nach dem Einsatz der automatisierten Aufbereitung in den größeren Bergwerken ab Mitte des 19. Jahrhunderts wurden das Bergematerial oft per Schrägaufzug in unmittelbarer Nähe zu den Schächten aufgeschüttet. Es entstand die erste Haldengeneration der industriellen Förderung in Form von Spitzkegel- bzw. Kegelsturzhalden, Plateau- oder Rückenhalden. Die Haldengrundrisse ergaben sich vor allem aus der verfügbaren Fläche auf der Schachtanlage, den Grundstücksgrenzen, der Geländemorphologie, der jeweils verfügbaren technischen Infrastruktur und der Erschließung. Im Durchschnitt waren diese Halden um die 19 m hoch, unter 10 ha groß und hatten bis zu 40° Grad steile Böschungen.[19]

Die lockere Schüttung des Gesteins bedingte eine Entmischung des Schüttgutes und das gröbere Material sammelte sich am Haldenfuß. Der durch die lockere Schüttung mögliche Sauerstoffeintrag, das eindringende Niederschlagswasser und der hohe Kohleanteil von bis zu 20 % führte bei vielen dieser Halden zur Selbstentzündung.[20]

Im Ruhrgebiet herrschte der Typ der Plateauhalde gegenüber Kegelformen, Rundformen und nur wenigen Rückenhalden vor.[21] Bei den Plateauhalden wurde aufgrund einer ausreichend großen Grundfläche kein höherer Spitzkegel geschüttet, sondern in der durch den Schrägaufzug gut erzielbaren Höhe (ca. 20 m) ein Plateau angelegt.

Die älteste im Ruhrgebiet noch erhaltene Halde dieses Typs ist die Halde Zollverein 1/2 auf dem Gelände des Welterbes Zollverein in Essen-Katernberg.

---

18 Vgl. Hellmann, Sebastian: Der Bergbauwanderweg im Muttental in Witten. Unter: http://www.ruhrgebiet-industriekultur.de/muttental.html (Eingesehen: 10.02.2022).

19 Hofmann, Wolfgang/Winter, Thomas: Steinkohlebergehalden als Landschaftsbauwerke, in: Wiggering/Kerth (Hrsg.), Bergehalden des Steinkohlenbergbaus, S. 33–46.

20 Schulz/Wiggering, Industrielle Entwicklung Steinkohlenbergbau.

21 Hofmann/Winter, Steinkohlebergehalden.

Sie entstand ab 1848 mit Beginn des Abteufens des Schachtes 1 und wurde bis 1895 geschüttet.[22] Diese Halde ist nicht nur wegen ihres Alters und des geringen Grades der späteren Überformung bemerkenswert. Sie gehört auch zu den Halden, bei denen ab 1890 zum ersten Mal ein planmäßiges Aufforsten mit Birken und Robinien versucht wurde.[23] Eine genaue Beschreibung der Versuche findet sich 1968 bei Wilhelm Knabe (1923–2021).[24] Die ältesten, mehr als 100 Jahre alten Robinienbestände haben inzwischen ihre Zerfallsphase erreicht, und die natürliche Sukzession führt zu einem gemischten Gehölzbestand, in dem inzwischen auch Bergahorn und Eiche vertreten sind.

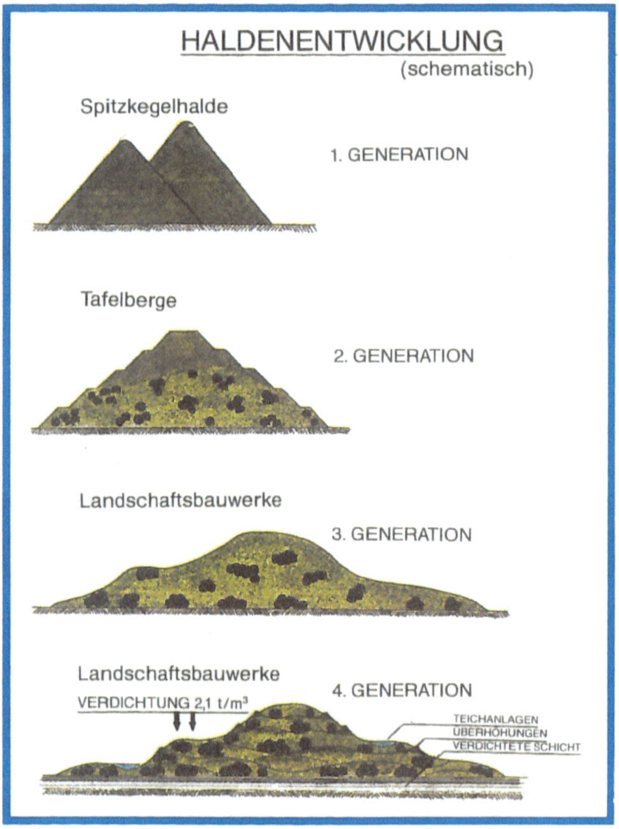

Abb. 1: Schemabild zur Entwicklung der Rekultivierung von Bergehalden, 1989

---

22 Vgl. Knabe, u. a., Haldenbegrünung im Ruhrgebiet.
23 Vgl. ebd.
24 Vgl. ebd.

Der Typ der Rückenhalde, bei dem ein längerer Haldenkörper aufgeschüttet wird, war im Ruhrgebiet selten. Möglicherweise diente dies auch der Abschirmung gegenüber der angrenzenden Bebauung. Eine der wenigen Halden dieser Art war z. B. die Möller-Halde in Gladbeck-Rentfort. Sie gehörte zur Zeche Moeller, die aus der Zeche Vereinigte Gladbeck hervorging, in der zuvor u. a. die Schachtanlage Thyssen 1/2 aufgegangen war, mit der 1895 der Bergbau an diesem Standort begann. Zuletzt gehörten diese Anlagen zum Verbundbergwerk Rheinbaben, dessen Aktivitäten 1967 endeten. Allerdings ist nicht bekannt, wann diese Halde in dieser Form letztlich entstanden ist.[25] Die Halde wurde bei der Anlage einer Gewerbefläche in den 1970er-Jahren weitgehend abgebaut. Ein Teil ist als eine Art Damm geblieben, der sich mit einer Höhe von ca. 13 m auf einer Länge von etwa 1 km in einem halbkreisförmigen Bogen erstreckt.

Eine weitere Halde, die sich diesem Typ zuordnen lässt, befindet sich auf dem Gelände der ehemaligen Zeche Rheinelbe (Schacht 1/2/6) in Gelsenkirchen-Ückendorf. Der erste Schacht dieses Bergwerks wurde 1855 abgeteuft. Die alte Bergehalde auf dem Schachtgelände wurde vermutlich ab ca. 1860 angelegt und durch die wechselvolle Geschichte des Bergwerks in verschiedenen, kaum noch nachzuvollziehenden Etappen geschüttet.[26] Teile der Halde wurden nach einem Haldenbrand zur Gewinnung von „Haldenrot“ in den 1960er-Jahren abgetragen. Die ältesten Teile der Halde im Norden des Geländes sind aber vermutlich seit ca. 1900 weitgehend unverändert. Auch hier gab es nach Einschätzung des Autors Anfang des 20. Jahrhunderts Versuche einer Haldenbegrünung.

Echte Spitzkegelschüttungen gab es im Ruhrgebiet eher selten, und die meisten verschwanden nach dem Zweiten Weltkrieg. Eine der wenigen noch erhaltenen Bergehalden dieses Typs ist die Halde Gotthelf in Dortmund-Hombruch. Sie wurde von der Zeche Glückauf-Tiefbau (1792–1925) zuletzt mittels einer Seilbahn beschickt.[27] Die Spitze der Halde wurde in späteren Jahren abgeflacht und ein Plateau gebildet, das als Aussichtspunkt genutzt wird.

---

25 Vgl. Hermann, Wilhelm/Hermann, Gertrude: Die alten Zechen an der Ruhr: Vergangenheit und Zukunft einer Schlüsseltechnologie; mit einem Katalog der „Lebensgeschichten“ von 477 Zechen, Königstein im Taunus [1981] 2008. Siehe auch Zeche Möller unter: http://de.wikipedia.org/wiki/Zeche_M%C3%B6ller (Eingesehen: 10.02.2022).

26 Vgl. Gebhardt, Gerhard: Ruhrbergbau: Geschichte, Aufbau und Verflechtung seiner Gesellschaften und Organisationen, unter Mitwirkung der Gesellschaften des Ruhrbergbaus, Essen 1957. Siehe auch Zeche Rheinelbe unter: http://de.wikipedia.org/wiki/Zeche_Rheinelbe (Eingesehen: 10.02.2022).

27 Vgl. Hermann/Hermann, Die alten Zechen an der Ruhr. Siehe auch Zeche Glückauf-Tiefbau unter: http://de.wikipedia.org/wiki/Zeche_Gl%C3%BCckauf-Tiefbau (Eingesehen: 10.02.2022).

Abb. 2: Halde Rheinelbe-Nord Gelsenkirchen-Ückendorf – eine der wenigen noch erhaltenen Rückenhalden im Ruhrgebiet, 1994

Heute sind, wie bereits erwähnt, nur noch wenige Halden der ersten Generation im Ruhrgebiet zu finden. Der Haldenbrand ist dafür ein wesentlicher Grund. Viele der durchgebrannten Halden wurden aus wirtschaftlichen Gründen wieder abgetragen, da das sehr viel härtere Gesteinsmaterial „Haldenrot" oder „rote Asche" ein begehrter Baustoff war. Einige Halden wurden auch im Rahmen einer aktiven Brandbekämpfung abgetragen oder abgedeckt. Außerdem wurden viele alte Halden durch neue Überschüttungen überformt.[28]

Massive Staub- und Rauchbelästigungen, Erosionen und das als hässlich empfundene Erscheinungsbild der meist nicht begrünten Halden erzeugten den Unmut der betroffenen Bevölkerung. Daran konnte auch die in den 1950er-Jahren durchgeführte „Begrünungsaktion Ruhrkohlenbezirk" des SVR und der Schutzgemeinschaft Deutscher Wald (SDW) nicht viel ändern.[29] Auch aus diesen Gründen wurden 1967 neue Richtlinien für Bergehalden erlassen. Diese regelten die Schütttechnik, die maximale Böschungsneigung und eine bestimmte

28 Vgl. Dortmann, Hans-Dieter/Hein, Norbert: Haldenbrände, in: Wiggering/Kerth (Hrsg.), Bergehalden des Steinkohlenbergbaus, S. 103–114.

29 Vgl. Schulz, Dietmar: Begrünung von Steinkohlehalden: Die Begrünungsmaßnahmen bis Mitte der 80er Jahre, in: Wiggering/Kerth (Hrsg.), Bergehalden des Steinkohlenbergbaus, S. 163–166.

Gliederung des Haldenkörpers sowie dessen Begrünung. Damit wurde die mehr oder minder regelfreie Verkippung von Bergematerial beendet und die nächste Haldengeneration der Tafelberge begründet.[30]

Halden der 2. Generation: Tafelberge

Neben den Umweltproblemen und der Haldenbrandgefahr spielten bei der Entwicklung der neuen Haldengeneration auch Umstrukturierungen des Bergbaus eine Rolle. Schon bevor die Ruhrkohle AG 1968 gegründet und damit fast alle Bergbaugesellschaften zusammengelegt wurden, hatten bereits massive Konzentrationsprozesse hin zu Verbundbergwerken stattgefunden. Mit der gesteigerten Förderung wurde eine rationellere und ökonomisch verbesserte Unterbringung der größeren Bergemengen erforderlich. Soweit es die Platzverhältnisse zuließen, überformte man alte Plateauhalden. Die Dimension der Halden vergrößerte sich erheblich auf 40 ha bis 60 ha und machte einen ingenieurtechnisch geplanten Aufbau der Halden notwendig.[31]

Nach der Gründung der RAG AG konzentrierte man sich auf wenige, leistungsfähige Schachtanlagen, deren oberirdische Betriebsflächen jedoch meist nicht ausreichten, um die gewaltigen Mengen an Bergematerial aufzunehmen. Notwendig wurden neue, nicht zu weit entfernte Haldenstandorte, die möglichst gleich von mehreren Schachtanlagen genutzt werden konnten.[32]

Nach den Haldenrichtlinien von 1967 entstanden nun terrassierte Tafelberge mit künstlichen, technischen Konturen. Für die Einbindung einer Tafelberghalde in die Landschaft und für eine erfolgreiche Begrünung galt zunächst eine Schütthöhe bis zur „doppelten Baumhöhe" – also ca. 40 m – als akzeptabel. Diese „Faustregel" des SVR hatte aber nur Empfehlungscharakter. Tatsächlich wurde eine ganze Reihe von Tafelbergen von Anfang an deutlich höher geplant, wie z. B. die Halde Haniel in Bottrop mit einer Schütthöhe von 90 m.[33]

Die Terrassierung erfolgte durch den Aufbau horizontaler Hangbermen, wobei die Sockelscheibe 12 m und alle folgenden Schüttscheiben 8 m Stärke hatten. Die Böschungsneigung war anfangs mit 1:2 festgelegt, später wurde sie auf 1:1,5 verändert. Das Bergematerial wurde dabei verdichtet eingebaut. Weitere Rahmenbedingungen, die genau untersucht und geplant werden mussten, wa-

---

30 Vgl. Schulz/Wiggering, Industrielle Entwicklung Steinkohlenbergbau; Heinen, „Kummer der Hausfrauen".

31 Vgl. Hofmann/Winter, Steinkohlebergehalden als Landschaftsbauwerke.

32 Vgl. Schulz/Wiggering, Industrielle Entwicklung Steinkohlenbergbau.

33 Vgl. Hofmann/Winter, Steinkohlebergehalden als Landschaftsbauwerke.

ren die Basisabdichtung, mögliche Setzungen, die Entwässerung des Haldenkörpers und die systematische Begrünung. Es war notwendig, die praktischen Erfahrungen mit diesen neuen Ingenieurbauwerken auszuwerten und die Planungen ständig zu anzupassen.

Eine ganze Reihe von Bergehalden wurde vor allem in der nördlichen Emscherzone nach diesen Richtlinien ab 1967 gestaltet. Einige davon sind in der Folge auf der Basis neuer Richtlinien („Landschaftsbauwerke") im Laufe der Schüttungen überplant und leicht modifiziert worden, wie die Halde Haniel in Bottrop oder die Halde Schwerin in Castrop-Rauxel. Zwei Tafelberge sind allerdings auch heute noch in der Emscherzone besonders präsent und weithin wahrnehmbar: Die Halde Oberscholven (begonnen 1966) in Gelsenkirchen-Scholven und die Halde Beckstraße (begonnen 1969) in Bottrop-Batenbrock.

Die Halde Oberscholven wurde von 1966 bis 1987 mit Bergematerial aus den Zechen Scholven, Bergmannsglück und Emscher-Lippe geschüttet. Mit einer aufgeschütteten Höhe von fast 140 m ist sie die höchste Halde des Ruhrgebiets. In ihrem Inneren befindet sich ein Trinkwasserröhrenspeicher der Gelsenwasser AG mit einem Volumen von 36 000 m^3. Auf ihrem höchsten Punkt steht seit 1994 ein Gipfelkreuz. Außerdem wurden eine Seilscheibe, ein Sendemast und 2010 auch zwei Windkraftanlagen mit einer Nabenhöhe von ca. 100 m errichtet. Die Halde ist für die Öffentlichkeit nur im Rahmen von Führungen oder Veranstaltungen zugänglich.[34]

Die Halde Beckstraße wurde von 1969 bis 1993 mit Bergematerial von der benachbarten Zeche Prosper aufgeschüttet, ebenso wie die benachbarte Halde Prosperstraße. Die Schütthöhe beträgt knapp 80 m und das Haldenvolumen rund 12 Mio. m^3. Der RVR hat die Halde 1994 übernommen, im gleichen Jahr wurde im Rahmen der Internationalen Bauausstellung (IBA) Emscher Park das „Haldenereignis Emscherblick" in Form eines knapp 60 m hohen Stahltetraeders errichtet. Dies bildete den Auftakt einer Reihe von spektakulären Landmarken auf Halden und Deponien im Ruhrgebiet.[35]

Ab Mitte der 1970er-Jahre wurden die ursprünglich technisch konzipierten Tafelberge zunehmend landschaftsgestalterisch modifiziert. Nun wurden Landschaftsarchitekten in die Gestaltung einbezogen und die landschaftspflegerischen Begleitpläne entsprechend weiterentwickelt. Die Plateauebenen erhielten

34 Vgl. Berke, Wolfgang: Über alle Berge. Der definitive Haldenführer Ruhrgebiet, Essen 2010. Siehe auch Halde Oberscholven unter: http://de.wikipedia.org/wiki/Halde_Oberscholven (Eingesehen: 10.02.2022).

35 Vgl. unter: http://www.ruhrgebiet-industriekultur.de/tetraeder.html; https://www.route-industriekultur.ruhr/fileadmin/user_upload/03_Route_Industriekultur_Microsite/8_Themenrouten/X_PDF/2020_TR25_Panoramen_und_Landmarken_RIK.pdf (Beide eingesehen: 10.02.2022).

weichere, hügelige Kuppen und die Böschungsausformungen wurden organischer. Dies geschah auch in Hinblick auf die immer wichtiger werdenden Nutzungsvorstellungen für die Halden nach der Schüttung. Freizeitbezogene Nutzungen für Sport und Naherholung standen dabei im Vordergrund. Einzelne Halden hatten zwischenzeitlich Größen von über 100 ha erreicht. In dieser Zeit nahmen die Diskussionen über Umwelt- und Landschaftsschutz deutlich zu, wodurch sich der Bergbau einem wachsenden Legitimationszwang für diese Großdeponien ausgesetzt sah.[36]

1974 legte die RAG AG ein Haldenkonzept mit massiven Flächenansprüchen für zukünftige Haldenstandorte vor. Im Jahr 1979 gab es im Gebiet des RVR rund 235 Halden mit einer Gesamtfläche von 2544 ha. Im Zuge der neuen Gebietsentwicklungspläne, erarbeitet durch die zwischenzeitlich zuständigen Bezirksregierungen, wurden weitere Haldenflächen geplant.[37] Dies führte zu erheblichen Widerständen der Kommunen und von Bürgern gegen neue Haldenstandorte.[38]

Um die Akzeptanz für neue Halden zu erreichen, wurde auf Initiative von Landesministerien 1982 ein Rahmenvertrag mit dem Bergbau geschlossen, der wesentliche Fragen der Haldenwirtschaft neu regelte. Dazu zählten die Rekultivierung und Wiedernutzbarmachung, der verträglichere Transport von Bergematerial für die Wohnbevölkerung, ein verbessertes Verfahren der Betriebsplanung, der Grunderwerb und notwendige begleitende Forschungen.[39]

Die im Ruhrgebiet Anfang der 1980er-Jahre sehr intensiv geführte öffentliche Diskussion über die Bergehalden drückt sich in einer Vielzahl von Presseartikeln aus. Der RVR führte 1982 eine internationale Haldentagung im Ruhrgebiet durch, die auf ein breites Interesse verschiedener wissenschaftlicher Disziplinen stieß.[40] Insbesondere die Erfahrungen der Haldenbegrünung und -rekultivierung aus dem Ruhrgebiet waren international gefragt.

Bis 1984 genehmigte die Landesplanung in den Bezirksregierungen neue Haldenstandorte, die den Bergbau bis über das Jahr 2000 sichern sollten. Neue Bergehalden benötigten auf dieser Basis dann die Genehmigung im Rahmen eines Betriebsplanverfahrens nach dem Bergrecht des Bundes. In den Richtlinien

---

36 Vgl. Heinen, „Kummer der Hausfrauen".

37 Vgl. Archiv im Haus der Geschichte des Ruhrgebiets (AHGR) Bochum, Regionalverband Ruhr, 01-60.07.00. Karo-Club. Aufreißen abgeschlossener Halden, Vermerk zur Sitzung des Koordinationsausschusses Raumordnung (KARO) beim SPD-Landesvorstand NW am 17. September 1981, Anlage 1: Halden im Ruhrgebiet (1979); vgl. Blaurock, Report on Mine Tips.

38 Vgl. Innovationsförderungs- und Technologietransferzentrum der Hochschulen des Ruhrgebietes (ITZ) 1, 1982, Ausgabe 2: Schwerpunktheft „Bergewirtschaft".

39 Vgl. Schulz/Wiggering, Industrielle Entwicklung Steinkohlenbergbau.

40 Vgl. KVR, Internationale Haldenfachtagung.

für die Zulassung von Bergehalden im Bereich der Bergaufsicht (1984) und in den Grundsätzen für die Anlegung und Wiedernutzbarmachung von Bergehalden des Steinkohlenbergbaus (1985) wurden durch das Land NRW bzw. das Landesoberbergamt NRW neue Gestaltungsgrundsätze für die nächste Generation der Bergehalden als so genannte „Landschaftsbauwerke" festgelegt.[41]

Halden der 3. und 4. Generation: Landschaftsbauwerke

Ab Mitte der 1980er-Jahre wurden damit ökologische, landschaftsgestalterische sowie freiraumplanerische Aspekte ebenso wie ein vorsorgender Umweltschutz zu zentralen Bestandteilen der Planung von Bergehalden. Die Bezeichnung „Landschaftsbauwerk" hat also durchaus einen komplexeren Hintergrund, da es um eine integrative, ganzheitliche Lösung aller räumlich-strukturellen, ökologischen, gestalterischen und technischen Anforderungen geht. Sie sollen eine optimale Einbindung in den Landschaftsraum und so weit wie möglich die Kompensation von Eingriffen in Natur und Landschaft gewährleisten.[42] Zum einen wurden nach diesen Grundsätzen bereits begonnene Haldenschüttungen, für die eine Erweiterung der Schüttmengen vorgesehen war, im Rahmen einer Überarbeitung des Betriebsplanverfahrens und neuer landschaftspflegerischer Begleitpläne umgeplant und -gestaltet. Dies bedeutete die Umformung von einem Tafelberg hin zu einem Landschaftsbauwerk wie z. B. bei der Halde Haniel in Bottrop, deren Höhe gegenüber den ursprünglich geplanten 90 m auf rund 120 m gesteigert wurde. Weitere Landschaftsbauwerke, die auf älteren Haldenstandorten entstanden, sind u. a. die Halde Rungenberg in Gelsenkirchen, die Halden Hoheward und Hoppenbruch, die inzwischen einen Teil des Landschaftsparks Hoheward an der Grenze von Herten und Recklinghausen bilden, die Schurenbachhalde in Essen und die Halde Großes Holz in Bergkamen.

Die landschaftsarchitektonische Gestaltung des Haldenkörpers hat sich seit Mitte der 1980er-Jahre auf der Basis entsprechender Erfahrungen immer weiterentwickelt. Man kann bei den Landschaftsbauwerken verschiedene Entwicklungsstufen differenzieren.[43] Wichtig für die Planung der Landschaftsbauwerke ist vor allem die landschaftsräumliche Fern- und Nahwirkung, die Schüttung in Phasen, eine stufenweise Öffnung der Halden für die Erholungsnutzung, die

---

41 Vgl. Schulz/Wiggering, Industrielle Entwicklung Steinkohlenbergbau.

42 Vgl. Hofmann/Winter, Steinkohlebergehalden.

43 Vgl. Dettmar, Jörg/Ganser, Karl (Hrsg.): IndustrieNatur – Ökologie und Gartenkunst im Emscher Park, Stuttgart 1999.

Abschirmung der aktiven Haldenschüttung durch schnell begrünte Vorschüttungen und der Lärmschutz durch Einschnitte für Transportwege.

Mittels geschwungener Haldenrandlinien, unterschiedlicher Böschungsneigungen zwischen 1:1 und 1:4 (teilweise sogar noch flacher), vorstoßender Hangnasen, Einbuchtungen und Staffelung von Kuppen wird versucht, ein abwechslungsreiches, organisches Bild zu erzielen.[44] Darauf abgestimmt ist eine differenzierte und variierende Haldenbegrünung mit Bäumen, Sträuchern, aber auch Wieseneinsaaten das Ziel. Gelegentlich werden aus Naturschutzgründen spezifische Trocken- oder Feuchtbiotope zusätzlich angelegt. Integriert in das Böschungs- und Bermensystem wird von Anfang an das zukünftige Wegesystem geplant. Ein besonderer Punkt ist, wie bereits bei den Tafelbergen, das Niederschlagswassermanagement, um Erosionen und Hangrutschungen zu vermeiden. Mittels Drainagen und Schächten wird ein entsprechendes Entwässerungssystem aufgebaut. Stellenweise nutzt man dies auch zur gezielten Bewässerung der gepflanzten Sträucher und Bäume.

Abb. 3: Halde Hoppenbruch, Herten – Landschaftsbauwerk mit differenzierter Gehölzpflanzung u. a. Schwarzkiefersolitäre sowie Regenrückhaltebecken/Feuchtbiotop, 1992

44 Vgl. ausführliche Beschreibung bei Hofmann/Winter, Steinkohlebergehalden.

Die größten Landschaftsbauwerke des Ruhrgebiets bilden die Halden Hoheward und Hoppenbruch. Diese rund 220 ha große Haldenlandschaft ist Teil des Landschaftsparks Hoheward an der Stadtgrenze von Herten und Recklinghausen. Die Halde Hoheward erreicht eine Höhe von rund 100 m. Sie hat eine durchaus bewegte Geschichte: Vom Bergbau als „Superhalde" mit gewaltiger Dimension geplant, wurde sie nach massiven Protesten aus der Bevölkerung letztlich deutlich kleiner realisiert.[45] Trotzdem musste u. a. eine komplette Siedlung verlegt und eine Eisenbahnstrecke zur Beschickung der Halde eingetunnelt werden. In Zuge der Transformation zum Landschaftspark hat der RVR als neuer Eigentümer Anfang der 2000er-Jahre ein Gestaltungskonzept mit einem aufwendigen Rundweg realisiert und mit zwei großen Stahlbögen (Horizontobservatorium angeregt durch Hobbyastronomen) sowie einer Sonnenuhr mit Obelisken, neue Landmarken geschaffen.[46]

Der letzte Haldenstandort, der im Ruhrgebiet auf einer zuvor vorwiegend landwirtschaftlich genutzten Fläche komplett neu begründet wurde, befindet sich an der Stadtgrenze von Bottrop/Oberhausen. Die Halde Schöttelheide – auch Haniel-Nord genannt, in räumlicher Nachbarschaft der Halde Haniel – wurde von 2001 bis zum Ende des Ruhrbergbaus 2018 mit 32 Mio. t Bergematerial aus dem Verbundbergwerk Prosper-Haniel aufgeschüttet.[47]

Derzeit stehen insgesamt noch 11 Halden unter Bergaufsicht und werden im Rahmen der Betriebsabschlussverfahren durch die RAG AG bis spätestens 2035 rekultiviert: Haniel, Bottrop; Kanalband-Haus Aden, Bergkamen; Brinkhofsheide, Marl; Lohberg Nord Erweiterung, Hünxe; Sundern, Hamm; Radbod, Hamm; Scholven, Gelsenkirchen; Kohlenhuck, Moers; Graf Moltke 1, Gladbeck; Wehofen Ost, Dinslaken/Duisburg sowie Rossenray, Kamp-Lintfort.[48] Drei Halden (Lohmannsheide in Duisburg-Baerl; Hürfeld in Dorsten und Brinkfortsheide-Erweiterung in Marl) sind nach dem aktuellen Regionalplan-Entwurf des RVR als Standorte für Deponien der Klasse I (= mäßig belasteter Erdaushub und Bauschutt und vergleichbare mineralische gewerbliche Abfälle) geplant.[49]

---

45 Siehe auch Halde Hoheward unter: http://www.ruhrgebiet-industriekultur.de/halde_hoheward.html (Eingesehen: 10.02.2022).

46 Vgl. Berke, Über alle Berge. Siehe auch Halde Hoheward unter: http://de.wikipedia.org/wiki/Halde_Hoheward; Landschaftspark Hoheward: http://www.landschaftspark-hoheward.de/ (Beide eingesehen: 10.02.2022).

47 Vgl. Berke, Über alle Berge. Siehe auch Halde Schöttelheide unter: http://de.wikipedia.org/wiki/Halde_Sch%C3%B6ttelheide (Eingesehen: 10.02.2022).

48 Vgl. RAG Montan Immobilien, RVR übernimmt schrittweise 20 Halden.

49 Vgl. RVR, Rahmen-Nutzungskonzept.

Halden als Deponien

Bis in die 1960er-Jahre hinein sind auf Berghalden neben dem Bergematerial immer wieder auch andere Bodenmassen, Bauschutt, Aschen, Klarschlämme und sonstige Abfallstoffe entsorgt worden. Dies trat bei baulichen Eingriffen in alte Haldenkörper oder auch im Zuge von Bodenmodellierungen alter Halden immer wieder zu Tage. Dabei wurden gelegentlich auch problematische Altablagerungen entdeckt, die als Altlasten behandelt werden müssen. Ab den 1970er-Jahren wurde mit den strengeren Umweltauflagen und Bestimmungen zur Haldenrekultivierung eine ungeordnete Entsorgung von Materialien deutlich erschwert.

Allerdings unterlag eine Reihe von Bergehalden, deren Schüttung nicht abgeschlossen war, nach meiner Beobachtung bis in die 1990er-Jahre hinein einer großen Dynamik, was die Nutzung von Teilflächen als Zwischenlager für die unterschiedlichsten Bodenmassen angeht. Dabei spielt die Bevorratung geeigneter Bodenmassen für die Rekultivierung eine Rolle. Nach meinem Eindruck nutzte die RAG AG die Flächen aber auch immer wieder als Zwischenlager für andere Erdmassen. Dies war nach den geltenden gesetzlichen Bestimmungen zu dieser Zeit noch möglich. In den 1990er-Jahren wurde das Bodenmanagement immer mehr zu einem Geschäftsfeld des damaligen RAG-Stillstandsbereiches. Mit der Deponierung von Materialien für die Deponie Klasse I (siehe oben) ließ sich angesichts knapper und vor allem teurer Deponieflächen durchaus Geld verdienen.

Im Rahmen der IBA Emscher Park wurden einige Halden im Zuge der Rekultivierung künstlerisch umgestaltet (siehe weiter unten im Text). Dies geschah im Rahmen der Bergaufsicht mit entsprechenden Genehmigungen bzw. Änderungen des Betriebsabschlussplanes. Für die Endgestaltung als Landmarke wurden teilweise zusätzliche Massen an Bergematerial oder Böden benötigt. Diese Erweiterung der Kapazitäten war für die RAG AG einerseits ein größerer Aufwand, andererseits wegen zusätzlicher Deponiekapazitäten aber tragbar. Genauer habe ich dies bei der Gestaltung der Halde Rheinelbe (Süd) in Gelsenkirchen beobachten können. Die Halde wurde im Rahmen der IBA Emscher Park als Landmarke gestaltet und ich habe den Prozess als Mitarbeiter der IBA GmbH verantwortlich begleitet.

Die Halde entstand bereits Anfang des 20. Jahrhunderts und erlebte unterschiedliche Schüttphasen. Nach Schließung der Schächte der Zeche Rheinelbe in den 1920er-Jahren hat man hier auch Bergematerial von anderen Bergwerken abgelagert.[50] Besondere Probleme erzeugte ein noch in den 1990er-Jahren aktiver Haldenbrand. Die Haldenbrandbekämpfung fand ab Mitte der 1990er-Jahren durch die aufwendige Abdeckung der Haldenflanken und der Kuppe mit einer mehrere Meter starken Schicht aus bindigen Böden statt. In Verbindung mit dem Ziel, eine Landmarke zu errichten, war es möglich, über 150 000 m^3 zusätzliche Bodenmassen und Berghalden einzubauen. Dadurch entstand ein ca. 40 m hoher Kegel, der als mit Bergematerial abgedeckter Spiralberg gestaltet und auf dem die Großskulptur „Himmelstreppe" errichtet wurde. Die Ideen hierzu stammten vom Künstler Herman Prigann (1942–2008), die Ausführungsplanung lieferte das Architekturbüro Hermanns aus Hattingen. Herman Prigann entwarf auch die Gestaltung des nördlich angrenzenden Skulpturenwaldes Rheinelbe.[51]

In den letzten Jahren sind die Deponieflächen für Böden und andere Materialien der Deponie Klasse I auch in NRW immer knapper geworden.[52] Im Entwurf des Regionalplans für die Metropole Ruhr wurden drei nicht endgeschüttete Haldenflächen als Deponien Klasse I vorgeschlagen (siehe oben).

Auch nach dem Ende des Bergbaus ist die RAG AG über die RAG Montan Immobilien GmbH weiter im Bodenmanagement tätig. Hierzu wurde bereits vor einigen Jahren mit der zum RVR gehörenden Abfallentsorgungs-Gesellschaft Ruhrgebiet (AGR) mbH als Beteiligungsgesellschaft die „Deponie auf Halden" (DAH[1]) gegründet.[53] In einer Imagebroschüre der RAG Montan Immobilien aus dem Jahr 2016 wird ausgeführt:

---

50 Vgl. Rescher, Norbert: Zeche Rheinelbe & Alma in Gelsenkirchen-Ückendorf 1855–1931. Unter: http://www.ruhrzechenaus.de/gelsenkirchen/ge-alma-rheinelbe.html (Eingesehen: 10.02.2022)

51 Vgl. Günter, Roland/Günter, Janne/Liedtke, Peter: Industrie-Wald und Landschafts-Kunst im Ruhrgebiet: ein Handbuch zu den Zusammenhängen von Wald – Industrie Wald – Landschafts-Kunst, Essen 2007; vgl. auch Skulpturenpark Rheinelbe unter: https://www.gelsenkirchen.de/de/freizeit/ausfluege_und_sehenswuerdigkeiten/parks_und_halden/skulpturenwald_rheinelbe.aspx; https://www.halden.ruhr/halde-rheinelbe.html (Eingesehen: 10.02.2022).

52 Vgl. EUWID Recycling und Entsorgung: Kommunen und Wirtschaft warnen vor Entsorgungsengpass im Westen von NRW. Unter: https://www.euwid-recycling.de/news/wirtschaft/einzelansicht/archive/2020/march/Artikel/kommunen-und-wirtschaft-warnen-vor-entsorgungsengpass-im-westen-von-nrw.html (Eingesehen: 10.02.2022).

53 Vgl. Deponien auf Halden, Unternehmen DAH[1]. Unter: https://www.dah1.de/unternehmen/ (Eingesehen: 10.02.2022).

„In unserer Beteiligungsgesellschaft DAH[1] mit der AGR mbH deponieren wir entsprechende Materialien der Güteklasse DK0/DK1 an Standorten von Bergehalden. Bereits vorhandene Verkehrsinfrastruktur wird weiter genutzt und der Flächenverbrauch im Vergleich zu Neudeponien und Deponieerweiterungen wird minimiert.“[54]

Dies ist grundsätzlich richtig, doch erzeugt der Betrieb der Haldenstandorte über viele Jahre hinweg ein erhebliches Verkehrsaufkommen, was die betroffenen Gebiete massiv beeinträchtigt. Dazu kommen Befürchtungen über mögliche Schadstoffbelastungen des Grundwassers. Aus diesen Gründen gibt es aktuell erheblichen Widerstand gegen Deponien auf der Halde Lohmannsheide in Duisburg oder Brinkhofsheide in Marl.[55]

Halden als künstlerisch überformte Landmarken

Im Jahr 1989 startete die IBA Emscher Park als ein Strukturprogramm des Landes NRW zur grundlegenden Erneuerung der Emscherzone im Ruhrgebiet.[56] Ein zentrales Element war dabei die Entwicklung einer attraktiven, postindustriellen Kulturlandschaft. Der Aufbau des „Emscher Landschaftsparks“ als regionales Grünsystem – inklusive des anstehenden Umbaus des Emschersystems – war dabei das wichtigste Projekt.[57] In diesem Rahmen rückten auch die Bergehalden als ein wesentliches Element der Industrielandschaft in den Fokus. Die perfektionierte, aber immer noch extrem teure Rekultivierungstechnologie er-

---

54 Vgl. RAG Montan Immobilien GmbH (Hrsg.): Flächen gestalten, Projekte entwickeln. Die Zukunft ist unser Revier. Imagebroschüre 03/2016, Essen 2016. Unter: https://www.rag-montan-immobilien.de/fileadmin/user_upload/rag-montan-immobilien/unternehmen/downloads/dokumente/Imageflyer_deutsch.PDF (Eingesehen: 10.02.2022).

55 Vgl. u. a. Landtag Nordrhein-Westfalen, Drs. 17/5275, Kleine Anfrage 2110 vom 26. Februar 2019 des Abgeordneten Mehrdad Mostofizadeh, BÜNDNIS 90/DIE GRÜNEN. Wie beurteilt die Landesregierung die geplante Erweiterung der Deponiekapazitäten?. Unter: https://www.landtag.nrw.de/portal/WWW/dokumentenarchiv/Dokument/MMD17-5274.pdf; Schönfeld, Siegfried: Landesregierung zur geplanten Erweiterung der Deponiekapazitäten auf Bringfortsheide in Marl?, 01.10.2020. Unter: https://www.lokalkompass.de/marl/c-politik/landesregierung-zur-geplanten-erweiterung-der-deponiekapazitaeten-auf-bringfortsheide-in-marl_a1439979 (Beide eingesehen: 10.02.2022).

56 Vgl. Reicher, Christa/Niemann, Lars/Uttke, Angela: Internationale Bauausstellung Emscher Park: Impulse: lokal, regional, national, international, Essen 2011. Siehe auch IBA Emscher Park unter: https://de.wikipedia.org/wiki/Internationale_Bauausstellung_Emscher_Park (Eingesehen: 10.02.2022).

57 Vgl. ausführliche Darstellung u. a. in: Dettmar/Ganser, Ökologie und Gartenkunst; Regionalverband Ruhr (RVR) (Hrsg.): Unter freiem Himmel. Von der Industrie zu Kunst und Kultur: die Landschaft als entscheidender Faktor, Basel 2010.

zeugte Landschaftsbauwerke mit austauschbarer, in gewisser Weise auch beliebiger Gestalt. Selbst wenn diese begrünten und mit Aussichtspunkten versehenen Halden bei der Bevölkerung im Ruhrgebiet sehr beliebt waren, entwickelten sie doch keine eigenständige Charakteristik. Im Rahmen der IBA entstand die Idee, diese Hinterlassenschaften des Bergbaus nicht mehr unter einem grünen Mantel und einer natürlich anmutenden Topographie zu verdecken, sondern sie bewusst als Elemente der Industriegeschichte der Region zu inszenieren.

Als erstes Projekt wurde das „Haldenereignis Emscherblick" auf der Halde Beckstraße in Bottrop begonnen. Die Halde aus der Generation der Tafelberge befand sich Anfang der 1990er-Jahre in der Endphase der Rekultivierung, das Haldenplateau war noch nicht abschließend gestaltet. Im Rahmen eines Wettbewerbs suchte man nach einem besonderen Aussichtsturm. Ausgewählt wurde die Idee des Darmstädter Architekten Wolfgang Christ für einen rund 60 m hohen Stahltetraeder auf dem Haldenplateau. Das Plateau wurde nicht bepflanzt, sondern als Gegenform zum Tetraeder eine große Mulde mit grober Steinschüttung angelegt. Der spektakuläre Entwurf erzeugte eine weithin sichtbare Landmarke und ermöglichte nach der Einweihung 1994 einen dramatischen Aufstieg und Ausblick in die Emscherzone. Nach erheblicher Kritik in der Anfangsphase des Projektes – aufgrund seiner Kosten – wandelte sich die öffentliche Meinung nach dem Erlebnis des Aufstiegs in große Begeisterung. Der Tetraeder wurde schnell zum neuen Wahrzeichen von Bottrop und eines der erfolgreichsten Projekte der IBA Emscher Park. Auch weit über das Ruhrgebiet hinaus wurde diese spektakuläre Landmarke als Zeichen für den Wandel gelesen. Auf der Basis dieser positiven Erfahrung begann die IBA ab 1995, an einer ganzen Kette von Landmarken zu arbeiten.

Wesentlich radikaler und weniger leicht zugänglich war die künstlerische Gestaltung der Schurenbachhalde in Essen (1998). Der amerikanische Künstler Richard Serra entwarf hierfür eine neue Landmarke in Form einer 15 m hohen rostigen Stahlbramme, die etwas geneigt auf dem völlig vegetationsfreien, leicht gewölbten Plateau der Halde installiert wurde. Die Endgestaltung des Plateaus als vegetationsfreie und nur mit Bergematerial bedeckte schwarze Fläche war eine deutliche Abkehr von der Rekultivierungsphilosophie einer möglichst geschlossenen Begrünung. Der Ansatz öffnete in der Diskussion mit der Bergbehörde und anderen kommunalen Aufsichtsbehörden neue Möglichkeiten im Umgang mit Halden. Dies war danach z. B. bei der Realisierung der Landmarke Himmelstreppe auf der Halde Rheinelbe in Gelsenkirchen (1999) entscheidend. In der Folge sind in der Laufzeit der IBA bis 1999 noch sechs weitere Landmarken auf Bergehalden entstanden.[58] Nach 1999 hat vor allem der RVR weitere Landmarken realisiert, allein sechs Landmarken wurden vom RVR, eine von der Stadt Duisburg errichtet.

Zwischenzeitlich sind eine ganze Reihe von Veröffentlichungen u. a. im Rahmen von Ausstellungen zum Thema der Landmarkenkunst erschienen, in denen die einzelnen Projekte detailliert beschrieben werden und auch eine theoretische Einordnung der Landmarkenkunst erfolgt.[59] Heute sind diese Halden als „Route der Landmarkenkunst" oder als Teil der „Route Panoramen und Landmarken" im Rahmen der „Route der Industriekultur" zu einem Element des Ruhrgebietstourismus geworden.[60]

Folgende Landmarken entstanden im Rahmen der IBA Emscher Park von 1989 bis 1999 oder wurden begonnen:[61]
- Halde Haniel, Bottrop – Bergarena und Totems
- Halde Beckstraße, Bottrop – Tetraeder
- Schurenbachhalde, Essen – Bramme für das Ruhrgebiet
- Halde Rungenberg, Gelsenkirchen – Nachtzeichen und Lichtplateau
- Halde Rheinelbe, Gelsenkirchen – Himmelstreppe
- Halde Lothringen, Bochum – Über(n) Ort
- Halde Schwerin, Castrop-Rauxel – Sonnenuhr, Wassertempel, Sinuspergola
- Halde Brockenscheidt, Waltrop – Spurwerksturm

Landmarken, die durch den RVR (oder einer Stadt) ab 2000 realisiert wurden, sind:
- Halde Norddeutschland, Neukirchen-Vluyn – Hallenhaus, Himmelstreppe u. a.
- Halde Rheinpreußen, Moers – Grubenlampe
- Halde Heinrich-Hildebrand-Höhe – Tiger & Turtle auf dem Magic Mountain (Stadt Duisburg)
- Halden Hoppenbruch/Hoheward, Herten/Recklinghausen – Horizontobservatorium, Sonnenuhr, Drachenbrücke, Skulpturenpark u. a.

---

58 Vgl. ausführliche Darstellung in: Taube, Marion: Das Emschertal, die Kunst und wie sich ein Bild von Landschaft formt, in: Dettmar/Ganser (Hrsg.), Ökologie und Gartenkunst, S. 154–167.

59 Vgl. u. a. Pachnicke, Peter/Mensch, Bernhard (Hrsg.): Kunst setzt Zeichen. Landmarken-Kunst. Katalog zur Ausstellung der Ludwig Galerie Schloss Oberhausen, Oberhausen 1999.

60 Vgl. Regionalverband Ruhr (RVR) (Hrsg.): Halden und Landmarken. Unter: https://www.rvr.ruhr/themen/tourismus-freizeit/halden-landmarken/ (Eingesehen: 10.02.2022).

61 Vgl. nähere Beschreibung bei RVR (Hrsg.), Unter freiem Himmel; ders.: Gipfelstürmen in der Metropole Ruhr. Haldenerlebnisse bei Tag und Nacht!, Essen 2012.

- Halde Großes Holz, Bergkamen – Lichtinstallation Impuls, Blaue Leuchttürme u. a.
- Halde Sachsen, Hamm – Windzeiger, Sachsenkreuz u. a.

Haldenbegrünung

Die zügige Begrünung der Haldenböschungen ist ein wesentliches Element der Haldenrekultivierung. Bereits Ende des 19./Anfang des 20. Jahrhunderts hatte man erste Erfahrungen in der Aufforstung von Haldenflächen gesammelt.[62] Dabei wurden vor allem Birken, Robinien und Haselnuss direkt in das Bergematerial gepflanzt. Da es keine entsprechenden gesetzlichen Bestimmungen gab und die Standortbedingungen auf den Halden der ersten Generation schwierig waren, blieb dies aber eher die Ausnahme. Weitere Anpflanzungsversuche auf einzelnen Halden mit Weiß- und Roterlen, Birken und Pappeln gab es in den 1930er- und 1940er-Jahren.[63]

Durch die Schutzgemeinschaft Deutscher Wald wurde ab 1951 der Gedanke einer Wiederbegrünung des Ruhrgebietes und insbesondere der Halden propagiert und in Zusammenarbeit mit verschiedenen Bergwerksgesellschaften und Kommunen auch verfolgt.[64] 1957 übernahm schließlich der SVR die „Aktion Haldenbegrünung", und die Pflanzmaßnahmen wurden ausgeweitet und professionalisiert.[65] Die Kosten trug der Bergbau, die Planung und Ausführung der Begrünung organisierte der SVR. Die Anzahl der verwendeten Gehölzarten nahm deutlich zu.[66] Für die Pflanzungen wurden dabei die Halden bis Ende der 1960er-Jahre mit einer 25 cm bis 50 cm starken Schicht kulturfähigen Bodens überdeckt. Dieses Verfahren führte aber zu Problemen, da die Gehölze nur in dieser Schicht wurzelten und es zu erheblichem Windbruch und Trockenschäden, stellenweise auch Erosionen kam.

Ab 1970 verzichtete man auf den Bodenauftrag und ging dazu über, das Bergematerial in der oberen Lage mit Oberboden zu mischen. Allerdings führte auch dies angesichts der nach wie vor sehr steilen Böschungen nicht zu befrie-

---

62 Vgl. Knabe u. a., Haldenbegrünung im Ruhrgebiet; Schulz, Begrünung von Steinkohlehalden, S. 163–166.

63 Vgl. Knabe u. a., Haldenbegrünung im Ruhrgebiet.

64 Vgl. Landesverband Nordrhein-Westfalen der Schutzgemeinschaft Deutscher Wald: Vermehrung der Grünflächen im Ruhrgebiet, in: Unser Wald 4, 1951, Heft 9, S. 25.

65 Vgl. Siedlungsverband Ruhrkohlenbezirk (SVR) (Hrsg.): Bericht über das Geschäftsjahr, Essen 1957, S. 26

66 Vgl. Schulz, Begrünung von Steinkohlehalden.

digenden Ergebnissen. Man verstärkte die Forschungsaktivitäten, untersuchte u.a. die Bodenentwicklung, die Nährstoffversorgung, das Wasserhaltevermögen des Bergematerials und Maßnahmen der Bodenverbesserung.[67] In einer Bibliographie der Bundesforschungsanstalt für Naturschutz und Landschaftsökologie aus dem Jahr 1976 werden zum Thema Rekultivierung im Kohlebergbau (einschließlich Braunkohletagebau) rund 300 wissenschaftliche Veröffentlichungen aus dem deutschsprachigen Raum aufgeführt.[68] Im Jahr 1982 fand zum Thema Haldenbegrünung ein internationaler Kongress im Ruhrgebiet statt.[69] Insgesamt wurden so viele neue Erkenntnisse gewonnen und diese flossen ein in die neuen Richtlinien zur Haldenrekultivierung als Landschaftsbauwerke (1984/1985).[70] Im Zeitraum zwischen 1952 und 1982 hat man im Ruhrgebiet vorwiegend auf Bergehalden und Deponien 2675 ha aufgeforstet. Die durchschnittlichen Kosten für die Haldenbegrünung lagen in den 1980er-Jahren bei 13 000 bis 15 000 DM/ha, in extremen Fällen konnten die Kosten bis auf 23 000 DM/ha ansteigen.[71]

Bei den Halden der dritten Generation, den so genannten Landschaftsbauwerken, spielte die Begrünung eine entscheidende Rolle. Auf der Basis zunehmender Erfahrungen und wissenschaftlicher Ergebnisse differenzierten sich die Begrünungsansätze weiter. Neben der Substrataufbereitung durch Mischung von Bergematerial und Oberboden wurden erste Eingrünungen durch Ansaaten mit Kräutern und Gräsern vorgenommen. Erst nach der dadurch erzielten Stabilisierung der Böschung wurden dann Gehölze eingepflanzt. Trotzdem war es oft notwendig, die Gehölzpflanzungen über Jahre hinweg künstlich zu bewässern, um Trockenperioden zu überstehen. Die Ausfallrate der Gehölze war immer noch hoch, Nachpflanzungen waren notwendig.

Seit Anfang der 1980er-Jahre fanden an der Universität-Gesamthochschule Essen (Prof. Dr. Maren Jochimsen) systematische Untersuchungen über die Nutzung der spontanen Vegetationsentwicklung bei der Haldenbegrünung statt. Im Jahr 1985 wurde eine Versuchshalde (Halde Brockenscheidt in Waltrop) unter anderem für die Universität-Gesamthochschule Essen eingerichtet. Die Erkenntnisse versprachen eine nachhaltigere und vor allem kostengünstigere Begrü-

67 Vgl. Knabe u.a., Haldenbegrünung im Ruhrgebiet.

68 Bundesforschungsanstalt für Naturschutz und Landschaftsökologie (BFNL) (Hrsg.): Bibliographie Nr. 32, Rekultivierung im Kohlebergbau, Bonn 1976.

69 KVR, Internationale Haldenfachtagung.

70 Vgl. ausführlich bei Heinen, „Kummer der Hausfrauen“.

71 Petsch, Gerhard: Begrünung – Zerstörten Boden in Natur verwandelt, in: ITZ 1, 1982, Ausgabe 2: Schwerpunktheft „Bergewirtschaft“, S. 23–24.

nung von Halden.[72] Allerdings wurden die daraus abgeleiteten Empfehlungen vom Bergbau bei der Rekultivierung kaum verwendet. Die etablierten Planungsbüros und Unternehmen des Garten- und Landschaftsbaus, die mit der RAG zusammenarbeiteten, nutzten weiter standardisierte Ansaatmischungen und etablierte Gehölzsortimente, möglicherweise auch, weil dies deutlich höhere Auftragssummen erzeugte. Nur stellenweise wurden Sukzessionsflächen vor allem aus Naturschutzgründen in die Haldenrekultivierung einbezogen.

Abb. 4: Versuchshalde der Universität Essen auf der Halde Brockenscheidt in Waltrop – Vergleichsflächen mit unterschiedlicher Übererdung bzw. Substratmischung mit und ohne Einsaat, 1992

Ende der 1980er-Jahre wurde die Bergehaldenschüttung und -rekultivierung mit den so genannten Landschaftsbauwerken der 4. Generation erneut weiterentwickelt. Beispielhaft dokumentiert wurde der neue Ansatz bei der Halde Hohe-

72 Vgl. Jochimsen, Maren: Begrünungsversuche auf Bergematerial der Halde Ewald/Herten, Göttingen 1986 (= Verhandlungen der Gesellschaft für Ökologie, Bd. XIV), S. 223–228; dies.: Begrünung von Bergehalden auf der Grundlage der natürlichen Sukzession, in: Wiggering/Kerth (Hrsg.), Bergehalden des Steinkohlenbergbaus, S. 189–194.

ward in Herten/Recklinghausen.[73] Der Haldenkörper wurde reliefartig ausgeformt und Täler und Mulden wurden modelliert mit dem Ziel, eine Art „neuer Mittelgebirgslandschaft" zu gestalten. Mit einem auf rund zehn Jahre angelegten Schüttphasenplan wurde versucht, Umweltbeeinträchtigungen weitgehend zu reduzieren. Die Haldenzufahrten für die LKWs wurden mit Randdämmen gesäumt und bepflanzt, um diese abzuschirmen und die Staubemissionen zu begrenzen. Auf die Dämme brachte man sofort nach Schüttung und Verdichtung eine 10 cm starke Bodenschicht auf und säte eine spezielle Kleemischung aus. Die anschließende Aufforstung dieser Bereiche enthielt neben dem üblichen Gehölzsortiment aus Forstpflanzen und Heistern, auch deutlich größere Schwarzkiefern. Damit sollte schnell ein „annehmbares Landschaftsbild" entstehen.[74] Um mehr Bergematerial auf der Halde unterzubringen, erfolgte nun auch eine Verdichtung des Schüttgutes auf 2,15 t/m³ mittels Großmaschinen. Demgegenüber erreichte man bei der bis dahin üblichen Schüttungsmethode nur eine Dichte von ca. 1,65 t/m³. Damit konnten z. B. auf der Halde Hoheward 13 % mehr Bergematerial im Umfang von 4 Mio. t untergebracht werden.[75] Ein wichtiges Element bildete außerdem die Haldenentwässerung, die bei den hochverdichteten Schüttungen notwendig wird, um Erosionsrinnen zu verhindern. Ein System aus ringförmig angelegten Bermen mit Teichen sammelt das Regenwasser auf dem Haldenkörper.

Bei der Aufforstung der Halde Hoheward wurden bis Anfang der 1990er-Jahre ca. 630 000 Stück Forstpflanzen und Heister und ca. 8500 Schwarzkiefern-Solitäre (Höhe 2–3 m) gepflanzt. Insgesamt hat man rund 40 verschiedene Gehölzarten eingesetzt, darunter vor allem Bergahorn, Winterlinden, Roterlen, Ebereschen, Stieleichen, Traubenkirschen, Feldahorn, Felsenbirnen, Pappeln, Weiden, Sanddorn und Wildrosen. Die Kosten der Aufforstung lagen Ende der 1980er-Jahre bei 60 000 bis 80 000 DM/ha. Um die Ausfallrate bei den Gehölzen möglichst gering zu halten, wurde die Halde mit einer 8 km langen Wasserringleitung und Pumpen mit einer Leistung von 110 m³/h ausgestattet. Die benötigte Wassermenge betrug bis zu 100 000 m³/a.[76] Die Bewässerung war für einen Zeitraum von bis zu fünf Jahren nach der Bepflanzung notwendig. Trotzdem musste man z. B. auf der benachbarten Halde Hoppenbruch, die ebenfalls als Land-

73 Vgl. Hellmann, Karl: Landschaftsbauwerk Hoheward – Bewirtschaftung von Bergehalden, in: Unser Betrieb: Werkzeitschrift für die Unternehmen der Deilmann-Haniel-Gruppe 1989, Nr. 53, S. 24–28.

74 Vgl. ebd.

75 Vgl. ebd.

76 Bergwerk Ewald/Hugo (Hrsg.): Hoheward – Steckbrief der Haldenrekultivierung, 1993 (unveröffentlicht; wurde bei Haldenführungen verteilt).

schaftsbauwerk der IV. Generation angelegt war, im Jahr 1994 rund 7 000 ausgefallene Gehölze nachpflanzen.[77]

Abb. 5: Halde Hoppenbruch, Herten – Landschaftsbauwerk – Bepflanzung u. a. mit Schwarzkiefern sowie intensive Bewässerung über eine Ringleitung, 1994

Selbst wenn die Gehölze auf den Bergehalden gut anwuchsen, blieben die Standortbedingungen schwierig. Nach den Trockenperioden in den Sommern 2019 und 2020 habe ich auf verschiedenen Halden im Ruhrgebiet u. a. der Schurenbachhalde in Essen außergewöhnlich viele abgestorbene Gehölze beobachtet.

Exkurs: Naturkundliche Betrachtung von Bergehalden

Aus naturkundlicher Sicht sind im Ruhrgebiet die unmittelbar industriebedingten Standorte mit ihrer spezifischen Naturausstattung von besonderer Bedeu-

77 Bergwerk Ewald/Hugo (Hrsg.): Hoppenbruch – Eigentum KVR – Steckbrief der Haldenrekultivierung, 1993 (unveröffentlicht; wurde bei Haldenführungen verteilt).

tung. Dies wird heute auch als „Industrienatur“ bezeichnet. Industrienatur ist kein naturwissenschaftlich exakter Begriff, sondern wurde im Rahmen der IBA Emscher Park als Schlagwort geprägt, um auf die Besonderheiten der Naturausstattung industriebedingter Standorte im Ruhrgebiet hinzuweisen.[78] Industrienatur war gedacht als Pendant zur Industriekultur und Ausdruck davon, dass durch die natürlichen Prozesse auf den extrem durch den Menschen veränderten Standorten etwas Spezielles und in gewisser Weise auch Einzigartiges entstanden ist.

Industriebedingte Standorte – speziell der Schwerindustrie – zählen zu den am stärksten vom Menschen überformten Standorten im besiedelten Bereich. Neben den bereits beschriebenen Bodenveränderungen spielt die Nutzungsdynamik und die damit verbundene hohe Störungsquote eine zentrale Rolle. Industrienatur stellt sich nicht erst nach dem Brachfallen der Flächen ein, sondern ist bereits ein integriertes Element während der Nutzung. Das liegt zum einen daran, dass auf den teilweise riesigen Werksarealen oder Halden immer Restflächen für eine Weile ungenutzt liegen bleiben, zum anderen ist aber auch entscheidend, dass gerade die Nutzung immer wieder neue offene Böden erzeugt, die für Pionierbesiedler besonders interessant sind. Fallen die Flächen brach, setzt die Sukzession mit den bereits vorhandenen Artenausstattungen ein. Abbruch, Sanierung, aber auch neue Formen mehr oder weniger illegaler Nutzungen der Brachen und Halden durch die Bevölkerung führen allerdings auch immer wieder zu Störungen. Trotzdem gibt es im Ruhrgebiet inzwischen Halden, die sich seit mehr als 100 Jahren ohne gezielte Pflegeeingriffe entwickelt haben (z. B. Halde Zollverein/Schacht 1/2; siehe Beschreibung in diesem Text) oder Industriebrachen, auf denen in mehreren Jahrzehnten geschlossene Waldbestände aufgewachsen sind.[79]

Floristische, vegetationskundliche und auch faunistische Untersuchungen, die in den letzten Jahrzehnten zahlreich durchgeführt wurden, bestätigen immer wieder den Artenreichtum, aber auch eine hohe Zahl von seltenen oder gefährdeten Arten.[80] Vergleicht man die floristische Ausstattung von Industrieflächen mit anderen städtischen Flächennutzungen wird deutlich, dass sie zu den artenreichsten Flächen gehören. Charakteristisch für die Pflanzenwelt auf diesen Standorten sind besonders hohe Anteile nicht heimischer Arten (Neophyten und Archäophyten), auch wenn der Anteil speziell von Neophyten in urbanen Räumen generell erhöht ist.

78 Vgl. Dettmar/Ganser (Hrsg.), Ökologie und Gartenkunst.

79 Vgl. Günter/Günter/Liedtke, Industrie-Wald.

80 Vgl. Dettmar, Jörg: Industrietypische Flora und Vegetation im Ruhrgebiet, Berlin/Stuttgart 1992 (= Dissertationes Botanicae, Bd. 191); Dettmar/Ganser (Hrsg.), Ökologie und Gartenkunst.

Besonders bemerkenswert ist, dass auf industriebedingten Standorten im Ruhrgebiet bestimmte Pflanzenarten und -gesellschaften in ihrer Verbreitung deutliche Schwerpunkte zeigen. Für bestimmte Zeiträume konnten auch ausschließliche Vorkommen von Pflanzen und Pflanzengesellschaften auf Industrieflächen nachgewiesen werden.[81] Ebenso ließen sich industriespezifische Verbreitungen von einzelnen Arten belegen, die sich auf die charakteristischen Bodenverhältnisse der Bergbau- und Stahlflächen zurückführen lassen. Auf Bergehalden sind z. B. Vorkommen von salzliebenden Pflanzen, so genannte Halophyten, seit langem bekannt. Bergematerial kann höhere Salzgehalte enthalten, das sich durch abfließendes Niederschlagswasser am Haldenfuß konzentriert. Dies ist z. B. in einem Graben an der Halde Mottbruch in Gladbeck der Fall, wo u. a. die Meerstrand-Simse nachgewiesen wurde.[82]

Die Arten- und Biotopschutzbedeutung von industriell bedingten Standorten ist auch für die Fauna vielfach belegt worden. Eine Reihe von Arten hat hier Ersatzlebensräume gefunden wie Flußregenpfeifer, Braunkehlchen, Schafstelze, Steinschmätzer oder Kreuzkröte, Wechselkröte und Geburtshelferkröte.[83] Besonders die frühen Sukzessionsstadien auf Rohböden zeigen eine hohe Diversität und auch viele seltenere Arten. Bleiben die Flächen sich selbst überlassen, entwickeln sich je nach Standortbedingungen und Umgebungsverhältnissen mehr oder minder dichte Pioniergehölz-Bestände aus Birken, Weiden, Pappeln oder gelegentlich auch Sommerflieder. Die Diversität und die Anteile seltener Arten gehen im Laufe der weiteren Entwicklung deutlich zurück. Es entstehen die so genannten Industriewälder, deren besonderer Reiz in ihrer abwechslungsreichen und verwilderten Struktur liegt.[84] Sie nehmen im Ruhrgebiet heute mehrere 100 ha Fläche ein. Ein kleinerer Teil davon ist in das Industriewaldprojekt von Wald und Holz NRW integriert, in dem insgesamt 17 Einzelflächen betreut werden und stellenweise auch künstlerisch interpretiert wurden.[85]

---

81 Vgl. Dettmar, Industrietypische Flora und Vegetation.

82 Vgl. Büscher, Dieter: Salztolerante Pflanzen in Mittelwestfalen, in: Brandes, Dietmar (Hrsg.): Vegetation salzbeeinflusster Habitate im Binnenland. Tagungsbericht des Braunschweiger Kolloquiums vom 27. bis 29.11.1998, Braunschweig 1999 (= Braunschweiger geobotanische Arbeiten, Bd. 6), S. 193–200.

83 [79] Vgl. Dettmar/Ganser (Hrsg.), Ökologie und Gartenkunst.

84 Vgl. Gausmann, Peter: Ökologie, Floristik, Phytosoziologie und Altersstruktur von Industriewäldern des Ruhrgebietes, Dissertation Ruhr-Universität Bochum 2012. Unter: urn:nbn:de:hbz:294-39458 (Eingesehen: 10.02.2022).

85 Vgl. Günter/Günter/Liedtke, Industrie-Wald.

Fazit

Bergehalden sind deutlich sichtbare und dauerhafte Zeichen des ehemaligen Steinkohlenbergbaus im Ruhrgebiet. Mehrere hundert dieser „künstlichen Berge“ haben die Topographie der Region nachhaltig verändert. Die Haldenformen haben sich mit der Entwicklung der Schütt- und Einbautechnik seit Mitte des 19 Jahrhunderts in Phasen geändert, bis hin zu den großen „Landschaftsbauwerken“, die zum Ende des 20. Jahrhunderts entstanden. Die Begrünung der künstlichen Berge wurde ab den 1960er- Jahren deutlich aufwendiger. Das politische Ziel war es, die schwarzen Berge so schnell wie möglich unter einer grünen Decke verschwinden zu lassen. Die Haldenkörper wurden dabei organisch modelliert, um natürliche Topographien zu imitieren. Obwohl es verschiedene Ansätze von nachhaltigeren, standortgemäßeren und kostengünstigeren Begrünungen unter Nutzung der natürlichen Sukzession gab, wurden sie kaum genutzt. Die klassischen standardisierten Begrünungsverfahren blieben trotz ihrer hohen Kosten die Regel, auch weil die beteiligten Akteure:innen davon einen ökonomischen Vorteil hatten. Erst mit der IBA Emscher Park in den 1980er-Jahren gelang es, die Rekultivierungen etwas zu modifizieren und die künstlichen Halden als Landmarken in der Industrielandschaft künstlerisch zu inszenieren. Es bleibt zu hoffen, dass der Regionalverband Ruhr bei der Rekultivierung der letzten 20 Halden, die er noch vom Bergbau übertragen bekommt, die finanzielle und administrative Kraft hat, dass dafür erstellte anspruchsvolle Rahmen-Nutzungskonzept tatsächlich umzusetzen.

Literatur

Bergwerk Ewald/Hugo (Hrsg.): Hoheward – Steckbrief der Haldenrekultivierung, 1993 (unveröffentlicht, wurde bei Haldenführungen verteilt).

Bergwerk Ewald/Hugo (Hrsg.): Hoppenbruch – Steckbrief der Haldenrekultivierung, 1993 (unveröffentlicht, wurde bei Haldenführungen verteilt).

Berke, Wolfgang: Über alle Berge. Der definitive Haldenführer Ruhrgebiet, Essen 2009.

Bundesforschungsanstalt für Naturschutz und Landschaftsökologie (BFNL) (Hrsg.): Bibliographie Nr. 32, Rekultivierung im Kohlebergbau, Bonn 1976.

Blaurock, Helmut: Report on Mine Tips in the Ruhr, in: Kommunalverband Ruhr (KVR) (Hrsg.): Internationale Haldenfachtagung. International symposium of mine spoil heaps. Essen, 7. bis 10. September 1982. Begleitbuch zur Haldenfachtagung, Essen 1982.

Büscher, Dieter: Salztolerante Pflanzen in Mittelwestfalen, in: Brandes, Dietmar (Hrsg.): Vegetation salzbeeinflusster Habitate im Binnenland. Tagungsbericht des Braunschweiger Kolloquiums vom 27. bis 29.11.1998, Braunschweig 1999 (= Braunschweiger geobotanische Arbeiten, Bd. 6), S. 193–200.

Dettmar, Jörg: Industrietypische Flora und Vegetation im Ruhrgebiet, Berlin/Stuttgart 1992 (= Dissertationes Botanicae, Bd. 191).

Dettmar, Jörg/Ganser, Karl (Hrsg.): IndustrieNatur – Ökologie und Gartenkunst im Emscher Park, Stuttgart 1999.

Dortmann, Hans-Dieter/Hein, Norbert: Haldenbrände, in: Wiggering, Hubert/Kerth, Michael (Hrsg.): Bergehalden des Steinkohlenbergbaus. Beanspruchung und Veränderung eines industriellen Ballungsraumes, Wiesbaden 1991 (= Geologie und Ökologie im Kontext), S. 103–114.

Gebhardt, Gerhard: Ruhrbergbau. Geschichte, Aufbau und Verflechtung seiner Gesellschaften und Organisationen, unter Mitwirkung der Gesellschaften des Ruhrbergbaus, Essen 1957.

Günter, Roland/Günter, Janne/Liedtke, Peter: Industrie-Wald und Landschafts-Kunst im Ruhrgebiet: ein Handbuch zu den Zusammenhängen von Wald – Industrie Wald – Landschafts-Kunst, Essen 2007.

Heinen, Ron-David: Vom „Kummer der Hausfrauen" zur Landmarke. Die Bergehalden des Ruhrgebiets und der Wandel des Mensch-Umwelt-Verhältnisses nach 1945, in: Der Anschnitt. Zeitschrift für Montangeschichte 72, 3–4/2020, S. 84–91.

Hellmann, Karl: Landschaftsbauwerk Hoheward – Bewirtschaftung von Bergehalden, in: Unser Betrieb: Werkzeitschrift für die Unternehmen der Deilmann-Haniel-Gruppe 1989, Nr. 53, S. 24–28.

Hermann, Wilhelm/Hermann, Gertrude: Die alten Zechen an der Ruhr: Vergangenheit und Zukunft einer Schlüsseltechnologie; mit einem Katalog der „Lebensgeschichten" von 477 Zechen, Königstein im Taunus [1981] 2008.

Hofmann, Wolfgang/Winter, Thomas: Steinkohlebergehalden als Landschaftsbauwerke, in: Wiggering, Hubert/Kerth, Michael (Hrsg.): Bergehalden des Steinkohlenbergbaus. Beanspruchung und Veränderung eines industriellen Ballungsraumes, Wiesbaden 1991 (= Geologie und Ökologie im Kontext), S. 33–46.

Huske, Joachim: Die Steinkohlenzechen im Ruhrrevier. Daten und Fakten von den Anfängen bis 1986, Bochum 1987 (= Veröffentlichungen aus dem Deutschen Bergbau-Museum Bochum, Nr. 40).

Huske, Joachim: Die Steinkohlenzechen im Ruhrrevier. Daten und Fakten von den Anfängen bis 2005, Bochum [1987] 2006 (= Veröffentlichungen aus dem Deutschen Bergbau-Museum Bochum, Nr. 144).

Jochimsen, Maren: Begrünungsversuche auf Bergematerial der Halde Ewald/Herten, Göttingen 1986 (= Verhandlungen Gesellschaft für Ökologie, Bd. XIV).

Jochimsen, Maren: Begrünung von Bergehalden auf der Grundlage der natürlichen Sukzession, in: Wiggering, Hubert/Kerth, Michael (Hrsg.): Bergehalden des Steinkohlenbergbaus. Beanspruchung und Veränderung eines industriellen Ballungsraumes, Wiesbaden 1991 (= Geologie und Ökologie im Kontext), S. 189–194.

Knabe, Wilhelm u. a.: Haldenbegrünung im Ruhrgebiet, Essen 1968 (= Schriftenreihe Siedlungsverband Ruhrkohlenbezirk, Bd. 22).

Krüger-Charlé, Michael/Paul, Hansjürgen/Becker, David: Ruhrbergbau und Strukturwandel: Probleme und Potentiale bei der Nutzung ehemaliger Bergbauflächen im Ruhrgebiet, Gelsenkirchen 2013 (= Forschung Aktuell, No. 07/2013), S. 2–27. Unter: urn:nbn:de:0176-201307013 (Eingesehen: 10.02.2022).

Kommunalverband Ruhr (KVR) (Hrsg.): Internationale Haldenfachtagung. International symposium of mine spoil heaps. Essen, 7. bis 10. September 1982, Begleitbuch zur Haldenfachtagung, Essen 1982.

Landesverband Nordrhein-Westfalen der Schutzgemeinschaft Deutscher Wald: Vermehrung der Grünflächen im Ruhrgebiet, in: Unser Wald 4, 1951, Heft 9, S. 25.
Mellinghoff, Klaus: Problem und Zielsetzung, in: Knabe, Wilhelm u. a.: Haldenbegrünung im Ruhrgebiet, Essen 1968 (= Schriftenreihe Siedlungsverband Ruhrkohlenbezirk, Bd. 22), S. 7–9.
Pachnicke, Peter/Mensch, Bernhard (Hrsg.): Kunst setzt Zeichen. Landmarken-Kunst. Katalog zur Ausstellung der Ludwig Galerie Schloss Oberhausen, Oberhausen 1999.
Petsch, Gerhard: Begrünung – Zerstörten Boden in Natur verwandelt, in: Innovationsförderungs- und Technologietransferzentrum der Hochschulen des Ruhrgebietes (ITZ) 1, 1982, Ausgabe 2: Schwerpunktheft „Bergewirtschaft“, S. 23–24.
Pfläging, Kurt: Die Wiege des Ruhrkohlenbergbaus. Die Geschichte der Zechen im südlichen Ruhrgebiet, Essen [1978] 1980.
Reicher, Christa/Niemann, Lars/Uttke, Angela (Hrsg.): Internationale Bauausstellung Emscher Park: Impulse: lokal, regional, national, international, Essen 2011.
Riedel, Detlef/RVR (Hrsg.): Das Revier bekommt Profil: Bergehalden im Ruhrgebiet, Essen 1997 (= Schulbuchinformationsdienst Ruhrgebiet, Nr. 29).
Regionalverband Ruhr (RVR) (Hrsg.): Unter freiem Himmel. Von der Industrie zu Kunst und Kultur: die Landschaft als entscheidender Faktor, Basel 2010.
Regionalverband Ruhr (RVR) (Hrsg.): Gipfelstürmen in der Metropole Ruhr. Haldenerlebnisse bei Tag und Nacht!, Essen 2012.
Schulz, Dietmar: Begrünung von Steinkohlehalden: Die Begrünungsmaßnahmen bis Mitte der 80er Jahre, in: Wiggering, Hubert/Kerth, Michael (Hrsg.): Bergehalden des Steinkohlenbergbaus. Beanspruchung und Veränderung eines industriellen Ballungsraumes, Wiesbaden 1991 (= Geologie und Ökologie im Kontext), S. 163–166.
Schulz, Dietmar/Wiggering, Hubert: Die industrielle Entwicklung des Steinkohlenbergbaus und der Anfall von Bergematerial, in: Wiggering, Hubert/Kerth, Michael (Hrsg.): Bergehalden des Steinkohlenbergbaus. Beanspruchung und Veränderung eines industriellen Ballungsraumes, Wiesbaden 1991 (= Geologie und Ökologie im Kontext), S. 9–20.
Innovationsförderungs- und Technologietransferzentrum der Hochschulen des Ruhrgebietes (ITZ) 1, 1982, Ausgabe 2: Schwerpunktheft „Bergewirtschaft“.
Siedlungsverband Ruhrkohlenbezirk (SVR) (Hrsg.): Bericht über das Geschäftsjahr, Essen 1957.
Taube, Marion: Das Emschertal, die Kunst und wie sich ein Bild von Landschaft formt, in: Dettmar, Jörg/Ganser, Karl (Hrsg.): IndustrieNatur – Ökologie und Gartenkunst im Emscher Park, Stuttgart 1999, S. 154–167.

Internetressourcen

Bergbaulehrpfad Bochum-Dahlhausen. Unter: http://www.bergmannstisch-bo-sued.de/lehrpfad.html (Eingesehen: 10.02.2022).
Deponien auf Halden, Unternehmen DAH[1]. Unter: https://www.dah1.de/unternehmen/ (Eingesehen: 10.02.2022).
EUWID Recycling und Entsorgung: Kommunen und Wirtschaft warnen vor Entsorgungsengpass im Westen von NRW. Unter: https://www.euwid-recycling.de/news/wirtschaft/einzelan

sicht/archive/2020/march/Artikel/kommunen-und-wirtschaft-warnen-vor-entsorgungs engpass-im-westen-von-nrw.html (Eingesehen: 10.02.2022).

Gausmann, Peter: Ökologie, Floristik, Phytosoziologie und Altersstruktur von Industriewäldern des Ruhrgebietes. Dissertation Ruhr-Universität Bochum 2012. Unter: urn:nbn:de: hbz:294-39458 (Eingesehen: 10.02.2022).

Halde Hoheward. Unter: http://www.ruhrgebiet-industriekultur.de/halde_hoheward.html (Eingesehen: 10.02.2022).

Halde Rheinelbe. Unter: https://www.gelsenkirchen.de/de/freizeit/ausfluege_und_sehens wuerdigkeiten/parks_und_halden/skulpturenwald_rheinelbe.aspx; https://www.halden. ruhr/halde-rheinelbe.html (Beide eingesehen: 10.02.2022).

Hellmann, Sebastian: Der Bergbauwanderweg im Muttental in Witten. Unter: http://www.ruhr gebiet-industriekultur.de/muttental.html (Eingesehen: 10.02.2022).

Landschaftspark Hoheward. Unter: http://www.landschaftspark-hoheward.de/ (Eingesehen: 10.02.2022).

Landtag Nordrhein-Westfalen, Drs. 17/5274, Kleine Anfrage 2110 vom 26. Februar 2019 des Abgeordneten Mehrdad Mostofizadeh, BÜNDNIS 90/DIE GRÜNEN. Wie beurteilt die Landesregierung die geplante Erweiterung der Deponiekapazitäten?. Unter: https://www.land tag.nrw.de/portal/WWW/dokumentenarchiv/Dokument/MMD17-5274.pdf (Eingesehen: 10.02.2022).

Schönfeld, Siegfried: Landesregierung zur geplanten Erweiterung der Deponiekapazitäten auf Bringfortsheide in Marl?, 01.10.2020. Unter: https://www.lokalkompass.de/marl/c-poli tik/landesregierung-zur-geplanten-erweiterung-der-deponiekapazitaeten-auf-bringforts heide-in-marl_a1439979 (Eingesehen: 10.02.2022).

Rescher, Norbert: Zeche Rheinelbe & Alma in Gelsenkirchen-Ückendorf 1855–1931. Unter: http://www.ruhrzechenaus.de/gelsenkirchen/ge-alma-rheinelbe.html (Eingesehen: 10.02.2022).

RAG Montan Immobilien: RVR übernimmt schrittweise 20 Halden von der RAG. Unter: https:// www.rag-montan-immobilien.de/aktuelles/detail/t2_news/rvr-uebernimmt-schrittweise-20-halden-von-der-rag/ (Eingesehen: 10.02.2022).

RAG Montan Immobilien GmbH (Hrsg.): Flächen gestalten, Projekte entwickeln. Die Zukunft ist unser Revier. Imagebroschüre 03/2016. Essen. 2016. Unter: https://www.rag-montan-im mobilien.de/fileadmin/user_upload/rag-montan-immobilien/unternehmen/downloads/ dokumente/Imageflyer_deutsch.PDF (Eingesehen: 10.02.2022).

Regionalverband Ruhr (RVR) (Hrsg.): Halden und Landmarken. Unter: https://www.rvr.ruhr/the men/tourismus-freizeit/halden-landmarken/ (Eingesehen: 10.02.2022).

Regionalverband Ruhr (RVR) (Hrsg.): Rahmen-Nutzungskonzept zur Weiterentwicklung von Haldenstandorten in der Metropole, Essen 2019. Unter: https://www.rvr-spd.de/wp-content/ uploads/2021/01/Haldennutzungskonzept.pdf (Eingesehen: 10.02.2022).

Route der Industriekultur, Panoramen und Landmarken, Themenroute 25. Unter: https://www. route-industriekultur.ruhr/fileadmin/user_upload/03_Route_Industriekultur_Microsite/ 8_Themenrouten/X_PDF/2020_TR25_Panoramen_und_Landmarken_RIK.pdf (Eingesehen: 10.02.2022).

Schulz, Dietmar: Die Bergewirtschaft im Ruhrbergbau, 2002. Unter: http://www.dugs.de/Pa pers/Halden2002.pdf (Eingesehen: 10.02.2022)

Die Halden Beckstraße und Properstraße. Der Tetraeder auf dem Tafelberg und die Skihalle auf der Spaßhalde in Bottrop. Unter: http://www.ruhrgebiet-industriekultur.de/tetraeder. html (Eingesehen: 10.02.2022).

Wikipedia-Quellen

(alle eingesehen: 10.02.2022)
Halde Oberscholven http://de.wikipedia.org/wiki/Halde_Oberscholven.
Halde Schöttelheide http://de.wikipedia.org/wiki/Halde_Sch%C3%B6ttelheide.
IBA Emscher Park https://de.wikipedia.org/wiki/Internationale_Bauausstellung_Emscher_Park
Zeche Glückauf-Tiefbau. http://de.wikipedia.org/wiki/Zeche_Gl%C3%BCckauf-Tiefbau.
Zeche Möller http://de.wikipedia.org/wiki/Zeche_M%C3%B6ller.
Zeche Rheinelbe http://de.wikipedia.org/wiki/Zeche_Rheinelbe.
Zeche Vereinigte-Hermann http://de.wikipedia.org/wiki/Zeche_Vereinigte_Hermann_%28Witten%29.

Archivquellen

Archiv im Haus der Geschichte des Ruhrgebiets (AHGR) Bochum: Regionalverband Ruhr, 01-60.07.00. Karo-Club. Aufreißen abgeschlossener Halden, Vermerk zur Sitzung des Koordinationsausschusses Raumordnung (KARO) beim SPD-Landesvorstand NW am 17. September 1981, Anlage 1: Halden im Ruhrgebiet (1979)

Ron-David Heinen
„Halde im Wandel“

Die künstlerische Inszenierung der Mottbruchhalde im Kontext der Internationalen Bauausstellung Emscher Park (1989–1999)

Kohle und Stahl haben das Ruhrgebiet tiefgreifend geprägt und ihre Bedeutung für die Region ist auch heute, vier Jahre nach der Schließung der letzten aktiven Zeche im Jahr 2018, noch weithin sichtbar. Die Hinterlassenschaften der Schwerindustrie werden dabei einerseits unter dem Stichwort der Renaturierung zum Verschwinden gebracht, wie es der seit über 30 Jahren andauernde Emscherumbau zeigt.[1] Andererseits bilden Fördertürme, Maschinenhallen und Industriemuseen das industriekulturelle Erbe des Ruhrgebiets und bringen Touristenströme in die Region.[2] Strukturwandel und Industriekultur gehen im Ruhrgebiet eine unzertrennliche und als Erfolgsmodell empfundene Liaison ein. Delegationen aus der ganzen Welt reisen in die Region, um über die Verbindung von Strukturwandel und Industriekultur zu lernen.[3] Eine dieser industriellen Hinterlassenschaften sind die Bergehalden, Ablagerungsstätten der tauben Gesteine der Steinkohleförderung, die unvermeidlich anfallen und künstliche Erhebungen in einer ansonsten flachen Landschaft bilden. Aus umweltpolitischer Sicht bringen Bergehalden vielfache Probleme mit sich: Die Aufschüttungen führen zu Nutzungskonflikten,[4] verändern das Mikroklima und neigen zu Brän-

1 Coburg, Randolf: Unterwegs ins Neue Emschertal – Generationenprojekt Emscherumbau für eine Region mit Zukunft, in: Ohlig, Christoph (Hrsg.): Die Entwicklung der Wasserwirtschaft im Ruhrgebiet, Norderstedt 2012, S. 63–64.

2 Berger, Stefan: Was ist das Ruhrgebiet? Eine historische Standortbestimmung, in: Aus Politik und Zeitgeschichte 69, 1–3/2019: Ruhrgebiet, S. 4–11, hier S. 8.

3 Für einen allgemeinen Überblick siehe Wehling, Hans-Werner: Phasen, Programme und Zielsetzungen des Strukturwandels, in: Farrenkopf, Michael u. a. (Hrsg.): Die Stadt der Städte. Das Ruhrgebiet und seine Umbrüche, Essen 2019, S. 261–275. Bezüglich des Wandels von einer Industrie- zur Kulturlandschaft siehe Wagner, Helene: „Authentische Symbole der Region“. Zur Transformation des Ruhrgebiets von einer Industrielandschaft zur ‚Kulturlandschaft neuen Typs‘ anhand der Route der Industriekultur, in: Farrenkopf, Michael/Meyer, Torsten (Hrsg.): Authentizität und industriekulturelles Erbe. Zugänge und Beispiele, Berlin/Boston 2020 (= Veröffentlichungen aus dem Deutschen Bergbau-Museum Bochum, Bd. 238; = Schriften des Montanhistorischen Dokumentationszentrums, Nr. 39), S. 219–242. Zur Haldentouristik im Speziellen siehe Berke, Wolfgang: Über alle Berge: Haldenführer Ruhrgebiet 2.0, Essen 2016.

4 D‘Alleux, Jürgen: Nutzungskonflikte bei der Aufschüttung von Bergehalden, in: Kerth, Michael/Wiggering, Hubert (Hrsg.): Bergehalden des Steinkohlenbergbaus. Beanspruchung und

https://doi.org/10.1515/9783110785289-008

den in ihrem Inneren.[5] Außerdem hat die Aufhaldung Konsequenzen für die Wasserwirtschaft und stellt nicht zuletzt einen Eingriff in das Landschaftsbild dar.[6] Schätzungsweise existieren heute im Ruhrgebiet 211 Bergehalden mit einer Gesamtfläche von rund 4900 ha.[7] In den 1950er-Jahren begannen gezielte Bemühungen, die vielfältigen Probleme der Bergehalden in den Griff zu bekommen. Bergehalden wurden begrünt und veränderten mehrfach ihre Form. Aus den anfangs üblichen Spitzkegelhalden wurden Ende der 1960er-Jahre streng regulierte Tafelberge. Seit den 1980er-Jahren wurden Landschaftsbauwerke geplant, die schon von ihrer Konzeption her keine Reparaturleistungen mehr waren, sondern in bestehende Landschaften integriert wurden. Mit Beginn der Internationalen Bauausstellung (IBA) Emscher Park im Jahr 1989 wurden Bergehalden zu Aushängeschildern und vermeintlichen Identifikationssymbolen des Ruhrgebiets.[8]

Im vorliegenden Beitrag soll der Gestaltungsprozess im Rahmen der IBA Emscher Park rekonstruiert werden, an dessen Ende die Mottbruchhalde in Gladbeck-Brauck als künstlerisch inszeniertes Landschaftsbauwerk stand. Die Mottbruchhalde lag im Plangebiet des Regionalen Grünzugs C, in dem sich die Städte Bottrop, Essen, Gelsenkirchen und Gladbeck zu einer Interkommunalen Planungsgemeinschaft zusammengeschlossen hatten. Ihre gemeinsame Aufgabe war die „städteübergreifende Freiraumsicherung, die naturnahe Umgestaltung von Abwasserkanälen und die stärkere Landschaftseinbindung von industriellen Zeitzeugen wie Bergehalden und Brachflächen […].“[9] In einer vom „In-

---

Veränderung eines industriellen Ballungsraumes, Wiesbaden 1991 (= Geologie und Ökologie im Kontext), S. 59–64.

5 Zum Problem des Mikroklimas siehe Horbert, Manfred/Schäpel, Christiane: Kleinklimatische Veränderungen durch Bergehalden, in: Kerth/Wiggering (Hrsg.), Bergehalden des Steinkohlenbergbaus, S. 65–84. Zum Problem der Haldenbrände siehe Dortmann, Hans-Dieter/Hein, Norbert: Haldenbrände, in: Kerth/Wiggering (Hrsg.), Bergehalden des Steinkohlenbergbaus, S. 103–114.

6 Rathke, Klaus/Schröder, Wolfgang: Konsequenzen für die Wasserwirtschaft, in: Kerth/Wiggering (Hrsg.), Bergehalden des Steinkohlenbergbaus, S. 129–153.

7 Krüger-Charlé, Michael/Paul, Hansjürgen/Becker, David: Ruhrbergbau und Strukturwandel: Probleme und Potentiale bei der Nutzung ehemaliger Bergbauflächen im Ruhrgebiet, Gelsenkirchen 2013 (= Forschung Aktuell, No. 07/2013), S. 2–27, hier S. 18 ff. Unter: urn:nbn:de:0176-201307013 (Eingesehen: 15.02.2022).

8 Heinen, Ron-David: Vom „Kummer der Hausfrauen“ zur Landmarke. Die Bergehalden des Ruhrgebiets und der Wandel des Mensch-Umwelt-Verhältnisses nach 1945, in: Der Anschnitt. Zeitschrift für Montangeschichte 72, 3–4/2020, S. 84–91.

9 Archiv im Haus der Geschichte des Ruhrgebiets (AHGR), Bochum, Regionalverband Ruhr, RVR 3534, Mottbruchhalde im ökologischen Landschaftspark Regionaler Grünzug C. Gutachterverfahren Halde im Wandel, Juni 1995, S. 10.

stitut für Landschaftsentwicklung und Stadtplanung“ (ILS) Essen entwickelten und von der „Interkommunalen Planungsgemeinschaft Grünzug C“ beauftragten Rahmenplanung zur Freihaltung von Grünflächen mit dem Ziel der Verbesserung der Naherholung, empfahl die „Interkommunale Arbeitsgemeinschaft“ Ende 1992 die künstlerische Gestaltung des Mottbruchhaldenkomplexes. Dies wurde mit der „Prägnanz“ der Bergehalden im Regionalen Grünzug C begründet, wodurch sie zu „Zeugen für die rasante industrielle Entwicklung und die intensive Nutzung der Ressourcen dieses Landstriches in den vergangenen ein- bis eineinhalb Jahrhunderten“ geworden seien. Durch die künstlerische Gestaltung der Mottbruchhalde sah das ILS die Chance, „neue Impulse für den Umgang mit diesen Raumkörpern zu entwickeln und einen Wertewandel in Bezug auf dieses Erbe industrieller Nutzung zu erzielen.“ Aus dem „Symbol einer industriellen ‚Gebrauchslandschaft‘“ sollte ein „Wahrzeichen einer ästhetisch-qualitätsvollen ‚Kunst-Landschaft‘“ werden.[10]

Die Mottbruchhalde bot dafür einen besonderen Rahmen, denn im Gegensatz zur üblichen Praxis der Schüttung und anschließenden Begrünung befand sie sich zum Zeitpunkt der Rahmenplanung noch im Schüttprozess. Die Betriebszulassung vom 28. Mai 1978 wurde seitens der Ruhrkohle AG (RAG) Mitte der 1980er-Jahre in ein Betriebsplanänderungsverfahren überführt, was die Aussetzung der Schüttung im Jahr 1989 zur Folge hatte.[11] Eine Schüttkapazität von 22,4 Millionen t Bergen stand daher zur Modellierung des Haldenkörpers zur Verfügung.[12] Aufgrund dieser Ausgangssituation schlug das ILS die Durchführung eines Künstlerwettbewerbs vor, bei dem eine „formende Durcharbeitung dieser Raumkörper auf der Basis einer Kunst-Idee“ durchgeführt und eine „ideelle und planerische Auseinandersetzung mit Grundformen und Höhenentwicklung der Halde, deren möglicher Struktur und Textur, ihrer künftigen ideelen [sic], ästhetischen und nutzungsbezogenen Bedeutungsgehalte“ gefordert wurde. Dieses Endresultat könne dann eine „richtungsweisende Diskussion zu einem neuen Halden-Leitbild entfachen“ und „freie Lösungsansätze zur Neudefinition von Haldenbauwerken bieten.“[13]

---

10 AHGR Bochum, Internationale Bauausstellung Emscher Park, IBA 871 B, Institut für Landschaftsentwicklung und Stadtplanung. Rahmenplanung Ökologischer Landschaftspark im Regionalen Grünzug C, Künstlerischer Wettbewerb Mottbruch-Halden, März 1992, S. 1 f.

11 Ebd., Rahmenbedingungen für einen Ideenwettbewerb „Halde im Wandel“ für den Bereich der Mottbruch-Halde, westlich des Stadtteils Gladbeck-Brauck im Grünzug C, Anlage 2, S. 6.

12 Ebd., Stadtplanungsamt 61: Vermerk über ein Gespräch mit Vertretern der Ruhrkohle AG und Stadt Gladbeck am 07.12.1992, S. 1.

13 Ebd., Institut für Landschaftsentwicklung und Stadtplanung, Rahmenplanung Ökologischer Landschaftspark im Regionalen Grünzug C, Künstlerischer Wettbewerb Mottbruch-Halden, März 1992, S. 2.

„Halde im Wandel“ – Die Mottbruchhalde in Gladbeck-Brauck

In der Sitzung vom 25. November 1992 der „Interkommunalen Planungsgemeinschaft Grünzug C“ wurde der Vorschlag des ILS durch die Gründung der „Arbeitsgruppe Haldenlandschaft Brauck“ mit Mitgliedern der Stadt Gladbeck, der IBA Emscher Park sowie des Kommunalverbands Ruhrgebiet (KVR) aufgenommen.[14] Eine generelle Zusammenarbeit mit der RAG als Eigentümerin der Halde war bis dahin nicht geklärt, weshalb am 07. Dezember 1992 ein Sondierungsgespräch zwischen Vertretern der Stadt Gladbeck und der RAG stattfand. Demnach erklärten sich die Vertreter der RAG bereit, die Durchführung eines künstlerischen Wettbewerbs planerisch und finanziell zu unterstützen und auch daran mitzuwirken, solange die im Betriebsplan vorgesehenen 22,4 Millionen t Berge auf der Halde untergebracht und der Bau einer Umladestation realisiert würden.[15] Zur Diskussion stand noch die Frage, ob die künstlerische Gestaltung der Mottbruchhalde durch einen Wettbewerb oder ein Entwurfsseminar durchzuführen sei, wobei sich bei einem Arbeitsgespräch am 14. Januar 1993 mit Teilnehmern der Stadt Gladbeck, der RAG, dem Kommunalverband Ruhrgebiet sowie der IBA Emscher Park die Idee eines beschränkten Wettbewerbs durchsetzte. Das Konzept sah vor, dass drei bis vier eingeladene Landschaftsplanungsbüros zusammen mit ihnen zugeordneten Künstlern Entwürfe zur Gestaltung der Halde erarbeiteten. Begründet wurde diese beschränkte Wettbewerbsform durch die Kürze der Zeit und der Realisierungsnähe, die sich aus dem Umstand ergab, dass die RAG im Jahr 1995 die Schüttung fortsetzen und daher im Jahr 1994 ein Betriebsplan erarbeitet werden musste. Das Wettbewerbsverfahren musste infolgedessen im Jahr 1993 abgeschlossen sein, um im neuen Betriebsplan für die Mottbruchhalde eingearbeitet werden zu können. Als zentrale Aufgabenstellungen für die Landschaftsplaner und Künstler wurde die Sichtbarmachung von verschiedenen Stadien der Schüttung sowie deren Dokumentation, die Nutzung der Halde als ‚Atelier‘ für temporäre Inszenierungen, die Schaffung eines künstlerischen Zeichens auf Dauer sowie die didaktische Vermittlung der technischen Bedingungen der Schüttung durch künstlerische In-

---

14 AHGR Bochum, Internationale Bauausstellung Emscher Park, IBA 567 A, Stadtplanungsamt 61: Vermerk Interkommunale Planungsgemeinschaft Grünzug C – Ergebnisse der Sitzung vom 25.11.1992, S. 4.

15 AHGR Bochum, Internationale Bauausstellung Emscher Park, IBA 871 B, Stadtplanungsamt 61: Vermerk über ein Gespräch mit Vertretern der Ruhrkohle AG und Stadt Gladbeck am 07.12.1992, S. 1.

strumentarien festgesetzt.[16] Offen blieben Fragen bezüglich des rechtlichen Rahmens und der Zulassung des Betriebsplans. Daher fand am 01. März 1993 eine weitere Besprechung bei der „Zechenbahn und Hafenbetriebe“ der RAG in Gladbeck (noch 1993 in RAG „Bahn und Hafen Vertriebsgesellschaft“ (BuH) umbenannt) statt, bei der auch ein Vertreter des Bergamts Gelsenkirchen anwesend war. Dieser erläuterte den Anwesenden von RAG, IBA Emscher Park, KVR sowie der Stadt Gladbeck das Verfahren zur Betriebszulassung bei der Halde Rungenberg. Bei dieser wurde zum Betriebsplan für das Landschaftsbauwerk ein „zusätzlicher Gestaltungsbetriebsplan als Ergänzung zwecks künstlerischer Überformung der Halde initiiert“. Die bergbaurechtliche Absicherung der künstlerisch inszenierten Mottbruchhalde konnte somit nach dem Vorbild der Halde Rungenberg ablaufen.[17]

Ausgehend von diesen Überlegungen wurde dem Stadtplanungsausschuss der Stadt Gladbeck eine Vorlage zur Durchführung eines Gutachterverfahrens vorgelegt, die am 29. April 1993 beraten werden sollte. In der Vorlage wurde das Gutachterverfahren als „Qualitätssteigerung bisheriger Planungs- und Umsetzungsmethoden“ bezeichnet, mit der man den „Erwartungen der Internationalen Bauausstellung [...] gerecht“ werde. Vorgeschlagen wurde die Bildung von fünf Arbeitsgemeinschaften, bestehend aus einem „erfahrenem Landschaftsbüro“ sowie einem „renommierten Künstler“, wobei der als „beste Arbeit ausgezeichnete Planungsbeitrag [...] mit neuen Vorschlägen zur Morphologie des Geländes Anlage eines neuen Betriebsplanes zur Schüttung der Mottbruchhalde“ werde. Die Stadt Gladbeck erhoffte sich durch dieses Verfahren neben den „erholungsorientierten und künstlerischen Zielen der Haldengestaltung und der Freihaltung des Boystraßentals vor allem auch eine emissionsarme Beschickung mit Bahn und Fördertechnik sowie eine entsprechende Schüttung des Haldenkörpers.“ Insgesamt wurden für die Durchführung des Wettbewerbs 150 000 DM veranschlagt, wobei mit jeweils 25 000 DM für die fünf Büros, 20 000 DM für die Jurykosten und 5 000 DM an Nebenkosten gerechnet wurde.[18] Der Stadtplanungsausschuss der Stadt Gladbeck verringerte in seiner Sitzung vom 29. April 1993 die Anzahl der teilnehmenden Büros von fünf auf zwei und begründete dies mit freiwerdenden Finanzmitteln, die für die aus dem Gutacht-

16 AHGR Bochum, Internationale Bauausstellung Emscher Park, IBA 567 A, Helene Kleine am 15.01.1993: Vermerk über ein Arbeitsgespräch am 14.01.1993 in Gladbeck, Betr. „Halde im Wandel“/Mottbruch-Halde, S. 2 f.

17 AHGR Bochum, Internationale Bauausstellung Emscher Park, IBA 871 B, Stadtplanungsamt Gladbeck: Vermerk zu einer Besprechung zum Thema „Halde im Wandel“ am 01.03.1993, S. 1 f.

18 Ebd., Vorlage für den Stadtplanungs-Ausschuss der Stadt Gladbeck, 15. April 1993, Betr. „Halde im Wandel“ im Grünzug C; Durchführung eines Gutachterverfahrens, S. 2 f.

energebnis zu entwickelnde Folgeplanung nutzbar seien. Innerhalb der IBA Emscher Park wurde die Durchführung eines auf zwei Teams beschränkten Gutachterverfahrens skeptisch betrachtet, da sie eine „geringe Spannweite von Ideen und Entwürfen“ befürchtete, sah jedoch im geringen finanziellen Rahmen von 150 000 DM auch eine Legitimation.[19] Von Seiten der RAG wurde das gewählte Verfahren begrüßt. Bereits im Vorfeld des Stadtplanungsausschusses wurde darauf hingewiesen, dass „finanzielle Mehrbelastungen für das Unternehmen nicht tragbar“ seien.[20]

Am 13. Mai 1993 wurden diese neuen Voraussetzungen in einer weiteren Besprechungsrunde mit Teilnehmern der RAG, des KVR, der Stadt Gladbeck sowie der IBA Emscher Park vertieft. Man einigte sich auf ein dreistufiges Verfahren, bei dem drei Kolloquien zwischen September und November 1993 stattfinden sollten. Neben einem Ausgabe- und Abschlusskolloquium wurde mit einem Rückfragekolloquium im Oktober geplant, die jeweils verschiedene Experten begleiteten. Diese wurden aus den jeweiligen Häusern rekrutiert und bildeten dadurch ein differenziertes Gremium aus technischer, künstlerischer und politischer Expertise.[21] Ausgewählt wurden das Team Herman Prigann (1942–2008) als Künstler sowie das Landschaftsbüro Müller/Weber/Knippschild aus Berlin sowie der niederländische Landschaftsarchitekt Lodewijk Baljon gemeinsam mit Prof. Dr. Thomas Schmitz als Künstler.[22] Als Vorteil dieser Kombinationen sah Prof. Dr. Helene Kleine, von 1991 bis 1995 Bereichsleiterin Kultur und Denkmalpflege bei der IBA Emscher Park, dass die Teams bereits im Vorfeld miteinander gearbeitet hätten und mit den „besonderen Bedingungen des Ruhrgebietes vertraut“ seien. Zudem empfand sie die „Entwurfsauffassung bzw. das künstlerische Leitbild der beiden Teams [...] [als] sehr verschieden, so daß ein spannender und ertragreicher Dialog erwartet werden“ könne.[23] Wenngleich das Landschaftsbüro Müller/Weber/Knippschild am 06. August 1993 seine Teilnahme am Gutachterverfahren absagte, konnte mit dem Kölner Büro Schubert ein gleichwertiger Ersatz gefunden werden, das ebenfalls Vorerfahrungen in der Zusammenarbeit mit Herman Prigann hatte.[24] Damit standen die finalen

---

19 Ebd., Stadtamt 61.3, „Halde im Wandel“ im Grünzug C, Oermann an IBA, KVR, Ruhrkohle, Stadtplanungsamt 67, Stadt Bottrop, Stadt Gelsenkirchen, Stadt Essen, 10. Mai 1993, S. 1.

20 Ebd.

21 Ebd., Helene Kleine, Vermerk vom 19.05.1993 über eine Besprechungsrunde zur „Halde im Wandel“ vom 13.05.1993, S. 2.

22 Ebd.

23 Ebd., Helene Kleine an Baudezernent Gerhard Hartmann der Stadt Gladbeck, 27.05.1993, S. 1.

24 AHGR Bochum, Internationale Bauausstellung Emscher Park, IBA 567 A, Stadtplanungsamt 61.1, Vermerk über Interkommunales IBA Projekt Regionaler Grünzug C – Ergebnisse der Sit-

Teams fest: der niederländische Landschaftsarchitekt Lodewijk Baljon, u. a. Gewinner des „IBA-Projekts Mechtenberg“ in Gelsenkirchen 1992, sollte mit Thomas Schmitz zusammenarbeiten, der seit dem März 1993 die Professur für Zeichnen, Künstlerisches Gestalten und Entwerfen im Fachbereich Architektur der FH Kaiserslautern innehatte.[25] Das zweite Team bestand aus Herman Prigann, Beteiligter an der Ausstellung „Naturraum – Kunstraum“ in Dortmund anlässlich der Bundesgartenschau im Jahr 1991, sowie dem Kölner Landschaftsarchitekten Jürgen Schubert, der 1990 den ersten Preis des Wettbewerbs zum Media Park in Köln gewonnen hatte.[26]

Eine im September 1993 herausgegebene Dokumentation über die „Halde im Wandel“ beschrieb die Anforderungen an die Gutachterteams. Demnach war es Planungsaufgabe, „möglichst frühzeitig Teilbereiche der Halde endgestaltet und der Öffentlichkeit zugänglich“ zu machen, um den Besuchern „Einblick in den Schüttbetrieb und das Wachsen der Halde zu ermöglichen.“[27] Gefordert wurde zudem eine Halde der neuen, vierten Generation, bei der die „positiven Elemente der bisherigen Schütt- und Gestaltungsphasen“ miteinander verbunden werden, die die Eigenarten „dieser ‚Kunstlandschaft‘“ jedoch nicht überdeckt, sondern „akzentuier[t] und hervorheb[t].“[28] Denn Halden seien nicht nur „Zeugen industrieller Arbeit“, sondern weithin sichtbare Landmarken, „Orientierungspunkte in der zerfließenden Stadtlandschaft des Ruhrgebiets bzw. des Emscherraumes.“ Von den Höhen der Bergehalden erschließe sich umgekehrt „die Industrielandschaft, die es nicht zu verbergen, sondern zu erklären und zu interpretieren gilt.“ Die künstlerische Inszenierung von Halden im Allgemeinen und der Mottbruchhalde im Speziellen könne dazu beitragen, „die in ihrer Ei-

zung vom 06.09.1993, S. 1 f.; AHGR Bochum, Internationale Bauausstellung Emscher Park, IBA 567 A, „Halde im Wandel“, Gutachterverfahren, Leistungsbild zur künstlerischen und erholungsorientierten Haldenumgestaltung im Rahmen des IBA-Projekts „Ökologischer Landschaftspark Regionaler Grünzug C“, Gladbeck September 1993, S. 6.

25 AHGR Bochum, Internationale Bauausstellung Emscher Park, IBA 871 B, Gutachterverfahren zur Mottbruch-Halde/„Halde im Wandel“, hier: Information zu den Künstlern bzw. den Landschaftsarchitekten, S. 1–4.

26 Ebd.; AHGR Bochum, Internationale Bauausstellung Emscher Park, IBA 567 A, Stadtplanungsamt 61.1, Vermerk über Interkommunales IBA Projekt Regionaler Grünzug C – Ergebnisse der Sitzung vom 06.09.1993, S. 1.

27 AHGR Bochum, Internationale Bauausstellung Emscher Park, IBA 567 A, „Halde im Wandel“, Gutachterverfahren, Leistungsbild zur künstlerischen und erholungsorientierten Haldenumgestaltung im Rahmen des IBA-Projekts „Ökologischer Landschaftspark Regionaler Grünzug C“, Gladbeck September 1993, S. 30.

28 Ebd., S. 31. Bezüglich der verschiedenen Haldengenerationen siehe auch: Heinen, Kummer der Hausfrauen, S. 84-90.

genart einmalige, aber ‚verkannte' Region geistig neu zu interpretieren, neue Sichtweisen zu eröffnen, Kreativität freizusetzen und zu eigenen Aktivitäten zu ermuntern." Für die Mottbruchhalde, die durch ihre noch bevorstehende Schüttung einen Sonderfall in der Haldenlandschaft des Ruhrgebiets darstellte, sollte die künstlerische Inszenierung vor allem durch eine Auseinandersetzung mit dem Entstehungsprozess der Halde, also den „verschiedenen Phasen der Schüttung, aber auch mit der Endform des Haldenkörpers, der Gestaltung seiner äußeren Haut" geschehen. Dabei sollte aus der „industriellen Gebrauchslandschaft eine qualitätsvolle Kunstlandschaft mit hohem Naherholungswert" entstehen,[29] die zudem das ökologische Potential des Arten- und Biotopschutzes berücksichtigte. Die Planung einer phasenhaften Schüttung mit präsentationsfähigen Zwischenstadien hatte außerdem den Vorteil, dass bei einer Nichtrealisierung der vom Bergbau vorgesehenen Schüttmengen kein zufälliges Zwischenprodukt in der Landschaft verbliebe, sondern eine „bewußt gestaltete, ggf. ästhetisch ausdrucksstarke und für die Anwohner gut nutzbare Haldenform [...]."[30]

Unter diesen Voraussetzungen trafen sich am 22. September 1993 die Beteiligten des Gutachterverfahrens. Nach einer Begrüßung durch den Bürgermeister der Stadt Gladbeck, Wolfgang Röken, in der er die Bedeutung der „erholungsorientierten und künstlerischen Umgestaltung der Haldenlandschaft für den Strukturwandel" in Gladbeck betonte, übergab er die Gesprächsführung an Prof. Dr. Arno Sighart Schmid, Präsident des Bunds Deutscher Landschaftsarchitekten zwischen 1983 und 1989 und Vertreter der IBA Emscher Park. Es folgten eine Reihe von Fachbeiträgen, die die verschiedenen Bedeutungen und Anforderungen der künstlerischen Gestaltung der Mottbruchhalde für ihre jeweilige Fachrichtung darstellten. Jürgen Graf vom Grünflächenamt der Stadt Gladbeck referierte über die landschaftlichen Gegebenheiten in Gladbeck-Brauck und den Zusammenhang der künstlerischen Inszenierung der Mottbruchhalde mit der Boye-Renaturierung. Ursula Dickmann von der Geschäftsführung der „Interkommunalen Arbeitsgemeinschaft Grünzug C" erläuterte die Bedeutung der Rahmenplanung des Projekts für die Freiraumentwicklung der beteiligten Städte und der damit zusammenhängenden Revitalisierung der Grünzüge im Stadtgebiet. Jürgen Burgardt vom Bergamt Gelsenkirchen stellte die Aufgabe des Bergamtes im Rahmen des Bundesberggesetzes dar und beton-

29 AHGR Bochum, Internationale Bauausstellung Emscher Park, IBA 567 A, „Halde im Wandel", Gutachterverfahren, Leistungsbild zur künstlerischen und erholungsorientierten Haldenumgestaltung im Rahmen des IBA-Projekts „Ökologischer Landschaftspark Regionaler Grünzug C", Gladbeck September 1993, S. 31 f.
30 Ebd., S. 36.

te, dass die Halde „vor allem auch eine technische Einrichtung" sei und daher die Errichtung und der Betrieb einer Halde der betriebsplanmäßigen Zulassung unterliege. Im vorliegenden Fall sei die Beschränkung auf die zugelassene Fläche und Kapazität wichtig, damit nicht ein neues Rahmenbetriebsplanverfahren eingeleitet werden müsse, das einschließlich einer fälligen Umweltverträglichkeitsstudie fünf Jahre in Anspruch nehme. Arno Schmid machte klar, dass es das Ziel dieses Gutachterverfahrens sei, „ohne aufwendiges neues Verfahren zu einer Verbesserung der zugelassenen Planung" zu kommen.[31] Die Vertreter der RAG bekräftigten diese Aussage und erläuterten die technischen Voraussetzungen und Grundlagen der Haldenschüttung, die auf den „Richtlinien für die Zulassung von Bergehalden im Bereich der Bergaufsicht vom 16. August 1984" basierten.[32] Von Thomas Schmitz, Arbeitsgemeinschaft Schmitz/Baljon, kam der Einwand, dass basierend auf diesen Voraussetzungen „kaum Handlungs- bzw. Planungsspielräume" existierten, er bat daher um „entsprechende Perspektiven".[33] Michael Schwarze-Rodrian vom Kommunalverband Ruhrgebiet verwies darauf, dass der Name des Gutachterverfahrens „Halde im Wandel" auch Programm sei: „das Wachsen der Halde müsse mit Zwischenstadien vorzeigbar sein [...]. Die beauftragten Gutachter müßten für diese offene Situation schlüssige Antworten finden." Schwarze-Rodrian forderte „flexible und vielseitige Lösungen auf entsprechende Fragestellungen" mit „radikalem Charakter", die zur „Inwertsetzung der Landschaft zwecks künstlerischer Inszenierung" führten.[34]

Damit waren die grundsätzlichsten Themen und Fragestellungen geklärt und eine Zielvision vorgegeben. Der Zwischentermin am 20. Oktober 1993 hatte die Funktion des Gedankenaustauschs. Nach einer kurzen Einleitung durch den Baudezernenten der Stadt Gladbeck, Gerhard Hartmann, konzentrierte sich die Diskussion zunächst auf die Notwendigkeit zusätzlicher Parkplätzen in direkter Haldennähe. Herman Prigann plädierte als Einziger der Beteiligten für die Schaffung zusätzlicher Parkplätze und argumentierte mit dem Bedürfnis Erho-

31 AHGR Bochum, Internationale Bauausstellung Emscher Park, IBA 567 A, Stadtplanungsamt 61.3, Protokoll zur Sitzung des Gutachterverfahrens „Halde im Wandel" am 22.09.1993, S. 1 f.
32 Gemeinsamer Runderlass des Ministers für Wirtschaft, Mittelstand und Verkehr, des Ministers für Ernährung, Landwirtschaft und Forsten und des Ministers für Landes- und Stadtentwicklung des Landes Nordrhein-Westfalen vom 13.07.1984, Zulassung von Bergehalden im Bereich der Bergaufsicht, in: Ministerialblatt NRW vom 16. August 1984, Nr. 55, S. 931–936. Mit dieser neuen Richtlinie wurde die bis dato geltende von 1967 (Gem. RdErl. vom 04.09.1967, Zulassung von Bergehalden im Bereich der Bergaufsicht, in: Ministerialblatt NRW vom 10. Oktober 1967, Nr. 138, S. 1689–1692) aufgehoben.
33 AHGR Bochum, Internationale Bauausstellung Emscher Park, IBA 567 A, Stadtplanungsamt 61.3, Protokoll zur Sitzung des Gutachterverfahrens „Halde im Wandel" am 22.09.1993, S. 4.
34 Ebd.

lungssuchender, nicht mit dem Öffentlichen Nahverkehr anreisen zu müssen.[35] Sowohl Michael Schwarze-Rodrian vom KVR, Petra Weiß vom Stadtplanungsamt Gladbeck als auch Rüdiger Winter (1928–2003) vom Verkehrsverein Gladbeck sahen darin keinen Nutzen und vertraten die Auffassung, dass die „Erreichbarkeit aus den umliegenden Besiedlungen gut sei, daß Parkplätze im Gewerbepark ausreichend vorhanden [...] und im übrigen Nahverkehrslinien [die Halde] [...] in ausreichendem Maße erschließen." Anschließend verlagerte sich die Diskussion auf technische Fragestellungen bezüglich der Haldengestaltung: Herman Prigann erkundigte sich über den Anfall von Sickerwasser auf der Halde und Thomas Schmitz erfragte die Möglichkeit einer Haldenschüttung ohne Bermen. Arno Schmid vertrat die Meinung, dass Richtlinien von „begrenzter Bedeutung" seien, wenn „im Einzelfall der Nachweis erbracht wird, daß die Sicherheit dennoch gewährleistet ist [...]." Norbert Rüsel von der RAG „Bahn und Hafen Vertriebsgesellschaft" (BuH) als Betreiber der Mottbruchhalde sah diesen Einwand jedoch kritisch, da Bermen in einer Breite von vier Metern sowohl von LKWs als auch der Feuerwehr genutzt würden. Manfred Braun, Mitglied im Rat der Stadt Gladbeck und Landtagsabgeordneter von Nordrhein-Westfalen, sah im Verzicht auf Bermen Probleme in der Naherholungsversorgung der Bevölkerung im Stadtteil Brauck.[36]

Im Folgenden wurden die ersten Entwurfsbeiträge der Bürogemeinschaft Baljon und Schmitz vorgestellt: Deren Beitrag konzentrierte sich auf die „archaische[n] Aspekt[e] der Naturgewalt" und stellte Verbindungen zwischen Vulkanen und Halden her. Ihnen sei gemein, dass sie plötzlich und mit sukzessiver Erweiterung in einer erdgeschichtlich kurzen Zeitphase entstehen und daher Fremdkörper in der Landschaft bildeten, deren „Material aus der Tiefe kommt." Ebenso seien sowohl Vulkan als auch Halden zu Beginn ohne Pflanzendecke, erst nach und nach bilde sich die Pflanzendecke durch den Prozess der Vereinnahmung. Denn die Natur „integriert den Fremdkörper, egal was passiert'". Die Bürogemeinschaft Baljon/Schmitz entwickelte die Vision einer Haldenmodellierung entsprechend einem Vulkankrater am oberen Haldenrand, wobei die Innenwelt dieses Kraters „neue Vorstellung[en] von Landschaft als introvertierte Welt mit eigenständigen Vegetationsformen" ermögliche.[37]

---

35 Ebd., S. 1.
36 Ebd., S. 1 f.
37 Ebd., S. 4 f.

Abb. 1: Skizze von Schüttphase 3 aus Nord-Westen betrachtet, 1995

Demgegenüber stand der Vorschlag der Arbeitsgemeinschaft Prigann/Schubert, deren Absicht es war, den Menschen „das Erleben der eigenen durch Kohle und Stahl bestimmten Geschichte zu bieten.“ Eine auf der Halde bereits vorgefundene Allee, eine im Bergematerial versunkene Brücke sowie ein alter Klärteich sollten das zukünftige ‚alte Tal‘ bilden, in dem die Errichtung eines Amphitheaters geplant wurde. Dreiteilige Plateauhügel in einer Höhe von 105 m sollten mit dreiflügeligen Windkraftanlagen bebaut und für das anliegende Gewerbegebiet als Energielieferant dienen. Außerdem war vorgesehen, die Hügelplateaus „mit Wasserfällen, Rieselbecken und Bachläufen“ zu versehen, während Grabensysteme das Wasser geordnet abführen sollten. Nach der zweiten Schüttphase könnten Schrebergärten auf den Geländeterrassen entstehen. Der Bereich des LKW-Bunkers sollte nach seiner Nutzung zu einem Kommunikationszentrum bzw. Spurensuchermuseum umfunktioniert werden: Mit „Fundstücken und Fotoausstellungen könnte hier vorgeführt werden, wie der Raum entstanden ist. Der Dialog mit der Bevölkerung wird möglich. Die Halde soll nicht nur als Naturerlebnis, sondern auch Lebensraum sein.“[38]

In der anschließenden Diskussion wurde der Beitrag der Bürogemeinschaft Baljon/Schmitz mit seinem Raummodell als „spannend“ bezeichnet, doch anders als beim Vulkan erfolge die Haldenschüttung nicht mit verbranntem, sondern unverändertem Erdgestein. Karl Kleineberg, Markscheider bei der RAG, appellierte an die Gutachter, die Grundfigur nicht zu kleinteilig zu planen, da sonst die Gefahr drohe, dass der Beitrag insgesamt in Frage gestellt werden müsse. Das Konzept von Schubert/Prigann wurde dahingehend kritisiert, dass die geplante Bewässerung mit dem Boyewasser nicht geeignet sei und die Wassermenge in den Haldengräben für die beabsichtigte Bewässerung der Haldenplateaus nicht ausreiche. Auch das Aufstellen von Windkrafträdern sei durch die dafür notwendigen Pfahlgründungen schwierig.[39]

38 Ebd., S. 5.
39 Ebd., S. 5 f.

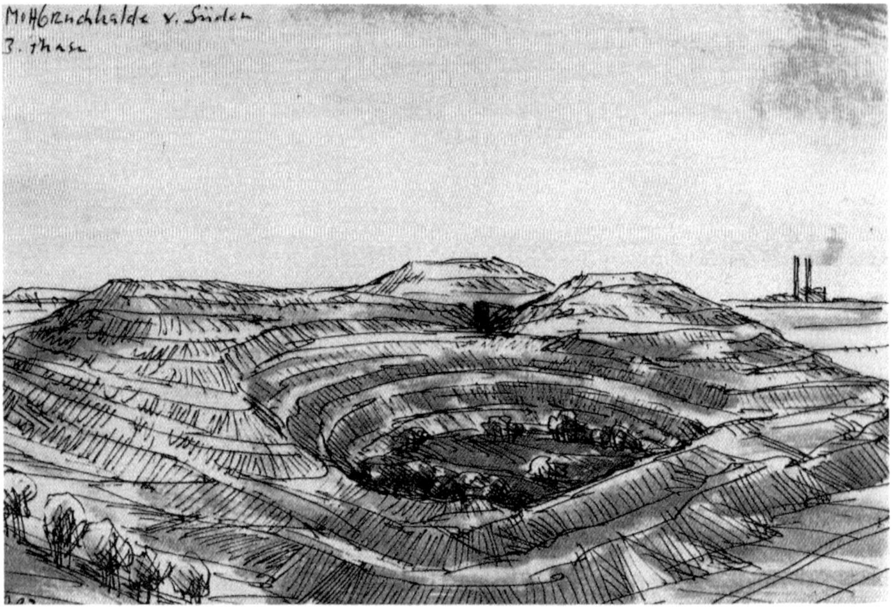

Abb. 2: Skizze von Schüttphase 3 aus Süden betrachtet, 1995

Das dritte und abschließende Kolloquium fand am 19. November 1993 im Ratssaal des Rathauses Gladbeck statt. Eingeladen waren die beiden Gutachterteams sowie insgesamt 18 stimmberechtigte Personen, die zur Auswahlkommission gehörten und sich aus Mitgliedern bzw. Vertretern der RAG, des KVR, der IBA Emscher Park, des Bergamtes Gelsenkirchen, der Landesanstalt für Ökologie, des Verkehrsvereins Gladbeck, des ILS, einem Kunstexperten sowie Politikern und Vertretern der Stadt Gladbeck zusammensetzten. Das Gutachterteam Baljon/Schmitz stellte zunächst seine Vision der Vulkanlandschaft vor. Zwei Grundüberlegungen standen ihrem Projekt vor: 1. „Eine Halde ist ein Fremdkörper, ein Menschenwerk. 2. Dies muß nicht per definitionem schlecht sein." Denn Natur reagiere „‚naturgemäß' auf alles. Sie kann alle Hinterlassenschaften, Ein- und Fehlgriffe der Menschen in ihren großen Organismus integrieren [...]. Wenn wir diese Kraft und diesen Zusammenhang mehr in unser Bewußtsein rufen, können wir viel über ‚Natur' lernen und viel über uns selbst." Die Haldenschüttung habe in diesem Zusammenhang eine tröstende Komponente und wäre nicht als Zerstörung oder Verschandelung zu verstehen. Stattdessen diene der Vulkan als Metapher eines „Typus von ‚Fremdkörper' [...], den die Natur selbst hervorgebracht hat" und wie die Bergehalde sei der Vulkan anfangs nackt, werde aber durch „Erosionen und Vegetation [...] sukzessive in seine Umgebung eingebunden." Dem Menschengemachten werde etwas Natürliches gegenüberstellt. Der Haldenschüttung werde eine Bedeutung gegeben, weil sie im Kreislauf der Natur eingebunden und verstanden werde. Denn Haldenschüttung bedeutete für Baljon/Schmitz „Erd-Geschichte rückwärts erleben. ‚Geschichte' kommt von ‚schichten'. Auf der Halde werden Schichten des Erdmittelalters hochgeholt. Die Vorstellung, daß auf diese Weise in der Gegenwart Vergangenheit und Zukunft aufeinandertreffen, ist eine Inspirationsquelle für die Gestaltung der Halde." Die Gleichzeitigkeit von Vergangenheit, Gegenwart und Zukunft werde noch dadurch verstärkt, dass die bereits vorhandene Schüttung als Sockel erhalten und sichtbar bleiben sollte. So blieben einerseits die schon entstandenen und wertvollen Biotope erhalten, andererseits würden „Spuren des Vorhandenen nicht ausgewischt."[40] Die Identität der zukünftigen Halde solle sich an der Vergangenheit orientieren und dadurch sichtbar machen, dass an dieser Stelle Wertvolles und Erhaltenswertes entstehe. Die Halde unterliefe innerhalb dieses Prozesses einem Wertewandel, Ausgangspunkt bliebe aber die Vergangenheit.

Wie beim Vulkan sah die Planung von Baljon/Schmitz einen Innenraum innerhalb des Haldenkörpers vor, der „introvertiert gegenüber der Umgebung und offen zum Himmel ist [...]." Dadurch werde die Vorstellung aufgegriffen und verstärkt, dass die Halde „eine ‚eigene Welt', ein introvertierter Raum" sei, denn der Innenraum selbst werde nicht nur als Mulde, sondern als „differenzierte, vielfältig strukturierte Gestalt" künstlerisch akzentuiert und gestaltet.

Entsprechend dieser Interpretationen setzte das Begrünungskonzept auf die natürliche Sukzession, denn dadurch „bleibt die Vereinnahmung der von Menschen gestalteten Halden-Kunst-Form durch natürliche Vegetationsprozesse am ehesten sichtbar." Entsprechend der Vorgaben, das Prozesshafte der Schüttung darzustellen, plante das Team Baljon/Schmitz mit drei Zwischenstadien, die alle ihren eigenständigen Charakter erhielten. Helene Kleine beschrieb die Halde in ihrer Endform als eine „markante, wiedererkennbare Form [...]. Die formale Eigenständigkeit des Haldenkörpers ist durch die strenge Eigengesetzlichkeit und die ruhigen, klaren Gratlinien gegeben, die Konvex- und Konkavflächen trennen, das Boyetal wird nicht überschüttet, die Höhe beträgt ca. 90 m."[41] Die Anforderungen an eine unverkennbare Landmarke des Ruhrgebiets waren somit gegeben.

---

40 AHGR Bochum, Regionalverband Ruhr, RVR 3534, Mottbruchhalde im ökologischen Landschaftspark Regionaler Grünzug C. Gutachterverfahren „Halde im Wandel", Juni 1995, S. 35 f.
41 AHGR Bochum, Internationale Bauausstellung Emscher Park, IBA 567 A, Helene Kleine, Vermerk „Halde im Wandel", Betr. Gutachterverfahren vom 19.11.1993, 29.11.1993, S. 2 f.

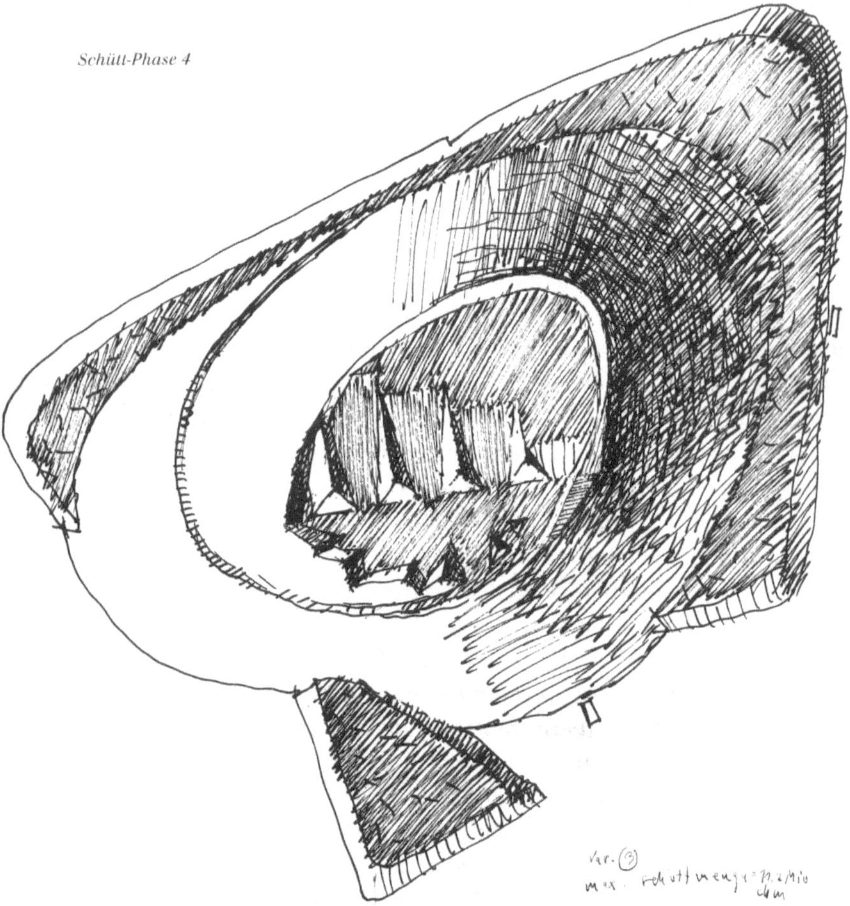

Abb. 3: Blick in die ‚Innen-Welt' der Halde, 1995

Die anschließende Diskussion über das Gestaltungskonzept von Baljon/Schmitz konzentrierte sich auf die Wegeerschließung auf der Halde. Manfred Braun erkundigte sich, ob die Bevölkerung einen ausreichenden Zugang zur Halde erhalte, da durch die Schüttweise in Form einer Vulkanlandschaft die traditionelle Wegeerschließung durch Bermen entfalle. Thomas Schmitz verwies daraufhin auf zahlreiche Zugangsmöglichkeiten und wurde dabei von Arno Schmid unterstützt, der Wege in ausreichender Zahl und Bemessung vorfand.[42] Außerdem

42 Ebd., Stadtplanungsamt 61.3, Protokoll zur Sitzung des Gutachterverfahrens „Halde im Wandel" am 19.11.1993 (Abschlußtermin), S. 1.

versicherte Schmitz, dass die erforderliche Menge von 22,4 Millionen t Bergematerial untergebracht werden könne.[43]

Im Anschluss stellte das Entwurfsteam Schubert/Prigann seine Planung vor: „Unsere Identität hat stets auch etwas von einer ‚Orts-Identität'. Dies ist ein Aspekt einer Landschaftskunst, die nicht schönen Schein produziert, sondern alte Erfahrungsstrukturen verändert und neu strukturiert."[44] Auch das Team Schubert/Prigann wollte nicht die Spuren der Vergangenheit verschweigen oder auslöschen, sondern ausgehend von diesen Erfahrungen neue Strukturen und Verhaltensmuster erschaffen. Aus diesem Grund versuchten sie, in ihren Entwurf verschiedene Stadien bzw. Schüttfolgen zu integrieren. Drei Hügel von je 115 m über den Meeresspiegel sollten in der Endphase eine Vielfalt „von Höhen und Tal- bzw. Nischen- und Muldensituationen" bilden, die einer „Vielzahl von Arten ein ihnen gemäßes Milieu" anböten. Die einzelnen Schüttebenen wurden, entgegen dem Vorschlag von Baljon/Schmitz, in herkömmlichen Terrassenabsätzen in 10 m hohen Abständen geplant und bildeten so Bermen, die während der Schüttarbeiten den LKWs als Zufahrt dienen und später als Teil der Freiflächen- und Wanderwege genutzt werden konnten.[45]

In der ersten Schüttphase stand die noch bestehende Förderrampe im Mittelpunkt des Gestaltungsvorschlags und bildete den höchsten Punkt. Erst für die zweite Phase sahen Schubert/Prigann vor, dass „auf einer Seite der Rampe die Terrassenhügel höher als diese [wachsen] und ein Hangweg entsteht, der in der dritten Phase zum Tal wird." Formgebung und Haldenmodellierung entsprachen somit den Vorstellungen eines klassischen Landschaftsbauwerks, ihre Einzigartigkeit sollte die Mottbruchhalde durch verschiedene „Ereignisorte" erhalten, die das Thema der Erfahrungsstrukturen aufgriffen. Im Zentrum dieser Überlegung stand die Umfunktionierung des Umladebunkers zu einem Spurensuchermuseum. „Landschaft ist in erster Linie ein Gedächtnis unserer Geschichte. Diese Geschichte, erzählt durch ‚Funde einer Spurensuche', ist der Anlaß und Inhalt dieses Museums." Das Ausstellungsprogramm sollte Themen der Gladbecker Sozial- und Industriegeschichte mit Schwerpunkten auf die Energieversorgung legen, wobei alternative Energiequellen zur Steinkohle wie Wind, Sonnen- und Erdwärme aufgezeigt werden sollten.[46]

---

43 Ebd.

44 AHGR Bochum, Regionalverband Ruhr, RVR 3534, Mottbruchhalde im ökologischen Landschaftspark Regionaler Grünzug C. Gutachterverfahren „Halde im Wandel", Juni 1995, S. 44.

45 Ebd., S. 47.

46 Ebd., S. 47 f.

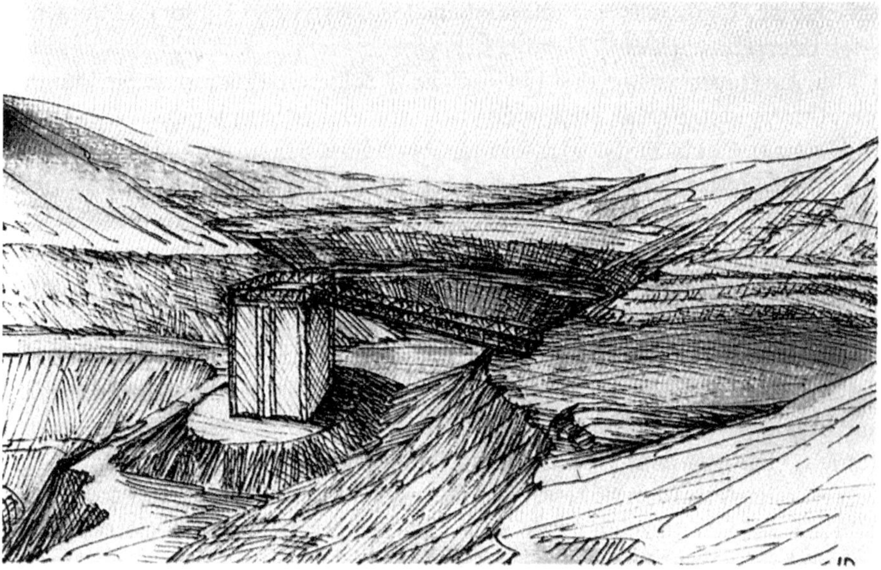

Abb. 4: Amphitheater mit „Spurensucher Museum“, 1995

Das Thema der erneuerbaren Energieversorgung werde durch die Aufstellung von Windkrafträdern auf den Hügelplateaus aufgegriffen und ergänzt. Die Windräder bzw. deren Flügel sollten künstlerisch gestaltet werden.[47] Das Konzept griff auf die Vergangenheit als Basis für die Zukunft zurück: Es veränderte und strukturierte diese vergangenen Erfahrungen aber zugleich in einem neuem, für die Zukunft angepassten Gewand. Vorhandendes bliebe erhalten, werde aber durch Alternativprogramme aktualisiert und damit für die Zukunft ausgerüstet. Das ökologische Konzept griff diese Leitidee ebenfalls auf: Statt ortsangepasster Neupflanzungen sollte „mehr Raum für die freie Sukzession“ gegeben werden. Lediglich in Teilbereichen der Haldenböschungen und -kuppen waren Initialpflanzungen mit standortgerechten heimischen Gehölzen vorgesehen. Der Rest „der Entwicklung kann sich über einen Zeitraum von mehreren Jahrzehnten hinziehen und soll in eine dem Standort angepaßte stabile Pflanzengesellschaft münden [...].“[48]

Die anschließende Diskussion wurde von Gerhard Hartmann eingeleitet. Dieser kritisierte die geplante Umnutzung des LKW-Beladebunkers zu einem Spurenmuseum und bezweifelte „den Sinn eines solchen Vorhabens vor dem

47 Ebd., S. 51.
48 Ebd., S. 51 f.

Hintergrund der finanziellen Unverhältnismäßigkeit und zahlreicher bautechnischer Unzulänglichkeiten.“[49] Hans Georg Welp von der RAG bemängelte die im nördlichen Bereich vorgesehene Hangneigung von 1:1,5 als zu steil. Unterstützung erhielt er dabei von Jürgen Burgardt vom Bergamt Gelsenkirchen, der mit Hinweis auf die Richtlinien des Landesoberbergamts Neigungsüberschreitungen von mehr als 1:2 als nicht zulässig erachtete.[50]

Die „anschließende Gegenüberstellung und vergleichende Beurteilung beider Gutachterarbeiten ergab ein deutliches Übergewicht an Zustimmung für den Entwurf Baljon/Schmitz.“ Karl Kleineberg von der RAG vertrat die Ansicht, dass der Vorschlag von Baljon/Schmitz „zwar sehr anspruchsvoll“ sei, „aber auch einen deutlichen Gewinn an Landschaftsästhetik ermögliche [...].“ Baudezernent Gerhard Hartmann zeigte sich überzeugt, dass nach abgeschlossener Schüttung eine imposante Landmarke entstehe. Helene Kleine fand den Beitrag von Baljon/Schmitz „in jeder einzelnen Schüttphase überzeugender.“ Michael Schwarze-Rodrian war der Meinung, dass sich von „außen und innen ein prägnanter Raumkörper ergebe“ und Ursula Dickmann empfand „nur diese Arbeit dem Charakter der Auslobung entsprechen[d], die Arbeit Schubert/Prigann sei ohne die vorgesehenen Sonderbauten zu konventionell.“ Helmut Puck vom Stadtrat Gladbeck stimmte dieser Einschätzung zu: Das Motto der Auslobung „Halde im Wandel“ werde durch die Arbeit von Baljon/Schmitz besser repräsentiert. Helene Kleine stellte fest, dass nur die Endphase des Entwurfs Schubert/Prigann einen tieferen Sinn ergebe und der Wandlungsprozess der Halde im Entwurf unterrepräsentiert bleibe. Baudezernent Gerhard Hartmann ging sogar so weit zu sagen, dass sich bezogen auf die Arbeit von Schmitz/Prigann „keine prägnante Landmarke nach Abschluß der Schüttung ergeben werde [...].“[51] Bürgermeister Wolfgang Röken sowie die Stadträte Manfred Braun und Helmut Puck stimmten dieser allgemeinen Einschätzung nicht zu und präferierten den Entwurf von Schubert/Prigann.[52] Das endgültige Votum ergab somit eine deutliche Mehrheit von 15 zu drei Stimmen für die Arbeit von Baljon/Schmitz.[53] Arno Schmid bewertete den Ausgang des Gutachterverfahrens wie folgt:

> „Den Ausschlag gab, daß bei diesem Vorschlag [Baljon/Schmitz] der Haldenkörper selbst und der Prozess seines Werdens in überzeugender Weise in den Mittelpunkt gerückt wur-

49 AHGR Bochum, Internationale Bauausstellung Emscher Park, IBA 567 A, Stadtplanungsamt 61.3, Protokoll zur Sitzung des Gutachterverfahrens „Halde im Wandel“ am 19.11.1993 (Abschlußtermin), S. 3.

50 Ebd.

51 Ebd., S. 3 ff.

52 Ebd., S. 4.

53 Ebd., S. 6.

> de. Durch den Analogieschluß mit dem Vulkan, bei dem ebenfalls Energie aus dem Erdinnern an die Oberfläche kommt, und eine strenge, geometrische, zunächst einmal ‚unnatürliche' Form zurückläßt, wird der Haldenkörper definiert und mit einem neuen Wesensgehalt belegt. Dies ist in der Tat eine künstlerische Überhöhung in der Entwicklungsreihe der bisherigen ‚Haldengenerationen', die sich deutlich von den seitherigen Formen absetzt und ihre Künstlichkeit bewußt inszeniert."[54]

Zwar lobte er auch die Arbeit des Entwurfsteams Schubert/Prigann, bemängelte aber, dass „die eigentliche Landschaftsform, der Haldenkörper, sich weit weniger von bekannten Haldenschüttungen abhebt. Die volle Faszination erlangt dieser Entwurf erst durch die künstlerische Überhöhung."[55]

In der „Interkommunalen Planungsgemeinschaft Grünzug C" wurden das Votum der Auswahljury und der Prozess des Gutachterverfahrens in einer gemeinsamen Sitzung der Städte am 16. Dezember 1993 „als gelungen anerkannt".[56]

Zur weiteren Ausarbeitung der technischen Handhabung und der Einbringung des Gestaltungsvorschlags in den Abschlussbetriebsplan fand am 31. Januar 1994 ein Gespräch zwischen Karl Kleineberg als Vertreter der RAG, dem ausgewählten Entwurfsteam Baljon/Schmitz sowie Helene Kleine statt. Karl Kleineberg betonte die „große Bereitschaft" der RAG, „den zusätzlichen Aufwand zu betreiben", der aus der Abweichung von der traditionellen Schüttmethode resultiere. Demnach sei die RAG bereit, dem Entwurfsteam Baljon/Schmitz innerhalb der Entwicklung des Betriebsplanes einen Gestaltungsauftrag zu geben, in der die im Gutachterverfahren entwickelte Idee konkretisiert und anschließend durch ein ebenfalls zu beauftragendes Ingenieurbüro auf ihre technische Machbarkeit zu überprüfen sei. Generelle Einigkeit herrschte darüber, dass die im Gestaltungsplan entwickelte Idee der Erlebbarmachung der einzelnen Schüttphasen umgesetzt werden müsse. Ziel war „nicht nur die Menschen mit dem sich verändernden Landschaftsraum vertraut zu machen", sondern auch die unterschiedlichen Entwicklungsstadien durch künstlerische Inszenierungen als „ein neues Bild der Landschaft" wirken zu lassen.[57]

Am 13. Juli 1994 informierte Karl Kleineberg die IBA Emscher Park über die generelle Realisierbarkeit der Entwürfe. Diese sollten in einen bis Ende 1994

---

54 AHGR Bochum, Internationale Bauausstellung Emscher Park, IBA 567 B, Arno Schmid an die Stadt Gladbeck, Text für die Veröffentlichung, Entscheidung der Auswahljury, undatiert (wahrscheinlich Ende 1993), S. 2.

55 Ebd.

56 Ebd., Stadtplanungsamt 61.1, Vermerk IBA-Projekt Landschaftspark Regionaler Grünzug C, Ergebnisse der Sitzung vom 16.12.1993, S. 1.

57 Ebd., Helene Kleine, Vermerk „Halde im Wandel", Betr. Gespräch am 31.01.1994, S. 1f.

bzw. Anfang 1995 vorliegenden Haldenbetriebsplan einfließen.[58] Dennoch dauerte es noch über ein Jahr, bis der Betriebsplan für die geänderte Haldengestaltung eingereicht wurde. Im August 1995 waren die vorbereitenden Arbeiten abgeschlossen und es wurde mit den ersten Schüttungen auf Grundlage des neuen Betriebsplanes inklusive der künstlerischen Gestaltung durch Baljon/Schmitz im Oktober 1995 gerechnet.[59]

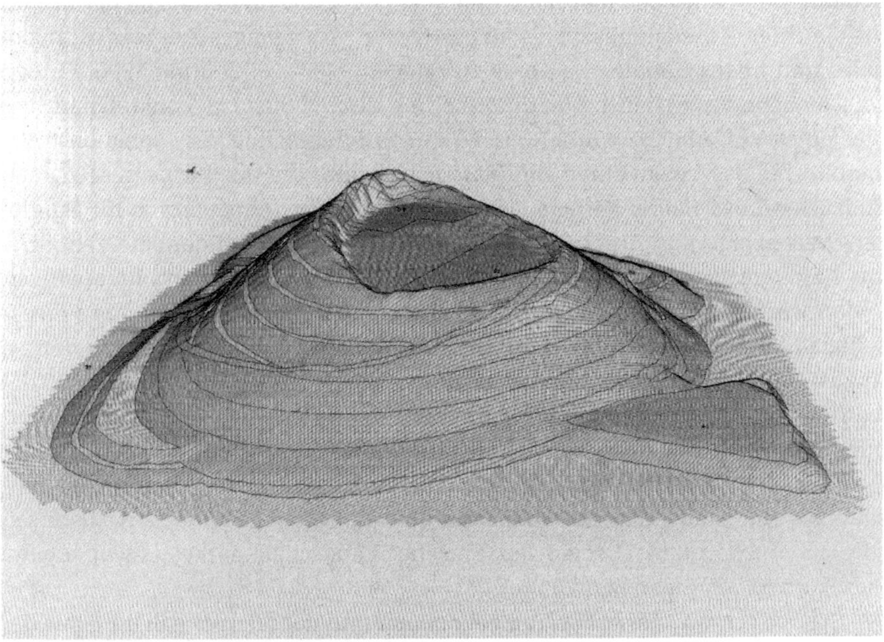

Abb. 5: Gemeinsamer Entwurf von Schmitz/Baljon und RAG, 1995

Karl Kleineberg erläuterte, dass die langfristige künstlerische Begleitung der Haldenschüttung durch den Künstler Thomas Schmitz sowie über den Galeristen Michael Stelzner der Düsseldorfer Galerie 102 gewährleistet werde und regte jährliche Haldenbegehungen an, bei denen über den Verfahrensstand infor-

58 AHGR Bochum, Internationale Bauausstellung Emscher Park, IBA 871 B, Helene Kleine, Mottbruchhalde Gladbeck, Sachstand und Vorschläge zum weiteren Verfahren, 13.07.1994, S. 1f.

59 Ebd., Helene Kleine, Vermerk über ein Arbeitsgespräch mit Frau Weiß (Leiterin des Planungsamtes), Herrn Oermann, Herrn Kleineberg und der Unterzeichnenden am 09.08.1995, S. 1f.

miert und eine Leistungsbilanz gezogen werden könne. Kleineberg sah zudem die Möglichkeit, alle zwei Jahre ein Haldenfest unter bestimmten Thematiken durchzuführen und schlug die Gründung eines „Runden Tischs" vor, dem die Verantwortung für die Durchführung übertragen würde.[60]

Die Anstrengungen konzentrierten sich von da an auf eine gelungene und werbewirksame Inszenierung des Schüttstarts. Ein transparentes Panoramabild der vorgesehenen Schüttphasen im Ausmaße 5 x 10 m wurde in Auftrag gegeben und die städtischen Museen wurden animiert, das Haldenthema der „Land-Art" in ihren Ausstellungszyklus aufzunehmen. Vorrangiges Ziel war es, regionales und überregionales Interesse zu erregen.[61] Am 26. Februar 1996 wurden verschiedene Projektideen zur Untermalung des Schüttstarts konkretisiert. Die Idee eines Vexierbildes wurde durch Thomas Schmitz lanciert, wobei das „Vexierbild [...] aus senkrechten Bildplatten besteh[t], die auf Lücke gesetzt, den Endzustand des Haldenkörpers visualisieren."[62] Eine „Choreografie für Bulldozer, Waschberge und Alphorn" sollte erarbeitet werden, bei der eine Teilfläche aus Haldenmaterial innerhalb von einer Stunde durch LKWs und Rampen verändert wird.[63] Die Thematik der Haldenschüttung als sich verändernder Prozess sollte so aufgenommen und visualisiert werden. Als Schüttstart wurde der 24. August 1996 beschlossen, die Kosten für das Vexierbild in Höhe von 40 000 DM wurden von der RAG getragen,[64] während die IBA Emscher Park für die Bewerbung des Festes zuständig war.[65] Karl Ganser, Geschäftsführer der IBA Emscher Park von 1989 bis 1999, sah die Kommunikationsarbeit des Mottbruchschüttstarts als einen auf „Massenmobilisierung" ausgelegten Test, ob es möglich sei, „die anspruchsvollen Themen des Emscher Landschaftsparkes einem breiten Publikum nahebringen [zu] können."[66]

Schließlich war der große Tag gekommen und der feierliche Schüttstart der Mottbruchhalde wurde am 24. August 1996 begangen. Mit ca. 500 Besuchern

60 Ebd., Stadtplanungsamt 61.13, Vermerk über eine Besprechung am 09.08.1995, Thema: „Halde im Wandel" – Ausgestaltung der Zwischenstufen der Mottbruch-Haldenschüttung, S. 2.
61 Ebd., Stadtplanungsamt 61.13, Vermerk zu einem Arbeitsgespräch im Dienstzimmer des Bürgermeisters am 01.12.1995, S. 1.
62 Ebd., Vermerk zu einer Besprechung im Sitzungssaal 1 des Gladbecker Rathauses am 26.02.1996, Thema: Künstlerische Schüttung des Mottbruchhaldenkomplexes, S. 1.
63 Ebd., S. 2.
64 AHGR Bochum, Internationale Bauausstellung Emscher Park, IBA 872, Stadtplanungsamt 61.13, Vermerk zu einer Besprechung im Empfangsraum des Bürgermeisters am 12.06.1996, S. 1.
65 Ebd., Kirsten Büscher, Vermerk Schüttstart Mottbruchhalde, Besprechung vom 16.07.1996, S. 1.
66 Ebd., Karl Ganser, Vermerk, Betr. Schüttstart Mottbruchhalde, 11.07.1996, S. 1.

war die Veranstaltung „besser besucht, als ursprünglich erwartet."[67] Eine „ganz gute Presseresonanz" konnte laut Karl Ganser aber nicht darüber hinwegtäuschen,[68] dass das „eigentliche Kunstwerk, nämlich die künstlerisch gestaltete Großform und die beabsichtigten Zwischenphasen allenfalls in Ansätzen kommuniziert werden konnten."[69] Ganser stellte daher die zentrale Frage, wie das „öffentliche Interesse während der langen Schüttphase wachgehalten werden kann und wie sich damit die Kunstwerk-Ambitionen verbinden lassen."[70] Es wirkt im Nachhinein wie eine Vorwegnahme der heutigen Situation: Seit Januar 2021 erbaut die steag GmbH eine Windkraftanlage mit einer Nabenhöhe von 131 m und einer Gesamthöhe von knapp über 200 m auf der Mottbruchhalde.[71] Künstlerische Inszenierungen oder Erholungsstätten suchen Besucher vergeblich. Stattdessen blieb die Halde jahrzehntelang für Besucher gesperrt. Im oberen Teil der Halde fehlt außerdem der entworfene Vulkankrater: „Der ursprünglich geplante windgeschützte Raum der Ruhe, im Innern des Kraters, von dem aus der Betrachter nur den Kraterrand und den Himmel wahrnehmen sollte, sei in dem jetzt hergestelltem Torso kaum noch zu erkennen"[72], wie Franz Kruse, Ratsmitglied der Stadt Gladbeck für DIE LINKE 2014 in einem Interview beklagte. Er bezeichnete die Mottbruchhalde als die „wohl größte und hässlichste Tafelberghalde des Ruhrgebiets der letzten 45 Jahre [...], umweltbelastend, ohne ein öffentlichkeitsfreundliches Rad- und Spazierwegenetz und mit einem kaum nutzbaren, windumtosten Plateau."[73]

Fazit

Die landschaftliche Eingliederung und sofortige Begrünung nach Beendigung einzelner Schüttphasen von Halden war seit Mitte der 1980er-Jahre Standard und musste durch einen Betriebsplan bereits in der Planungsphase berücksich-

---

67 Ebd., Vermerk Schüttstart Mottbruchhalde, Auswertung, 28.10.1996, S. 1.
68 Ebd., Karl Ganser an Friedrich Jakob und Bürgermeister Eckhard Schwerhoff, 02.09.1996, S. 1.
69 Ebd.
70 Ebd., Karl Ganser, Vermerk „Halde im Wandel", 04.09.1996, S. 1.
71 STEAG: Das Projekt „Mottbruchhalde". Energiewende mitten im Ruhrgebiet. Unter: https://www.steag.com/de/mottbruchhalde (Eingesehen: 15.02.2022).
72 Gensheimer, Christian: Mottbruchhalde: Tafelberg statt Vulkan, in: Der Stadtspiegel Gladbeck v. 03.01.2014. Unter: https://www.lokalkompass.de/gladbeck/c-politik/mottbruchhalde-tafelberg-statt-vulkan_a385645 (Eingesehen: 15.02.2022).
73 Ebd.

tigt werden.[74] Auch die Platzierung künstlerischer Objekte auf dem Haldenkörper wie beim ‚Haldenereignis Emscherblick' (Tetraeder) auf der Halde Beckstraße in Bottrop wurde seit Beginn der IBA Emscher Park im Jahr 1989 häufiger praktiziert. Im Gegensatz zum üblichen Prozedere der nachträglichen Inszenierung nach Beendigung des Schüttprozesses bot die Mottbruchhalde in Gladbeck-Brauck im Frühjahr 1992 die einzigartige Gelegenheit, den Schüttprozess und die Haldenmodellierung in den Mittelpunkt der künstlerischen Inszenierung zu stellen. Es gelang innerhalb eines kurzen zeitlichen Realisierungsrahmens, ein überzeugendes künstlerisches Konzept zu entwickeln und dieses in enger Zusammenarbeit von Stadtplanungsamt Gladbeck, der RAG, dem Künstlerteam, der IBA Emscher Park, dem Bergamt Gelsenkirchen sowie dem Kommunalverband Ruhrgebiet in einen zugelassenen Betriebsplan zu überführen. Dabei profitierte das Projekt nicht nur durch das engagierte Verhalten der beteiligten Organisationen, sondern vor allem auch dadurch, dass der künstlerisch inszenierte Schüttvorgang in ein ohnehin bestehendes Planungsverfahren der RAG fiel. Dadurch konnte die künstlerische Haldenmodellierung in den existierenden Ablaufplan der RAG integriert werden und schuf die Möglichkeit, abweichende Schüttmethoden mit erhöhtem Aufwand zu betreiben. Als Resultat dieser Planungen präsentiert sich die Mottbruchhalde als einzige Halde im Ruhrgebiet, die als genuines Kunstwerk entwickelt werden sollte.

Jedoch wurde im Planungsprozess die qualitative Sicherstellung des Kunstwerks und seiner Zwischenformen im jahrzehntelangem Schüttprozess übersehen. Eine Sicherstellung des öffentlichen Interesses durch die Darstellung der Zwischenstadien des Schüttprozesses war zwar im Entwurfsplan enthalten, konnte jedoch planerisch nicht konkretisiert werden, weil nicht bekannt war, wann genau diese Entwicklungsperioden erreicht sein würden. Auch gab es Planungen, durch jährlich stattfindende Haldenbegehungen die kulturelle und künstlerische Begleitung zu sichern, diese fanden jedoch nicht statt.[75] Es muss zudem bezweifelt werden, ob der künstlerisch anspruchsvolle Entwurf öffentlichkeitswirksam zu vermarkten war. Bereits vor Schüttbeginn fanden derartige Diskussionen statt, wobei sich jedoch insbesondere Karl Ganser und Thomas Schmitz gegen eine populäre Vermittlung von Kunst aussprachen.[76] Dieses Ur-

---

74 Gem. RdErl. vom 13.07.1984, Zulassung von Bergehalden.

75 AHGR Bochum, Internationale Bauausstellung Emscher Park, IBA 871 B, Stadtplanungsamt 61.13, Vermerk zu einem Arbeitsgespräch im Dienstzimmer des Bürgermeisters am 01.12.1995, S. 1.

76 Ebd., Vermerk zu einer Besprechung im Sitzungssaal 1 des Gladbecker Rathauses am 26.02.1996, Thema: Künstlerische Schüttung des Mottbruchhaldenkomplexes, S. 2 ff.

teil revidierte Ganser bereits nach dem Schüttfest im Jahr 1996 und sorgte sich stattdessen um die öffentlichkeitswirksame Breitenwirkung des Kunstcharakters der Halde.[77] Mit dem Bau des Windrads auf der Mottbruchhalde im Januar 2021 wurde der visionäre Entwurfsplan ad absurdum geführt. Statt Land-Art im städtischen Raum wurde die Mottbruchhalde wieder gängige Gebrauchslandschaft.

Somit bleibt ein künstlerisch anspruchsvolles und im Ruhrgebiet einzigartiges Konzept, das im Laufe seiner Verwirklichung nicht zum gewünschten Resultat führte. Während die Halde Beckstraße mit dem Tetraeder in Bottrop zu einer Touristenattraktion wurde und überregionale Bekanntheit erreichte, die Schurenbachhalde in Essen mit seiner „Bramme für das Ruhrgebiet“ ein rigoroses Neuverständnis von Haldengestaltung nicht nur konzipierte, sondern auch umsetzte, und die Bergehalde Großes Holz in Bergkamen ein beliebtes Naherholungsziel wurde, fristet die Mottbruchhalde ihr Dasein als unbeliebte und umstrittene Halde.

Literatur

Berger, Stefan: Was ist das Ruhrgebiet? Eine historische Standortbestimmung, in: Aus Politik und Zeitgeschichte 69, 1–3/2019: Ruhrgebiet, S. 4–11.

Berke, Wolfgang: Über alle Berge: Haldenführer Ruhrgebiet 2.0, Essen 2016.

Coburg, Randolf: Unterwegs ins Neue Emschertal – Generationenprojekt Emscherumbau für eine Region mit Zukunft, in: Ohlig, Christoph (Hrsg.): Die Entwicklung der Wasserwirtschaft im Ruhrgebiet, Norderstedt 2012, S. 63–64.

D'Alleux, Jürgen: Nutzungskonflikte bei der Aufschüttung von Bergehalden, in: Kerth, Michael/ Wiggering, Hubert (Hrsg.): Bergehalden des Steinkohlenbergbaus. Beanspruchung und Veränderung eines industriellen Ballungsraumes, Wiesbaden 1991 (= Geologie und Ökologie im Kontext), S. 59–64.

Dortmann, Hans-Dieter/Hein, Norbert: Haldenbrände, in: Kerth, Michael/Wiggering, Hubert (Hrsg.): Bergehalden des Steinkohlenbergbaus. Beanspruchung und Veränderung eines industriellen Ballungsraumes, Wiesbaden 1991 (= Geologie und Ökologie im Kontext), S. 103–114.

Heinen, Ron-David: Vom „Kummer der Hausfrauen“ zur Landmarke. Die Bergehalden des Ruhrgebiets und der Wandel des Mensch-Umwelt-Verhältnisses nach 1945, in: Der Anschnitt. Zeitschrift für Montangeschichte 72, 3–4/2020, S. 84–91.

Horbert, Manfred/Schäpel, Christiane: Kleinklimatische Veränderungen durch Bergehalden, in: Kerth, Michael/Wiggering, Hubert (Hrsg.): Bergehalden des Steinkohlebergbaus. Be-

77 AHGR Bochum, Internationale Bauausstellung Emscher Park, IBA 872, Karl Ganser, Vermerk „Halde im Wandel“, 04.09.1996, S. 1.

anspruchung und Veränderung eines industriellen Ballungsraumes, Wiesbaden 1991 (= Geologie und Ökologie im Kontext), S. 65–84.

Krüger-Charlé, Michael/Paul, Hansjürgen/Becker, David: Ruhrbergbau und Strukturwandel: Probleme und Potentiale bei der Nutzung ehemaliger Bergbauflächen im Ruhrgebiet, Gelsenkirchen 2013 (= Forschung Aktuell, No. 07/2013), S. 2–27. Unter: urn:nbn:de:0176-201307013 (Eingesehen: 15.02.2022).

Rathke, Klaus/Schröder, Wolfgang: Konsequenzen für die Wasserwirtschaft, in: Kerth, Michael/Wiggering, Hubert (Hrsg.): Bergehalden des Steinkohlenbergbaus. Beanspruchung und Veränderung eines industriellen Ballungsraumes, Wiesbaden 1991 (= Geologie und Ökologie im Kontext), S. 129–153.

Wagner, Helene: „Authentische Symbole der Region". Zur Transformation des Ruhrgebiets von einer Industrielandschaft zur ‚Kulturlandschaft neuen Typs' anhand der Route der Industriekultur, in: Farrenkopf, Michael/Meyer, Torsten (Hrsg.): Authentizität und industriekulturelles Erbe. Zugänge und Beispiele, Berlin/Boston 2020 (= Veröffentlichungen aus dem Deutschen Bergbau-Museum Bochum, Bd. 238; = Schriften des Montanhistorischen Dokumentationszentrums, Nr. 39), S. 219–242.

Wehling, Hans-Werner: Phasen, Programme und Zielsetzungen des Strukturwandels, in: Farrenkopf, Michael u. a. (Hrsg.): Die Stadt der Städte. Das Ruhrgebiet und seine Umbrüche, Essen 2019, S. 261–275.

Internetressourcen

Gensheimer, Christian: Mottbruchhalde: Tafelberg statt Vulkan, in: Der Stadtspiegel Gladbeck v. 03.01.2014. Unter: https://www.lokalkompass.de/gladbeck/c-politik/mottbruchhalde-tafelberg-statt-vulkan_a385645 (Eingesehen: 15.02.2022).

Gemeinsamer Runderlass des Ministers für Wirtschaft, Mittelstand und Verkehr, des Ministers für Ernährung, Landwirtschaft und Forsten, des Ministers für Wohnungsbau und öffentliche Arbeiten und des Chefs der Staatskanzlei vom 04.09.1967: Zulassung von Bergehalden im Bereich der Bergaufsicht, in: Ministerialblatt NRW, Ausgabe A, 10.10.1967, Nr. 138, S. 1689–1692.

Gemeinsamer Runderlass des Ministers für Wirtschaft, Mittelstand und Verkehr, des Ministers für Ernährung, Landwirtschaft und Forsten und des Ministers für Landes- und Stadtentwicklung des Landes Nordrhein-Westfalen vom 13.07.1984: Zulassung von Bergehalden im Bereich der Bergaufsicht, in: Ministerialblatt NRW, 16.08.1984, Nr. 55, S. 931–936.

Unter: https://recht.nrw.de/lmi/owa/br_vbl_archiv_liste?anw_nr=7&sg=0&jahr=1949 (Eingesehen: 15.02.2022).

Steinkohlen-Elektrizität AG (STEAG): Das Projekt „Mottbruchhalde". Energiewende mitten im Ruhrgebiet. Unter: https://www.steag.com/de/mottbruchhalde (Eingesehen: 15.02.2022).

Archivquellen

Archiv im Haus der Geschichte des Ruhrgebiets (AHGR), Bochum
Regionalverband Ruhr, RVR 3534.
Internationale Bauausstellung Emscher Park, IBA 567 A, 567 B, 871 B, 872.

Anhang

Abbildungsnachweis

Christian Möller

Abb. 1: Wasserwirtschafts-Atlas der DDR (Wasserwirtschaftliche Rahmenplanung), herausgegeben von der Staatlichen Plankommission, Berlin o. D. [ca. 1955]
Abb. 2: Natur und Heimat 10 (1961)
Abb. 3: Studienarchiv Umweltgeschichte, Sammlungen, Plakate, Plakat P 033, Deine Umwelt – Deine Gesundheit. Woche der sozialistischen Landeskultur 1971

Martin Baumert

Abb. 1: Institut für Raumbezogene Sozialforschung (IRS) Erkner, C12, U6
Abb. 2: Privat Wilhelm Knabe
Abb. 3: Brandenburgisches Landeshauptarchiv (BLHA), Rep. 901, Nr. 2406
Abb. 4: Privat Karl Preußner

Sabine Loewe-Hannatzsch

Schema 1: Eigene Darstellung, Sabine Loewe-Hannatzsch, 2022
Schema 2: Eigene Darstellung, Sabine Loewe-Hannatzsch, 2022
Schema 3: Eigene Darstellung, Sabine Loewe-Hannatzsch, 2022

Astrid Mignon Kirchhof, Yaroslav Koshelev, Florian Manthey, Anna-Katharina Pelkner, Judith Schein, Christiane Uhlig

Abb. 1: Eigenes Bild des Wismut-Erbe-Zeitzeugenprojekts, 2020
Abb. 2: Eigenes Bild des Wismut-Erbe-Zeitzeugenprojekts, 2020
Abb. 3: Bundesarchiv, Bild 183-1990-1109-004 / Kasper, Jan-Peter / CC-BY-SA 3.0, November 1990
Abb. 4: Bundesarchiv, Bild 183-1990-0907-020 / Kasper, Jan-Peter / CC-BY-SA 3.0, 7. September 1990
Abb. 5: Ronneburg – Schmirchauer Höhe, Fotograf: André Karwath, Wikimedia Commons CC BY-SA 2.5, 2007
Tab. 1: Eigene Darstellung des Wismut-Erbe-Zeitzeugenprojekts, 2021

https://doi.org/10.1515/9783110785289-009

Jörg Dettmar

Abb. 1: Klaus Hellmann, Landschaftsbauwerk Hoheward – Bewirtschaftung von Bergehalden. Werkszeitschrift der Deilmann-Haniel-Gruppe 53/1989
Abb. 2: Jörg Dettmar, 1994
Abb. 3: Jörg Dettmar, 1992
Abb. 4: Jörg Dettmar, 1992
Abb. 5: Jörg Dettmar, 1994

Ron-David Heinen

Abb. 1: Internationale Bauausstellung Emscher Park (Hrsg.): Mottbruchhalde im ökologischen Landschaftspark Regionaler Grünzug C. Gutachterverfahren „Halde im Wandel". Dokumentation
Abb. 2: Internationale Bauausstellung Emscher Park (Hrsg.): Mottbruchhalde im ökologischen Landschaftspark Regionaler Grünzug C. Gutachterverfahren „Halde im Wandel". Dokumentation
Abb. 3: Internationale Bauausstellung Emscher Park (Hrsg.): Mottbruchhalde im ökologischen Landschaftspark Regionaler Grünzug C. Gutachterverfahren „Halde im Wandel". Dokumentation
Abb. 4: Internationale Bauausstellung Emscher Park (Hrsg.): Mottbruchhalde im ökologischen Landschaftspark Regionaler Grünzug C. Gutachterverfahren „Halde im Wandel". Dokumentation
Abb. 5: Internationale Bauausstellung Emscher Park (Hrsg.): Mottbruchhalde im ökologischen Landschaftspark Regionaler Grünzug C. Gutachterverfahren „Halde im Wandel". Dokumentation

Die Autorinnen und Autoren

Professor Dr. Helmuth Albrecht
ist seit 1997 Lehrstuhlinhaber für Technikgeschichte und Industriearchäologie sowie Direktor des Instituts für Industriearchäologie, Wissenschafts- und Technikgeschichte (IWTG) der TU Bergakademie Freiberg. Er studierte Elektrotechnik, Physik und Geschichte an der TU Braunschweig. 1984 wurde er promoviert. 1997 habilitierte er sich mit einer Arbeit zur Geschichte der Lasertechnik in den beiden deutschen Staaten in den 1960er-Jahren. 2019 trug er maßgeblich zur erfolgreichen deutsch-tschechischen UNESCO Welterbe-Bewerbung der Montanregion Erzgebirge/ Krušnohoří bei.

Zu seinen jüngsten Publikationen zählen:

- Albrecht, Helmuth: Sachsens Industriekultur und Industriedenkmalpflege im europäischen Vergleich, in: Sikora, Bernd (Hrsg.): Industriearchitektur in Sachsen im Kontext der europäischen Entwicklung, Halle 2021 (= Industriearchäologie, Bd. 21), S. 169–187.
- Albrecht, Helmuth: Laserforschung in Deutschland 1960–1970. Eine vergleichende Studie zur Frühgeschichte von Laserforschung und Lastertechnik in der Bundesrepublik Deutschland und der Deutschen Demokratischen Republik, Diepholz 2019 (= Jenaer Beiträge zur Geschichte der Physik, Bd. 2).
- Albrecht, Helmuth: Die Bergakademie Freiberg. Eine Hochschulgeschichte im Spiegel ihrer Jubiläen 1765 bis 2015, Halle 2016.

Dr. Martin Baumert
ist seit 2019 Wissenschaftlicher Mitarbeiter am Montanhistorischen Dokumentationszentrums (montan.dok) des Deutschen Bergbau-Museums Bochum (DBM). Er hat Geschichte, Philosophie und ev. Theologie an der Universität Leipzig und der Université Lumière Lyon 2 studiert. Dem schloss sich ein Promotionsstudium an der Universität Leipzig bei Prof. Dr. Detlev Brunner und Prof. Dr. Dirk van Laak an. Seine Arbeit „Kontinuität im Wandel. Ein diachroner Systemvergleich anhand des Braunkohlenindustriekomplex Böhlen-Espenhain 1933 bis 1965“ wurde 2020 angenommen. Ehrenamtlich leitet er seit 2007 die Neuseenland-Sammlung im Soziokulturellen Zentrum KuHstall e. V. Großpösna, das sich der Bewahrung des Bergbauerbes im Südraum Leipzig verschrieben hat. Zu seinem Schwerpunktthema des ostdeutschen Braunkohlenbergbaus hat er bereits mehrfach veröffentlicht und Ausstellungen realisiert.

https://doi.org/10.1515/9783110785289-010

Zu seinen jüngsten Publikationen zählen:

- Baumert, Martin: Autarkiepolitik in der Braunkohlenindustrie. Ein diachroner Systemvergleich anhand des Braunkohlenindustriekomplex Böhlen-Espenhain 1933 bis 1965, Berlin/Boston 2022 (= Veröffentlichungen aus dem Deutschen Bergbau-Museum Bochum, Nr. 240; = Schriften des Montanhistorischen Dokumentationszentrums, Nr. 40).
- Baumert, Martin: Das ungeliebte Schmuddelkind? Leipzig und die Braunkohle, in: Hartinger, Anselm/Sänger, Johanna (Hrsg.): WerkStadt Leipzig. 200 Jahre im Takt der Maschinen, Leipzig 2020, S. 37–42.
- Baumert, Martin: „In der Landschaft eine klare Ordnung setzen“ oder „die Verunstaltung der Umwelt“? Konjunkturen der Braunkohlenbergbausanierung im Lausitzer Revier 1949 bis 1990, in: Der Anschnitt. Zeitschrift für Montangeschichte 72, 3–4/2020, S. 75–83.
- Baumert, Martin: NS-Zwangsarbeit und Erinnerungskultur im Landkreis Leipzig. Das Beispiel Böhlen-Espenhain, in: Brunner, Detlev/Kenkmann, Alfons (Hrsg.): Leipzig im Nationalsozialismus. Beiträge zu Zwangsarbeit, Verfolgung und Widerstand, Leipzig 2016, S. 91–114.

Professor Dr. Jörg Dettmar
ist seit Anfang 2000 Leiter des Fachgebietes Entwerfen und Freiraumplanung am Fachbereich Architektur der TU Darmstadt. Seine Forschungsschwerpunkte liegen in den Bereichen „Industrielandschaften, Nachhaltige Entwicklung urbaner Landschaften, Regionalparkentwicklung, Stadtökologie, Stadtnatur, Stadtgrün und theoretische Grundlagen der Landschaftsarchitektur“.

Nach dem Studium der Landespflege an der GHS Paderborn und der Universität Hannover promovierte er an der TU Berlin mit einer vegetationskundlichen Untersuchung über Industrieflächen im Ruhrgebiet. Nach Tätigkeiten in Planungsverwaltungen verschiedener Bundesländer war er als Bereichsleiter der IBA Emscher Park bis 1999 verantwortlich für den Aufbau des Emscher Landschaftsparks. Er hat zahlreiche Publikationen in den oben genannten Forschungsbereichen verfasst.

Zu seinen jüngeren Publikationen zählen:

- Dettmar, Jörg/Drebe, Christoph/Sieber, Sandra (Hrsg.): Energetische Stadtraumtypen. Strukturelle und energetische Kennwerte von Stadträumen, Stuttgart 2019.
- Dettmar, Jörg: Wissenschaftliche Grundlagen der Landschaftsarchitektur, in: Berr, Karsten (Hrsg): Landschaftsarchitekturtheorie. Aktuelle Zugänge, Perspektiven und Positionen, Wiesbaden 2018, S. 21–50.

- Dettmar, Jörg: Landschaftsarchitektonische Strategien für die Stadtlandschaft – zum Verhältnis von Theorie und Praxis. Mit Anmerkungen zur transdisziplinären Landschaftsforschung, in: Berr, Karsten (Hrsg): Transdisziplinäre Landschaftsforschung. Grundlagen und Perspektiven, Wiesbaden 2018, S. 133–154.
- Dettmar, Jörg /Rohler, Peter: Der Emscher Landschaftspark – die Grüne Mitte der Metropole Ruhr – Weitergedacht, Essen 2015.
- Dettmar, Jörg: Vision – Transformation – Inspiration. Der Emscher Landschaftspark und seine Folgen, in: Reicher, Christa/Roters, Wolfgang (Hrsg.): Erhaltende Stadterneuerung. Ein Programm für das 21. Jahrhundert, Essen 2015, S. 57–69.

Dr. Michael Farrenkopf
ist seit 2001 Leiter des Montanhistorischen Dokumentationszentrums (montan.dok) und seit 2020 stellvertretender Direktor des Deutschen Bergbau-Museums Bochum (DBM). Das montan.dok umfasst das Bergbau-Archiv Bochum, die Bibliothek/Fotothek sowie die Musealen Sammlungen des DBM. Nach dem Studium der Geschichte, Publizistik und Kunstgeschichte an den Universitäten Mainz und Berlin promovierte er über „Schlagwetter und Kohlenstaub. Das Explosionsrisiko im industriellen Ruhrbergbau (1850–1914)" an der TU Berlin. Er ist zudem Lehrbeauftragter an der Ruhr-Universität Bochum und am Institut für Industriearchäologie, Wissenschafts- und Technikgeschichte (IWTG) der TU Bergakademie Freiberg. Er hat zahlreiche montanhistorische Publikationen verfasst und Ausstellungsprojekte realisiert.

Zu seinen jüngsten Publikationen zählen:

- Farrenkopf, Michael/Ludwig, Andreas/Saupe, Achim (Hrsg.): Logik und Lücke. Die Konstruktion des Authentischen in Archiven und Sammlungen, Göttingen 2021 (= Wert der Vergangenheit, Bd. 2).
- Farrenkopf, Michael/Meyer, Torsten (Hrsg.): Authentizität und industriekulturelles Erbe. Zugänge und Beispiele, Berlin/Boston 2020 (= Veröffentlichungen aus dem Deutschen Bergbau-Museum Bochum, Nr. 238; = Schriften des Montanhistorischen Dokumentationszentrums, Nr. 39).
- Farrenkopf, Michael/Siemer, Stefan (Hrsg.): Perspektiven des Bergbauerbes im Museum: Vernetzung, Digitalisierung, Forschung, Berlin/Boston 2020 (= Veröffentlichungen aus dem Deutschen Bergbau-Museum Bochum, Nr. 235; = Schriften des Montanhistorischen Dokumentationszentrums, Nr. 37).
- Farrenkopf, Michael/Siemer, Stefan (Hrsg.): Bergbausammlungen in Deutschland. Eine Bestandsaufnahme, Berlin/Boston 2020 (= Veröffentli-

chungen aus dem Deutschen Bergbau-Museum Bochum, Nr. 233; = Schriften des Montanhistorischen Dokumentationszentrums, Nr. 36).
- Bluma, Lars/Farrenkopf, Michael/Przigoda, Stefan: Geschichte des Bergbaus, Berlin 2018 (= Veröffentlichungen aus dem Deutschen Bergbau-Museum Bochum, Nr. 225; = Schriften des Bergbau-Archivs, Nr. 31).

Ron-David Heinen
ist Wissenschaftlicher Mitarbeiter am Interdisziplinären Zentrum für Wissenschafts- und Technikforschung (IZWT) der Bergischen Universität Wuppertal. Nach dem Studium der Geschichte und Germanistik an der Ruhr-Universität Bochum bearbeitet er derzeit im Rahmen eines Dissertationsvorhabens das Teilprojekts zur Rekultivierung von Steinkohlenhalden im Ruhrgebiet im vom BMBF geförderten Forschungsverbund „Umweltpolitik, Bergbau und Rekultivierung im deutsch-deutschen Vergleich. Das Lausitzer Braunkohlerevier, die Wismut und das Ruhrgebiet (1949–1989/2000)".

Zu seinen jüngsten Publikationen zählen:
- Baumert, Martin/Große-Wilde, Simon/Heinen, Ron-David/Maier, Helmut: Umweltpolitik, Bergbau und Rekultivierung im deutsch-deutschen Vergleich. Das Lausitzer Braunkohlerevier und das Ruhrgebiet (1949–1989/2000), in: Bundeszentrale für politische Bildung (Hrsg.): Abschied von der Kohle. Struktur- und Kulturwandel im Ruhrgebiet und in der Lausitz, Bonn 2021 (= Bundeszentrale für politische Bildung, Schriftenreihe, Bd. 10751), S. 74–89.
- Heinen, Ron-David: Vom „Kummer der Hausfrauen" zur Landmarke. Die Bergehalden des Ruhrgebiets und der Wandel des Mensch-Umwelt-Verhältnisses nach 1945, in: Der Anschnitt. Zeitschrift für Montangeschichte 72, 3–4/2020, S. 84–91.

Dr. Astrid Mignon Kirchhof
ist Senior Researcher am Institut für Technikfolgenabschätzung und Systemanalyse, Karlsruhe. Zuvor war sie Wissenschaftliche Mitarbeiterin an der Humboldt-Universität zu Berlin, der Sächsischen Akademie der Wissenschaften zu Leipzig sowie dem Deutschen Museum, München, und arbeitete an verschiedenen interdisziplinären und transnationalen Projekten, insbesondere in Deutschland, Australien und den USA. Sie erhielt zahlreiche Auszeichnungen und Stipendien, unter anderem vom Deutschen Akademischen Austauschdienst (DAAD), der Deutschen Forschungsgemeinschaft (DFG) und der VW-Stiftung. Ihre Forschung umfasst die transnationale deutsch-deutsche Geschichte des 19. bis 21. Jahrhunderts in ihren globalen Dimensionen an den Schnittstellen von

Sozial-, Umwelt-, Wirtschafts-, Technologie- und Stadtgeschichte. Beispiele sind die Geschichte des Naturschutzes, der Energiegeschichte, der politischen Ökonomie, der Konflikt- und Bewegungsgeschichte sowie der Philanthropie- und Gendergeschichte.

Zu ihren jüngsten Publikationen zählen:

- Kirchhof, Astrid Mignon: Die Entwicklung des DDR Natur- und Umweltschutzes und seine Hinterlassenschaften im wiedervereinten Deutschland, in: Sabrow, Martin/Siebeneicher, Tilmann/Weiß, Peter U. (Hrsg.): 1989 – Eine Epochenzäsur?, Göttingen 2021 (= Geschichte der Gegenwart, Bd. 27), S. 144–164.
- Kirchhof, Astrid Mignon/Meyer, Jan-Henrik: Revealing Risks: European Moments in Nuclear Politics and the Anti-Nuclear Movement, in: Kupper. Patrick/Wöbse, Anna-Katharina (Hrsg.): Greening Europe. Environmental Protection in the Long Twentieth Century – A Handbook, Berlin/München/Boston 2022 (= Contemporary European History Series, Bd.1), S. 331–361.
- Kirchhof, Astrid Mignon (Hrsg.): Pathways Into and Out of Nuclear Power in Five Western European Countries. Austria, Denmark, Federal Republic of Germany, Italy, and Sweden, München 2020 (= Deutsches Museum Studies 3).
- Kirchhof, Astrid Mignon/McNeill, John R.: Nature and the Iron Curtain. Environmental Policy and Social Movements in Communist and Capitalist Countries 1945–1990, Pittsburgh 2019.
- Kirchhof, Astrid Mignon: East-West German Transborder Entanglements through the Nuclear Waste Sites in Gorleben and Morsleben, in: Journal for the History of Environment and Society, Vol. 3, 2018, S. 145–173.

Yaroslav Koshelev

arbeitet seit 2021 am Institut für Technikfolgenabschätzung und Systemanalyse in Karlsruhe im Projekt „Verwaltungshandeln in einem bundesdeutschen reversiblen Verfahren für die aktuelle Suche nach einem Endlagerstandort für hochradioaktive Abfälle". Seine Forschungsinteressen liegen an der Schnittstelle zwischen Technikgeschichte, Umweltgeschichte und Wissenschaftsgeschichte. Von 2020–2021 arbeitete er an der Humboldt-Universität zu Berlin und der Sächsischen Akademie der Wissenschaften an einem Oral-History-Projekt zum Uranbergbau in der DDR. Zuvor war er an verschiedenen historischen Projekten zur Geschichte der Materialprüfung, Gentechnik und Akustik an der Technischen Universität Berlin, dem Max-Planck-Institut für Wissenschaftsgeschichte und der Berlin-Brandenburgischen Akademie der Wissenschaften in Berlin beteiligt.

Dr. Sabine Loewe-Hannatzsch
ist seit 2019 wissenschaftliche Mitarbeiterin am Institut für Industriearchäologie, Wissenschafts- und Technikgeschichte (IWTG) der TU Bergakademie Freiberg und bearbeitet das Teilprojekt Wismut des BMBF-Projektes „Umweltpolitik, Bergbau und Rekultivierung im deutsch-deutschen Vergleich. Das Lausitzer Braunkohlenrevier, die Wismut und das Ruhrgebiet (1949–1989/2000)". Sie promovierte an der Universität Mannheim und studierte Geschichte und Internationale Beziehungen an der University of San Diego, California.

Zu ihren jüngsten Publikationen zählen:
- Loewe-Hannatzsch, Sabine: Umweltpolitik im Uranerzbergbau der SAG/ SDAG Wismut in der DDR, in: Der Anschnitt. Zeitschrift für Montangeschichte 72, 3–4/2020, S. 92–98.
- Loewe-Hannatzsch, Sabine: Sicherheit Denken. Entspannungspolitik auf der Zweiten Ebene 1969–1990, Frankfurt (Main) 2019.
- Loewe-Hannatzsch, Sabine: Perception of the other: ‚Kremlinologists' and ‚Westerners'. East and West German analysts and their mutual perceptions, 1977–1985, in: Villaume, Poul/ Bange, Oliver (Hrsg.): The Long Détente, CEP 2017
- Loewe-Hannatzsch, Sabine: Kontakte ost- und westdeutscher Analysten für Außen- und Sicherheitspolitik 1969–1990, Blogbeitrag Berliner Kolleg Kalter Krieg, 01.08.2017, www.berlinerkolleg.com
- Bange, Oliver/Loewe, Sabine: With every available and suitable means – The East German Ministry of State Security and its fight against the CSCE, 1969–1975, CWIHP e-Dossie

apl. Professor Dr. Dr. Helmut Maier
Nach dem Studium der Elektrotechnik (Dipl.-Ing.) hat Helmut Maier in Naturwissenschafts- und Neuerer Geschichte promoviert (Dr. rer. nat.). Er leitete den Bereich „Rüstungsforschung" im Forschungsprojekt der Max-Planck-Gesellschaft „Geschichte der Kaiser-Wilhelm-Gesellschaft im Nationalsozialismus" (1999–2004). Nach der Habilitation für Technik-, Wissenschafts- und Umweltgeschichte (Dr. phil. habil.) an der Brandenburgischen Technischen Universität Cottbus 2005 übernahm er 2007 den Lehrstuhl für Technik- und Umweltgeschichte an der Ruhr-Universität Bochum. Seit Oktober 2020 ist er am Interdisziplinären Zentrum für Wissenschafts- und Technikforschung der Bergischen Universität Wuppertal tätig und leitet u. a. das Verbundvorhaben „Geschichte der dem Bundesministerium für Wirtschaft und Energie nachgeordneten Behörden (BGR, BAM, PTB) während der NS-Zeit und der Nachkriegszeit".

Zu seinen Publikation zählen:

- Adamski, Jens/Berger, Stefan/Goch, Stefan/Maier, Helmut/Schmidt, Daniel (Hrsg.): Forschung, Kultur, Bildung. Wissenschaft im Ruhrgebiet zwischen Hochindustrialisierung und Wissensgesellschaft, Essen 2020 (= Schriftenreihe des Instituts für Stadtgeschichte – Beiträge, Bd. 22).
- Maier, Helmut: 100 Jahre Deutsche Gesellschaft für Materialkunde 1919–2019. Eine Dokumentation, Essen 2019 (= Bochumer Studien zur Technik- und Umweltgeschichte, Bd. 11).
- Maier, Helmut: Chemiker im „Dritten Reich". Die Deutsche Chemische Gesellschaft und der Verein Deutscher Chemiker im NS-Herrschaftsapparat, Weinheim 2015.
- Maier, Helmut: Forschung als Waffe. Rüstungsforschung in der Kaiser-Wilhelm-Gesellschaft und das Kaiser-Wilhelm-Institut für Metallforschung 1900 bis 1945/48, Göttingen 2007 (= Geschichte der Kaiser-Wilhelm-Gesellschaft im Nationalsozialismus, Bd. 16).
- Maier, Helmut: Erwin Marx (1893–1980), Ingenieurwissenschaftler in Braunschweig, und die Forschung und Entwicklung auf dem Gebiet der elektrischen Energieübertragung auf weite Entfernungen zwischen 1918 und 1950, Stuttgart 1993.

Florian Frederik Manthey
ist Historiker und Mitarbeiter der Redaktion beim Berliner Planungs- und Ausstellungsbüro beier+wellach projekte. Sein Schwerpunkt liegt in der Zeit- und DDR-Geschichte sowie der Oral History. Bisherige berufliche Stationen: Wissenschaftliche Hilfskraft (M. A.) an der Sächsischen Akademie der Wissenschaften zu Leipzig/Humboldt-Universität zu Berlin (Wismut-Erbe-Zeitzeugenprojekt). Praktika und studentische Mitarbeit u. a. am Leibniz-Zentrum für Zeithistorische Forschung Potsdam, beim BStU, in der Robert-Havemann-Gesellschaft, in der Gedenkstätte Berlin-Hohenschönhausen, im Museum für Hamburgische Geschichte.

Publikationen:

- Manthey, Florian Frederik: „Angst hatte ich nicht." – Dan Thy Nguyens und Iraklis Panagiotopoulos' Theaterstück und Hörspiel „Sonnenblumenhaus": neue erinnerungskulturelle Perspektiven auf das Pogrom in Rostock-Lichtenhagen, in: Zeitgeschichte Regional 20, 1/2016, S. 47–55.

Dr. Torsten Meyer
ist seit 2021 Senior Scientist am Deutschen Bergbau-Museum Bochum und seit 2022 stellv. Fachbereichsleiter am Montanhistorischen Dokumentationszentrums (montan.dok). Zuvor war er Wissenschaftlicher Mitarbeiter an der Univer-

sität Hamburg, der Brandenburgischen Technischen Universität Cottbus(-Senftenberg), der ETH Zürich und am Deutschen Bergbau-Museum Bochum. Nach dem Studium der Sozial- und Wirtschaftsgeschichte, der Mittleren und Neueren Geschichte und der Politischen Wissenschaften an der Universität Hamburg promovierte er über „Natur, Technik und Wirtschaftswachstum im 18. Jahrhundert“ an der BTU Cottbus. Er ist Lehrbeauftragter an der Ruhr-Universität Bochum. Zu seinen Forschungsinteressen zählen die Geschichte des Bauwissens (18.-20. Jahrhundert), die Geschichte der Kulturlandschaft und die Industriekultur des 21. Jahrhunderts.

Zu seinen jüngsten Publikationen zählen:

- Bluma, Lars/Farrenkopf, Michael/Meyer, Torsten (Hrsg): Boom – Crisis – Heritage. King Coal and the Energy Revolutions after 1945, Berlin/Boston 2022 (= Veröffentlichungen aus dem Deutschen Bergbau-Museum Bochum, Nr. 242; = Schriften des Montanhistorischen Dokumentationszentrums, Nr. 42).
- Farrenkopf, Michael/Meyer, Torsten (Hrsg.): Authentizität und industriekulturelles Erbe. Zugänge und Beispiele, Berlin/Boston 2020 (= Veröffentlichungen aus dem Deutschen Bergbau-Museum Bochum, Nr. 238; = Schriften des Montanhistorischen Dokumentationszentrums, Nr. 39).
- Hassler, Uta/Meyer, Torsten/Rauhut, Christoph: Versuch über die polytechnische Bauwissenschaft, München 2019.
- Holzer, Stefan M./Krafczyk, Christina/Meyer, Torsten/Rauhut, Christoph/Tragbar, Klaus (Hrsg): Mit den wohlfeilsten Mitteln dauerhaft, feuersicher und bequem – Sparsamkeit als Prinzip, Rationalität als Weltsicht? Dritte Jahrestagung der Gesellschaft für Bautechnikgeschichte, 04.-06. Mai 2017 in Potsdam, Dresden 2019.
- Meyer, Torsten: 1922 – Ein „turning point“ in der Geschichte der Rekultivierung von Bergbaufolgelandschaften?, in: Der Anschnitt. Zeitschrift für Montangeschichte 71, 5–6/2019, S. 206–222.

Dr. Christian Möller

ist seit 2020 Wissenschaftlicher Mitarbeiter in der Stiftung Haus der Geschichte Nordrhein-Westfalen. Nach dem Studium der Geschichtswissenschaft und Sozialwissenschaften an der Universität Bielefeld promovierte er an der Bielefeld Graduate School in History and Sociology über „Umweltpolitik in der DDR. Der umweltpolitische Aufbruch, die ökologische Krise und das Scheitern der ‚partizipatorischen Diktatur‘ (1949–1989) 2010“. Er hat unter anderem eine Reihe von Publikationen zur Geschichte von Umweltpolitik und Umweltbewegung in der DDR und in Nordrhein-Westfalen verfasst und ist Kurator in der Ausstellung

„Unser Land. 75 Jahre Nordrhein-Westfalen“ (27. August 2021 bis 23. Mai 2022, Behrensbau am Mannesmannufer, Düsseldorf).

Zu seinen jüngsten Publikationen zählen:

- Möller, Christian: Bedrohte Umwelt, in: Unser Land. 75 Jahre Nordrhein-Westfalen, hrsg. von der Stiftung Haus der Geschichte Nordrhein-Westfalen, Düsseldorf 2021, S. 56–67.
- Möller, Christian: Auf der Suche nach neuen Wegen der Partizipation. Umweltbewegung und demokratischer Wandel in Nordrhein-Westfalen, in: Geschichte im Westen 35, 2020, S. 149–176.
- Möller, Christian: Umwelt und Herrschaft in der DDR. Politik, Protest und die Grenzen der Partizipation in der Diktatur, Göttingen 2019 (= Kritische Studien zur Geschichtswissenschaft, Bd. 234).
- Möller, Christian: Wissen und Umwelt in der „partizipatorischen Diktatur“. Wissenschaftliche Umweltkonzepte und der umweltpolitische Aufbruch in der DDR, in: NTM. Zeitschrift für Geschichte der Wissenschaften, Technik und Medizin 26 4/2018, S. 367–403.

Anna-Katharina Pelkner

studierte Sozialwissenschaften an der Humboldt-Universität zu Berlin, der University of Toronto und der National University of Ireland, Galway. Ihre Arbeit umfasst Studien zur international vergleichenden Erziehungswissenschaft, zur interdisziplinären Frauenforschung und zur feministischen Soziologie. Anna-Katharina Pelkner hat Forschungs- und Lehrerfahrung an verschiedenen Universitäten und Schulen in Ost- und Westdeutschland, Kanada und Irland. Sie hat ihre Arbeiten auf Deutsch und Englisch veröffentlicht. Anna-Katharina Pelkner ist Mitbegründerin des Mädchenhauses „Wildwasser“ West-Berlin und hat mit Zeitzeuginnen des ehemaligen Frauenkonzentrationslagers Ravensbrück gearbeitet. Außerdem ist sie in verschiedenen Theaterprojekten in Berlin engagiert, u. a. im Maxim Gorki Theater/ Jugendtheater X Berlin-Moabit („Gender und ich“) und Hebbel Theater am Ufer in Berlin-Kreuzberg („Stadt unter Einfluss“, ein stadtpolitisches Musical zur Wohnungsfrage). Im Wismut Heritage Project war Anna-Katharina Pelkner für die medienpädagogische Umsetzung der filmischen Zeitzeugeninterviews in der entstehenden Datenbank verantwortlich. Derzeit arbeitet Anna-Katharina Pelkner als Betreuerin für ausländische Minderjährige und in verschiedenen Musik-/Theater- und Literatur-/Spoken-Word-Projekten.

Zu ihren jüngsten Publikationen zählen:

- Pelkner, Anna-Katharina: „wir sollten reden“, zoom-spoken word-klasse mit yasmin hafedh alias yasmo, ausgewählte texte aus den klassen der

frühlingsakademie „ohne netz“ 2021, sfd ohne netz zeitschrift der schule für dichtung wien #03, Wien 2021, S. 99–100.
- Kirchhof, Astrid Mignong/Pelkner, Anna-Katharina u. a.: Uranium Mining of the GDR as Heritage of the Federal Republic of Germany – Regional Infrastructure Change and Redevelopment of Contaminated Landscapes. A project Report, in: Bonan, Giacomo/Occhi, Katia (Hrsg.): Environment and infrastructures from the early modern period to the present: challenges, knowledge, and innovations, Berlin/München/Boston 2022 (im Erscheinen).

Judith Schein
ist visuelle/Kulturanthropologin. In ihrer Arbeit liegt der besondere Fokus auf der Umsetzung und Vermittlung ethnologischer und historischer Themen mit audiovisuellen Mitteln.

Sie produziert Filme für Museen und medienpädagogische Projekte. Beispielsweise thematisiert die interaktive Webdokumentation ’wendemigra.de’ die wenig beachteten Perspektiven von Migrant:innen in der DDR. Der Film eröffnet einen unbekannten und doch vertrauten Blick auf den Alltag in der DDR, die Jahre 1989/1990 und die Ereignisse der Nachwendezeit.

Im Rahmen des Wismut-Erbe-Projekts war sie u. a. an der Entwicklung der Interviewmethodik beteiligt und für die Videodokumentation der Interviews verantwortlich.

Christiane Uhlig
ist Humangeografin, Soziologin und Systemische Beraterin (i. A.) und wirkte bis Juni 2021 bei dem Projekt Wismut-Erbe-Zeitzeugen der Sächsischen Akademie der Wissenschaften (u. a.) mit. Durch den Masterabschluss „Urbane Geographien“ der Humboldt-Universität zu Berlin liegt ihr Fokus auf urbanen Ausschlüssen im städtischen Kontext sowie auf biografischen Forschungsmethoden.

Publikationen:
- Ertelt, Greta/Schulz, Carlotta-Elena/Thieme, Georg/Uhlig, Christiane: Die statemade-rental-gap. Gentrification im Sozialwohnungsbau, in: Helbrecht, Ilse (Hrsg.): Gentrifizierung in Berlin. Verdrängungsprozesse und Bleibestrategien, Bielefeld 2016, S. 107–150.

Professorin Dr. Heike Weber
ist Technik- und Umwelthistorikerin. Nach Professuren an der Bergischen Universität Wuppertal und am Karlsruher Institut für Technologie ist sie seit 2019 an der TU Berlin tätig und leitet dort das Fachgebiet Technikgeschichte. Ihre

Forschungsschwerpunkte liegen in der Technisierung und Mobilisierung des Alltags im 20. Jahrhundert, im Umgang mit Technik und Materialkultur und in Fragen des Alterns und Entsorgens von Technik und Dingen. Als Gastwissenschaftlerin war sie u. a. am National Museum of American History (Washington D. C.) und an der École des Hautes Études en Sciences Sociales (Paris).

Heike Weber hat zur Geschichte von mobilen Medien, zur Designgeschichte sowie zur Geschichte von Müll und Recycling publiziert.

Zu ihren jüngsten Publikationen zählen:

- Weber, Heike/Denton, Chad: Rethinking Waste within Business History: A Transnational Perspective on Waste Recycling in World War II. Special Issue, Business History (Online First 2021; erscheint in Print 2022).
- Krebs, Stefan/Weber, Heike (Hrsg.): The Persistence of Technology. Histories of Repair, Reuse and Disposal, Bielefeld 2021. Unter: https://www.transcript-verlag.de/978-3-8376-4741-9/the-persistence-of-technology/
- Weber, Heike/Moss, Timothy: Diskussionsforum. Technik- und Umweltgeschichte als Usable Pasts: Potenziale und Risiken einer angewandten Geschichtswissenschaft, in: Technikgeschichte 88, 4/2021, S. 367–377.
- Heßler, Martina/Weber, Heike (Hrsg.): Provokationen der Technikgeschichte. Zum Reflexionsdruck historischer Forschung, Paderborn 2019.
- Krebs, Stefan/Schabacher, Gabriele/Weber, Heike (Hrsg.): Kulturen des Reparierens. Dinge – Wissen – Praktiken, Bielefeld 2018. Unter: https://www.transcript-verlag.de/978-3-8376-3860-8/kulturen-des-reparierens/